西部国土开发与绿色发展

骆 玲 姚树荣／主编

四川大学出版社

图书在版编目（CIP）数据

西部国土开发与绿色发展 / 骆玲，姚树荣主编．—成都：四川大学出版社，2024.5
ISBN 978-7-5690-6331-8

Ⅰ．①西… Ⅱ．①骆… ②姚… Ⅲ．①国土资源－资源开发－研究－西南地区②国土资源－资源开发－研究－西北地区 Ⅳ．①F129.9

中国国家版本馆CIP数据核字（2023）第173559号

书　　名：	西部国土开发与绿色发展
	Xibu Guotu Kaifa yu Lüse Fazhan
主　　编：	骆　玲　姚树荣
选题策划：	曹雪敏　庄　溢
责任编辑：	曹雪敏　庄　溢
责任校对：	周维彬
装帧设计：	墨创文化
责任印制：	王　炜
出版发行：	四川大学出版社有限责任公司
	地址：成都市一环路南一段24号（610065）
	电话：（028）85408311（发行部）、85400276（总编室）
	电子邮箱：scupress@vip.163.com
	网址：https://press.scu.edu.cn
印前制作：	四川胜翔数码印务设计有限公司
印刷装订：	成都金龙印务有限责任公司
成品尺寸：	185mm×260mm
印　　张：	17
字　　数：	413千字
版　　次：	2024年5月 第1版
印　　次：	2024年5月 第1次印刷
定　　价：	78.00元

本社图书如有印装质量问题，请联系发行部调换

版权所有　◆　侵权必究

扫码获取数字资源

四川大学出版社
微信公众号

本书编委会

主　任：何　川
副主任：肖金成　李国平
编　委：骆　玲　姚树荣　韩立达　李志勇　王　林
　　　　何元斌　辜秋琴　任　平　董　欢　曹　洪
　　　　卜炜玮　王恒伟　包广静　韩　冬　洪　运
　　　　曾　昉　赵玉民　赵　放　付　焯　史敦友
　　　　洪步庭

人员简介

何　川	西南交通大学副校长、教授 中国工程院院士
肖金成	中国宏观经济研究院研究员 中国国土经济学会理事长
李国平	北京大学首都发展研究院院长、教授 中国国土经济学会副理事长
骆　玲	西南交通大学四川省产业经济发展研究院院长、教授 中国国土经济学会常务理事
姚树荣	四川大学经济学院经济系主任、教授 中国国土经济学会常务理事
韩立达	四川大学经济学院教授
李志勇	四川大学旅游学院教授、四川大学出版社副社长
王　林	重庆大学管理科学与房地产学院教授
何元斌	云南财经大学物流与管理工程学院教授
辜秋琴	成都理工大学商学院教授
任　平	四川师范大学科技处处长、教授
董　欢	四川大学公共管理学院副教授
曹　洪	西南交通大学公共管理学院副教授
卜炜玮	云南大学建筑与规划学院副教授
王恒伟	西南大学资源环境学院副教授
包广静	云南财经大学物流与管理工程学院副教授
韩　冬	成都理工大学管理科学学院副教授
洪　运	四川省社会科学院副研究员
曾　昉	贵州商学院经济与金融学院副教授
赵玉民	重庆师范大学马克思主义学院副教授
赵　放	西南交通大学公共管理学院讲师
付　焯	西南交通大学交通运输与物流学院讲师
史敦友	四川师范大学经济与管理学院讲师
洪步庭	四川师范大学西南土地资源评价与监测教育部重点实验室助理研究员

目 录

代序　西部大开发：大保护、大开放与高质量发展　/Ⅰ

第一篇　国土经济

基于新《土地管理法》视域下的小城镇增量建设用地供给模式研究　韩　冬　韩立达
　　王　静/3
关于探索成渝地区双城经济圈集体土地转用与征收制度适配改革的思考　景丽娟　姚树
　　荣/13
土地整治对乡村三生空间优化的绩效评价研究　姚智锦　辛秋琴/22
对旅游导向的宅基地流转增值收益的一种测算方法　卜炜玮　杨友婷　陈慧仪/34
城市土地利用生态冲突诊断及影响因素研究　曾　昉　魏　媛/47
宅基地价值显化的本质要义、潜在风险与改革深化　董　欢/60
中国土地资本化研究的进展与展望　黄娉芊　何元斌　包广静　李连珍/69
集体经营性建设用地使用权流转纠纷实证研究
　　——基于2020—2021年259份典型司法案例分析　王恒伟　周香梅　雷梦媛
　　严金明/81
深化农村集体经营性建设用地入市试点若干重要问题研究　洪　运　宋欣怡/96

第二篇　绿色发展

论美丽宜居公园城市的内涵特征与管理之变　骆　玲/107
异质性环境规制如何驱动中国工业绿色化？　史敦友/114
碳排放权交易对产业结构合理化的影响研究　韩　冬　谢逸秋　韩立达/133
环境约束性指标对地方政府节能减排绩效的影响效果研究　唐宇琪　赵　放/149
基于对口支援的长江经济带上下游区域生态补偿研究　方江涛　王　林/172

第三篇 乡村振兴

全面推进乡村振兴：战略意义、关键问题与实现路径　陈锚民　姚树荣/183
面向乡村振兴的制度体系变革　李海卫　姚树荣/192
四川省农业数字化发展对城乡收入差距的影响研究　付　焯　刘　晓/204
农村建设用地市场供求失衡及改革思路　曹　洪　史敦友　骆　玲/216
乡村振兴背景下不同类型农村地区优势的再认识及精准施策研究　赵玉民　崔耀文/226
农村电商对果农经营性收入的影响及对策研究
　　——基于苍溪县的证据　韩立达　邓海燕/235
都江堰市农村居民点时空演变与驱动因素研究　孙道亮　洪步庭　任　平/250

后　记　/259

代 序

西部大开发：大保护、大开放与高质量发展

我从20世纪90年代中期写作博士论文"西部发展战略研究"开始，便与我国西部地区结下了不解之缘。1998年，我的博士后报告题目为"西部发展战略与空间布局"；1999年中央提出实施西部大开发战略，我带领调研组两年间考察了西部12个省（区、市），高密度的调研让我对西部有了更精准、更全面的认识。

21世纪以来，我本人及与同事合作发表了数十篇以西部地区经济社会发展为主题的学术论文，如《我国西部地区发展战略研究》《西部大开发与金融深化》《加强东西合作 促进西部大开发》《创造促进西部大开发的投资软环境》《突出西部大开发在区域协调发展中的战略地位》《西部大开发战略实施效应评估与未来走向》《西部大开发的成就与新举措》《成渝城市群空间布局与产业发展研究》等。恰逢中国国土经济学会西部国土经济委员会、西南交通大学新型工业化与制造强省研究智库组织编写的《西部国土开发与绿色发展》邀我作序，匆匆中挑选了在《区域经济评论》（2020年第5期）发表的一篇文章——"推进西部大开发形成新格局的三大关键问题"，聊作代序，文中提出的"三大关键问题：大保护、大开放、高质量发展"等观点仅供同仁指正。

一、如何大保护

西部地区有大面积的生态脆弱地区，这些地区生态地位非常重要，都在大江大河的上游，与中下游有密切关系。新时代推进西部大开发形成新格局要在大保护方面做大文章，应通过国土空间规划划定生态保护红线，红线划定宜细不宜粗，且要确保落地。三江源地区、祁连山地区、乌蒙山地区、武陵山地区、贺兰山地区和六盘山地区应作为重点保护区，编制专项规划，提出具体的保护措施，尤其是如何解决当地居民的生计问题。要升华主体功能区的理念，在生态脆弱区或生态保护区减少人类活动和人为的破坏是对生态环境最好的保护，比较可行的途经就是内聚和外迁。所谓内聚，就是选择交通便利、有较大的发展空间、国家重点支持、产业聚集的规模较大的城市，吸引耕地少的农村居民到城市务工经商，既能够帮助他们摆脱贫困，也可以减少对生态环境的破坏。现在扶贫中有一些错误倾向值得注意。有些地区扶贫就是修路，不计代价，将公路修到

山顶，结果破坏了生态，当地居民也很难根本摆脱贫困。有些地区扶贫搬迁就是把农村居民从山上搬到山下，交通方便了，适宜耕种的土地更少了，并没有解决居民的生计问题。所谓外迁，就是创造条件支持并鼓励山里的居民到发达地区就业和居住，举家迁移，进入都市圈、城市群，到收入高的地方去，到有工作岗位的地方去。当地政府应进行引导，创造条件，搞好基础教育和职业培训，提高当地农民的外出谋生能力，提高文化教育水平，让他们愿意走出来，有能力走出来，在城市安家落户。政府也要为他们在当地就业居住提供帮助和服务，随着老龄化社会的到来，劳动力将经历从无限供给到结构性短缺，再到全面短缺的阶段，现在已进入第二个阶段，城市人才大战将转为人口大战。劳动力是产业发展、城市发展、区域发展的基本条件，人口是创造需求、扩大消费、吸引服务业聚集的前提条件。一些人总是希望把更多的人屏蔽在山里，总想把出来的人堵回去。也有一些人，错误地认为上游地区生态环境遭到破坏，与自己无关，等到遭受"灭顶之灾"，就悔之晚矣。为此，要建立生态补偿机制，下游地区的政府、企业要给上游地区尤其是生态脆弱地区生态补偿，一方面要加强生态保护，另一方面要提高人的素质，提高公共服务水平，为人口转移创造条件。同时，吸引生态脆弱区的人口也是对生态保护的补偿。

二、如何大开放

西部大开发之初就提出向西开放，变对外开放的后方为对外开放的前沿。西部地区的边境线很长，但是相邻地区都不是很发达，这是一个现实。很长一段时间内，中国的开放一般面向发达国家，引进发达国家的投资，并向发达国家出口，所以沿海地区借助港口的优势，通过航运把商品销往世界大多数国家，而内陆地区则没有这些优势。随着"一带一路"建设的深入推进，建设国际大通道和陆海新通道，将进一步促进西部地区对外开放，也能够吸引东部发达地区的产业转移。

通过扩大开放能够促进产业向西部地区转移。现在大量产业聚集到沿海地区，短期内难以根本改变。但是沿海地区有很多产业需要向外转移，如劳动密集型产业，劳动力不像前30年那么充裕，劳动力成本也提高了，劳动密集型产业势必要从沿海地区转移出来。还有低附加值的产业，是不是可以转移到西部地区？不一定转移到西部地区，很可能转移到东南亚国家，转移到劳动力成本更低的地方。东南亚国家劳动力成本低，但劳动力素质也很低，相对于转移到东南亚国家，转移到我国的云南、广西更合适。转移到南亚和中亚国家，不如转移到我国的新疆和四川。关键的问题是扩大开放，向西开放，优势就能体现出来。大开放是产业转移的重要条件，没有开放，只能面向本地市场，在地广人稀的地方发展产业，因本地市场不大，企业就难以获得可观的收益。面向南亚市场、东南亚市场、中亚市场、欧洲市场、非洲市场，通过渝新欧、孟中印缅经济走廊和其他国际大通道加大开放力度，我国沿海地区的企业就会倾向于将生产基地转移到西部地区。当然，西部地区还要打造承接产业转移的平台，改善营商环境，降低企业的综合成本，企业才能取得更好的效益。

国际区域合作是相邻国家的合作，相比而言，开展国际次区域合作，对西部地区更为有利。所谓国际次区域合作，就是在国际区域合作框架内，中国西部地区与相邻国家或相邻地区开展合作。广西、云南、贵州，甚至重庆和四川，乃至整个西南地区均可以和东南亚国家或相邻地区开展合作。新疆、甘肃、宁夏、陕西，乃至整个西北地区可以和中亚国家或相邻地区开展合作，新疆和内蒙古还可以和俄罗斯、蒙古国开展合作。只有这样，西部地区全方位开放的格局才能够形成。只有大开放才能大发展。开展国际次区域合作，受益最多的是边疆地区。边境经济合作区、双边与多边合作区、边疆自由贸易区等开放型功能区将发挥更大的作用。在此基础上，以地级行政区为单元的沿边经济带就能够快速形成。

三、如何高质量发展

除成渝地区、关中地区、北部湾地区之外，西部地区的其他区域大多属于地广人稀地区，有一部分地区还属于生态脆弱区，应以保护为主。处理保护与发展的矛盾，就要采取大分散、小集中的空间开发模式，集中发展、集约发展和集群发展，不能遍地开花、齐头并进。空间越大，越要聚焦，通过集中发展解决配套条件不足的难题，解决远距离运输带来的物流成本过高的难题。西部地区高质量发展就是要搞"三集主义"，即集中、集约和集群。西部大部分地区人口少，城市规模小且不太密集，不可能有那么多的城市群和都市圈，也不可能有那么大的城市群和都市圈。除范围有限的城市群和数量不多的都市圈外，西部地区要重视区域性中心城市的发展。一个地州市，重点发展一个区域性中心城市的，规划建设产业发展平台，加大投入，促进要素集聚，带动周边地区城市和农村的发展，就能够形成高质量发展的西部大开发新格局。

西部地区的边境线长，边疆地区的发展在西部大开发新格局中处于重要地位。边疆地区多数是民族地区和欠发达地区，一部分地区还是革命老区。边疆的发展重点在城市，城市的发展重点在园区，园区的发展重点在产业。产业的发展主要靠招商引资，因此改善投资环境便成为第一要务。投资环境分为软环境和硬环境，软环境包括体制、政策和服务，硬环境包括对外交通设施、城市基础设施和园区基础设施，软环境靠改革，硬环境靠投入，只有软环境和硬环境改善了，边疆地区才能吸引产业，加快发展。边疆地区区域性中心城市崛起，就能够形成沿边经济带，从而巩固边疆地区的发展，让边疆地区的人民富裕起来。

二〇二三年十二月二十日于北京

（肖金成，中国国土经济学会理事长，中国宏观经济研究院二级研究员，中国社会科学院大学博士生导师，国家发改委国土开发与地区经济研究所原所长，中国区域经济50人论坛成员。）

第一篇 国土经济

基于新《土地管理法》视域下的小城镇增量建设用地供给模式研究[①]

韩 冬 韩立达 王 静

一、引言

作为我国城镇体系的基本单元和重要节点的各类小城镇是国民经济"重要的发展极"[1]和"人口城镇化的主力军"[2]，在我国城镇化用地特别是各类基础设施和项目用地方面均占据着重要地位。但是，2020年1月1日正式实施的新《土地管理法》[②]给小城镇增量建设用地带来了困境。一方面，新《土地管理法》新增第45条，对土地征收中的公共利益界定为下列六种类型：军事和外交、政府组织实施的基础设施、公共事业、扶贫搬迁、保障性安居工程建设需要以及成片开发建设等。可见，现实中能够以征收方式获得的经营性建设用地就只有"成片开发建设"。从实践来看，土地成片开发是一次性对大面积连片土地进行的合乎规划的综合性开发建设，它包含对大面积连片土地进行统一的基础设施建设以及通过统一规划、统一供地来统一组织单宗地的项目开发建设等。这样小城镇就很难再通过征地获得"成片开发建设"用地，特别是项目开发建设用地。该法第63条还规定"土地利用总体规划、城乡规划确定为工业、商业等经营性用途，并经依法登记的集体经营性建设用地，土地所有权人可以通过出让、出租等方式交由单位或者个人使用"。另一方面，党的十九届五中全会提出"推进以人为核心的新型城镇化"，《国家新型城镇化规划（2014—2020年）》强调"有重点地发展小城镇"并把小城镇分为大城市周边的重点镇、专业特色镇、远离中心城市的小城镇。在城镇化进程中，上述各类小城镇的建设与发展必然伴随着空间范围的持续扩张，产生旺盛的增量建设用地需求。基于上述困境，本文拟在新《土地管理法》背景下探索小城镇增量建设用地供给模式。

在新《土地管理法》公布之前，小城镇增量建设用地以先征地再供给和行政审批下

[①] 作者简介：韩冬，成都理工大学管理科学学院副教授；韩立达，四川大学经济学院教授；王静，四川大学公共管理学院讲师。本文是国家社科基金一般项目"市场与政府协调下的农村土地制度与户籍制度系统联动改革研究（19BJY110）"的阶段性成果。

[②] 这里的"新《土地管理法》"是指2019年8月26日十三届全国人大常委会第十二次会议审议通过的《中华人民共和国土地管理法》修正案（新《土地管理法》自2020年1月1日起实行）。

的农民集体直接供给（主要是乡镇企业用地）为主，显示出很强的行政计划性特征[3]。这种模式存在的问题主要反映在：规划的科学性不强、侵占耕地、空间结构不合理、产业聚集力不足、功能分区混乱、损害集体和农民利益等[4-6]。因此，一些学者提出应进行土地供给侧结构性改革，创新土地供给模式[7-9]。但现有成果主要从宏观角度分析土地供给模式及相关问题，针对新《土地管理法》实施后小城镇增量建设用地供给模式的专项和系统研究成果较少，无法对土地征收改革及集体经营性建设用地入市等背景下的小城镇增量建设用地供给的实践进行有效指导。基于此，本文以小城镇增量建设用地供给模式作为研究对象，依据新《土地管理法》中土地征收和集体经营性建设用地入市改革的背景，以经济学意义上的土地性质分类为基础，并基于经济学理论和法律法规，立足于小城镇增量建设用地，分别构建"征地制度改革＋镇域统筹""集体经营性建设用地入市""增减挂钩拓展"供给新模式。

二、小城镇增量建设用地供给模式的内在机理

小城镇增量建设用地是土地利用总体规划中确定为小城镇规划控制区内的建设用地，是小城镇空间范围扩张所占用的各类土地，规划实施后土地所有权性质通常不发生变化（公益性用地需要征收的除外）。一般来说，其内涵大于"新增建设用地"并表现出以下几个特征：一是受规划控制，其供给数量、速度、土地用途等受各项规划的指导和约束；二是规划实施后土地产权性质通常保持农民集体所有不变（因公益性用地需求必须征收的除外）；三是土地利用现状多为农用地，"双保"压力大；四是土地利用效率具有过渡性，布局相对集中，集约化程度比农村高但与城市仍有较大差距；五是土地功能的特殊性，必须同时兼顾城市和农村的生产生活方式；六是分布广、总量大。小城镇作为城镇化发展的重要单元虽然规模较小，但是数量多、分布广，未来对于增量建设用地的需求总量非常庞大，必须根据小城镇及其增量建设用地的特殊性、现实需求和发展规律创新供给模式，才能避免小城镇普遍性、持续性的土地低效供给。

大量学者研究成果显示，无论是耕地保护制度还是平等权的要求都显示出小城镇增量建设用地传统供给模式的不合理性，应当改变以政府行政计划为主的供给模式，使农村土地与国有土地"同权同价"；无论是"人的自由全面发展"要求还是农民对获得更多土地财产权益的诉求都决定了小城镇增量建设用地供给模式应以政府与市场协调下的供给和尽量维持集体土地为总体方向。因此，本文在土地性质分类的基础上构建了小城镇增量建设用地供给模式，其内在机理如图1所示。小城镇公益性用地由政府统筹供给，通过"征地制度改革＋镇域统筹"破解市场失灵和资金约束的困境；小城镇经营性建设用地采用市场化供给模式提高供给效率；小城镇集中居住用地采用计划与市场结合的模式，并通过"增减挂钩拓展"实现有效供给。三种模式互为基础、紧密关联：通过政府统筹供给小城镇公益性用地提高区域基础设施和公共服务水平，提升区域土地价值；通过集体经营性建设用地入市获得土地增值收益，为"征地制度改革＋镇域统筹"和"增减挂钩拓展"提供资金保障；通过"增减挂钩拓展"为小城镇增量建设用地提供土地主要来源。

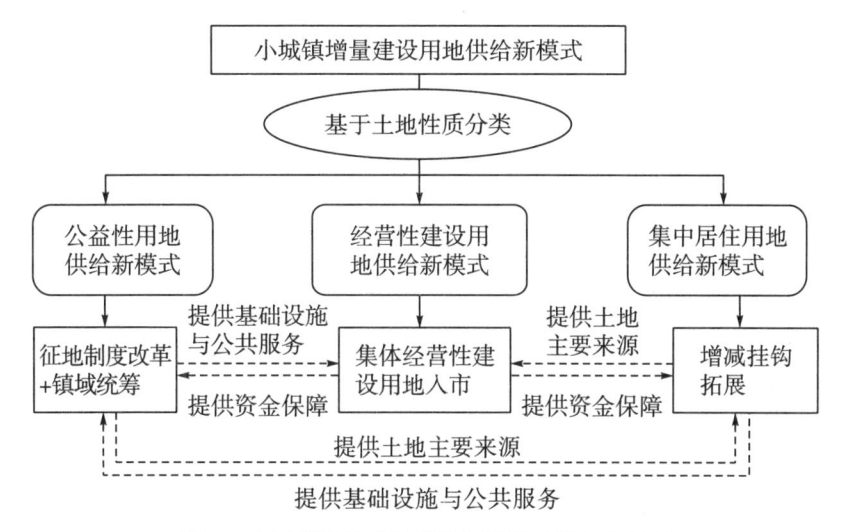

图1 小城镇增量建设用地供给模式的内在机理

三、征地制度改革＋镇域统筹：小城镇公益性用地供给新模式

小城镇公益性用地是小城镇内以社会或集体公共利益为目的各类用地总称，作为公共产品与服务的空间载体属于一种典型的公共资源，无法通过市场化供给得到有效满足。小城镇公益性用地通常采用无偿划拨或低价协议的方式供给，独立的公益性用地建设项目无法实现资金平衡。为保障小城镇公共产品与服务及国家重大战略发展用地需求，必须由政府统筹供给公益性用地；同时，小城镇公益性用地的非营利性特征和政府财政能力限制又决定了小城镇中的纯公益性用地可采用先征地再供给方式，准公益性用地则应通过"镇域统筹"实现有效供给。

（一）通过征地制度改革实现小城镇纯公益性用地有效供给

小城镇纯公益性用地是小城镇内以非经济效益为目的，不具有竞争性与排他性，受益主体为镇域全体社会大众或公益主体代表的各类用地。小城镇纯公益性用地符合新《土地管理法》征地条件可以实施征收，且涉及社会大众的全体利益，其成本应通过政府公共财政支出在全社会范围内进行分摊。针对现行征地制度的缺陷，我们认为应从公平正义的角度出发，尊重和维护农民和集体的土地物权，使征地行政目标的实现和土地权利人的利益处于"适度的比例"[10]。

1. 基于正当性原则规范征地程序。包括：严格限定小城镇征地对象，增设小城镇纯公益性用地的认定程序；加强公众参与度，在征地报批审核前增设听证程序；明确征地过程中各主体的角色与权力边界；健全征地纠纷调处机制等。

2. 修正征地补偿标准并制订征地区片综合地价。首先，以尊重和维护农村土地物权为小城镇征地补偿的价值取向，将农村土地发展权补偿费纳入征地补偿。其次，基于农地发展权修正征地补偿标准。为平衡各方利益，农地发展权补偿费应取各类集体经营性建设用地价格的平均水平。最后，制定小城镇征地区片综合地价。根据统一的征地补偿标准，基于土地原用途下的产值、土地发展权、土地等级等划分征地区片并采用科学方法测算补偿价格。

3. 协调征地指标分配。将小城镇土地征收严格限定于纯公益性用地，在严格控制征地指标总量的基础上协调区域间的指标分配。第一，科学预测并确定小城镇的长期、中期和年度计划征地指标。第二，结合区域资源禀赋和纯公益性用地需求协调征地指标在各小城镇中的分配。第三，进一步完善土地收购储备制度，协调小城镇土地征收的供需结构矛盾。第四，强化征地监管机制。一是对现有法律法规进行梳理、补充和改进，明确小城镇征地的对象、条件、主体、认定、程序、仲裁等内容。二是依法制定小城镇征地的立法程序，落实土地征收的核心要件。三是建立有效的激励和约束机制，增加小城镇征地的公开、公正度，接受来自社会公众的监督。四是健全小城镇征地纠纷的司法机构和仲裁机构。

（二）通过"镇域统筹"实现小城镇准公益性用地有效供给

小城镇准公益性用地是小城镇内具有有限非竞争性和有限非排他性、存在盈利但利润主要用于回馈社会大众或集体组织成员等的各类用地。在政府公共财政有限能力约束下，小城镇准公益性用地宜采用"镇域统筹"方式实施供给。"镇域统筹"是根据自然资源禀赋条件和社会经济发展需求，将乡（镇）域范围内属于不同村（组）和农民的集体建设用地全部集中，通过进行全域规划和土地综合整治，由乡（镇）政府将调整后的土地一部分优先供给为准公益性用地。"镇域统筹"主要包括规划、土地和资金三个方面的统筹。

1. 统筹规划。通过"多规合一"的国土空间规划，将小城镇的社会经济发展、产业发展、生态环境保护和土地利用规划相结合，对全镇域范围内的空间布局、产业结构、镇村体系、基础设施与公共服务、土地功能分区、历史文化和特色景观及生态保护等进行综合部署，促进小城镇的经济、社会、文化、生态等的全面、协调、可持续发展。

2. 统筹土地权益。首先，对本区域（全部村组）的土地进行摸底并采取多种形式形成全部股权，并根据各村（组）及农民的身份资格和拥有的农村土地面积、类型、区位等确定各村（组）和农民的股权份额。其次，按照全域规划将分散的、细碎化、低效利用的集体建设用地进行综合整治并重新进行空间分区布局。最后，将综合整治后的符合规划的集体建设用地首先用于满足小城镇准公益性用地需求，并由乡（镇）政府统筹供给，实现土地集约节约利用和共建共享。

3. 统筹资金运作。首先，以形成股份的土地资产及其未来收益为标的进行抵押融资，获得前期土地整治及准公益性用地供给所需的资金。其次，将土地整治后节余的集体经营性建设用地（或指标）上市交易获得集体经营性建设用地增值收益。最后，土地收益首先归还前期贷款及利息，剩余部分由乡镇统一成立的土地资产管理股份公司统一运作，使总效益在全镇范围内合理共享。

四、集体经营性建设用地入市：小城镇经营性建设用地供给新模式

小城镇经营性建设用地是小城镇内土地利用现状或土地利用规划确定为具有生产经营性质，产权为农民集体所有的建设用地。"生产经营性质"的判定要点是：以营利为目的，与公共利益相对；不以土地利用现状而以土地规划用途为依据。在社会主义市场经济体制下，应使市场在集体经营性建设用地配置中起决定性作用，通过集体经营性建设用地入市提高小城镇经营性建设用地供给效率。

（一）确定小城镇经营性建设用地供给的客体与主体

1. 明确供给客体。拟入市的集体经营性建设用地须同时满足符合规划、产权清晰、具备开发条件和主体自愿的条件。小城镇经营性建设用地包括存量部分和增量部分：存量部分是土地利用现状已经具有生产经营性质的土地（主要是乡镇企业用地），数量有限且呈现静态特征，东部及沿海发达地区分布较多，中西部地区分布较少且直接入市难度较大；增量部分是土地利用现状为非生产经营性用途，但依据土地利用规划未来将作为工业、商业等经营性用途的集体建设用地，主要来源是农村宅基地和集体公共设施与公益事业用地，其特征是总量大、分布广，具有灵活性和动态性。集体经营性建设用地入市的客体应当把握好节奏，以"存量优先，增量补充"为原则分阶段循序推进。

2. 确立供给主体。一是以村集体为基本单元组建新型农村集体股份制经济组织，形成集体法人或特殊法人实体[①]；村集体应建立相对完善的人员结构和职能体系以及治理结构，能够代表本村（组）落实入市政策规定并满足权利人的诉求；村集体组织必须建立起满足成员需求且形成村民认可的集体资产管理和分配模式及相关章程，在处理集体经营性建设用地入市及其利益分配时有章可循。二是以集体经营性建设用地入股形成新型集体经济组织的初始资本，并通过盈利积累等途径逐步增加资本规模。三是建立独立的内部决策机制。村集体经济组织作为拥有独立法人资格的组织借鉴公司制建立独立的组织机构，形成股东大会、董事会、监事会、经营管理人等管理结构，实现科学决策。

（二）建立小城镇集体经营性建设用地供给的市场运行机制

1. 建立集体经营性建设用地价格体系和管理机制。一是借鉴国有土地价格体系构建包括基准地价、评估地价和交易地价等在内的小城镇经营性建设用地价格体系。二是建立价格申报制度，拟入市土地须向政府如实申报交易价格。三是政府确定市场最低限价，当市场交易价格低于最低限价时政府可以行使优先购买权。四是政府定期发布基准

[①] 《中华人民共和国村民委员会组织法》第5条规定："村民委员会依照法律规定，管理本村属于村农民集体所有的土地和其他财产，引导村民合理利用自然资源，保护和改善生态环境。"2020年5月28日第十三届全国人民代表大会第三次会议通过的《中华人民共和国民法典》第96条规定："本节规定的机关法人、农村集体经济组织法人、城镇农村的合作经济组织法人、基层群众性自治组织法人，为特别法人。"

地价和标定地价、地价指数、市场交易行情、供地计划、征地政策等信息，让市场各主体对土地价格有正确的认识和合理预期。五是建立土地市场价格的监督机制，对于明显偏离市场价格平均水平的要立即调查原因，如有违法违规行为立即终止交易并严肃处理。

2. 建立和完善土地交易平台和中介服务组织。一是成立小城镇经营性建设用地产权交易中心（所）及网络平台，汇集土地交易相关的法律法规和政策，为交易双方提供法律政策咨询服务；协助复核集体经营性建设用地主客体的入市资格；及时登记和发布集体经营性建设用地的位置、面积、用途、价格等市场供求信息；依法提供协议、"招、拍、挂"出让等交易服务；拟定并提供集体经营性建设用地交易合同范本，协助交易双方签订书面正式合同等职能。二是完善集体经营性建设用地入市的中介服务组织，为小城镇经营性建设用地提供充分、高效的价格评估服务、委托代理服务、公证服务、法律咨询与援助服务等。

3. 强化市场监管机制。一是建立和完善小城镇经营性建设用地规划管制许可制度和规划审查责任制。二是严格审核拟入市土地的资格，未完成土地确权以及登记和发证的不得入市，拟入市的小城镇集体经营性建设用地应进行联合踏勘，明确其面积、四至、补偿、复查指标的验收及有无违法占地等问题。三是加强对拟入市的小城镇经营性建设用地价格评估及备案的监督。四是加强对小城镇经营性建设用地供给信息的监督，凡是商业、旅游、娱乐等经营性用地必须采取"招、拍、挂"等方式有偿供给，大宗土地交易信息须在公开媒体上进行公告。

（三）构建多元化的小城镇集体经营性建设用地供给机制

1. 小城镇经营性建设用地就地入市。就地入市是根据土地利用总体规划将产权清晰的集体经营性建设用地在不改变土地所有权和位置的前提下，直接在土地市场实施供给。就地入市的特点是土地开发利用不发生位移，其优点为供给过程相对简单，可直接参照国有经营性建设用地的供给程序和相关规定；土地权属变更简单，既不用改变土地的所有权，也不涉及土地使用权权属的跨区域调整。其缺点是存在很大的区位局限性，受制于土地位置的不可移动性，很难与相应区域的真实需求相匹配。通常经济发达地区的市场需求旺盛，但符合就地入市条件的土地供给数量较少；经济不发达地区虽有大量符合条件的土地，但市场有效需求不足。就地入市供给在存量集体经营性建设用地中较为常见，但仅适用位于经济社会发达、区位条件好、土地相对集中、市场需求旺盛的小城镇。

2. 小城镇经营性建设用地指标交易。由于就地入市供给适用范围狭窄，不能满足各区域经济社会发展和市场差异化的需求，只能通过指标交易破解这种因土地位置固定性产生的供需结构性矛盾。指标交易是将区位条件差、符合规划、产权清晰的集体建设用地通过集体建设用地整治等方式形成结余集体建设用地指标，并通过市场交易将其调整到区位条件好、市场需求旺盛的区域实施供给。指标交易摆脱了土地利用的区位束缚，有利于推进集体建设用地的整治，实现土地的集中连片利用，缓解土地供需结构矛盾，协调各区域资源与资金平衡。小城镇经营性建设用地指标交易适用于广大经济社会不发达、区位条件差、土地布局分散零碎、本地市场有效需求不足的小城镇。

五、"增减挂钩拓展"：小城镇集中居住用地供给新模式

小城镇集中居住用地是小城镇内根据村镇规划选取一个集中区域，为统一安置农村转移人口所占用的土地。小城镇集中居住用地受益对象具有特定性和狭窄性，必须是具有农村集体组织成员身份的农村转移人口，目前还不能划入公益性用地范畴；同时又承担着一定的社会保障功能，也不宜采取商品住宅用地完全市场化的供给方式；为促进节约集约用地和公共管理与服务共享，也不能继续采取"一户一宅"分散供给模式，而应通过"增减挂钩拓展"实现土地有效供给。"增减挂钩拓展"是在借鉴"城乡建设用地增减挂钩"的含义与运作方式基础上提出的小城镇集中居住用地供给新模式，即依据土地利用总体规划，将若干拟整理复垦为耕地的农村建设用地地块（即拆旧地块，主要是农村宅基地）和拟用于小城镇建设的地块（即建新地块）等面积共同组成建新拆旧项目区，通过建新拆旧和土地整理复垦等措施，在项目区内各类土地面积平衡的基础上，最终实现耕地有效面积有增加、质量有提高，农村建设用地布局更合理、结构更优化、功能更完善、利用更集约的目标。

（一）以宅基地自愿有偿退出获得土地来源

在农民自愿、产权清晰和有偿退出原则下建立宅基地自愿有偿退出机制。第一，界定退出的主体和对象。拟退出的宅基地必须产权清晰，且已完成确权、登记和颁证，主要针对"一户多宅"、面积超标或因"拆旧建新"需要腾退的土地；申请人在退出宅基地之后能够在可预见的较长时期维持正常生活水平。第二，合理确立补偿标准。借鉴国有土地补偿测算方法并结合项目成本、农民长远生计等因素，以市场机制为主导方式实施补偿，保证农民的生活和居住水平不降低。第三，多元化补偿方式。提供一揽子、自助式"补偿套餐"[11]，双方协商一致确定最终补偿价格后，农民可根据自身需求在"补偿套餐"中选择等量价格的补偿方式。第四，合理分配宅基地退出增值收益。政府以其对宅基地价值提升的贡献程度享有部分收益，但应本着让利于民的原则尽量少取；集体作为宅基地所有权人享有部分收益，并按照"取之于民，用之于民"的原则将其主要用于公共基础设施建设与公共服务；农民作为最直接的利益者应得到最大比例的收益分配。第五，配套推进超标宅基地和新增宅基地的有偿供给。明确宅基地有偿使用的主体、范围、收费原则、标准和方式以及有偿使用费的管理等。

（二）通过农村土地综合整治形成"增减挂钩拓展"指标

在严格的耕地保护红线约束下，必须通过农村土地综合整治，才能保障小城镇集中居住用地及其他发展用地需求。在符合土地利用规划和村庄规划的前提下，通过农村土地综合整治，将原来相对分散、零星、利用粗放的农村集体建设用地包括宅基地、乡镇企业用地、乡（镇）村公共设施和公益事业用地等，以多种形式的宅基地退出为基础，

通过宅基地及其他农村建设用地复垦并经相关部门验收合格形成"增减挂钩拓展"指标，包括：小城镇集中居住用地指标，即用于安置转移人口的居住用地面积；小城镇准公益性用地指标，通过镇域统筹的方式统一供给；节余的建设用地指标，并依照相关规定进行交易获得相应的资金等。

（三）小城镇集中居住用地指标供给与落地开发

1. 实施小城镇集中居住用地指标供给。首先，根据区域经济社会发展状况和农村转移人口的需要确定集中居住用地指标的供给范围。集中居住用地指标的供给范围规定不宜过宽，必须以农村转移人口意愿为出发点，综合考虑其原有的传统习俗、生活环境与方式等，使拆旧区和集中居住区的区域跨度在合理范围内。其次，根据土地利用总体规划并结合农村转移人口的规模和发展趋势确定小城镇集中居住区的位置和规模。再次，小城镇集中居住用地本质上属于农村宅基地，承担着一定的社会保障功能，应由政府统筹安排（节余的建设用地指标可入市交易）。最后，根据项目的实施进度、人口预测和区域经济社会发展规划等确定指标的供给时序。在满足因建新拆旧项目需要而转移的居民集中居住用地需求的基础上依据小城镇人口预测预留一部分集中居住用地指标分阶段实施供给。

2. 科学进行小城镇集中居住区的选址与规划。小城镇农民集中居住区的选址要"以人为本"，从便于农村转移人口生产生活的角度出发，统筹评估集中居住区点位及其周边经济社会发展的支撑条件。尤其是在仍以农业生产为主的区域，要充分考虑农民的生产半径和交通条件，根据各个地区的自然环境、经济发展水平，有区别地采取"就地集中、异地集中、就近并点、迁弃归并"等方式[12]，将集中居住用地指标进行有效的落地开发。

3. 合理进行小城镇集中居住区的布局与开发。从系统性和长远性的角度出发，将业态、形态、文态和生态融入小城镇集中居住区的开发，优化各个功能的主次和空间布局。充分关注农村转移人口对于新环境及由此产生的新人际关系的接受程度和心理转变能力，尽量采用"小规模、组团式、微田园、生态化"的集中居住建设模式，让小城镇中的农村转移人口在轻松自然的环境中逐步过渡到城镇化的生活方式。居住区内各种功能的空间形态布局、户型设计、功能设置、景观美化等必须进行充分的前期调研和听证，多听取、采纳农民的心声和意见，加强集中居住区建设的可行性评估及开发建设过程的质量监管。

4. 建设集中居住区的配套设施与公共服务。"硬件"配套上，政府主要承担基础设施的统一供给和建设，将农村地区公共服务供给纳入"国家公共服务制度安排中"[13]，增加道路管道、警备安全、医疗卫生、教育机构、消防设施、污水排放、垃圾处理、物业管理等供给。"软件"配套上，构建新型小城镇社区管理模式，以集中居住区党组织为领导，成立集中居住区居委会、业主委员会、党员议事会、居民议事会等，推进"集中居住区民主治理"[14]。

（四）建立土地权属调整机制

1. 建立农村土地集体所有权调整机制。当"增减挂钩拓展"项目区域跨小组、跨村，甚至跨乡镇、跨市域范围（如贫困地区）时，涉及不同的农民集体组织之间的土地所有权转移问题。首先，赋予土地所有权在不同农民集体之间转移的合法性，删除《土地管理法》"任何单位和个人不得侵占、买卖或者以其他形式非法转让土地"规定；并在《土地管理法》中增加"经村集体经济组织三分之二以上成员同意，并报上级相关部门批准后，可将本集体土地所有权有偿转让给其他农民集体"。其次，集体土地所有权的调整以"权随地走"为原则，其所有权主体和用途均按照调整后的土地开发利用实况进行确权登记。最后，为理清"增减挂钩拓展"中的集体土地所有权关系，协调农民集体之间的利益分配，应始终维持农村土地产权清晰并及时登记和颁证。

2. 建立集体土地使用权权属调整机制。对于"拆旧区"退出的农村宅基地、乡镇企业用地等经过土地整治等方式复垦为农用地的，将其使用权统一收归集体并由集体在内部成员之间进行重新发包或统一流转；对于小城镇集中居住区和"建新区"所占用的农用地，按照承包经营权的剩余年限实施有偿收回；对于小城镇集中居住区土地直接界定为新的集体经营性建设用地，由于集中居住有别于"一户一宅"，可参照国有土地使用权确权颁证方式；对于节余建设用地指标在"建新区"的落地开发及其使用权规定，参照国有土地使用权的确权方式[15]。

参考文献

[1] 费孝通，杜润生，艾丰，等. 小城镇建设的深入及西部开发——第二届"小城镇大战略高级研讨会"小辑[J]. 小城镇建设，2000（5）：24-35.
[2] 夏锋. 从规模城镇化走向人口城镇化——2020：城镇化转型升级大趋势[J]. 上海大学学报（社会科学版），2015，32（4）：1-18.
[3] 谢冬水. 土地供给的城乡收入分配效应——基于城市化不平衡发展的视角[J]. 南开经济研究，2017（2）：76-95.
[4] 贾康，苏京春. 论供给侧改革[J]. 管理世界，2016（3）：1-24.
[5] 范必. 供给侧改革应着重打破供给约束[J]. 宏观经济管理，2016（6）：11-18.
[6] 朱道林，李瑶瑶. 农村土地制度改革的经济学考察[J]. 中国土地科学，2018，32（3）：1-5.
[7] 王克强，郑旭，张冰松，等. 土地市场供给侧结构性改革研究——基于"如何推进土地市场领域的供给侧结构性改革研讨会"的思考[J]. 中国土地科学，2016，30（12）：3-9+34.
[8] 冯广京. 土地领域供给侧结构性改革的重心和方向[J]. 中国土地科学，2016，30（11）：4-12.
[9] 严金明，陈昊，夏方舟. 深化农村"三块地"改革：问题、要义和取向[J]. 改革，2018（5）：48-55.
[10] 贾莉. 公共利益的确认与我国征地制度改革[J]. 经济体制改革，2008（4）：103-106.
[11] 姚树荣，熊雪锋. 以宅基地有偿退出改革助推易地扶贫——四川省泸县"嘉明模式"分析[J]. 农村经济，2017（2）：21-24.
[12] 邓雪霜，林小莉，骆东奇. 农民集中居住研究综述及展望[J]. 重庆工商大学学报（社会科学版），2016，33（1）：52-60.
[13] 伽红凯，王树进. 我国农民集中居住的阶段转变与策略引导[J]. 南京社会科学，2016（10）：

83-87.
[14] 翟坤周, 王国敏. 我国移居农民集中居住的实践逻辑与实证分析——成都实践检视 [J]. 学习与实践, 2016 (10): 94-106.
[15] 韩立达, 王艳西. 城乡建设用地增减挂钩中土地权属调整研究 [J]. 中国土地科学, 2016, 30 (4): 21-27.

关于探索成渝地区双城经济圈集体土地转用与征收制度适配改革的思考[①]

景丽娟　姚树荣

为贯彻落实党的二十大精神，深化"放管服"改革，提高行政审批效率，加快构建"双循环"新发展格局，近年来国家围绕用地审批制度进行了持续探索，北京等八省（市）成为用地审批权下放试点，海南等省（市）也针对集体土地转用与征收制度适配进行了积极探索，积累了宝贵经验。用地审批制度改革有力推动了试点地区经济高质量发展。随着成渝地区双城经济圈建设上升为国家战略，经济社会发展呈加速态势，迫切要求构建起与之相适应的集体土地转用与征收制度，提供高效便捷用地保障。为此，我们围绕"成渝地区双城经济圈集体土地转用与征收制度适配问题"开展了专题研究，形成如下思考与建议。

一、现行制度的主要弊端

（一）审批程序烦琐复杂，耗时较长

现行土地转用征收审批一般经过拟订申报、审查批准和组织实施三个环节。由土地所在市、县级政府自然资源部门根据土地利用年度计划拟定"一书四方案"，经同级政府审核同意后，分批次报上级自然资源部门审查。上级自然资源部门对上报资料进行审查，对通过审查的申报要及时送交同级政府进行审核。审核通过后，交由有批准权的自然资源部门按规定审查上报来的资料，确定无异议后交由有批准权的政府审核，审核批准申报方案的市县级政府按照具体项目需要实施供地。从实际运行情况看，土地转用与征收审批过程复杂烦琐，步骤多、耗时长、效率低。由于土地审批权高度集中于省级政府和国务院，繁杂的审批手续使基层叫苦不迭，不得不周旋于各级审批部门之间。从成都某地来看，近年高速公路、快速路等基础设施项目的土地转用与征收审批周期要耗时8个月以上，有的更是长达18个月，导致大量的财力、物力、人力浪费，严重影响了

[①] 作者简介：景丽娟，四川大学经济学院硕士研究生；姚树荣，四川大学经济学院教授。本文是成都市哲学社会科学规划项目"成都都市圈深化要素市场化配置综合改革研究"（2022CS043）的阶段性成果。

经济发展效率。

（二）政府角色存在错位，责权倒置

在现行制度下，一些地方政府为了追求经济发展和财政收入，政府职能发生了错位，权力与责任也相互倒置。当政府成为用地单位申请用地时，角色由土地管理者身份转变为征地报批者，为了完成各项经济指标，用尽一切手段和方法征收土地，盲目扩大征收土地范围及数量。此外，一些不合理的制度规定也助长了政府过度依赖土地要素。新《土地管理法》虽然采取列举方式对公共利益进行了界定，但成片开发征收标准界定宽泛，并没有起到实质性缩小征地范围的作用，一些地方政府过度使用土地征收权也阻碍了用地审批的高效运作。

（三）被动违法时有发生，屡禁不止

审批程序烦琐冗长与政府角色错位导致土地违法时有发生。一些地方政府为了加速工业化和城镇化进程，在土地利用计划指标不足、土地转征程序烦琐冗长等情况下，采取以租代征、未批先用、少批多用、边报边用等各种形式违法用地。另外，农用地转用审批过后，有的建设项目还没有完全确定，这就导致土地闲置荒废，利用效率低下。在现行制度下，一些地方政府及其自然资源部门的行政执法权、土地财产权和经营管理权三权的主体在不同形式、不同程度上重叠，使土地行政执法失去了独立性、客观性，导致各类违法用地屡禁不止。

（四）转用征收程序混同，不求甚解

在现行制度下，农用地转用与土地征收要求审批同步，这混淆了基于用途管制目的的转用审批和基于产权保护目的的征收审批，严重影响了行政审批效率与法律目标实现。作为落实土地用途管制的手段，在土地利用年度计划规定的指标范围内，农用地转用审批的功能在于保护稀缺的耕地资源及维护生态安全，并根据经济发展态势协调农用地与建设用地的需求。因此，农用地转用审批制度改革应围绕审批流程优化、提升审批效率展开。征地审批权以平衡公共利益与被征收农民的财产权利为目标，审批改革以公共利益认定及被征收农民权益保障为重点。因此，征地审批权运作应以公共利益认定为核心，而不依附于农用地转用程序。

（五）农民权益保障困难，有失公平

过去由于缺少能反映农民利益的治理机制，当农民土地权益受到侵害时，他们无法有效地维护自身权益，征收土地对农民的补偿标准偏低。一是在工农产品价格"剪刀差"的背景下，以农业平均产值为依据确定的土地征收补偿标准偏低；二是土地之于农民不仅具有生产性收益，而且具有非生产性收益，仅按生产性收益进行补偿是一种不完全补偿；三是土地征收按土地原用途、以农民生活在农村为标准进行补偿有失社会公平，农民长远生计难保障。

二、改革的必要性与意义

（一）有利于落实"放管服"改革要求，建设人民满意的服务型政府

发展是硬道理，行政审批工作要服务于高质量发展，不能让审批工作成为经济发展的羁绊，必须加快推进"放管服"改革。集体土地转征制度适配应成为深化"放管服"改革的重要内容。用地审批事权集中于中央和省级政府，对严格控制新增建设用地、严格保护耕地发挥了重要作用，但审批权过于集中、层级过高，客观上也导致了用地审批程序过于复杂、周期过长等问题，严重影响了用地审批效率，与经济社会快速发展以及市场经济瞬息万变的需求不相适应。对于基层政府而言，有了批文就可以合法建设；对于上级政府而言，只要批复用地的位置、范围、面积等要素符合要求，农民权益保障到位，就可以下发批文。因此，对于项目建设来说，拿到征地批文就意味着征地的合法性得到基本保障，而审批流程并非项目建设合理合法的要件，政府工作应从重视事前审批转向重视事中事后监管。推进集体土地转征制度适配改革，将土地征收与转用环节分离审批，可以增加土地管理工作的灵活性；适度下放用地审批权，优化土地审批程序，减少不必要的环节和材料要求，不仅可以提高用地审批的质量和效率，而且可以使不同层级政府的权责更对等，能够更好地适应现代政府分级治理的新要求，建设人民满意的服务型政府。

（二）有利于强化要素保障，落实成渝双城经济圈建设战略部署

成渝地区双城经济圈是习近平总书记亲自谋划、部署和推动的国家重大区域发展战略。围绕这一战略，将加快推出一批重大政策、建设一批重大平台、落地一批重大项目，如何有效快速地提供项目所需的要素变得越来越重要。然而，在现行制度下，新增建设用地主要用于保障东部沿海发达城市的开发建设，西部地区则承担了更多的耕地保护与生态保护任务，新增建设用地指标受到严格控制；同时，在现行制度下，审批层级高、审批程序烦琐、审批周期过长，难以为成渝地区双城经济圈建设提供优质高效便捷的用地保障服务，有时不得不采取"边报边建""未批先建"的方式来提供项目服务。因此，不仅要改革现行的土地计划指标配置制度，实现新增建设用地指标向成渝地区倾斜，使优势地区获得更大发展空间，而且要推进集体土地转征制度适配，提高"农转用"和征收的审批效率，增强土地要素保障能力，确保成渝地区双城经济圈建设中的重大平台、重大项目及时落地，营造一流的营商环境，推动成渝地区建设成为我国经济增长的"第四极"。

（三）有利于满足新型农业产业化发展需要，全面推进乡村振兴战略

促进城乡融合发展、实现乡村全面振兴是"十四五"时期我国确定的重大战略之一。为顺应城乡融合、乡村振兴的发展要求，新《土地管理法》允许集体经营性建设用地入市交易，允许进城落户的农村居民依法自愿有偿退出宅基地，鼓励农村集体经济组

织及其成员盘活利用闲置宅基地和闲置住宅，对破除城乡分割的土地制度具有重要的里程碑意义。但是，长期以来乡村空间布局散乱，宅基地零星分散，符合入市条件的存量集体经营性建设用地很少，要满足大中型产业项目"集中连片或复合利用布局"的用地要求，就必须首先开展土地综合整治，将零星分散的包括宅基地在内的集体建设用地复垦还耕，将腾退的建设用地指标调整位置，覆盖到集中连片的农用地上，转换为集体经营性建设用地再入市。此外，国家给予乡村的新增建设用地指标，则可以直接覆盖到农用地上转为集体建设用地后入市交易。无论是经过土地整治后调整入市，还是使用新增指标落地直接入市，在这两种方式实施过程中，必然涉及农用地转用审批管理问题，即农用地转为建设用地，但不需要征收为国有土地（简称"只转不征"）。可见，实施新《土地管理法》，要求改革集体土地转征审批制度，从"农转用"与土地征收"捆绑审批"走向"农转用"与土地征收"分离审批"。进一步，除了少数大型产业项目外，乡村振兴更为常态化的项目为小型产业项目，存在"项目数量多、项目用地量少、项目用地零星分散、项目用地不确定性大"等特点，这要求改变过去"宗地"供应方式，采取"点状供地"新方式。过去的"宗地"模式不适合乡村小型产业项目的用地特征，往往造成用地指标浪费，大大增加土地成本，投资者无心也无力将资金用于产业项目打造。通过"点状供地"，可以有效地节约建设用地规划指标和土地利用年度计划指标。过去的"农转用"审批制度也难以满足乡村振兴小型产业项目的用地特征，再加之市场机会的稍纵即逝以及用地需求的不确定性，均要求建立更加精细、更加灵活、更加便捷的"只转不征""不征不转"等土地利用制度。因此，需要对集体土地转征审批制度进行改革来满足乡村小型产业项目的用地需求，推动乡村振兴战略的实施。

（四）有利于优化生态功能区用途管制，践行生态文明建设理念

建设生态文明，是关系人民福祉、关乎民族永续发展的长远大计。生态功能区属于纯公共产品，不直接产生经济效益，在功能上更注重生态保护和修复。促进生态功能区建设，要求改革现行土地审批制度，优化生态功能区用途管制，生态功能区建设不再需要覆盖建设用地指标，激励地方政府切实保护和修复自然生态系统。随着生态环境改善，如果不解决生态功能区内的居民搬迁安置问题，则很可能出现当地居民乱搭乱建、利用良好生态环境牟取不法短期经济利益等问题。如果实行"只征不转"，即对生态保护区内的居民按照征地政策进行土地征收和搬迁安置，但土地依然保留农用地性质，就可以有效解决上述问题。因此，践行生态文明理念，建设生态功能区，要求推进集体土地转征审批制度适配，实行"转征分离审批"，允许"只征不转"。

（五）有利于促进地方政府依法行政，切实维护保障农民合法权益

从建设法治国家的目标出发，一方面，应加快转变经济发展方式，从土地要素驱动转向创新驱动，弱化地方政府依赖建设用地扩张推动经济发展的冲动；另一方面，应改革集体土地转征审批制度，推进"简政放权"，缩减审批事项和手续，改进审批管理方式，提高用地审批效率，增强集体土地转征审批制度与经济发展模式的匹配度，从源头上治理基层政府被动违法问题。推进集体土地转征审批制度改革，也是维护好农民权益

的现实需要。一是推动集体经营性建设用地与国有建设用地同等入市，实现集体建设用地与国有建设用地"同权同价"，使集体经济组织对集体土地利用拥有更充分的权能，这既有利于调动农民参与的积极性，也有利于农民长期享有土地增值收益。二是促进集体建设用地与金融资本的融合，逐步破除集体建设用地融资障碍。三是提高征地补偿标准，建立多元化安置机制，使被征地农民现有生活水平不降低、长远生计有保障。四是规范征地程序，维护程序公平。总体来看，今后征地规模更小了、征地成本更高了、征地难度更大了、供地垄断破除了，地方政府的征地权受到了更严格的约束，农民合法权益得到了更有力的法律保障。在这种情况下，改革集体土地转征审批制度，赋予农民群众根据自身发展需要提出"农转用"申请的权利、授予县级政府审批"农转用"的权力，是有利于维护和保障农民权益的。

三、改革探索的重点内容

（一）建立"农转用"与土地征收审批分离制度

1. 从服务乡村振兴战略出发，实行"只转不征"。"只转不征"是指对集体所有的农用地、未利用地等非建设用地依法办理农用地和未利用地转为建设用地审批手续，但不予以征收，仍保留农民集体所有性质的土地利用方式。为实施乡村振兴战略，允许在符合规划的前提下以出让、租赁、作价出资（入股）等方式利用农村集体建设用地进行产业项目建设，且实施美丽乡村、全域旅游等占用农用地的产业项目可保留集体用地性质，采取"只转不征"方式落实项目用地；同时，也可以通过"只转不征"方式利用农村集体建设用地进行经营性基础设施、公益设施、村民住宅、征地安置留用地等项目建设。

2. 从服务生态文明建设出发，实行"只征不转""不征不转"。"只征不转"是指将集体所有的农用地、未利用地等非建设用地根据法定权限征收为国有，或将国有土地使用权依法收回，依法安排用于相关项目使用，不需办理农用地和未利用地转为建设用地审批手续，不占用建设用地规模和土地利用计划指标的土地利用方式。"不征不转"是指对集体所有的农用地、未利用地等非建设用地不予以征收，或对国有土地使用权不予以收回，也不转为建设用地，由相关权利人按照规定使用，土地用途仍按原用途管理的土地利用方式。为推进生态文明建设，对于开发边界范围内新增的道路防护绿地、公园绿地等生态绿化用地、休闲农业和乡村旅游项目中的观光台、零星公共服务设施用地、小型基础设施、农村道路等项目可以采取"只征不转""不征不转"的方式按现状要求使用土地，不再办理"农转用"审批手续，不占用新增建设用地指标。

3. 从提高行政审批效率出发，实行"转征与实施分离"。"转征与实施分离"是指将拟报批的城镇建设用地农用地转用（含未利用地）和土地征收的审批与具体实施方案的审核相分离，即先由省政府依法按批次集中批准城镇建设用地农用地转用和土地征收总规模，再由市政府分批次审核其具体实施方案的审批方式。改革后的建设用地审批方式可分为"转用征收审批""实施与监管"和"审核确认"三个阶段。在转用征收审批阶段，国务院、省政府只批准建设用地规模，不限定具体用地位置；在实施与监管阶段，由市、县政府在批准的建设用地规模范围内根据实际需要分期确定具体用地项目、位置和面积，并依照法定程序组织实施农用地转用和土地征收，省、市自然资源部门以一定方式对实施过程实行监管；在审核确认阶段，市、县政府将本年度农用地转用和土地征收的实施情况汇总上报自然资源部、省自然资源厅审核确认。

（二）优化"农转用"与土地征收审批流程

1. 科学统筹征地计划。每年年初地方政府自然资源部门应结合国土空间规划、土地开发和供应计划等开展征地报批年度计划调研，确立年度征地计划。原则上未列入年度计划的不予实施征地报批。实际工作中应根据城市发展规划、产业布局规划、国土空间规划，结合经济发展需要，优先保障国家级、省级重点建设项目、民生工程等项目。科学合理地统筹征地计划，精准选址，尽量避免因盲目无序征地、反复调换地块等拖延征地报批周期的情况发生。

2. 建立"容缺受理审查"机制。在符合必要条件和主要材料齐全的前提下，允许边审查、边补材料，实行并行办理，压缩审批时间。严格落实"一次性补正告知"制度，一次性告知申请对象需要补正的全部内容。建立健全问题快速协调解决机制，及时梳理项目审批过程中的突出问题，通过开展月度会商会议、专题研讨会议、内部签报等方式尽快协调解决。

3. 打通耕地指标占补堵点。适应新形势下土地指标分配制度，全力打通规划指标、补充耕地指标与计划指标匹配堵点。按照以县域平衡为主、市域内调剂为辅、省域内适度统筹为补充的原则，严格落实"占一补一、占优补优、占水田补水田"的耕地占补平衡要求，从压实主体责任、加强统筹调剂两方面入手，保障重大项目落实耕地占补平衡。要严格执行垦造水田月报制度，督促指导各地加快垦造水田、补充耕地核查整改等工作进度，推动各地尽快形成较多可用的补充耕地指标，尽力缓解指标紧缺的局面；要建立耕地质量标准及占补兑换机制，保障耕地占补前后的粮食综合生产能力保持平衡；要全省"一盘棋"，统筹保障重大建设项目落实耕地占补平衡。

4. 简化征地报批材料。对现有办事指南、申请表单和申报材料进行清理，统一简化和规范申报材料，减少不必要的审批环节，加快审批速率。不再要求提供省市级层面系统能够掌握的审批材料，如规划审查图。在违法用地处置方面，项目本身违法动工造成违法用地的，要在用地报批材料中说明违法用地处理情况，但是对于项目用地范围内的历史违法用地，其处理情况不再与项目用地报批挂钩。构建统一的国土空间用途管制审批体系，农用地转用、土地征收、林地征（占）等审批事项交由自然资源部门统一受理、统一审核、统一报批、统一出具批文。涉及使用林地的，先行用地审批、用地报批可与林地审批并行办理。加快建设网上政务平台，通过网上办事大厅、政务 App 等实现"全流程记录""不见面审批"。

5. 建立多部门协同工作机制。对拟报批项目用地推行"主动对接、提前介入"的服务理念，提前进行现场踏勘、数据审核和相关业务指导，确保项目征收过程中政策透明、程序透明、审批透明，充分保障被征收人的知情权及相关土地权益，切实避免地块存在重复报批、违规征收、占用基本农田、涉及自然保护区和生态保护红线等问题的出现，尽量节省报批材料的前期准备时间。征地材料组卷、报批过程中实行"专人负责、跟踪督办"的服务模式，通过多部门间联动沟通、协同配合，提升报批工作的规范化水平，避免用地单位在自然资源系统内部门间反复跑、来回跑的现象发生。

（三）进一步下放"农转用"与土地征收审批权

1. 将"农转用"审批权下放至县级政府。为落实成渝地区双城经济圈建设、乡村振兴等国家战略部署，在保留集体所有性质不变以及符合用途管制的前提下，将少量农用地转为建设用地存在客观需求，适应乡村项目单宗用地量小、零散、变动大等特点，可以避免审批层级过高、周期过长导致被动违法的出现。建议在国土空间规划确定的城市和村庄、集镇建设用地规模范围外，将永久基本农田以外的农用地转为建设用地的省级审批权限通过授权或者委托方式下放至县级政府负责。

2. 将土地征收审批权下放至市级政府。相较于"农转用"审批，土地征收审批核心是彻底变更土地权属，涉及公共利益与被征地农民权益保障问题，需要更为审慎地进行改革。建议除了征收永久基本农田、超过三十五公顷的永久基本农田以外的耕地、超过七十公顷的其他土地仍保持由国务院批准之外，省级用地审批权限通过授权或者委托方式下放至地市级政府负责，只在省级政府实行行政备案。这将有利于国家和省级政府将更多的重心和精力放到事中事后监管上来，确保权力放得下并管得住。

（四）强化配套监管措施，确保改革规范有序推进

1. 强化征地信息公开。在建设用地批准后20个工作日内应将相应征地信息上传至省自然资源厅网站"省征地信息公开平台"栏目和国家自然资源部官方网站信息公开平台，并在市规划和自然资源局网站公开，区县政府同步在其政府门户网站公开，主动接受监督。同时，严格按照《政府信息公开条例》要求，做好依申请公开工作。

2. 健全"双随机、一公开"机制。要建立随机抽取检查对象、随机选派执法检查人员的"双随机"抽查机制，严格限制土地监管部门的自由裁量权。建立健全征地档案和检查人员名录库，通过摇号等方式，从征地档案名录库中随机抽取检查对象，从检查人员名录库中随机选派检查人员。推广运用电子化手段，对"双随机"抽查做到全程留痕，实现责任可追溯。加快自然资源部门之间以及上下之间监管信息的互联互通，及时公开监管信息，形成监管合力，坚决制止土地违法行为。

3. 完善自然资源离任审计制度。进一步发挥审计监督的作用，健全完善领导干部对自然资源资产保值增值等情况的上任、在任和离任全过程审计监督制度。特别是在相关部门负责人离任时通过检查其任期内经手的土地转征项目情况，重点关注项目转征建设是否存在滥用耕地、水域、林地等自然资源资产的情况。与审计机关建立工作协调机制，完善联合审计、联席会议、信息交流与通报、审计整改与审计结果利用等工作制度，确保信息共享、及时沟通，支持审计机关依法独立行使自然资源资产离任审计监督权，并将审计结果作为考核和任免干部的重要依据。

4. 健全农民权益保障机制。适用新《土地管理法》对土地征收补偿的要求，逐步

提高征地区片综合地价标准，调整被征地农民基本生活保障缴费标准和征地调节资金征集标准。探索"货币+留用地+协商入市"的多元安置机制，创设生活补贴资金，按征地面积核算安排安置留用地，将农村集体建设用地入市与土地征收工作协商挂钩，优先安排所在村庄符合条件地块入市，增加农民的财产性收入。做细征地前权属和面积确认工作。在征地勘测阶段，增加提供勘测定界确认草图和权属确认证明材料，根据变更调查成果出具勘测定界草图，由图上确认的权属主体对权属界限和地类面积进行签字确认后再进入征地调查结果确认阶段。做实征地稳定风险评估工作。为防止征地风险评估流于形式，应要求所有项目均进行征地稳定风险评估，形成风险评估报告；征地风险评估要经过专家评审；评估结论是高风险的项目一律不报批，中等级风险的项目暂缓实施。落实征地各环节签字审核工作。

四、试点建议

（一）制定《成渝地区双城经济圈集体土地转征审批适配制度改革试点方案》

坚持制度先行，周密部署，规范改革。研究制定《成渝地区双城经济圈集体土地转征审批适配制度改革试点方案》，将"转征与实施分离""只转不征""只征不转""不征不转"以及优化指标分配、下放"农转用"与征收审批权和优化用地审批流程作为改革重点任务，制定配套监管措施，确保放得下、接得住、管得好，确保改革有序稳妥推进。

（二）审慎合理选择集体土地转征审批适配制度改革试点

坚持先试点、后推广，循序渐进改革。选择试点地区，先行先试，待取得改革经验后，再稳步扩大试点，最终上升为制度成果，推动相关法律法规的修改完善。试点选择应优先考虑土地管理比较规范、有过土地改革经验、经济发展压力较大的典型地区。建议优先将成都高新区、东部新区，四川天府新区以及重庆两江新区等作为集体土地转用与征收审批适配制度改革试点。

（三）适时对试点地区土地管理与改革综合情况评估考核

研究制定《集体土地转征审批适配制度改革试点评估考核办法》，适时对试点地区土地管理与改革综合情况进行评估考核。达到考核要求、改革推进得力、土地节约集约利用成效明显、综合管理水平高的试点地区，继续支持开展改革试验，并给予年度用地计划指标奖励以及全国表彰通报；对未达到考核要求、改革进展缓慢、土地闲置低效严重、出现土地管理负面事件的试点地区，要求及时整改，并根据整改情况，决定是否给予收回改革试验权和是否扣减年度用地计划指标等处罚措施。

参考文献

[1] 董泽. 我国土地审批制度改革研究 [D]. 北京：中国地质大学，2016.
[2] 林忠华. 领导干部自然资源资产离任审计探讨 [J]. 审计研究，2014 (5)：10-14.
[3] 李珍贵. "征转分离"是一把"双刃剑"——基于各地实践与探索的分析 [J]. 中国土地，2012 (5)：28-30.
[4] 刘守英. 以地谋发展模式的风险与改革 [J]. 国际经济评论，2012 (2)：92-109+7.
[5] 刘云生，徐文. 论征转分离制度的合理性及其改良 [J]. 河南财经政法大学学报，2012，27 (6)：112-121+176.
[6] 张康之. 论主体多元化条件下的社会治理 [J]. 中国人民大学学报，2014，28 (2)：2-13.
[7] 刘爱民. 违法用地中的政府行为 [J]. 国土资源，2007 (9)：43-45.
[8] 肖阳. "征转分离"土地审批管理模式初探 [J]. 安徽农业科学，2012，40 (28)：14031-14033.
[9] 杨宜勇，范宪伟. 土地资本化背景下中国特色"以地谋发展"模式论析 [J]. 中州学刊，2018 (8)：24-30.

土地整治对乡村三生空间优化的绩效评价研究[①]

姚智锦　辜秋琴

生产空间集约高效、生活空间宜居适度、生态空间山清水秀（通称三生空间），是新时代乡村振兴在空间上的理想表达。土地整治作为一项对乡村地域田水路林村等综合整治的系统工程，必然对乡村三生空间产生影响，但究竟产生了怎样以及多大的影响，学术界缺乏充分讨论，有关绩效评价的量化研究成果还不多见。有鉴于此，本文拟运用扎根理论分析土地整治对乡村三生空间的影响，并进行量化评价，以期为我国完善土地整治政策、服务乡村振兴提供决策参考。

一、文献综述

当前，我国城乡关系进入转型发展的关键阶段，传承了几千年的以农耕半径为基础的散居形态已走到了十字路口（陈秧分和刘彦随，2017），乡村国土空间因长期缺乏规划引导存在的"散乱脏差"问题亟待解决。党的十八大提出的"生产空间集约高效、生活空间宜居适度、生态空间山清水秀"，成为新时代乡村振兴在空间上的理想表达。但何谓三生空间？学术界围绕其内涵进行了讨论，比较有代表性的观点（江曼琦和刘勇，2020）认为：生产空间是具有产品生产和供给能力的生产经营性场所，生活空间是为人类居住及生活活动提供保障的功能空间，生态空间是具有自然属性、拥有生态要素、提供生态服务的地域空间。

土地整治自16世纪中叶德国最早提出至今（Ivkovic et al., 2010），已逐步在西方发达国家得到推广应用，经历了从单一开发向综合治理、从追求经济效益到寻求可持续发展的转型，构建生产集约、环境美丽、生活便利的国土空间成为重要目标（林家彬，2004）。我国现代意义的土地整治起步较晚，1997年《中共中央国务院关于进一步加强土地管理切实保护耕地的通知》提出"积极推进土地整治"，标志着土地整治正式上升为国家战略。经过20多年的实践探索，我国土地整治同样经历了从"耕地数量保护"向"耕地数量—质量—生态三位一体保护"、从"农用地整理"向"农用地整理—建设用地整理—生态修复保护综合治理"的转型（刘渊和翟坤周，2014），并成为实施国土

[①] 作者简介：姚智锦，成都理工大学（宜宾校区）商学院；辜秋琴，成都理工大学商学院教授。

空间规划、合理配置土地要素、统筹耕地保护与经济建设、推进乡村振兴与城乡融合发展的重要政策工具（赵梦洁，2019）。学术界围绕土地整治对乡村发展的影响作了深入讨论，Van den Noort（1987）、杨庆媛等（2006），付光辉和陆守超（2010）、敖佳等（2020）对土地整治的经济效益、社会效益和生态效益进行了评价。

关于土地整治对乡村三生空间的影响，学术界讨论还不多。龙花楼等（2013）关注到土地整治与乡村三生空间的关系，认为土地整治可以从产业发展集聚、农民集中居住和资源集约利用三方面影响生产、生活、生态空间，从而达到重构乡村空间的目的；姜棪峰等（2021）也研究发现，土地整治可以影响乡村生产、生活、生态空间形态，从而促进乡村形成集约高效的生产空间、宜居适度的生活空间和山清水秀的生态空间。这些文献为开展土地整治与乡村三生空间研究提供了一定基础，但经文献梳理发现，现有研究对土地整治影响乡村三生空间的评价尚停留于定性层面，量化评价成果还不多见。

二、研究背景

土地整治是一个随着实践需要而内涵不断丰富、动态演进的概念。本文所称土地整治，是指依据国土空间规划等相关规划，对乡村地域田水路林村等进行综合整治的系统工程，包括农用地整理、建设用地整理、生态保护修复等相关内容，通常涉及不同地类的用途转换、空间布局调整以及农房拆除复垦、新居建设和集中居住等事关农民利益的活动，在国土管理上的目标是实现项目区范围内建设用地规模不增加、耕地及永久基本农田面积不减少且质量有提高。早期开展土地整治的目的主要是平衡耕地保护与经济建设的矛盾，随着乡村振兴与生态文明战略的提出，土地整治的目标更加多元、内容更加综合、方式更加丰富。2020 年中央一号文件明确提出"开展农村全域土地综合整治试点，优化农村三生空间布局"。这表明，土地整治开始从国土管理的政策工具向服务乡村振兴与生态文明的方向转变，优化乡村三生空间成为土地整治的重要目标。

三、研究方法与评价指标体系

（一）研究方法

扎根理论最早于 1967 年由哥伦比亚大学的 Glaser 和 Strauss 提出。扎根理论秉承贴近现实的理念，形成了一套系统规范的资料收集和分析程序，适用于研究理论体系不够完善或具有新现象出现的领域（陈向明，1999）。扎根理论通常与案例研究相结合，通过案例调查找出实践存在的问题，将其有效地反馈到研究中，这样不仅可以保障数据资料的丰富性和来源的可靠性，还可以为研究主题提供充分的解释和翔实的现实资料。本文的研究重点是在识别乡村三生空间范畴的基础上，量化评价土地整治对乡村三生空间的影响，构建评价指标体系的关键是数据资料收集与分析。扎根理论很好地结合了定性与定量两种方法的优势，可以使评价指标选择更为客观真实，从而更准确地反映土地整治及其影响的实际情况。

（二）评价指标体系

评价指标体系的构建过程如下：理论分析阶段——选取典型案例并通过田野调查方式与村干部、村民进行深度访谈，获取研究所需资料，然后运用扎根编码步骤分析资料数据，识别出乡村三生空间的基本范畴；指标构建阶段——综合理论分析结果并参照现有研究，构建出土地整治对乡村三生空间影响的评价指标体系；优化完善阶段——通过再次访谈进行理论饱和度检验，并进行指标优化，最终形成科学合理的评价指标体系。

1. 样本选择与数据来源。成都作为全国统筹城乡综合配套改革试验区，在土地整治方面开展了一系列探索，步子大、力度强，在全国具有较大程度的代表性。本文选取了四川天府新区2015年立项、2019年验收的3个土地整治项目，于2022年7月至8月进行了实地调查，调查对象包括参与了土地整治项目的农民、村干部、村企业工作人员和政府工作人员共33人，拟定与土地整治的影响及生产、生活、生态空间范畴相关访谈问题13个（表1）。基于访谈结果运用扎根理论进行乡村三生空间范畴识别和指标体系建立，并以此为基础设计调查问卷，调查问卷面向土地整治项目村的农村居民发放，由调查员与受访者进行一对一交谈（交谈时间平均在20分钟以上），并根据受访者的描述或评价填写问卷，最终得到240份有效问卷。

表1 访谈问题

序号	提问内容	备注
1	您如何看待和理解土地整治政策？	面向对土地整治有一定认知的受访者，如政府工作人员、村支书等
2	您所在区域实施土地整治政策效果如何？	
3	您认为如何推进落实"生产空间集约高效，生活空间宜居适度，生态空间山清水秀"的目标？	
4	您觉得现在土地整治政策有什么需要优化转变的地方吗？	
5	请问您是什么时候搬到这里来的？	农村居民的背景、行为和认知
6	您家庭主要的经济来源是什么？	
7	村庄土地整治工程实施后您的生产方式有变化吗？	
8	目前您在这里居住生活便利吗？	
9	您觉得现在村子的空间布局怎么样？	
10	您觉得村庄的生态空间如何？	
11	您觉得现在推进土地整治最需要注意的是什么地方？	
12	您对目前土地整治后的生产空间有什么看法？	
13	土地整治后您有什么满意和不满意的地方？	

备忘录是扎根理论研究的重要环节，有助于更好地探索出土地整治对乡村三生空间的影响情况。备忘录示例如下：A村土地整治的一期工程按照"小组微生"理念开展，引导农民集中居住后将集体经营性建设用地流转给企业，企业再通过规模农业、农家乐、智慧农业等进行盈利。村民对土地整治满意度较高，认为生活环境较之前有很大改

变,但农业生产半径变大;二期工程没有摆放农具的空间,导致生产空间与生活空间出现了脱节,生态空间主要为人工种植的树木和草坪,房前屋后的空地上种植了蔬菜和花卉,水体空间也干净整洁。

2. 编码过程。在开放性编码阶段,本文使用 NVivo 12 软件对收集的访谈数据资料进行分析,提取出与研究主题相关的形象而独立的描述性语句,分别用 A、B、C 代表三个村庄对原始语句进行标记编码(如 A12 为 A 村第 12 句数据),提炼出初始范畴 29 个。开放性编码示例见表 2。

表 2 开放性编码示例

原始语句	初始概念	初始范畴
我们住在这里最大的问题就是没有了经济来源,之前还可以养些鸡鸭什么的卖钱,现在搬到这里也不让搞养殖了,没有家畜养殖那些收入就少了很多[A33]	n1 失去鸡鸭养殖空间	N1 农业养殖
现在开这个小卖铺嘛基本就是服务村里的人了,卖点最基础的泡面啊饮料啊,用于糊口嘛[A83]	n15 小卖铺	N9 商业空间
生活肯定比之前好多了,农村能住上这样的房子,我们都很满意[A68]	n26 房屋建筑	N13 住宅空间
现在环境建设比之前好多了,我们村现在真的很漂亮[A46]	n52 环境变好	N29 景观空间

主轴性编码是在开放性编码基础上构建各范畴间的关系,不断将范畴间的关系再深化归纳成主范畴,研究发现,土地整治对乡村三生空间存在显性和隐性影响,因此划分主范畴为农业生产空间、非农生产空间、基本生活空间、公共生活空间、生活维护空间和生态空间。选择性编码是通过反复比较核心范畴对于其下主范畴的概括性和统领性,进而形成理论框架。在选择性编码阶段,本文以乡村三生空间为依托展开,将主范畴、副范畴进行归类(表 3)。

表 3 选择性编码过程

	主范畴	副范畴	关系的内涵
生产空间	农业生产空间	农业养殖	土地整治对于农业养殖、农业晾晒、农具摆放、耕作距离、耕作规模、耕地质量、田间道路以及农业管理的影响可以统筹为农业生产空间,其中农业管理作为隐性条件,影响着农业生产的安全性和有效性
		农业晾晒	
		农具摆放	
		耕作距离	
		耕作规模	
		耕地质量	
		田间道路	
		农业管理	

续表

	主范畴	副范畴	关系的内涵
生产空间	非农生产空间	商业服务	农村除了农业生产空间之外，还包含商业服务、农村企业、农村特色产业以及农村就业机会这些非农生产空间
		农村企业	
		农村特色产业	
		农村就业机会	
生活空间	基本生活空间	住宅空间	住宅空间是农民的基本生活空间，具体指农村居民居住的房屋质量、结构、燃气、供水供电、采光等
	公共生活空间	生活道路	公共生活空间指作为开放区域被农民使用的空间，包括生活道路、广场空间、停车空间、教育空间、医疗空间以及隐性的文化空间、通勤空间
		广场空间	
		停车空间	
		教育空间	
		医疗空间	
		文化空间	
		通勤空间	
	生活维护空间	卫生保洁	生活维护空间指土地整治后村庄的卫生保洁、公共厕所、污水处理以及隐性的安全维护和基层治理
		公共厕所	
		污水处理	
		安全维护	
		基层治理	
生态空间	生态空间	水体空间	生态空间指土地整治过程中村民感知到的村庄水体空间、空气质量、绿化空间以及景观空间
		空气质量	
		绿化空间	
		景观空间	

3. 理论饱和度检验。编码完成后，再进行理论饱和度检验，可使研究结论更加可靠。当访谈数据资料中不能再发现新的概念类属时，即表明理论达到饱和。笔者发现，当访谈到第 25 名对象时，并未发现有新的概念类属再出现，可见理论达到饱和。为保证判断无误，在理论饱和后，笔者又在 C 村选取 8 名访谈对象，进行了理论饱和度检验，结果显示未产生新的概念范畴，由此判断理论达到饱和状态。

4. 评价指标体系优化。依据扎根理论编码分析构建出的初步评价指标体系，本文综合各主要概念和范畴，参考相关研究，构建起乡村三生空间的评价指标体系（表 4）。

表4 乡村三生空间评价指标

目标层	准则层	指标层	指标解释	赋值
生产空间	农业生产空间	农业养殖	农户在土地整治前后是否有农业养殖空间	1. 是 2. 否
		农业晾晒	农户在土地整治前后是否有农业晾晒空间	1. 是 2. 否
		农具摆放	农户在土地整治前后是否有农具摆放空间	1. 是 2. 否
		耕作距离	居住地与自家耕地的距离	调查值
		耕作规模	农户尚在种植的耕地面积	调查值
		耕地质量	您觉得自家耕地目前质量如何	1. 非常肥沃 2. 比较肥沃 3. 基本可以 4. 不太肥沃 5. 十分贫瘠
		田间道路	您对耕地田间道路是否满意	1. 非常满意 2. 比较满意 3. 基本满意 4. 不太满意 5. 很不满意
		农业管理	农户是否参加农民专业合作社	1. 是 2. 否
			耕地是否流转	1. 是 2. 否
			耕地是否撂荒	1. 是 2. 否
			对耕地的日常养护和监督巡视是否方便	1. 非常方便 2. 比较方便 3. 基本方便 4. 不太方便 5. 很不方便
	非农生产空间	商业服务	农户对村庄餐馆、小卖铺、超市等商业服务的满意度	1. 非常满意 2. 比较满意 3. 基本满意 4. 不太满意 5. 很不满意
		农村企业	村庄企业数量	调查值
		农村特色产业	村庄是否有特色产业（旅游业、农产品加工业等）	1. 是 2. 否
		农村就业机会	村庄或附近是否有非农就业机会	1. 是 2. 否
生活空间	基本生活空间	住宅空间	农户住房建筑面积	调查值
			房屋主体结构	1. 土木 2. 砖木 3. 砖混 4. 框架
			水电气信网完备程度	1. 一通 2. 两通 3. 三通 4. 四通 5. 五通
			农民对住房大小、采光满意度	1. 非常满意 2. 比较满意 3. 基本满意 4. 不太满意 5. 很不满意

续表

目标层	准则层	指标层	指标解释	赋值
生活空间	公共生活空间	生活道路	村主干道类型	1. 土路　2. 水泥　3. 柏油
		广场空间	农民对村庄广场空间及设施的满意度	1. 非常满意　2. 比较满意　3. 基本满意　4. 不太满意　5. 很不满意
		停车空间	农民对停车空间的满意度	1. 非常满意　2. 比较满意　3. 基本满意　4. 不太满意　5. 很不满意
		教育空间	农户家与附近幼儿园的距离	调查值
			农户家与附近小学的距离	调查值
		医疗空间	村医疗站工作人员数量	调查值
			本村医疗卫生服务的满意度	1. 非常满意　2. 比较满意　3. 基本满意　4. 不太满意　5. 很不满意
		文化空间	农民对村庄图书室、活动室、各类文娱活动的满意度	1. 非常满意　2. 比较满意　3. 基本满意　4. 不太满意　5. 很不满意
		通勤空间	村民对日常通勤空间的满意度	1. 非常满意　2. 比较满意　3. 基本满意　4. 不太满意　5. 很不满意
	生活维护空间	卫生保洁	本村配备的保洁人员数量	调查值
			本村垃圾处理和分类回收情况	1. 无集中处理　2. 有集中无分类　3. 有集中有分类
		公共厕所	本村公共厕所配备情况	1. 有　2. 没有
		污水处理	本村污水处理设备配备情况	1. 有　2. 没有
		安全维护	村庄盗窃等治安事件发生的频率如何	1. 没有　2. 较少　3. 一般　4. 较多　5. 很多
		基层治理	村民对村干部、合作社治理能力的满意度	1. 非常满意　2. 比较满意　3. 基本满意　4. 不太满意　5. 很不满意
生态空间	生态空间	水体空间	村庄水体情况如何	1. 无污染　2. 轻污染　3. 一般污染　4. 重污染　5. 极重污染
		空气质量	农户对本村空气污染情况评价	1. 无污染　2. 轻污染　3. 一般污染　4. 重污染　5. 极重污染
		绿化空间	依据本村绿色植被覆盖情况估算	1. 20%以下　2. 20%~30%　3. 30%~40%　4. 40%~50%　5. 50%以上
		景观空间	农户对村庄景观空间的满意度	1. 非常满意　2. 比较满意　3. 基本满意　4. 不太满意　5. 很不满意

四、量化评价与结果分析

利用扎根理论分析发现土地整治对乡村三生空间的影响评价主要是主观评价,而模糊综合评价法可以很好地将主观评价转化为定量评价,是目前相关领域应用最为广泛和成熟的方法之一。因此,本文采取模糊综合评价法。

(一)确定评价因素集和评语集

基于扎根理论划分的 29 个三生空间范畴和范畴的进一步指标化,本文共有 38 个评价指标,u_n 代表第 n 个评价指标,评价对象因素集为:

$$U_i = (u_1, u_2, \cdots, u_n), n = 38$$

评语集为 $V_m = \{优,良,合格,较差,差\}$,分别赋值 100,80,60,40,20。

(二)建立隶属度矩阵

根据问卷调查结果,从农户感知角度结合评价等级构架隶属度矩阵,进行单因素评价得到隶属度向量 $r_{im} = [r_{i1}, r_{i2}, \cdots, r_{im}]$,表示第 i 项指标在第 m 个评价等级的隶属度,组合建立隶属度矩阵 $\boldsymbol{R}$:

$$\boldsymbol{R} = \begin{bmatrix} r_{11} & r_{12} & \cdots & r_{1m} \\ r_{21} & r_{22} & \cdots & r_{2m} \\ \vdots & \vdots & \ddots & \vdots \\ r_{n1} & r_{n2} & \cdots & r_{nm} \end{bmatrix}$$

(三)权重确定

博弈论组合赋权是综合多种方案求出的指标权重,寻求各指标间最大化的共同利益点,实现指标权重的一致化、协调化,从而提高指标赋权的合理性(石宝峰等,2017)。本文采取博弈论组合赋权法确定指标权重,其实现过程是首先运用熵权法和灰色关联分析法(邓聚龙,2002)分别对各指标进行赋权,然后以纳什均衡作为协调目标,寻找最小化组合权重与各基本权重之间的偏差,并使偏差值之和达到最小,从而实现最大化共同利益,最终得到反映农民与评价指标客观属性的组合权重(表5)。具体方法如下(郭燕红等,2015):

用 L 种方法计算评价指标权重,任一基本权重集为:

$$\boldsymbol{\omega}_k = [\omega_{k1}, \omega_{k2}, \cdots, \omega_{kn}] (k = 1, 2, \cdots, L)$$

$$\boldsymbol{\omega} = \sum_{k=1}^{L} \beta_k \boldsymbol{\omega}_k^{\mathrm{T}}$$

式中,$\boldsymbol{\omega}$ 为任一组合权重集;β_k 为组合系数,$\beta_k > 0$,最优组合系数 β_k 即为 $\min_{g} \| \sum_{k=1}^{L} \beta_k \boldsymbol{\omega}_k^{\mathrm{T}} - \boldsymbol{\omega}_g \|_2$,其中 $\boldsymbol{\omega}_g$ 为第 g 种方法计算得到的基本权重集。

根据矩阵微分性质,求解最优组合系数 β_k 即对下式中的线性方程组求解,将解得的最优组合系数归一化处理后代入 $\boldsymbol{\omega}$ 即可得评价指标组合权重。

$$\begin{bmatrix} \boldsymbol{\omega}_1 \cdot \boldsymbol{\omega}_1^{\mathrm{T}} & \cdots & \boldsymbol{\omega}_1 \cdot \boldsymbol{\omega}_L^{\mathrm{T}} \\ \vdots & \vdots & \vdots \\ \boldsymbol{\omega}_L \cdot \boldsymbol{\omega}_1^{\mathrm{T}} & \cdots & \boldsymbol{\omega}_L \cdot \boldsymbol{\omega}_L^{\mathrm{T}} \end{bmatrix} \begin{bmatrix} \beta_1 \\ \vdots \\ \beta_L \end{bmatrix} = \begin{bmatrix} \boldsymbol{\omega}_1 \cdot \boldsymbol{\omega}_1^{\mathrm{T}} \\ \vdots \\ \boldsymbol{\omega}_L \cdot \boldsymbol{\omega}_1^{\mathrm{T}} \end{bmatrix}$$

表5 指标权重

目标层	准则层	指标层	指标解释	博弈论组合指标权重 土地整治前	博弈论组合指标权重 土地整治后
生产空间	农业生产空间	农业养殖	农户在土地整治前后是否有农业养殖空间	0.0669	0.0307
		农业晾晒	农户在土地整治前后是否有农业晾晒空间	0.0778	0.0043
		农具摆放	农户在土地整治前后是否有农具摆放空间	0.0596	0.0043
		耕作距离	居住地与自家耕地的距离	0.0203	0.3588
		耕作规模	农户尚在种植的耕地面积	0.0119	0.0010
		耕地质量	您觉得自家耕地目前质量如何	0.0122	0.0027
		田间道路	您对耕地田间道路是否满意	0.0128	0.0028
		农业管理	农户是否参加农民专业合作社	0.0130	0.0197
			耕地是否流转	0.0148	0.0281
			耕地是否撂荒	0.0779	0.0164
			对耕地的日常养护和监督巡视是否方便	0.0127	0.0097
	非农生产空间	商业服务	农户对村庄餐馆、小卖铺、超市等商业服务的满意度	0.0129	0.0116
		农村企业	村庄企业数量	0.0130	0.0305
		农村特色产业	村庄是否有特色产业（旅游业、农产品加工业等）	0.0130	0.2257
		农村就业机会	村庄或附近是否有非农就业机会	0.0177	0.0358
生活空间	基本生活空间	住宅空间	农户住房建筑面积	0.0268	0.0498
			房屋主体结构	0.0242	0.0002
			水电气信网完备程度	0.0136	0.0057
			农民对住房大小、采光满意度	0.0125	0.0055
	公共生活空间	生活道路	村主干道类型	0.0445	0.0139
		广场空间	农民对村庄广场空间及设施的满意度	0.0124	0.0026
		停车空间	农民对停车空间的满意度	0.0129	0.0067
		教育空间	农户家与附近幼儿园的距离	0.0129	0.0037
			农户家与附近小学的距离	0.0130	0.0046
		医疗空间	村医疗站工作人员数量	0.0119	0.0001
			本村医疗卫生服务的满意度	0.0123	0.0004
		文化空间	农民对村庄图书室、活动室、各类文娱活动的满意度	0.0445	0.0001
		通勤空间	村民对日常通勤空间的满意度	0.013	0.0015

续表

目标层	准则层	指标层	指标解释	博弈论组合指标权重 土地整治前	博弈论组合指标权重 土地整治后
生活空间	生活维护空间	卫生保洁	本村配备的保洁人员数量	0.0129	0.0015
		卫生保洁	本村垃圾处理和分类回收情况	0.0754	0.0001
		公共厕所	本村公共厕所配备情况	0.0770	0.0732
		污水处理	本村污水处理设备配备情况	0.0445	0.0001
		安全维护	村庄盗窃等治安事件发生的频率如何	0.0445	0.0021
		基层治理	村民对村干部、合作社治理能力的满意度	0.0128	0.0018
生态空间	生态空间	水体空间	村庄水体情况如何	0.0126	0.0017
		空气质量	农户对本村空气污染情况评价	0.0151	0.0371
		绿化空间	依据本村绿色植被覆盖情况估算	0.0140	0.0038
		景观空间	农户对村庄景观空间的满意度	0.0144	0.0016

(四) 计算结果

采用加权平均型算子合成模糊综合评价矢量，将隶属度加权汇总形成农民感知的乡村三生空间评价值 S_i：

$$S_i = W_{1×38} R_{38×5}$$

分别计算生产空间、生活空间、生态空间和三生空间整体情况在土地整治前后具体的分值变化（表6）。

表6 计算结果

	A村 前	A村 后	A村 变化幅度	B村 前	B村 后	B村 变化幅度	C村 前	C村 后	C村 变化幅度
生产空间	74.34	77.18	3.82%	75.27	60.52	−19.60%	75.28	52.71	−29.99%
农业生产空间	78.61	76.49	−2.70%	79.71	44.29	−44.44%	79.21	48.66	−38.57%
非农生产空间	45.64	78.28	71.52%	45.48	86.10	89.30%	48.93	59.09	20.77%
生活空间	46.57	80.20	72.21%	43.58	86.55	98.59%	38.33	88.12	129.90%
基本生活空间	66.43	67.06	0.95%	56.19	83.02	47.74%	59.79	79.14	32.38%
公共生活空间	44.22	83.13	87.97%	46.37	77.80	67.79%	37.04	87.09	135.16%
生活维护空间	41.90	89.16	112.82%	38.09	93.03	144.21%	33.00	95.53	189.52%
生态空间	51.55	77.21	49.77%	72.48	34.05	−53.02%	60.90	79.34	30.29%
水体空间	63.25	59.25	−6.32%	77.25	84.75	9.71%	68.50	83.00	21.17%
空气质量	64.75	44.50	−31.27%	94.00	80.25	−14.63%	75.00	68.50	−8.67%
绿化空间	31.75	79.25	149.61%	65.25	25.50	−60.92%	48.50	80.00	64.95%

续表

	A村			B村			C村		
	前	后	变化幅度	前	后	变化幅度	前	后	变化幅度
景观空间	49.00	79.50	62.24%	56.00	75.50	34.82%	53.75	76.25	41.86%
三生空间	59.63	77.70	30.30%	59.66	63.86	7.05%	56.27	60.03	6.67%

由表6可以看出：土地整治后乡村三生空间整体得到优化，但整体提升不高，出现了生活空间显著优化、非农生产空间改善、农业生产空间恶化、生态空间部分受损的此消彼长现象。（1）土地整治后农民搬入新居，基本生活空间和公共生活空间获得大幅度改善。农民居住条件、通勤情况和日常生活需求均得到极大改善，土地整治后农民生活空间更加宜居适度。（2）土地整治吸引了外来投资，商业服务业等非农生产空间明显改善；同时，三个样本村的农业生产空间得分均不同程度下降，农户耕作半径变大，对农田管理难度增强，出现了部分村民撂荒现象。（3）土地整治后三个样本村的景观空间均获得提升，乡村可观赏性上升，有利于发展旅游业，但有的村庄空气质量较之前原生环境有所下降，有的村庄公共水体空间因未得到良好维护而变差，有的村庄因住宅容积率过高而使绿化空间受到影响。

五、结论与建议

生产空间集约高效、生活空间宜居适度、生态空间山清水秀，是新时代乡村振兴在空间上的理想表达。土地整治作为一项对乡村地域田水路林村等进行综合整治的系统工程，必然对乡村生产、生活和生态空间产生影响，但究竟产生了怎样以及多大的影响，学术界缺乏充分讨论，有关量化评价的成果还不多见。本文率先运用扎根理论方法，探明了乡村三生空间的具体范畴，提炼出初始范畴29个，构建了乡村三生空间评价指标体系，实现了乡村三生空间范畴的具体化、可视化，并采用模糊综合评价法和博弈论组合赋权法，测度了三个土地整治项目实施前后乡村三生空间的绩效变化，为开展量化评价探索了一条可行路径。

本文研究对完善土地整治政策、优化乡村三生空间具有四点启发：

1. 注重生产空间与生活空间统筹。一是生产空间与生活空间不宜距离过远，配套推进土地规模经营，优化种植结构，藏粮于地、藏粮于技，避免撂荒现象；二是合理安排晾晒空间、农具存放空间和田间道路，推动粮食生产、仓储、烘干、加工一体化发展；三是合理布局建设用地，服务产业融合发展，为农民就近就业增收提供更多机会。

2. 注重生活空间维护。现有土地整治忽视了对农民生活空间的维护，可持续性不足，村庄各类基础设施、卫生保洁均需持续维护，同时为更好满足农民需求，村庄文化服务、医疗服务、基层治理均需随着农民生活形态的变化更新。

3. 注重生态空间保护。一是土地整治应注重生态系统的修复功能，采用基于自然的解决方案（NBS）稳定生态系统；二是土地整治应充分考虑土地资源的适宜性，加强绿化空间营造；三是土地整治后景观空间获得较大提升，今后可转向"生态+"，以良好生态景观塑造生态产品价值实现机制，带动乡村产业振兴。

4. 注重三生空间协同。三生空间不是非此即彼、此消彼长的关系，如生产空间中的农田同样会起到生态作用，生活空间的乡居同样可承担民宿产业的生产功能，因而土地整治需重视空间复合功能。

参考文献

[1] 陈秧分，刘彦随. 农村土地整治模式与机制研究［M］. 北京：科学出版社，2017：117.
[2] 江曼琦，刘勇. "三生"空间内涵与空间范围的辨析［J］. 城市发展研究，2020，27（4）：43－48＋61.
[3] IVKOVIC M，BARKOVIC D，BACANI S. Land consolidation and rural development［J］. Geodetski List. 2010，64（4）：297－312.
[4] 林家彬. 日本国土政策及规划的最新动向及其启示［J］. 城市规划汇刊，2004（6）：34－37＋95.
[5] 刘渊，翟坤周. 我国农村土地综合整治政策演进的政治经济学分析［J］. 现代经济探讨，2014（1）：60－64.
[6] 赵梦洁. 乡村振兴背景下的土地整治综合成效评估研究——以浙江省衢州市衢江区为例［D］. 杭州：浙江大学，2019.
[7] VAN DEN NOORT P C. Land consolidation in the Netherlands［J］. Land Use Policy，1987，4（1）：11－13.
[8] 杨庆媛，张占录，杨华均. 土地开发整理项目社会影响评价方法探讨［J］. 中国土地科学，2006，20（3）：44－49.
[9] 付光辉，陆守超. 基于生态系统服务价值的区域土地整理生态效益评价——以南京市为例［J］. 生态经济，2010（5）：142－145.
[10] 敖佳，张凤荣，李何超，等. 川西平原全域土地综合整治前后耕地变化及其效益评价［J］. 中国农业大学学报，2020，25（8）：108－119.
[11] 龙花楼. 论土地整治与乡村空间重构［J］. 地理学报，2013，68（8）：1019－1028.
[12] 姜棪峰，龙花楼，唐郁婷. 土地整治与乡村振兴——土地利用多功能性视角［J］. 地理科学进展，2021，40（3）：487－497.
[13] 陈向明. 扎根理论的思路和方法［J］. 教育研究与实验，1999（4）：58－63＋73.
[14] 石宝峰，修宇鹏，王静. 基于博弈论组合赋权的地市绿色产业评价［J］. 技术经济，2017，36（2）：75－84.
[15] 邓聚龙. 灰理论基础［M］. 武汉：华中科技大学出版社，2002：35－76.
[16] 郭燕红，邵东国，刘玉龙，等. 工程建设效果后评价博弈论集对分析模型的建立与应用［J］. 农业工程学报，2015，31（9）：5－12.

对旅游导向的宅基地流转增值收益的一种测算方法[①]

卜炜玮　杨友婷　陈慧仪

一、引言

目前政府和学界对"宅基地流转"有着不同的界定，一般情况下，学术界提出的宅基地流转分为权利流转和功能流转两大类，本文所讨论的仅限于旅游开发导向的宅基地使用权流转，即宅基地使用权人（农户）将宅基地使用权（一般通过租赁的方式）流转给符合条件的企业或个人用于旅游相关的商业经营活动（开设民宿、客栈或餐饮等），并以此获取收益的行为。在经济发达或旅游业繁荣的地区，这种以旅游发展为导向的农民自发的宅基地流转现象较为常见，本文将其称为"旅游导向的宅基地流转"。

在旅游导向的宅基地流转过程中，宅基地的功能从"村民自住"变为"商业服务"[1]。在此过程中，宅基地的价值大幅增加，如何分配这种增值，涉及农户、宅基地使用者（经营者）、村集体、基层政府等多方主体的利益。目前，我国大多数地区缺少能够合理分配宅基地流转增值收益、对宅基地的可持续利用产生有效激励的收益分配制度[2]。而要设计出合理高效的宅基地流转收益分配制度，首先就必须明确宅基地流转增值收益构成，并找到一种可行的方法对其进行相对准确的测算。

二、相关研究现状

学者们已经提出了多种测算集体土地流转增值收益的方法。一种主要的思路是通过用途转变前后的交易价格差异或交易价格和影子价格的差异来进行计算。针对集体土地用途转变引起的集体土地增值，采用土地交易前用作农地和交易后用作建设用地的简单价差来测算集体土地增值[3]，或将转用后建设用地出让的市场价格和农用地转用开发的土地成本价格相减，来计算新增建设用地增值收益[4]。针对城乡建设用地增减挂钩中的

[①] 作者简介：卜炜玮，云南大学建筑与规划学院副教授。本文是云南省哲学社会科学规划项目"云南农村集体建设用地自发流转中的土地增值收益研究"（QN2017009）、云南省旅游规划研究院"乡村旅游开发中的土地流转问题研究"（2018TR06）、云南省教育厅科学研究基金项目"旅游民宿开发中的宅基地自发流转增值收益测算研究"（2019Y0019）的阶段性成果。

土地增值收益，有学者通过新增建设用地出让的总收入扣除项目实施中的补偿、税费和成本来测算土地增值[5]；也有学者从区位变化、土地用途变化、直接投资、土地稀缺性四个方面构建土地增值收益测算模型[6]；还有学者通过计算集体经济组织、地方政府和开发商三者的收益之和来计算土地增值收益[7]。

目前关于集体土地流转增值收益测算的研究主要聚焦于土地征收、增减挂钩和集体建设用地入市等方面，这些土地的用途转变均由政府或村民集体主导，其土地增值收益测算方法并不能被直接套用到村民自发进行的宅基地流转中，且现有的研究大多是对宅基地流转增值收益的总值进行测算，并未对增值收益的各项具体构成进行分项测算，不足以指导宅基地增值收益分配制度的设计。

土地发展权这一概念起源于英国矿产资源的开发管理，主要指对土地转变利用现状、用途以及利用强度的权利[8]。近年来，借用土地发展权概念对我国土地制度的研究逐渐增多。有学者引用土地发展权概念对我国留用地本质和问题发生的机理进行分析[9]；有学者提出宅基地流转增值收益公平补偿和合理共享是土地发展权分析的核心[10]。宅基地发展权本身也是土地发展权的一种形式[11]，但基于土地发展权视角的宅基地流转增值收益研究还较为少见。

三、基于土地发展权理论的宅基地流转增值收益测算模型构建

（一）宅基地流转增值收益模型

在土地发展权的基础上，本文进一步提出宅基地发展权的概念，即宅基地发展权人对宅基地进行开发利用的权利。宅基地流转增值收益的本质就是宅基地发展权人对宅基地开发再利用所获得的增量价值，主要包括宅基地用途转变引起的增值收益、对宅基地进行投资改造引起的增值收益和宅基地外部环境变化引起的增值收益三个部分。

假定宅基地流出方（市场供给者）与宅基地流入方（市场需求者）的交易市场处于均衡状态，根据宅基地发展权价值的构成因素，可构建以下公式：

$$V_i = V_{1i} + V_{2i} + V_{3i} \tag{1}$$

式中，V_i 表示宅基地在流转期内第 i 年的增值收益；V_{1i} 表示第 i 年宅基地用途转变引起的增值收益；V_{2i} 表示第 i 年对宅基地进行投资改造引起的增值收益；V_{3i} 表示第 i 年宅基地外部环境变化引起的增值收益。

（二）宅基地流转增值收益模型构成要素的测算

1. 宅基地用途转变引起的增值收益。当宅基地仅用于集体内部成员居住时，无法实现最高最优使用，因此其交易价格较低；当宅基地的用途从居住扩展到商业经营，其市场交易价格则较高。假如某块宅基地周边的环境条件不变、地上附着物也相同，则两种用途的价格之差就是宅基地用途转变引起的增值收益。如一宗宅基地原有用途为农户住宅，但因当地旅游业发展，农民会将宅基地上的房屋租赁给别人或者自行经营民宿，

此时宅基地的用途转变为商业用途,由此带来增值收益。因此,本文通过宅基地由原有的低收益用途转为高收益用途后的收益差值来计算宅基地用途转变引起的增值收益,其计算公式为:

$$V_1 = l' - f \tag{2}$$

式中,l' 为宅基地流转前,未进行投资改造且作为商服用地的土地年净收益,此处净收益=总收益×净收益率;f 为宅基地流转前作为农户住宅的影子年收益,可用当地政府公布的经济适用房货币补贴或公租房补贴数据估算。

2. 对宅基地进行投资改造引起的增值收益。对于宅基地而言,土地上的资本和劳动投入主要体现为对地上附着物的建造和装修投入。一般来说,为了满足经营者商业服务的需求,农户或经营者通常会对地上建筑进行装修、改造,使得建筑物更具美观性和适用性。宅基地投资改造引起的增值收益即为各主体如宅基地所有权人、使用权人或经营者因自身需求投入劳动力、资本、物料和技术等生产要素以提高宅基地产出效率而产生的土地增值,具体表现为宅基地使用者作为一个"理性经济人",在预期可见收益范围内对宅基地投入资本、劳动力等以获取更高收益的过程。

对宅基地进行投资改造引起的增值收益的计算公式为:

$$V_2 = l - l' - C \tag{3}$$

式中,l 为宅基地流转后,进行投资改造作为商服用地的土地年净收益;l' 为宅基地流转前,未进行投资改造且作为商服用地的土地年净收益;C 为对宅基地投资改造所付出的年摊销成本和当前所发生的成本。

3. 宅基地外部环境变化引起的增值收益。宅基地的价值受土地所处区位、自然环境、基础设施、旅游资源发展程度等外部环境的影响[12]。在旅游地区,当宅基地所在地的旅游资源受欢迎且基础设施条件优质时,游客能在此享受到更独特的自然风光和更优质的旅游服务;当宅基地所在地点与游客出行目的地之间的距离较近、交通便捷时,游客在往返路程上消耗的时间缩短;当宅基地所在地点靠近商圈时,游客能享受到更丰富的吃、住、行、购、娱等社会性服务。因此,经营者更愿意在外部环境条件较好的宅基地上支付较高的流转价格,这就形成了宅基地外部环境辐射引起的增值收益。参考学者对景区区位优势研究所构建的评价体系[13-14],选取旅游资源、交通状况、商业服务支撑和市场份额占比四个指标构建宅基地外部环境辐射引起的增值收益:

$$V_3 = \frac{T_r \cdot L_p}{N} = \frac{T_r \cdot \dfrac{\prod_{i=1}^{4} K_{mi}}{\sum_{m=1}^{n} \prod_{i=1}^{4} K_{mi}}}{N}, i = 1,2,3,4; n = 1,2,\cdots \tag{4}$$

式中,T_r 表示当地旅游民宿业年净收益;L_p 表示宅基地所在地外部环境优势度占比;N 表示宅基地所处民宿集中区的民宿总量;K_{m1}、K_{m2}、K_{m3}、K_{m4} 分别指某集中区旅游资源收益系数、交通区位收益系数、商业服务支撑收益系数和市场份额占比系数;n 表示所在区位划分民宿集中区的数量。各系数的具体计算方式如下:

(1)旅游资源收益系数 K_1。

$$K_1 = \frac{T(\alpha)_m}{\sum_{m=1}^{n} T(\alpha)_m}, n = 1, 2, \cdots \tag{5}$$

式中，α 为景区等级水平，如当景区为 2A、3A 时分别取 2、3；$T(\alpha)_m$ 为某一民宿集中区所含有的旅游景区等级水平之和；$\sum_{m=1}^{n} T(\alpha)_m$ 为所有民宿集中区所含旅游景区等级水平的总和。

(2) 交通区位收益系数 K_2。

民宿距离最近的火车站、机场和汽车站的距离越近，其交通区位收益影响因子越大，交通区位收益系数计算公式为：

$$K_2 = \frac{1 - \dfrac{D_{m1} + D_{m2} + D_{m3}}{\sum_{1}^{n}(D_{m1} + D_{m2} + D_{m3})}}{\sum_{m=1}^{n}\left\{1 - \dfrac{D_{m1} + D_{m2} + D_{m3}}{\sum_{m=1}^{n}(D_{m1} + D_{m2} + D_{m3})}\right\}}, n = 1, 2, \cdots \tag{6}$$

式中，D_{m1}、D_{m2}、D_{m3} 分别表示某一集中区到火车站、机场和汽车客运站的距离。

(3) 商业服务支撑收益系数 K_3 与市场份额占比系数 K_4。

商业服务支撑收益系数通过目标民宿集中区的商超和餐饮店的数量在所有民宿集中区总量中的占比表示；同理，市场份额占比系数为目标民宿集中区的民宿总量在所有民宿集中区总量中的占比，计算公式分别为：

$$K_3 = \frac{t}{T} \tag{7}$$

式中，t 为目标民宿集中区的商超和餐饮店的数量；T 为所有民宿集中区商超和餐饮店总量。

$$K_4 = \frac{r}{R} \tag{8}$$

式中，r 为目标民宿集中区的民宿数量；R 为所有民宿集中区的民宿总量。

四、宅基地流转增值收益测算实例

(一) 研究区域概况

2015 年，大理市成为全国 33 个农村土地制度改革试点地区之一，政府陆续发布了一系列管理办法来规范农户租赁宅基地及地上房屋给他人从事经营性活动的行为。大理市 L 村是这次大理市宅基地管理制度改革的试点村。截止到 2019 年底，L 村内利用宅基地从事民宿接待、农家乐和酒吧服务的经营者共有 94 户，经营设施总建筑面积为 31929 m^2。

课题组对 L 村的 52 家民宿经营者进行了访谈，根据经营者提供的信息，联系到 21 家与之对应的农户，获取了测算宅基地增值收益所需的原始数据。由于疫情期间，大理市旅游业出现严重困难，相关数据偏差比较大，本文用疫情爆发前的2019年的数据进行测算。下面以L村A宅基地块及其地上房屋租赁给村外经营者用于民宿经营为例，具体说明增值收益的测算过程。

（二）宅基地流转理论增值收益测算

1. 宅基地用途转变引起的增值收益。

（1）宅基地用途转变后（假设未进行投资改造）的年收益l'。

由于现实中没有不经改造即进行民宿经营的实例，故该指标通过《旅游民宿基本要求与评价》中的标准对未经过装修的宅基地A地上建筑的居住环境进行评价。分别请52家民宿经营者对其客房日均价格进行评估，得到客房价格估计值（表1），采用加权法计算得到L村宅基地投资改造前的客房价格虚拟值为：

$35×23.08\%+65×42.31\%+95×32.69\%+125×1.92\%=69.04$（元/天）

表1 宅基地A上未经投资改造的客房价格估值

客房价格区间/元	客房价格均值/元	人数	百分比
20~50	35	12	23.08%
51~80	65	22	42.31%
81~110	95	17	32.69%
111~140	125	1	1.92%
合计	—	52	100.00%

根据调研得到的信息，宅基地A所在村淡季民宿客房日均价格为180元/天，旺季民宿客房日均价格为230元/天，A地块所在的D镇的民宿各季度淡旺季占比情况见表2。民宿的平均入住率为：

$20\%×（66\%+90\%+34\%+92\%）÷4+80\%×（34\%+10\%+66\%+8\%）÷4=37.7\%$

表2 D镇民宿业经营情况

	淡季占比	旺季占比
第一季度	66%	34%
第二季度	90%	10%
第三季度	34%	66%
第四季度	92%	8%
平均入住率标准	20%	80%

根据国家统计年鉴，2019年全国旅游住宿业净收益率为50.01%，宅基地A上共建有12间客房，未经投资改造用于民宿经营时的年净收益值为：

l'=未经投资改造用于民宿经营时的年总收益×净收益率＝客房价格虚拟值×

房间数×天数×民宿平均入住率×净收益率=69.04×12×365×37.7%×50.01%=57012.90（元）

(2) 宅基地用途转变前（住宅）的影子年收益 f。

根据大理市 2019 年城镇低收入家庭租赁补贴申请公告，家庭人均住房建筑面积低于 20m² 的，租赁补贴按每人 7 元/（m²·月）补贴，但户均不得超过 60m²。宅基地 A 的家中共计 3 口人，即可得宅基地用途转变前（住宅）的影子年收益为：

f = 人数×面积×人均补贴×月数 = 3×20×7×12 = 5040（元）

根据公式（2）可得，2019 年宅基地 A 用途转变引起的增值收益为：

$V_1 = l' - f = 57012.90 - 5040 = 51972.90$（元）

2. 对宅基地进行投资改造引起的增值收益。

(1) 宅基地用途转变后（已进行投资改造）的年收益 l。

根据表 1 与表 2，民宿经营客房日均价为：

180×（66%+90%+34%+92%）÷4+230×（34%+10%+66%+8%）÷4=194.75（元）

因此，宅基地 A 投资改造后用于民宿经营的 2019 年的净年收益为：

l = 投资改造后用于民宿经营时的年总收益×净收益率 = 客房日均价×房间数×天数×民宿平均入住率×净收益率 = 194.75×12×365×37.7%×50.01% = 160823.60（元）

(2) 对宅基地进行投资改造所付出的成本 C。

对宅基地进行投资改造所付出的成本 C 包括农户进行装修投资分摊额 C_1 与经营者进行装修所投入的年资金额 C_2。通过访谈得知农户于 2015 年投入了 118 万元进行地上房屋装修，民宿经营者于 2016 年与农户签订了宅基地流转协议，协议中规定：流转期限为 12 年，前 5 年租金为 15 万元/年，后 7 年租金按比例每年递增 8%，一次性先付清前 5 年租金 75 万元，后 7 年租金每年年初结清。通过访谈民宿经营者得知其每年投入 5 万元装修民宿，每三年进行一次大的装修处理，费用约为 10 万元。假设装修建材的使用寿命为 40 年，即装修建材 12 年后的残值率约为 70%。采用直线法测算得 2019 年农户装修摊销费用为：

C_1 = 农户装修投入×（1-残值率）÷流转期限 = $1.18×10^6$×（1-70%）÷12 = 29500（元）

2019 年经营者装修投资费用为：

C_2 = 经营者每年装修投入÷装修建材的使用寿命+经营者每三年大装修投入÷装修建材的使用寿命÷3 = 50000÷40+100000÷40÷3 = 2083.33（元）

故 2019 年对宅基地 A 及地上房屋投入的资金为：

$C = C_1 + C_2 = 29500 + 2083.33 = 31583.33$（元）

因此，根据公式（3）计算可得 2019 年对宅基地 A 进行投资改造引起的增值收益为：

$V_2 = l - l' - C = 160823.60 - 57012.90 - 31583.33 = 72227.37$（元）

3. 宅基地外部环境变化引起的增值收益。

(1) 大理市旅游民宿业年净收益 T_r。

根据大理市统计局数据得 2019 年全市旅游业总收入为 401.34 亿元。根据"马蜂窝"旅游服务网站（https://www.mafengwo.cn）的数据，大理市内共有别墅、精品酒店、度假酒店以及主题酒店 469 家，共有民宿 2212 家，则游客在大理市选择民宿住宿的概率可以估计为：$P=\frac{2212}{2212+469}=82.5\%$。根据课题组调研访问的 230 位游客的民宿消费意向可知，住宿消费在他们的旅游总消费中占比为 20.9%，参考 2018 年大理市民宿业年均净收益率约 40.97%[15]。由此可计算出 2019 年大理市的民宿业净收益为：

T_r = 旅游业年总收入 × 游客选择民宿的概率 × 游客住宿消费占比 × 民宿业年均净收益率 = 401.34 × 82.5% × 20.9% × 40.97% = 28.35（亿元）

（2）景区的外部环境。

根据市场比较法确定外部环境条件各个影响因子，通过调研和大数据分析大理市共有 12 个民宿集中区（表3）。

根据马蜂窝、美团、高德地图以及百度地图等网站上的数据，按照公式（5）~公式（8）计算得出大理市 12 个民宿集中区的旅游资源收益系数 K_1、交通区位收益系数 K_2、商业服务支撑收益系数 K_3、市场份额占比系数 K_4 以及外部环境优势度比例 L_p，计算结果见表3。

表3　各民宿集中区收益系数及外部环境优势度计算结果

民宿集中区	旅游资源收益系数 K_1	交通区位收益系数 K_2	商业服务支撑收益系数 K_3	市场份额占比系数 K_4	外部环境优势度比例 L_p
大理古城	0.19	0.08	0.31	0.48	93.475%
才村、龙龛码头	0.17	0.08	0.01	0.09	0.558%
双廊古镇	0.10	0.08	0.06	0.06	1.074%
苍山风景区	0.16	0.08	0.01	0.04	0.049%
洱海公园	0.03	0.09	0.03	0.02	0.069%
大理火车站	0.03	0.09	0.33	0.09	3.409%
喜洲古镇	0.06	0.08	0.04	0.03	0.214%
小普陀	0.03	0.09	0.02	0.02	0.036%
蝴蝶泉桃园码头	0.07	0.08	0.02	0.01	0.041%
下关镇	0.03	0.09	0.17	0.04	0.731%
崇圣寺三塔	0.11	0.08	0.01	0.06	0.266%
海东镇	0.02	0.09	0.02	0.05	0.077%

宅基地 A 位于才村、龙龛码头民宿集中区，该区域的民宿数量为 N=195 家，民宿均拥有房间量为 9 间，宅基地 A 上有 12 间。

2019 年宅基地 A 所在民宿集中区在外部环境影响下净收益为：

V_3^* = 大理市的民宿业净收益 × 外部环境优势度比例 = 28.35 × 0.558% = 0.158193（亿元）= 15819300（元）

2019年宅基地A上所经营的民宿因外部环境变化引起增值收益为：
$V_3 = V_3^* \div 195 \div 9 \times 12 = 108166.15$（元）
综上，根据公式（1）可得2019年宅基地A流转理论增值收益为：
$V = V_1 + V_2 + V_3 = 51972.90 + 72227.37 + 108166.15 = 232366.42$（元）

由以上计算结果可知，宅基地A因用途转变、投资改造和外部环境变化引起的增值收益比例分别为22%、31%和47%。

根据上文所述计算方法，将调研所得21个宅基地流转作为民宿经营的案例进行统计测算，具体计算结果见表4。

表4 宅基地流转理论增值收益计算结果

类目	案例名称	用途转变（元）	用途转变占比（%）	投资改造（元）	投资改造占比（%）	外部环境变化（元）	外部环境变化占比（%）	理论收益（元）
1	HYX	51973	23	72227	31	108166	46	232366
2	ZZTKZ	33782	22	47488	31	74014	48	155284
3	XTYS	29468	18	68581	42	65790	40	163839
4	QZBW	26835	22	37986	31	57567	47	122387
5	NGSYYS	38095	21	61770	34	82238	45	182103
6	JL	20841	18	45198	39	49343	43	115382
7	TH	59663	24	65682	26	123357	50	248702
8	SXGKZ	51036	23	64150	29	106909	48	222095
9	HSKZ	22521	21	36492	34	49343	46	108356
10	XMEWHJKZ	42409	21	66962	34	90462	45	199832
11	SJC	38095	19	81338	40	82238	41	201671
12	GYTJ	16528	17	40044	41	41119	42	97690
13	SDXT	25155	23	28062	25	57567	52	110783
14	HTSTY	31625	19	67931	40	69902	41	169458
15	DLPA	29468	21	43702	31	65790	47	138961
16	XMGSKZ	17731	20	32471	37	37007	42	87209
17	LHGKZ	25155	23	28023	25	57567	52	110744
18	JSHY	29468	20	55015	37	65790	44	150274
19	WHTKZ	20841	20	33679	32	49343	48	103863
20	ESDJ	16528	20	25418	31	41119	50	83065
21	HRJKZ	25155	23	27653	25	57567	52	110374
均值	—	—	21	—	33	—	46	—

五、测算准确度分析

（一）基于"成本—收益"的宅基地流转实际收益测算

为检验测算结果是否准确，我们利用调研所获取的其他一手数据，根据"成本—收益"理论的基本原理，对宅基地流转实际收益进行估算（以"年"为单位），计算公式为：

$$净收益 N_i = 收入 P_i - 成本 C_i \tag{9}$$

式中，$i=1,2,3,4$ 分别代表农户、村集体、政府和经营者。

则某宅基地流转产生的总实际收益为：

$$总收益 N = 农户净收益 N_1 + 村集体净收益 N_2 + 政府净收益 N_3 + 经营者净收益 N_4 \tag{10}$$

1. 农户所获得的净收益。在宅基地流转过程中，农户为宅基地流出方，其收入主要为租金。农户将宅基地进行流转所付出的成本包括居住保障和装修成本。通过调研得农户所获得的净收益见表5。

表5 农户所获得的净收益（单位：元/年）

收入 P_1	租金 $P_1=161592.6$
成本 C_1	居住保障 $C_{11}=f_1=5040$
	装修成本 $C_{12}=29500$
	$C_1=C_{11}+C_{12}=34540$
净收益 N_1	$N_1=P_1-C_1=161592.6-34540=127052.6$

2. 村集体所获得的净收益。宅基地流转过程中，村集体的收入主要包括有偿使用费、收益调节金和向农户收取的垃圾处理费，成本为管理负担费和污水垃圾处理费。通过调研得L村集体所获得的净收益见表6。

表6 村集体所获得的净收益（单位：元/年）

收入 P_2	有偿使用费 $P_{21}=319289.3$
	收益调节金 $P_{22}=647120$
	垃圾处理费 $P_{23}=440824$
	$P_2=P_{21}+P_{22}+P_{23}=1407233.3$
成本 C_2	管理负担费 $C_{21}=48000$
	污水垃圾处理费 $C_{22}=812000$
	$C_2=C_{21}+C_{22}=860000$
村集体全年净收益 N_2^*	$N_2^*=P_2-C_2=547233.3$
从宅基地A所获净收益 N_2	流转的宅基地总面积 1200m²
	宅基地A的地块上面积 38.2m²
	$N_2=N_2^* \div 1200 \times 38.2=17420.26$

3. 政府所获得的净收益。政府在宅基地流转过程中的收入主要是增值税收，成本包括管理负担费、基础设施建设费、治安管理费（包括土地执法费和生态环境治理费）。通过调研得政府所获得的净收益见表7。

表7 政府所获得的净收益（单位：元/年）

收入 P_3	增值税收 $P_3=302452.74$
成本 C_3	管理负担费 $C_{31}=7384.62$
	基础设施建设费 $C_{32}=62500$
	土地执法费为 $C_{33}=8307.69$
	生态环境治理费为 $C_{34}=100000$
	$C_3=C_{31}+C_{32}+C_{33}+C_{34}=178192.31$
政府全年净收益 $N_3{}^*$	$N_3{}^*=P_3-C_3=124260.43$
从宅基地A所获净收益 N_3	流转的宅基地总面积 1200m²
	宅基地A的地块上面积 38.2m²
	$N_3=N_3{}^*\div 1200\times 38.2=3955.62$

4. 经营者所获得的净收益。经营者作为宅基地流入方，其收入主要为营业收入，成本包括民宿租金、水费、电费、雇佣员工工资、装修成本和税费六部分。通过调研得经营者所获得的净收益见表8。

表8 经营者所获得的净收益（单位：元/年）

收入 P_4	营业收入 $P_4=344129.2$
成本 C_4	民宿租金 $C_{41}=P_1=161592.6$
	水费 $C_{42}=3600$
	电费 $C_{43}=8400$
	雇佣员工工资 $C_{44}=48000$
	装修成本 $C_{45}=63300$
	缴纳增值税 $C_{46}=6920.39$
	$C_4=C_{41}+C_{42}+C_{43}+C_{44}+C_{45}+C_{46}=291812.99$
净收益 N_4	$N_4=P_4-C_4=52316.21$

综上，根据公式（10）得2019年宅基地A流转增值实际收益为：
$N=N_1+N_2+N_3+N_4=127052.6+17420.26+3955.62+52316.21=200744.69$（元）

（二）宅基地流转理论增值收益与实际收益的对比

对比分析21个宅基地功能流转案例的理论增值和实际收益，根据差值检验理论模型的有效性见表9。

表 9 21 个案例的理论增值与实际收益对比

案例序号	案例名称	理论增值（元）	实际收益（元）	差值比例（%）
1	HYX	232366	200745	15.75
2	ZZTKZ	155284	143892	7.92
3	XTYS	163839	169981	−3.61
4	QZBW	122387	119365	2.53
5	NGSYYS	182103	200745	−9.29
6	JL	115382	123435	−6.52
7	TH	248702	263229	−5.52
8	SXGKZ	222095	227095	−2.20
9	HSKZ	108356	112568	−3.74
10	XMEWHJKZ	199832	198678	0.58
11	SJC	201671	190769	5.71
12	GYTJ	97690	89347	9.34
13	SDXT	110783	109573	1.10
14	HTSTY	169458	176458	−3.97
15	DLPA	138961	140986	−1.44
16	XMGSKZ	87209	94053	−7.28
17	LHGKZ	10744	11073	−2.97
18	JSHY	150274	146379	2.66
19	WHTKZ	103863	98244	5.72
20	ESDJ	83065	92066	−9.78
21	HRJKZ	110374	108370	1.85

由表 9 可知，基于土地发展权的宅基地流转增值收益测算方法所测算出的宅基地流转的理论增值与调研中所获一手数据所计算出的各方实际所获收益大致相当，偏差比在 −9.78%～15.75%之间。

六、结论与讨论

（一）本文提出的宅基地流转增值收益测算方法的适用性

本文提出了包含宅基地用途转变、投资改造和外部环境辐射三个方面的宅基地流转增值收益测算模型，并通过实际案例对测算的理论增值和实际收益进行对比分析，结果显示，针对大部分样本，两种方法的计算结果相差小于 10%，说明本文提出的测算方法对于旅游导向的宅基地流转收益测算具有较好的适用性。

基于"成本—收益"理论的宅基地流转实际收益测算方法，需要获取大量的敏感数据（包括民宿经营者的经营收入和支出的详细数据等）才能进行测算。这些数据通常难以获取。而本文提出的宅基地流转增值收益测算方法的数据大多来源于政府公开数据和互联网上的大数据，这些数据的获取相对来说更加容易和方便，可为各地区因地制宜地建构合理的宅基地流转增值收益测算体系提供指导。

（二）旅游开发导向的宅基地流转增值收益测算方法的应用价值

本文提出的测算方法能对宅基地流转增值收益进行分项测算，为今后探索宅基地自发经营性流转增值收益分配机制提供了基础。在宅基地流转增值收益测算的基础上地方政府和村集体可以制定合理规范的增值收益分配机制，按照"谁贡献、谁受益"的原则将模型测算出的各项增值收益分配给对应的利益相关方。

按照本文的测算结果，在宅基地用于民宿开发的增值收益中，外部环境辐射增值收益占比最大，约为46%，对宅基地投资改造带来的增值收益约为31%，影响最小的是用途转变带来的增值收益，约为23%。宅基地的区位虽然是固定的，但是其外部环境条件受到地方政府对旅游资源的开发和宣传力度的影响，因此外部环境变化而产生的增值收益可以通过税收或费用的方式进行调整，主要分配给为此做出贡献的基层政府和村民自治组织；而宅基地投资改造收益主要受到宅基地使用权人或经营者对其投入的资金和劳动的影响，因此对宅基地进行投资改造带来的增值收益应由经营者私人享有；宅基地用途转变增值收益主要由政府的政策和规划决定，因此这部分增值收益应由政府和个人共享。

先通过本文提出的方法对宅基地流转增值收益进行测算，再按照各测算分项收益比例对相关主体的收益分配状况进行调整，有助于减少农村宅基地自发流转和开发利用过程中的利益纠纷，促进乡村经济的高质量发展。

参考文献

[1] 董新辉. 新中国70年宅基地使用权流转：制度变迁、现实困境、改革方向 [J]. 中国农村经济，2019 (6)：2-27.

[2] 刘天利. 城镇化背景下宅基地使用权制度改革的法律困境与对策 [J]. 西安财经学院学报，2017，30 (6)：100-106.

[3] 耿槟，朱道林，梁颖. 集体土地价格形态及增值测算方法探讨——以黑龙江省为例 [J]. 中国农业大学学报，2012，17 (5)：190-195.

[4] 刘茜，李波，王瑷玲. 新增建设用地增值收益测算方法与应用 [J]. 山东农业大学学报（社会科学版），2018，20 (4)：94-99.

[5] 陈银蓉，梅昀，张思齐，等. 土地发展权视角下荆门市东宝区城乡建设用地增减挂钩中土地收益及增值测算与研究 [C] //刘彦随，宋戈. 中国新时期土地资源科学创新与发展研究. 沈阳：东北大学出版社，2016：7.

[6] 边振兴，齐丽，刘洪斌，等. 城乡建设用地增减挂钩中土地增值收益研究——基于土地发展权视角 [J]. 中国农业资源与区划，2016，37 (3)：55-61.

[7] 胡贤辉，刘蒙罢，文高辉. 发展权视角下的农村宅基地退出增值收益分配研究 [J]. 国土资源科技

管理，2019，36（2）：85-94.
- [8] 苗苗，赖齐贤. 基于土地发展权实现的农民土地权益获得感分析［J］. 农业经济，2020（12）：79-81.
- [9] 岳瑞. 土地发展权语境下的留用地实质及制度优化研究［J］. 规划师，2022，38（1）：91-98.
- [10] 李玲玲，贺彦菘. 城乡融合发展中宅基地使用权流转的必要限制与合理扩张［J］. 西北农林科技大学学报（社会科学版），2022，22（3）：57-64.
- [11] 姚树荣，景丽娟，吕含笑. 基于乡村异质性的宅基地发展权配置研究［J］. 中国土地科学，2022，36（1）：10-19.
- [12] 唐茂钢. 土地发展权的价值研究［J］. 价值工程，2015，34（5）：26-29.
- [13] 郭建科，王绍博，王辉，等. 国家级风景名胜区区位优势度综合测评［J］. 经济地理，2017，37（1）：187-195.
- [14] 翁钢民，潘越，李凌雁. "丝绸之路旅游带"景区区位优势等级测度与影响机理［J］. 经济地理，2019，39（4）：207-215.
- [15] 赖洪波在自驾游大会演讲：2018年民宿大数据报告与未来发展趋势［EB/OL］. 搜狐网，https://www.sohu.com/a/313090536_507735.

城市土地利用生态冲突诊断及影响因素研究[①]

曾 昉 魏 媛

一、引言

冲突是一种广泛存在的社会现象。在管理学中,冲突是指"个人或群体内部,个人与个人之间,个人与群体之间,群体与群体之间互不相容的目标、认识或感情,并引起对立或不一致的相互作用的一个状态"(常健等,2012)。近年来,以冲突分析为视角的资源环境管理研究逐渐兴起,土地资源作为一种有限的稀缺资源,围绕土地发生的冲突广泛而深刻。进入21世纪,除少数发达国家以外,大多数发展中国家的工业化和城市化进程明显提速,土地利用强度的不断增加使得土地利用冲突现象愈加频发,土地利用冲突研究开始进入人们的视野。我国学者谭术魁(2008)将土地利用冲突界定为单位或者个人围绕土地发生的过激行动;周德等(2015)通过整理近十年来我国土地利用冲突的相关文献,按照冲突发生内容和表现形式,将土地利用冲突划分为社会冲突、文化冲突、制度冲突、价值冲突、空间冲突以及生态冲突。

土地利用生态冲突作为众多冲突中的一类,是人类对土地资源利用产生的生态环境方面的矛盾、对抗状态,包括人与人之间、人与生态环境之间的冲突,它不仅有着与其他土地利用冲突类型的共同特质,也反映了土地利用过程中造成的生态环境不协调,以及由冲突所引发的各种利益相关者的相互博弈(于伯华,吕昌河,2006)。本文通过PSR扩展模型PSIR对2004—2013年贵阳市的土地利用生态冲突的强度进行诊断,并分析土地利用生态冲突的主要影响因素,以期对土地利用冲突研究进行一定补充,为贵阳市土地利用生态冲突的协调以及土地资源的可持续利用提供参考。

[①] 作者简介:曾昉,贵州商学院经济与金融学院副教授;魏媛,贵州财经大学管理科学与工程学院教授。本文是贵州省教育厅科技创新人才支持计划项目(黔教合KY字〔2012〕091号)、2014年度贵州省教育厅高校人文社科基地项目(2014JD102)的阶段性成果。原文刊于《改革与战略》,2016年第9期。

二、研究方法与指标数据

（一）PSIR 诊断模型

PSIR 模型是压力（pressure）—状态（state）—影响（influence）—响应（response）模型的简称，为 PSR 模型的扩展模型之一。PSR 模型源于 20 世纪后半期生态学研究的兴起，由加拿大研究人员创造，经济合作与发展组织（OECD）加以完善，较早应用于生态安全和土地可持续利用评价领域。作为生态学评价经典模型之一，PSR 模型具有清晰明了、直观准确的优点，经过多年的完善和补充，PSR 及其扩展模型已成为土地生态学研究的重要评价工具（张祥义等，2013）。PSR 模型最先由我国学者杨永芳等（2012）应用于鄢陵的土地利用冲突强度诊断，随后，胡雁娟（2013）等人相继跟进，分别构建出不同具体指标诊断土地利用冲突问题，这些研究主要偏向于以农用地为基础的冲突问题，反映城市化进程中经济发展对农用地的威胁。

本文以 PSR 扩展模型 PSIR 建立指标体系，诊断城市土地利用中的生态冲突问题，在 PSIR 模型的状态指标中选取生态用地的量化数据，以土地利用中的城市经济发展等因素作为主要压力指标，以生态冲突造成的后果作为影响指标，选取生态环保响应指标构建 PSIR 模型，测算土地利用生态冲突的压力、状态、影响和响应指数。该套指标模型能具体反映出城市经济发展对生态用地造成的冲突问题，以及在压力状态下土地政策的决策者、管理者对当前土地利用问题的响应措施（王国璞等，2015）。

1. 指标的选取与标准化。结合 2004—2013 年贵阳市的实际情况（表1），本文以科学性、可操作性、代表性、系统与层次相结合为指导原则，广泛征求有关专家、学者以及政府工作人员的建议，在了解目前全市经济社会发展和土地生态环境状况后，构建出包括目标层、准则层和指标层在内的共计 20 个具体指标，其中，目标层反映土地利用生态冲突强度指数，准则层包括压力、状态、影响和响应四个复合指标，指标层是对准则层的反应，为具体操作层。由于与所选指标差异较大且所用单位不尽相同，为了保证指标数据的可比性，消除变量间的量纲关系，在测算分析前需要对数据进行标准化处理（李仕川等，2015），本文选用极差标准化方法进行处理，公式如下：

对于正向指标：

$$X'_+ = \frac{X_i - X_{\min}}{X_{\max} - X_{\min}}$$

对于负向指标：

$$X'_- = \frac{X_{\max} - X_i}{X_{\max} - X_{\min}}$$

式中，X_i 为原始指标数据；X' 为标准化值；$X_{\max}$，$X_{\min}$ 分别为第 i 项指标的最大值和最小值。

表1 贵阳市2004—2013年土地利用生态冲突诊断指标标准化值

指标	2004年	2005年	2006年	2007年	2008年	2009年	2010年	2011年	2012年	2013年
国民生产总值	0.000	0.035	0.092	0.161	0.252	0.311	0.404	0.565	0.768	1.000
社会固定资产投资	0.000	0.019	0.044	0.076	0.113	0.179	0.265	0.478	0.800	1.000
人口密度	0.000	0.022	0.042	0.058	0.424	0.453	0.810	0.873	0.931	1.000
城市化水平	0.022	0.001	0.000	0.020	0.140	0.266	0.629	0.762	0.927	1.000
种植业产值	0.000	0.047	0.068	0.185	0.309	0.428	0.495	0.621	0.826	1.000
第三产业比重	0.032	0.000	0.137	0.516	0.747	0.874	0.874	0.747	0.832	1.000
建设用地比重	0.000	0.030	0.086	0.147	0.241	0.481	0.654	0.842	0.812	1.000
林地面积比重	1.000	0.979	0.980	0.980	0.864	0.000	0.013	0.032	0.030	0.042
水域面积比重	0.739	0.783	0.826	0.913	1.000	0.000	0.043	0.043	0.000	
绿化覆盖面积	1.000	0.642	0.961	0.924	0.903	0.772	0.787	0.713	0.242	0.000
园林绿地面积	1.000	0.598	0.954	0.909	0.884	0.728	0.733	0.551	0.000	0.068
森林覆盖率	1.000	1.000	1.000	0.539	0.257	0.257	0.257	0.257	0.106	0.000
工业废水排放总量	1.000	0.867	0.714	0.566	0.121	0.107	0.114	0.000	0.006	0.080
城市生活垃圾总量	0.000	0.170	0.171	0.205	0.266	0.447	0.528	0.563	0.756	1.000
环境违法行为	0.169	0.036	0.000	0.428	0.421	0.522	0.248	0.133	1.000	0.460
环境投诉案件	0.195	0.470	0.295	0.323	0.145	0.035	0.000	0.526	1.000	0.000
节能环保支出	1.000	0.988	0.976	0.952	0.761	0.820	0.597	0.458	0.000	0.030
退耕还林支出	1.000	0.969	0.962	0.939	0.826	0.176	0.168	0.157	0.000	0.137
造林面积	0.303	0.577	0.897	1.000	0.850	0.807	0.692	0.180	0.098	0.000
生活垃圾处理率	0.466	0.932	1.000	0.386	0.161	0.169	0.136	0.136	0.065	1.000

数据来源：2005—2014年《贵阳市统计年鉴》《中国城市统计年鉴》《中国城市年鉴》以及贵阳市土地利用变更调查。

2. 权重的确定。本文采用标准离差法客观赋权，标准离差法的赋值以指标数据标准差进行判定（表2）。指标数据的标准差越大，表明该指标数据的变异系数大，那么它能提供的信息量越大，权重也应越大；相反，指标数据的标准差越小，表明该指标数据的变异系数小，那么它能提供的信息量越小，权重也应越小（戎郁萍，2012），标准离差法计算公式步骤如下：

（1）计算第j个指标的标准值的平均值。

$$\bar{b} = \frac{1}{n}\sum_{i=1}^{n} b_{ij}$$

(2) 计算第 j 个指标无量纲化值的标准差。

$$S_j = \sqrt{\frac{\sum_{i=1}^{n}(b_{ij} - \overline{b_j})^2}{n-1}} \quad (j=1, 2, \cdots, n)$$

式中，S_j 为第 j 个指标无量纲化值的标准差；b_{ij} 为第 i 个处理的第 j 个指标无量纲化值；$\overline{b_j}$ 为第 j 个指标无量纲化值的平均值；n 为处理数。

(3) 根据标准差计算权重。

$$W_j = \frac{S_j}{\sum_{j=1}^{m} S_j}$$

式中，W_j 为第 j 个指标的权重值；m 为指标数。

表2 贵阳市土地利用生态冲突诊断指标权重

目标层	准则层	指标层	极性	权重
土地利用生态冲突	压力 (0.3493)	国民生产总值（万元）	+	0.0443
		社会固定资产投资（万元）	+	0.0471
		人口密度（人/平方公里）	+	0.0556
		城市化水平（百分比）	+	0.0549
		种植业产值（万元）	+	0.0458
		第三产业比重（百分比）	+	0.0511
		建设用地比重（百分比）	+	0.0505
	状态 (0.2702)	林地面积比重（百分比）	−	0.0665
		水域面积比重（百分比）	−	0.0598
		绿化覆盖面积（公顷）	−	0.0439
		园林绿地面积（公顷）	−	0.0474
		森林覆盖率（百分比）	−	0.0526
	影响 (0.1743)	工业废水排放总量（万吨）	+	0.0520
		城市生活垃圾总量（万吨）	+	0.0413
		环境违法行为（件）	+	0.0396
		环境投诉案件（件）	+	0.0414
	响应 (0.2063)	节能环保支出（万元）	−	0.0514
		退耕还林支出（万元）	−	0.0581
		造林面积（公顷）	−	0.0491
		生活垃圾处理率（百分比）	−	0.0477

（二）土地利用冲突综合指数

土地利用冲突综合指数是建立在压力—状态—响应诊断模型上进行测算的指数，最初由我国学者杨永芳进行定义,他认为在压力—状态—响应模型中,单项指标只能反映土地利用冲突中的某一方面情况,为了反映具体土地利用冲突强度,需对各项指标采用加权函数法进行计算。由于本文立足于 PSIR 模型,因此需要对基于 PSR 模型的土地利用冲突综合指数计算公式进行调整,调整后的计算公式如下:

$$ILU = \sum_{i=1}^{4}\left(\sum_{j=1}^{n} X_{ij} W_{ij}\right) R_i$$

式中,X_{ij} 为第 i 项分类指标所属的第 j 个单项指标的标准化值;W_{ij} 为第 i 项分类指标所属的第 j 个单项指标相对应的权重;R_i 为第 i 项分类指标的权重;$\sum_{j=1}^{n} X_{ij} W_{ij}$ 分别表示压力(P)、状态(S)、影响(I)、响应(R)四个分类评价指标的综合评价值。

三、研究区域概况

贵阳市位于云贵高原东部,贵州省中部,处于 103°36′~109°31′E,24°37′~29°13′N 之间,是典型的喀斯特山地城市。贵阳主城区海拔在 1100 米左右,属于亚热带湿润温和型气候,年平均气温为 15.3℃,地貌属于以山地、丘陵为主的丘原盆地地区。全市土地总面积 8034 平方千米,占贵州省土地总面积的 4.56%,其中,山地面积 4218 平方千米,丘陵面积 2842 平方千米。2014 年,城市居民人均可支配收入达 24961 元,生产总值达到 2497.27 亿元,城镇化率为 73.2%。贵阳以生态文明理念引领经济社会发展,致力打造全国生态文明示范城市、内陆开放型经济示范区、"爽爽贵阳"旅游休闲度假胜地。

贵阳市土地资源具有类型多样、分布不平衡、人多地少的特点,同时,喀斯特区域范围广,也导致全市的农业用地生产力水平较低,后备土地资源不适应经济发展需要等缺陷。根据贵阳市 2014 年土地变更调查显示,贵阳土地总面积 804336.6 公顷(1206.50 万亩),其中,耕地 269154.27 公顷,园地 11775 公顷,林地 339349 公顷,城市用地 17009 公顷,其他用地 40426 公顷。

四、土地利用生态冲突诊断分析

通过以上指标体系和诊断模型,得到贵阳市 2004—2013 年土地利用生态冲突的压力、状态、影响、响应四类指标指数以及土地利用生态冲突综合指数(图 1)。

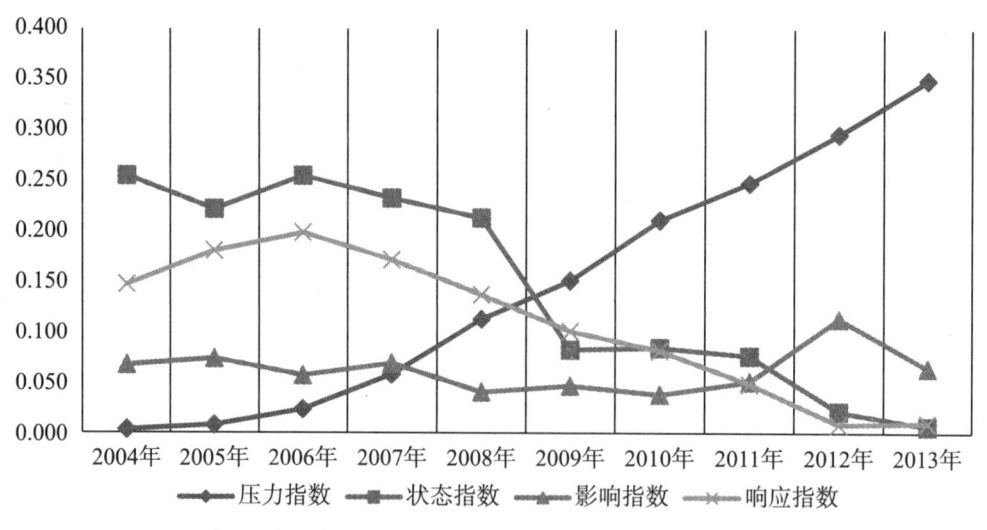

图1 贵阳市2004—2013年土地利用生态冲突PSIR指数

(一) 压力指数

从图1可以看出，作为土地利用生态冲突指数的主要贡献类，土地利用生态冲突的压力指数一直呈现增长的趋势，这表明了贵阳市的土地利用强度随着城市经济的发展愈加增大。2004年作为研究起始年，相较于其他年份，生态冲突压力指数只有0.003，而经过10年的变化，2013年生态冲突压力指数已经达到0.349，共增长0.346个点。其中，所选主要指标城市GDP从2004年的4691204万元上升至2013年的20854234万元，城市化率从2004年的63.23%上升至2013年的71.12%，人口密度从2004年436.71人/平方千米上升至2013年的562.85人/平方千米，城区的扩张使得建设用地面积增加了约21395公顷。此外，农用地粮食生产和土地投入增加等因素也给生态地带来了巨大压力。

(二) 状态指数

状态指数所含测算指标主要是林地、水域、绿地、森林等生态土地的状态，作为土地利用生态冲突综合指数的主要负向指标，生态土地越多，状态指数越小。如图1所示，状态指数变化趋势呈现波动递减的趋势，并且在2012年和2014年已经达到最低值。这表明，贵阳市2004—2013年的生态土地面积一直在变化中增加，在整个指标体系中起着抑制土地利用生态冲突综合指数升高的负向作用。其中，2004年林地面积约280150公顷，2009年达到最高值341280公顷，至2013年末仍维持在33.8万公顷的水平；富含良好生态功能的水域地从2004年15845公顷上升到2013年的最高值17212公顷；城市绿化覆盖面积、森林覆盖率同样在2013年达到23578公顷和44.2%，相较于研究起始年，共增加了3354公顷，提高了约9.5%。状态指数的变化表明了贵阳市对生态环境的重视，也得益于21世纪初"退耕还林"政策的实施，这些都在一定程度上缓解了土地利用生态冲突。

（三）影响指数

影响指数是土地利用生态冲突所造成的不良后果，也是促使土地利用生态冲突指数升高的主要正向因素。在所选指标中，城市环境违法行为和环境投诉案件较多反映土地利用中人与人之间的矛盾冲突，而其他两项指标较多反映人与自然的不协调。如图1所示，影响指数在10年内处于一个较为平稳的发展态势，除了2012年达到最高指数0.113以外，其余年份都相对较低。究其原因，主要是环境违法行为和环境投诉案件在该年分别达到10年内的最高，为296件和5043件。此外，每年生活垃圾也随着城市的发展、人口的增长在不断增加，2013年达到104万吨，而相反的是，工业废水排放总量却在逐年走低，从2004年的5447万吨减少到2013年的2262万吨。

（四）响应指数

土地利用生态冲突的响应指数与状态指数类似，均为负向指标，生态冲突的响应指数越低，越有利于土地生态环境。由图1可知，生态冲突响应指数的变化趋势可归纳为两个阶段。2004年至2006年响应指数逐步上升，从0.147上升至0.198，这主要是由于所选指标中造林面积减少了6427公顷，生活垃圾处理率降低了6.6%。2007年至2013年间，生态冲突的响应指数逐渐降低，直至达到2013年内的最低值，这表明全市对生态环境的重视逐年增加，反映到具体指标上，2013年比2007年的节能环保支出增加113754万元，退耕还林支出增加5187万元，造林面积增加10826公顷，生活垃圾处理率增加4.8%。

（五）土地利用生态冲突综合指数

如图2所示，贵阳市2004—2013年土地利用生态冲突综合指数变化较为平稳，保持在0.10～0.15区间内。2004—2008年，生态冲突强度有一定上升，但在2009年后，生态冲突强度降到10年间的最低，随后几年生态冲突的强度又开始逐步增加，2013年达到0.137。一般来说，一个传统城市如此快速的发展常会带来土地利用的巨大变动，比如建设用地和农用地、生态地的冲突矛盾剧增，还有土地粗放利用导致的人与人、人与自然之间的生态冲突问题。但是根据本文测算结果来看，贵阳市的土地利用生态冲突强度并没有随着城市经济的发展而变得难以控制，其冲突强度只有小幅增加，并保持在较为合理的区间之内。因此可以得出的结论是，尽管整个贵阳在近些年来经济有了长足发展，城市发生翻天覆地的变化，但全市并没有忽视生态环境建设，并以切实有效的措施回应了土地利用中的生态冲突问题，如不断增加的环境投诉案件处理率、生态用地面积和退耕还林支出等。

图 2　贵阳市 2004—2013 年土地利用生态冲突综合指数

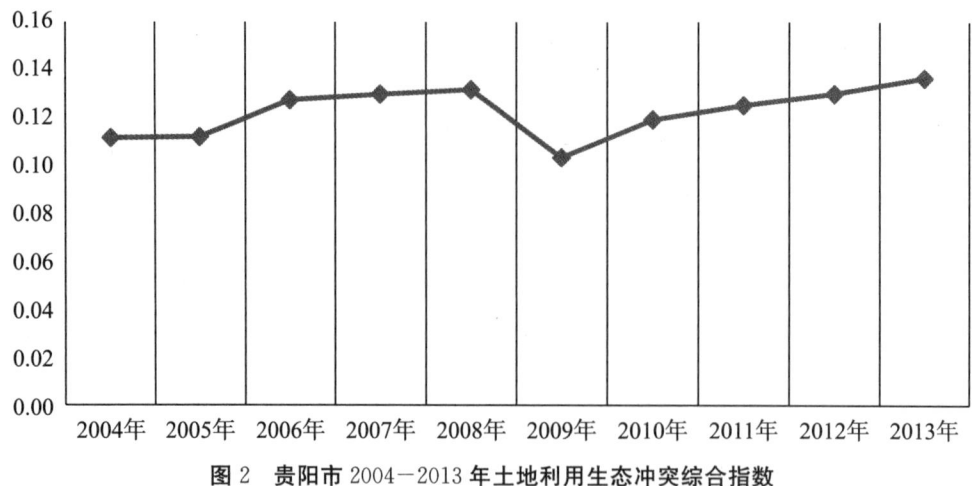

五、基于 STIRPAT 模型的影响因素分析

（一）模型的建立

影响因素分析一直是众多研究领域的重要方向之一，主要模型方法囊括灰色关联法、因子分析法、多元回归分析等（方相林，张晓燕，2010）。本文对土地利用生态冲突的影响因素分析拟采用 STIRPAT 模型并结合主成分和回归分析的方法，测算所选指标的具体影响。STIRPAT 模型是 IPAT 环境压力等式的改进模型，IPAT 环境压力等式认为环境压力（I）是人口（P）、富裕度（A）和技术（T）三种影响因素的共同结果，随后，该等式得以完善，STIRPAT 随机模型出现，通常公式如下：

$$I = aP^b A^c T^d e$$

该公式同样表示人口、富裕度和技术各个因素对环境压力的影响，a 是模型系数，b、c、d 分别为三种因素的系数，e 是误差。由于 STIRPAT 模型使用比较灵活，自由度高，允许加入其他若干影响因素，因此，较多学者开始利用该模型进行广泛的影响因素分析（张勇等，2014）。本文基于 PSIR 模型中的四类主要指标，通过 STIRPAT 模型分析土地利用生态冲突的主要影响因子，改进后的计量模型如下：

$$C = KP^{a_1} A^{a_2} U^{a_3} W^{a_4} J^{a_5} S^{a_6} e$$

式中，C 为土地利用生态冲突强度；K 为常数；P 为人口密度；A 为国民生产总值；U 为城市化率；W 为林地面积比重；J 为城市生活垃圾总量；S 为退耕还林支出；e 为误差；a_1、a_2、a_3、a_4、a_5、a_6 分别为所选影响因素的弹性系数，当 P、A、U、W、J、S 每变化 1% 时，就会引起土地利用生态冲突（C）的 a_1%、a_2%、a_3%、a_4%、a_5%、a_6% 的变化。此外，由于 STIRPAT 模型本身是非线性的，因此需要对等式两端取对数，得到以下公式：

$$\ln C = \ln K + a_1 \ln P + a_2 \ln A + a_3 \ln U + a_4 \ln W + a_5 \ln J + a_6 \ln S + e$$

（二）主成分分析

由于所选影响因素的原始数据可能存在多重共线性，因此本文选择在回归分析之前将贵阳市 2004—2013 年的人口密度、国民生产总值、城市化率、林地面积比重、城市生活垃圾总量和退耕还林支出六个变量进行主成分分析。这一过程不仅能消除变量之间的相互影响，也能保留绝大部分信息，为更好地进行回归拟合打下基础。将六个变量的原始化标准化数据提取对数后，输入 SPSS 20 软件得到的变量相关性和 KMO、Bartlett 检验结果见表 3 和表 4：

表 3 相关矩阵

		$\ln P$	$\ln A$	$\ln U$	$\ln W$	$\ln J$	$\ln S$
相关	$\ln P$	1.000	0.958	0.965	0.911	0.939	0.945
	$\ln A$	0.958	1.000	0.950	0.858	0.980	0.911
	$\ln U$	0.965	0.950	1.000	0.876	0.939	0.882
	$\ln W$	0.911	0.858	0.876	1.000	0.879	0.979
	$\ln J$	0.939	0.980	0.939	0.879	1.000	0.917
	$\ln S$	0.945	0.911	0.882	0.979	0.917	1.000
Sig.（单侧）	$\ln P$		0.000	0.000	0.000	0.000	0.000
	$\ln A$	0.000		0.000	0.001	0.000	0.000
	$\ln U$	0.000	0.000		0.000	0.000	0.000
	$\ln W$	0.000	0.001	0.000		0.000	0.000
	$\ln J$	0.000	0.000	0.000	0.000		0.000
	$\ln S$	0.000	0.000	0.000	0.000	0.000	

表 4 KMO 和 Bartlett 检验

取样足够度的 Kaiser-Meyer-Olkin 度量		0.685
Bartlett 球形度检验	近似卡方	99.226
	df	15
	Sig.	0.000

可以看出，六个变量之间相关性都较高，保持在 90% 以上，而 KMO 检验系数为 0.685（>0.5），Bartlett 球形度检验的 Sig. <0.001，均通过检验，表明所选变量适合做主成分分析，之后采用方差最大正交旋转法，提取旋转后两个主成分，得到结果见表 5 至表 7：

表 5　解释的总方差

成分	初始特征值 合计	方差(%)	累积(%)	提取平方和载入 合计	方差(%)	累积(%)	旋转平方和载入 合计	方差(%)	累积(%)
1	5.631	93.851	93.851	5.631	93.851	93.851	3.261	54.346	54.346
2	0.229	3.812	97.663	0.229	3.812	97.663	2.599	43.317	97.663
3	0.084	1.404	99.067						
4	0.043	0.712	99.779						
5	0.011	0.188	99.967						
6	0.002	0.033	100.000						

表 6　旋转成分矩阵

	成分 F_1	成分 F_2
$\ln P$	0.764	0.621
$\ln A$	0.853	0.505
$\ln U$	0.832	0.518
$\ln W$	0.504	0.859
$\ln J$	0.819	0.542
$\ln S$	0.576	0.811

表 7　成分得分系数矩阵

	成分 F_1	成分 F_2
$\ln P$	0.249	−0.018
$\ln A$	0.669	−0.496
$\ln U$	0.601	−0.421
$\ln W$	−0.771	1.126
$\ln J$	0.525	−0.333
$\ln S$	−0.526	0.854

由表 5 可知，所提取的两个主要综合影响因素能较好诠释出原有变量 97.663% 的信息，F_1 反映主要变量人口密度、国民生产总值、城市化率和城市生活垃圾排放总量的信息，其累计方差百分比达到 54.346%，这里定义为土地利用生态冲突的驱动因子，为正相关关系；F_2 主要反映变量林地比重和退耕还林支出的信息，累计方差百分比为 43.317%，这里定义为土地利用生态冲突的缓和因子，为负相关关系。因此，通过表 7 可得到综合影响因素 F_1、F_2 与原变量的关系，写为：

$$F_1 = 0.249\ln P + 0.669\ln A + 0.601\ln U - 0.771\ln W + 0.525\ln J - 0.526\ln S$$
$$F_2 = -0.018\ln P - 0.496\ln A - 0.421\ln U + 1.126\ln W - 0.333\ln J + 0.854\ln S$$

(三) 影响因素分析

土地利用生态冲突是被解释的变量，因此，要了解所选六个变量形成的具体影响，需要将上文主成分分析得到的 F_1 和 F_2 等式与土地利用生态冲突综合指数（$\ln C$）进行回归分析，回归结果见表8至表10：

表8 模型汇总

模型	R	R^2	调整后的 R^2	标准估计的误差
	0.879[a]	0.772	0.707	0.04855

表9 方差分解

模型		平方和	df	均方	F	Sig.
	回归	0.056	2	0.028	11.838	0.006[b]
	残差	0.016	7	0.002		
	总计	0.072	9			

表10 模型系数

模型		非标准化系数		标准系数	t	Sig.
		B	标准误差	$Bata$		
	（常量）	−6.685	0.944		−7.084	0.000
	F_1	0.466	0.096	1.431	4.864	0.002
	F_2	0.132	0.035	1.103	3.751	0.007

从表8至表10可以看出，回归模型 R^2 达到 0.772，F 值为 11.838，总体 t 检验 Sig. 值和 F_1、F_2 的 t 检验值分别为 0.006、0.002 和 0.007，均小于 0.05，表明检验通过，模型拟合得不错，能较好地说明土地利用生态冲突指数变化与所选变量之间的关系，至此，将 F_1 和 F_2 代入模型，可得到：

$$\ln C = 0.466F_1 + 0.132F_2 - 6.685$$

将 F_1、F_2 代入计算得到最终的拟合回归方程：

$$\ln C = 0.1137\ln P + 0.2463\ln A + 0.2245\ln U - 0.2107\ln W + 0.2007\ln J - 0.1324\ln S - 6.685$$

通过贵阳市 2004—2013 年土地利用生态冲突影响因素模型可知，人口密度、国民生产总值、城市化率、林地面积比重、城市生活垃圾总量和退耕还林支出的弹性系数分别为 0.1137、0.2463、0.2245、−0.2107、0.2007 和 −0.1324，因此，根据 STIRPAT 模型原理，当人口密度、国民生产总值、城市化率和城市生活垃圾总量每增加 1% 时，贵阳市土地利用生态冲突指数将会增加 0.1137%、0.2463%、0.2245%、0.2007%；当林地面积比重和退耕还林支出每增加1%时，贵阳市土地利用生态冲突指数将会减少0.2107%和0.1324%。

形成土地利用生态冲突的原因较多，土地本身的稀缺性决定了各种利益相关者将会围绕土地展开争夺。随着贵阳市的发展，众多土地利用压力因素都有可能引发冲突。就本文研究结果而论，经济发展和城市化水平的提高是土地利用生态冲突的主要影响因素，弹性系数达到了0.2463和0.2245，对冲突综合指数贡献最大，这类因素应当引起更多的关注。与此同时，不少因素对土地利用生态冲突指数的上升也有负向影响，从长远来看，从这些环保影响因素入手可以有效防止土地利用生态冲突问题的产生。

六、结论与建议

通过对贵阳市2004—2013年土地利用生态冲突及其影响因素进行实证分析，最后得到以下主要结论：

第一，根据PSIR模型诊断出贵阳市土地利用生态冲突压力、状态、影响和响应4类指数，反映了贵阳市近年来土地利用生态压力和冲突影响逐渐增大，但增加的生态地面积和环保响应也在起着缓解冲突的作用。

第二，研究时段内，贵阳市土地利用生态冲突综合指数保持在较好的0.10～0.15区间内，冲突强度不高，在波动中有缓慢增长的趋势，综合指数从0.111上升至0.137，这得益于全市在经济发展过程中对生态环境的重视。

第三，在所选六个影响因素中，人口密度、国民生产总值、城市化率和城市生活垃圾总量的增加对土地利用生态冲突指数的上升有直接推动作用，经济因素和城市化因素带来的影响最明显，而林地面积比重和退耕还林支出的增加会在一定程度上缓解土地利用生态冲突。

因此，本文认为贵阳市在今后的土地利用和经济发展中，需继续重视土地利用生态冲突问题，防止冲突指数持续上升，严格控制其他类型土地的利用，保证生态土地面积处于合理范围，处理好由土地利用生态冲突造成的恶性影响事件，并加强对土地生态的投入与政策响应工作。

参考文献

[1] 常健等. 公共冲突管理 [M]. 北京：中国人民大学出版社，2012.
[2] 方相林，张晓燕. 基于固定影响变截距模型的湖北省旅游业发展影响因素回归分析 [J]. 经济地理，2010，30（5）：876-879.
[3] 胡雁娟. 长株潭城市群土地利用冲突时空演变及机理研究 [D]. 长沙：湖南农业大学，2013.
[4] 李仕川，郭欢欢，侯鹰，等. 土地集约利用空间分异研究中指标标准化方法研究 [J]. 长江流域资源与环境，2015，24（10）：1771-1778.
[5] 戎郁萍，赵敏，朱玲玲，等. 三种客观赋权法分析草地管理措施对土壤有机碳含量的影响 [J]. 生态学杂志，2012，31（4）：987-993.
[6] 谭术魁. 我国土地冲突的分类方案探讨 [J]. 中国农业资源与区划，2008，29（4）：27-30.
[7] 王国璞，翟嫚嫚，鲁丰先，等. 基于PSIR模型的河南省低碳经济发展水平研究 [J]. 河南科学，

2015，33（7）：1221—1225.

[8] 杨永芳，安乾，朱连奇. 基于PSR模型的农区土地利用冲突强度的诊断［J］. 地理科学进展，2012，31（11）：1552—1560.

[9] 于伯华，吕昌河. 土地利用冲突分析：概念与方法［J］. 地理科学进展，2006，25（3）：106—115.

[10] 张祥义，许皞，赵文廷. 基于PSR模型的河北省土地生态安全评价的分区［J］. 贵州农业科学，2013，41（8）：207—211.

[11] 张勇，张乐勤，包婷婷. 安徽省城市化进程中的碳排放影响因素研究——基于STIRPAT模型［J］. 长江流域资源与环境，2014，23（4）：512—517.

[12] 周德，徐建春，王莉. 近15年来中国土地利用冲突研究进展与展望［J］. 中国土地科学，2015，29（2）：21—29.

宅基地价值显化的本质要义、潜在风险与改革深化[①]

董 欢

宅基地制度是国家的基础性制度安排。党的十八届三中全会以来，国家就积极规划宅基地制度改革，并于 2015 年通过全国人大常委会授权正式开展改革试点。2017 年以来的中央一号文件、2018 年《乡村振兴战略规划（2018—2022 年）》、2019 年《土地管理法》的修订及《关于积极稳妥开展农村闲置宅基地和闲置住宅盘活利用工作的通知》、2020 年新一轮《深化农村宅基地制度改革试点方案》《农村宅基地制度改革试点工作指引》《关于构建更加完善的要素市场化配置体制机制的意见》等系列政策文件的颁布和执行，都进一步直面宅基地制度问题，积极回应了农户宅基地财产权益的保护和实现，明确"赋权""盘活"是新时期宅基地制度改革的主旋律。从实践观察来看，地方改革热情确实迅速高涨，表现出极强的机遇意识和紧迫感，宅基地制度改革的绩效也初步显现。但是问题不应止于此，在赋予农户宅基地价值显化权利的同时，让这种价值显化和权利实现不损害农业、农村发展的长远利益，助力乡村振兴和共同富裕，无疑更具时代战略意义。

一、赋予宅基地价值显化权利的意义：既有文献述评

（一）赋予宅基地价值显化权利的现实意义

明确宅基地价值显化的意义是宅基地价值显化改革的基础。第一，从权利视角观察，赋予宅基地价值显化权利是对农户宅基地权能的合法保护和实现。作为私权，应是可独立交易的权利客体[1]，不仅表现为农户可通过在宅基地上建造房屋及附属设施来满足自身或家庭居住、生活等需求，还应当表现为可以通过合理利用宅基地获取正当经济收益。但遗憾的是，宅基地最核心的权能收益权一直受到严厉限制[2]，农户基本无缘享受经济发展带来的土地增值收益[3]。在房地不可分的客观情形下，对农户宅基地收益权的不认可进一步抑制了其上房屋所有权权能的有效实现[4]，侵害了农户家庭的财产权益[5]。宅基地盘活利用不仅有助于增加农民财产性收入，还有助于加快农民市民化

[①] 作者简介：董欢，四川大学公共管理学院副教授。原文刊于《农村经济》，2022 年第 6 期。

进程[6]。

第二，从经济管理视角观察，宅基地价值显化有利于破解资源配置效率损失及引发的发展矛盾。在不能充分流转的宅基地制度安排下，随着大量农村人口转移进入城镇，部分宅基地利用效率低下[7]，闲置甚至荒废现象频发[8]。与此同时，城市周边宅基地非法出售、以租代售等隐性流转现象也较严重[9]。虽然国家对宅基地流转进行了严格管控，但并没有取得所期待的理想效果，宅基地隐性交易不减反增，尤其是在城乡结合部。不断累积的现实矛盾对宅基地制度提出了严峻拷问，定义了宅基地价值显化的现实紧迫性。学者们也逐渐形成了一定共识，认为宅基地盘活利用有助于实现资源优化配置与高效利用[10]，加强乡村振兴用地保障[11]，为乡村振兴筹集资金[12]，激活乡村发展活力，还可缓解城乡建设用地双扩矛盾[13]，打通城乡经济循环梗阻，助力构建新发展格局[14]，从而缩小城乡收入差距，促进共同富裕。

第三，从政治视角观察，宅基地价值显化是新时代宅基地保障功能和财产功能动态博弈的再平衡结果。农村宅基地制度改革长期存在着保护农民财产权与保障农民居住权两种话语的冲突[15]。宅基地制度不仅关系到当代农民生存的财产权益、居住安全，影响后代发展，关键还承载着社会稳定等重大公共利益，因此，中央政府对宅基地制度改革一直较为谨慎。基于对政权稳定和社会公平的考量，国家对宅基地制度的设计在过去更多选择了牺牲其财产性和效益性[4]。诚然，这在保障近6亿农村人口的居住安全、保护耕地和维护社会秩序稳定等方面发挥了应有的历史性作用。但是，随着宅基地作为农民安身立命之所的重要性逐渐降低[16]，农户权利意识不断觉醒，继续对宅基地收益权做出种种限定，显然不合时宜。

（二）宅基地价值显化的可行空间

制度变革的关键在于参与者的意向和目的[17]。因此，农户的现实需求是实现宅基地价值显化的前提条件。根据国家统计局数据，到2020年，我国常住人口城镇化率已达63.89%①。农村人口的大量减少使得宅基地资源大量闲置，亟须进行制度层面上的进一步调整[18]。尤其是"离土出村不回村"的农二代，他们大都选择在城镇生活、就业和教育培养后代，从而使得宅基地的居住功能和安身立命之所的重要性降低，极大地释放了宅基地价值显化的主观需求[17]。此外，农村医疗、养老等保障制度的不断完善也使宅基地原有基于身份属性的保障功能不断弱化[7]，使得宅基地价值显化的风险大大降低。这些都进一步扩展了宅基地价值显化的现实可行空间。

（三）本文研究视角

毋庸置疑，学界在推动宅基地制度改革方面做出了重要贡献，已有大量研究成果围绕宅基地价值显化的意义、需求和空间等问题展开了深入分析。总体来看，对"宅基地应当具备财产权利"的观点已基本达成共识，宅基地价值显化的改革方向也基本清晰。这些为解决实践中的宅基地利用问题和完善相关政策法规奠定了重要思想基础。但遗憾

---

① 数据来源：住建部：中国常住人口城镇化率达63.89%，澎湃新闻网，2021年8月31日。

的是,既有研究往往将宅基地价值显化本身作为制度改革目的,研究重心仅关注农户宅基地财产权利的实现问题,相对忽视了宅基地价值显化后的各种影响和可能的潜在风险,特别是对盘活利用宅基地在集体经济再造、乡村全面发展中的重要支撑作用的研究涉及较少。

本文认为,宅基地价值显化问题的核心除了在何种程度、以何种路径实现价值显化外,更应理清往哪个方向价值显化。鉴于此,本文试图在宅基地价值显化路径和实践突破基础上,前瞻性考察宅基地价值显化中的可能利益冲突和潜在风险,进而提出深化宅基地价值显化的发展方向,回应当前中国乡村振兴过程中的宅基地制度改革问题。需要说明的是,新《土地管理法》的实施、相关政策文件的出台及地方实践探索都为本文研究提供了新的素材和有利契机。

二、宅基地价值显化的本质要义与实践突破

(一) 宅基地价值显化的本质要义

合理定义宅基地价值是研究宅基地价值显化的逻辑起点。从经济学视角看,一些学者强调土地价值的实质是土地买卖和土地租赁关系的反映[19]。周诚[20]认为处于自然状态的土地没有价值,而经过改良的土地由土地物质和土地资本构成,后者有价值。还有学者从哲学视角进行理解,认为土地价值不仅取决于土地的经济效用,而且取决于土地的生态效用、景观功能、社会保障功能及代际公平等多种功能和效用[21]。借鉴以上概念界定,本文从以下方面理解宅基地价值:其一,从权利视角来看,宅基地价值可表达为所有权价值、农户资格权价值和使用权价值。根据产权理论,宅基地农户资格权和使用权的设定在一定程度上会降低宅基地的所有权价值;同理,宅基地使用权的设定也会在一定程度上降低宅基地的农户资格权价值。其二,从功能表现形态来看,宅基地价值也表现得十分丰富,包括现实使用价值,指通过在宅基地上建造房屋及附属设施获取的满足其居住、生活、存储等需求的价值;潜在经济价值,指通过合理经营宅基地及其上建造房屋或附属设施获取的正当经济收益,如发展民宿、养老、农家乐等;特殊存在价值,指宅基地存在的特殊意义,如对农民的保障价值、文化情感、代际传承等非资产价值,以及衍生出的社会价值和政治价值。

至于宅基地价值显化,核心要义在于优化配置,没有价值显化的资产是沉睡的资源[22]。而资源转变成为资产的关键就是价值显化。具体到宅基地价值显化,是指宅基地权利人通过一系列产权交易行为实现宅基地价值的过程,是农户宅基地从"沉睡"资源转向"流动"资本的跨越过程。简而言之,明晰宅基地产权是显化宅基地价值的基础,宅基地权属交易是宅基地价值显化的表现形式,而货币形式的成交价格则是宅基地价值显化的具体结果。进一步结合前文对宅基地价值的理解,本文认为宅基地价值显化既包括所有权价值显化、农户资格权价值显化、使用权价值显化,也包括现实使用价值显化、潜在经济价值显化、特殊存在价值显化等。

(二) 宅基地价值显化的实现路径

虽然宅基地价值显化的实践由来已久，但直到 2019 年相关法律修订和政策出台才使得宅基地隐性显化现象的正当性得以合理解释。根据新修订法规和政策的相关规定，以及笔者多年实地田野调查的资料分析，下面主要从权利视角总结宅基地价值显化[①]路径。

1. 宅基地资格权价值显化。具体路径包括增减挂钩、入市交易、集体内部有偿转让、有偿退出等。总体来看，这些路径都是宅基地物权性质的权利转移，是一次性、彻底性的显化，显化价值分别表现为：增减挂钩价格或市场交易价格、入市交易价格、转让价格、退出补偿等。受级差地租作用，在增减挂钩及入市交易显化路径中，宅基地价值增值最为明显，故获得的宅基地显化价值也最大。在其他路径中，由于宅基地资格权价值主要在农村内部显化，增值空间较为有限。

2. 宅基地使用权价值显化。具体路径包括出租、入股、托管、联营、抵押等。通过这些路径实现宅基地使用权价值后，原农户仍然享有宅基地资格权。因此，即便经营失败，农户也不用以宅基地资格权偿还债务，仅需以使用权价值对外承担责任。根据相关文件规定，当前宅基地出租、入股、托管、联营的承租对象都可不受农村集体内部限制。

(三) 宅基地价值显化的实践突破

从宅基地制度改革试点县（市、区）的实践观察来看，宅基地价值显化既是目的，也是手段，在增加农户财产性收入、提升宅基地利用效率、拓展宅基地价值、促进农村产业发展等方面都取得了积极成效。特别是从更加持续性的制度成果来看，宅基地制度改革还在制度机制方面取得了重大突破。

1. 建构了农村宅基地资源资本化的实现机制。通过宅基地价值显化，农户宅基地和农房资源从"沉睡"资源转变成了"流动"资本，从而让农户有更多机会获取金融扶持，享受到城乡一体化进程带来的溢价，能够满足农户增加财产性收入的迫切需求。截至 2019 年 10 月底，全国宅基地制度改革试点地区共约 26 万户农户实现了零星、闲置宅基地的价值显化，其中办理农房抵押贷款 8.1 万宗，贷款总额达 201 亿元[②]，显著提高了宅基地制度改革试点地区农民的收入水平。

2. 创新了农村闲置宅基地的激活机制。一方面，通过利用闲置宅基地和闲置农房发展乡村旅游、餐饮民宿、文化体验、休闲农业等乡村新产业新业态，快速提升了宅基地资源的利用效率；另一方面，通过农村闲置宅基地整治、城乡建设用地增减挂钩、入市交易、有偿退出等价值显化路径，还为乡村建设和乡村产业发展等提供了土地要素保障。截至 2019 年 10 月底，全国宅基地制度改革试点地区共腾退出零星、闲置宅基地约

---

① 鉴于我国国情，宅基地所有权价值显化只发生在征地这一特殊情况中，而且是较被动的价值显化，因此，不纳入本文研究范畴，本文重点讨论宅基地农户资格权价值和使用权价值的显化问题。

② 数据来源：农业农村部《对十三届全国人大三次会议第 5495 号建议的答复》（农办议〔2020〕467 号），农业农村部网站，2020 年 11 月 17 日。

14.5万亩[①]。

3. 探索了社会资本进入农村的聚合机制。在过去相当长时期内，资金、土地、人口等要素都主要表现为由农村单向流入城市，造成农村严重"贫血"。宅基地价值显化不仅极大地激发了农村宅基地资源的活力，更关键的是，还激发了各类资本投入农业、农村的信心与热情，有利于现代化经营人才、科学技术、信息等要素加快向农村集聚，为乡村振兴注入新的强大活力，进一步推动城乡要素自由流动、优化配置，促成新型城乡发展关系。

三、宅基地价值显化中的潜在风险

不可否认，各地的宅基地价值显化改革在实践中已取得了重大突破。但是，必须清醒认识到，宅基地价值显化问题并不止是农户家庭的决策结果。中国特殊的土地制度本就使宅基地之上汇聚了较复杂的公共利益、集体利益、集体成员利益。在新一轮宅基地赋权改革背景下，又因工商资本利益和城市利益的进入，附于宅基地之上的多方利益博弈变得更加交错复杂。从实践观察来看，各个利益主体之间在宅基地价值显化过程中已经表现出了一些摩擦与分歧，甚至是较激烈的利益冲突与潜在风险。

（一）激励宅基地恶性扩张，侵害弱势农户利益

在宅基地福利性供给的现实制度安排下，农户几乎不用付出成本就可轻松获取宅基地，因此，现实中强势农户"一户多宅"、乱搭乱建现象依然较为普遍。尽管在新一轮赋予宅基地价值显化权利的改革中，明确要求对历史形成的宅基地面积超标和"一户多宅"等问题进行认定和处置，但是，笔者在大多农村地区的调研发现，受执行依据缺乏、历史遗留问题突出、矛盾纠纷较大等因素叠加影响，现实中很少有基层政府对该要求严格执行。即便执行，实际的相关惩罚措施也较轻。那么，在此基础上直接进行宅基地价值显化就有失公允，甚至相当于变相认可了以前农户之间的不公平宅基地分配事实。更严重的影响是，当越来越多农户认识到多余、闲置宅基地的潜在经济价值后，他们特别是一些经济意识较强的农户则会进一步想方设法地扩张自己的宅基地面积，以备未来价值显化时获取更大经济利益，从而可能进一步诱发农户家庭恶性分户以超标准扩张宅基地，甚至产生违法搭建、侵占耕地等连锁反应。在宅基地资源总体有限的现实背景下，这些现象显然与宅基地价值显化以实现优化资源配置的改革初衷是相违背的，甚至可能还会导致弱势农户利益受损。

（二）农村集体经济组织的所有权主体地位虚置，导致集体利益被忽视

毋庸置疑，赋予农户宅基地价值显化权利是正确且十分必要的，很好地回应了市场经济的发展要求和农户权利意识觉醒的利益诉求，理应成为新一轮宅基地制度改革的主

[①] 数据来源：农业农村部《对十三届全国人大三次会议第5495号建议的答复》（农办议〔2020〕467号），农业农村部网站，2020年11月17日。

线。但是，必须警惕的是，在潜在成本与收益的权衡取舍中，作为理性经济人的农户往往会按照"价高者得"的原则将宅基地进行价值显化。然而，这些高价转入宅基地的新主体对宅基地的盘活利用与开发经营并不一定与当地农村实际情况及未来发展相符。因此，如果一味地过分强调农户地权，忽视农村集体经济组织所有权主体的监管权力，则可能损害农村集体的长远利益。从笔者实地调研来看，在农户用益物权身份与农村集体所有权身份之间的抗衡中，农村集体经济组织对宅基地价值显化的监督权和管理权几乎形同虚设。与此同时，宅基地价值显化还相对忽视了所有权主体参与增值收益分配的权利。事实上，相比无偿获取宅基地的农户，农村集体经济组织在宅基地价值显化过程中其实发挥着更为重要的支撑作用，特别是对农村路、水、电、燃气等配套基础设施的建设。而这些正是宅基地价值显化的重要前提条件。同时，因为不同区位宅基地的经济价值差异非常大，所以，如果宅基地显化价值完全归私，还可能会引发不同区位宅基地权利人之间的利益分配失衡问题，导致区域间贫富差距扩大。

（三）强势工商资本压低宅基地显化价格，挤占农户利益空间

工商资本进入是宅基地价值显化过程中的重大突破，不仅弥补了农村发展资金不足的困难，还有利于推动农村新业态的发展、助力乡村振兴目标的实现。然而，实地调研发现，虽然积极作用仍是主流，但是在实际运作中，由于工商资本的逐利特征，农户利益空间被挤压的现象频发，突出表现为强势工商资本竭力压低宅基地显化价格，并向地方政府争取更多优惠政策。在访谈中，笔者还发现，作为宅基地资格权主体的农户，受自身特征及外界环境等约束，在宅基地价值显化过程中常常在信息、认知等方面处于弱势地位，较缺乏平等有效的谈判能力和充分的话语权。因此，实践中个别地方政府为了吸引工商资本进入，将一些原本属于农户共享的产业发展扶持政策等转向对工商资本倾斜配置，挤压农户发展的利益空间。更须警惕的是，实践中已经出现了因宅基地后续开发经营不佳而无力支付农户租金或股份分红的情况，严重损害农户利益。

（四）加剧宅基地无序利用风险，影响农村长远发展利益

宅基地价值显化改革的关键不仅在于价值显化多少、实现农户财产性收入增加多少，更在于价值显化后宅基地的利用问题。如果价值显化后宅基地得不到有效、合理利用，就失去了显化改革的应然之义。然而，遗憾的是，笔者调研发现，为了快速收回投资成本、谋取更多经济利益，在宅基地价值显化后，不少工商资本绞尽脑汁打政策擦边球进行违规经营，如修建别墅、私人会馆、开办劣质加工作坊等，甚至违法圈地、改变宅基地性质。尤其是在城镇郊区、旅游景区周边，乱搭乱建搞租赁、乡村旅游接待等现象非常普遍。然而，这些价值显化行为在盘活宅基地资源、带来经济利益的同时，也可能会加剧宅基地无序化利用，甚至可能导致农村生态环境污染，破坏农村形象，从而影响农村长远发展利益。再加上，长期以来，我国绝大部分农村地区都缺乏具体实用、可操作的规范化村庄规划，从而也使得宅基地价值显化过程中的无序利用行为缺乏严格监管执行依据。这种追求短期化利益的价值显化改革不利于农村长期可持续发展。

（五）挤压农村内部建设用地空间，加剧城乡发展之间的利益失衡

诚然，地方政府都有推动城市化建设以提升政绩的利益需求。在此动机驱动下，不少基层政府极为偏好退地指标增减挂钩等一次性获利的宅基地价值显化方式，认为既有助于破解宅基地利用效率低下、大量闲置的困境，也有利于解决城镇发展建设用地供不应求、成本高企的问题。但是，宅基地是农村土地的重要组成部分，是重塑集体经济和农村发展的最核心支撑资源，如果一味本末倒置地转换指标用以满足城市建设用地需求，不仅会挤压乡村建设用地空间，导致乡村利益流失，还可能因集体经济长期发展空间受限而进一步加剧城乡发展之间的不平衡矛盾。更值得重视的是，相较于城镇，农村道路、公共服务等基础设施建设本就严重滞后，而当前乡村振兴战略的推进进一步对农村公共建设提出了更高要求。因此，当前乡村发展其实也面临农村建设用地需求快速增长与农村建设用地不足的突出矛盾。同时，从笔者调研发现来看，以农村建设用地低价转让支持城市建设的方式不仅可能助长城市建设用地低效利用，还可能在一定程度上导致泡沫化产业发展以及城市虚假、急功近利式空间扩展等不良现象。

四、宅基地价值显化改革的深化方向

在新一轮赋权实现宅基地价值显化合法化的背景下，各方利益冲突的客观存在形成了一系列价值显化风险，使得宅基地价值显化的双刃剑特征凸显。但是，这并不意味着我们要"讳疾忌医"，而是警示在宅基地价值显化过程中不能"盲目乐观"，应当避免从"一刀切禁止显化"转向"一哄而上"，重点是从宏观全局出发，坚持整体性思维，理性应对农户、农村集体、地方政府、工商资本之间以及农村与城市之间的利益关系。基于此，笔者建议从以下方面明确当前宅基地价值显化改革的定位和深化方向。

1. 宅基地价值显化应当坚持基底公平。公平化宅基地价值显化起点是积极稳妥开展农户闲置宅基地和闲置住宅盘活利用的基本原则。因此，一方面必须落实宅基地基底调查，继而严格认定和处置因历史原因形成的宅基地面积超标问题，平衡强势农户与弱势农户之间的利益关系；另一方面积极探索宅基地有偿使用制度，严格坚持"一户一宅"的宅基地使用制度，从根本上为宅基地价值持续显化营造公平化的制度安排。

2. 宅基地价值显化应当坚持主体利益平衡。农户家庭是宅基地价值显化改革中最重要的利益相关者，却处于相对弱势的地位。因此，宅基地价值显化不能一味强调吸引工商资本进入，相反，必须要保护农户家庭在宅基地价值显化全过程中利益不受损，充分动员、组织和带动农户、农村集体积极主动参与宅基地再利用和开发经营，以实现多方利益主体之间的利益平衡。同时，只有充分调动农户和农村集体的积极作用，宅基地价值显化才具有持续的动力和内生发展能力。

3. 宅基地价值显化应当坚持集体所有地位。宅基地的利用与开发经营不仅关系到农户个人利益，还会对农业农村长远发展产生深刻影响。因此，在宅基地价值显化中，必须坚持农村集体经济组织的宅基地所有权主体地位。一是应当充分考虑农村集体经济组织在宅基地价值显化中的收益分配权利，以此通过重构集体经济组织、激活集体经

济，在乡村产业发展、就业机会提供、收入增加、公共基础设施和服务改进等方面发挥推动作用。二是切忌行政化超前推动宅基地价值显化，对价值显化农户进行合理适当限制，特别是对宅基地资格权价值进行显化的农户，原则上要求农户应当满足在城镇有固定房产、有稳定工作或收入等门槛条件。三是对宅基地权利转入方进行严格资格审核，具体包括对工商资本的经营能力、资信情况、履约能力等进行明确要求。四是充分发挥农村集体经济组织对宅基地利用的监督管理权力，对宅基地显化后的再利用与开发经营行为进行全过程全方位监督，及时识别风险，并予以防范。

4. 宅基地价值显化应当坚持市场机制导向。宅基地价值显化必须坚持以优化宅基地利用为导向，以产权制度完善为基础，以更深层次的市场化制度突破为抓手，充分发挥市场机制作用。一是搭建宅基地产权交易的市场综合管理平台，引导宅基地资源合理畅通有序流动，实现宅基地供给与需求主体有效衔接。二是因地制宜稳步推进依据市场规则、公开价格竞争机制实现宅基地资源优化配置，促进宅基地实现科学合理的长效盘活。

5. 宅基地价值显化应当坚持乡村优先原则。宅基地既是农户的基本生活资料和重要财产，又是农村发展的基础资源。在宅基地利用和开发经营中，要求既要重视最佳利用原则，又应强化优先满足农村内部用地需求的长期化改革策略。对于通过腾退置换城市建设用地指标的片面宅基地价值显化行为必须保持高度警惕。考虑到乡村振兴进程中农村建设用地需求的快速增长态势，在当前的宅基地价值显化中更应鼓励将更多宅基地留作农村自用，满足农村内部建设用地需求，确保更多新产业、新业态在农村落地，高度重视宅基地在集体经济再造、乡村全面发展中的重要支撑作用，注重闲置宅基地盘活利用与新型农村集体经济发展协同推进，以此实现助力农民农村共同富裕的战略任务。

参考文献

[1] 龙开胜. 宅基地使用权制度改革的现实逻辑与路径选择 [J]. 社会科学家，2016（2）：10-15.
[2] 曹泮天. 宅基地使用权流转法律问题研究 [M]. 北京：法律出版社，2012.
[3] 陈小君，蒋省三. 宅基地使用权制度：规范解析、实践挑战及其立法回应 [J]. 管理世界，2010（10）：1-12.
[4] 刘守英. 农村宅基地制度的特殊性与出路 [J]. 国家行政学院学报，2015（3）：18-24+43.
[5] 韩康. 宅基地制度存在三大矛盾 [J]. 人民论坛，2008（14）：38-39.
[6] 郑风田. 让宅基地"三权分置"改革成为乡村振兴新抓手 [J]. 人民论坛，2018（10）：75-77.
[7] 董新辉. 新中国70年宅基地使用权流转：制度变迁、现实困境、改革方向 [J]. 中国农村经济，2019（6）：2-27.
[8] 孟祥仲，辛宝海. 明晰使用产权：解决农村宅基地荒废问题的途径选择 [J]. 农村经济，2006（10）：13-15.
[9] 郭晓鸣，虞洪. 四川农村宅基地自愿有偿退出探索实践及其潜在风险和应对建议 [J]. 国土资源科技管理，2017，34（3）：9-14.
[10] 刘守英，熊雪锋. 产权与管制——中国宅基地制度演进与改革 [J]. 中国经济问题，2019（6）：17-27.
[11] 高圣平. 农村宅基地制度：从管制、赋权到盘活 [J]. 农业经济问题，2019（1）：60-72.

[12] 严金明，迪力沙提，夏方舟. 乡村振兴战略实施与宅基地"三权分置"改革的深化［J］. 改革，2019（1）：5-18.

[13] 杨春梅，徐小峰，齐琪，等. 城乡融合发展背景下上海市农村宅基地利用变化仿真与模拟［J］. 中国土地科学，2019，33（9）：56-65.

[14] 冯淑怡，鲁力翡，王博. 城乡经济循环下我国农村宅基地制度改革研究［J］. 农业经济问题，2021（4）：4-12.

[15] 贺雪峰，桂华，夏柱智. 论土地制度改革的方向与思路——《土地管理法修正案（草案）》解读［J］. 西北农林科技大学学报（社会科学版），2019，19（4）：1-7.

[16] 刘守英，熊雪锋. 经济结构变革、村庄转型与宅基地制度变迁——四川省泸县宅基地制度改革案例研究［J］. 中国农村经济，2018（6）：2-20.

[17] NORTH D C. Understanding the process of economic change［M］. Princeton：Princeton University Press，2005.

[18] 印子. 农村宅基地地权实践及其制度变革反思——基于社会产权视角的分析［J］. 中国农村观察，2014（4）：52-62+83.

[19] 李铃. 论"土地价值"［J］. 中国土地科学，1991，5（4）：7-11.

[20] 周诚. 土地价值简论［J］. 中国土地科学，1996（S1）：1-4.

[21] 霍雅勤，蔡运龙. 可持续理念下的土地价值决定与量化［J］. 中国土地科学，2003（2）：19-23.

[22] 双木. 显化和优化［J］. 中国土地，1998（2）：1.

中国土地资本化研究的进展与展望

黄娉芊　何元斌　包广静　李连珍

一、引言

土地兼有资源、资产与资本三重属性。土地既可作为一种供人类使用的资源，满足人们生产生活的需求，也可以作为能够带来价值的资产，创收保值，还可以将其资本化，实现价值的增值。土地资本化起着促进经济发展、增加农民财产性收入[1]的重要作用。当前我国经济增长方式转型日益加快，城乡融合日益深化，使城市与农村土地的价值得以凸显，展现出了可资本化的特征。对我国土地资本化相关研究进行梳理，明确已有研究内容，为将来研究提供方向，不仅有助于推动我国土地资本化良性发展，加快经济发展方式转型，减少对土地财政的依赖，也有助于盘活农村土地，发挥其财产功能。由于我国长期以来实行城乡二元土地管理制度，所以本文从城市土地与农村土地两个方面展开研究。而农村土地资本化又可以分为农地资本化、宅基地资本化和集体建设用地资本化[2]，土地发展权使农村土地得以变成城市土地，实现土地使用权性质的变更（图1）。

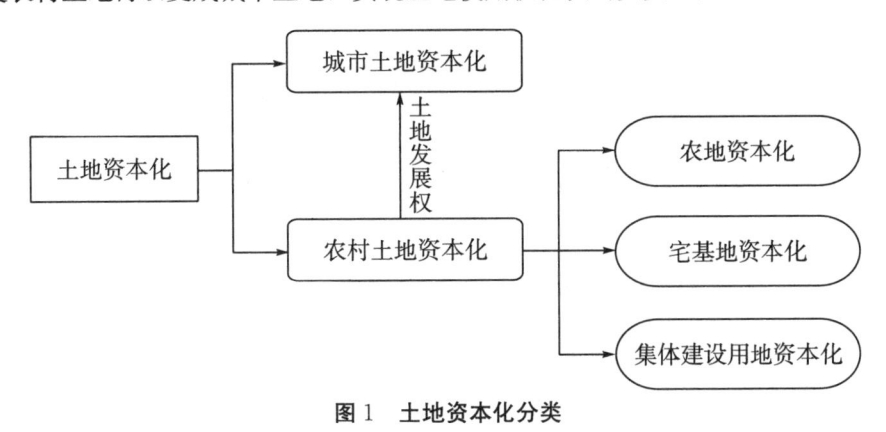

图1　土地资本化分类

---

① 作者简介：黄娉芊，云南财经大学物流与管理工程学院硕士研究生；何元斌，云南财经大学物流与管理工程学院教授；包广静，云南财经大学物流与管理工程学院副教授；李连珍，云南财经大学物流与管理工程学院硕士研究生。本文是国家社会科学基金项目"西南地区多重脆弱条件下农村闲置宅基地有效利用创新模式研究"（22XJY024）、云南省社会科学规划项目"云南省农村宅基地'三权分置'及流转机制研究"（YB2018022）的阶段性成果。

二、研究方法与数据来源

运用文献计量软件CiteSpace，结合文献归纳法，对土地资本化相关文献进行可视化分析，明确土地资本化领域研究的热点与发展变化情况。在中国知网数据库（CNKI）上分别以"土地资本化""城市土地资本化""农村土地资本化""农地资本化""宅基地资本化"和"集体经营性建设用地资本化"为主题词进行检索，将文献检索范围限定为学术期刊，期刊来源限定为"SCI""EI""北大核心""CSSCI""CSCD"和"AMI"，选取文献的时间范围为1993—2022年，并且剔除书评类的文献，最终确定文献237篇。

三、概念辨析

要明确"土地资本化"的概念，应首先对"土地资源""土地资产"和"土地资本"进行界定。土地资源是指土地可以被人类开发利用，满足人们需求的属性[3]，强调有用性；土地资产是指对土地进行权属界定后，能够进入市场进行交易并使产权所有者获得收益的属性[4]，突出价值性；土地资本则是指土地作为商品、货币等形态，在市场上流通并带来超额利润的属性[3]，体现其增值性。

其次，在"土地资本化"的定义方面，不同学者对"土地资本化"内涵的界定不同。从土地产权利用方式的角度出发，土地资本化是将土地产权权利出让给租地资本家的过程[5]，该定义参照了马克思对资本范畴的界定，认为土地参与资本主义生产的过程即是土地资本化，没有参与资本主义生产过程就是土地资产化，但没有考虑土地固有的资源、资产与资本特性；从市场流通的角度，土地能够进入市场参与流转并实现增值就可称其为土地资本化[6]，该定义强调了土地要进入市场才能实现资本化，但没有考虑资源转变为资本的过程；从资源与资本关系的角度，土地资本化就是将土地资源转变成可以运动并增值的土地资本[7]，该定义强调了土地资本是由土地资源转化而来的，并有增值的过程，但并没有明确产权问题；从土地资本化具体形式的角度，土地资本化是指产权拥有者将土地用来出租、合作或作为股份进行投资以获取一定经济报酬的经营过程[8]，该定义明确了土地资本化是利用土地获取收益的过程，但没有体现增值的过程。综上所述，土地资本化应包括"产权界定""资源转化""市场流通"和"增值"的过程，因此可将土地资本化的内涵概括为：土地产权拥有者通过转让、出租、入股、联营、抵押等方式让土地进入市场进行交易，将土地资源转化为具有增值性的土地资本的过程。

四、基于CiteSpace的土地资本化研究情况分析

（一）发文量统计

对发文量进行统计能够明确该领域在不同时期的研究情况。近30年来有关土地资

本化的发文数量总体呈波动式上升趋势，其中以 2013、2014 年发文数量最多，都为 21 篇。从 1993 至 2014 年，发文量增加了 20 篇。2018 至 2022 年，发文量逐渐稳定。这表明土地资本化逐渐成为学界研究的热点。1993 年党的十四届三中全会召开，会议通过《关于建立社会主义市场经济体制若干问题的决定》，政府逐渐缩小对经济社会的直接干预和控制，并允许社会中部分要素自由流动[9]。土地制度也进行了一系列调整，比如适度放活城乡土地使用权管制，分离所有权与使用权并推动使用权流转[10]。由此催生了第一篇有关土地资本化的文献，探讨土地估价制度与土地管理制度对农村土地资本化的作用[11]。2013 年党的十八届三中全会之后，我国进入全面深化改革的新时期，重新放松土地产权管制，激发土地要素活力，推动城乡土地产权同权化，探索建立城乡统一的建设用地市场体系[12-13]。该时期涌现了大量的研究成果。2018 年中央一号文件创新提出"探索宅基地所有权、资格权、使用权'三权分置'"的改革思路，学界以三权分置改革为背景，探索宅基地资本化的可行性。到 2022 年，中央一号文件继续强调"稳慎推进农村宅基地制度改革试点"，推动农村集体经营性建设用地入市[14]，相关研究也不断深化（图 2）。

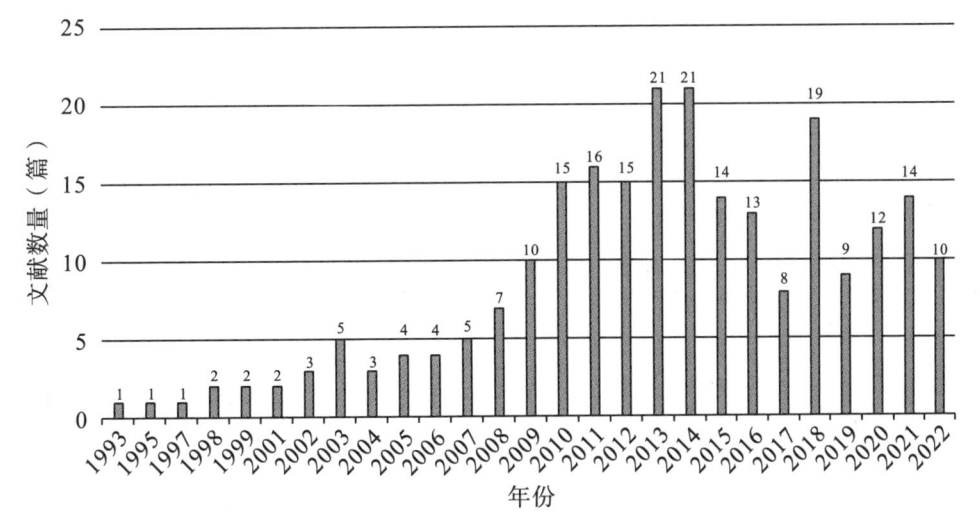

图 2　发文量统计

（二）关键词分析

关键词是对文章内容的高度凝练，运用关键词分析该领域的主要研究内容，能够掌握研究的热点与发展趋势。由图 3 可知，节点最大的关键词是"资本化"，出现了 28 次，其次是"土地财政""经济增长""土地制度"和"土地产权"，均出现了 7 次以上，"土地流转""资本""三权分置""土地银行"和"社会保障"等词出现的频率也较高。这表明对土地资本化的研究集中在土地资本化的内容与形式方面，同时也探讨土地资本化对经济增长、社会保障的作用。

图3 关键词共现图谱

（三）关键词聚类分析

在将关键词可视化的基础上，进一步将意思一致或相近的关键词进行聚类分析，可以得到 12 个聚类，分别是：#0 资本化、#1 土地财政、#2 资本、#3 土地制度、#4 土地银行、#5 三权分置、#6 陕西省、#7 地方政府、#8 乡村振兴、#9 农户、#10 城市土地价值、#12 功能。

（四）研究时间线分析

运用 CiteSpace 的 "Timeline View" 功能，进行研究时间线分析。时间线图谱可以明晰土地资本化领域历年的主要研究内容及其变化情况。本文以我国重大历史事件或重要文件为关键时间节点，将土地资本化研究分为三个阶段：1993—2003 年、2004—2012 年、2013—2022 年。

1. 第一阶段（1993—2003 年）：萌芽与探索。

（1）农村土地资本化可行性初探。我国较早的土地资本化研究出现在农村地区，针对农村土地资源巨大的资本化潜力，提出要以土地估价制度和土地管理制度作为土地资本化的关键与保证[11]。这与 1992 年社会主义市场经济体制确立，市场化改革与城市化进程加快，大量农村劳动力向城镇转移，农地利用率下降[14]，同时农户建立起了规模经营的意识[15]，从而出现土地流转的需求[14]，是密切相关的。1993 年《关于当前农业和农村经济发展的若干政策措施》允许土地使用权依法有偿转让，2003 年《农村土地承包法》颁布，为土地流转提供了法律依据[14]。相关研究也不断增多，主要集中在探讨土地资本化对欠发达地区经济发展的作用机制[15]；土地使用权资本化的实质、意义及表现形式[16]；土地资本化促进土地价值功能、财产功能、融资功能和资本功能的显化[17]；在土地资本化过程中如何保障农民土地权利并让农民参与到工业化中[18]等方面。该时期的研究主要是理论上的探讨，首先提出土地资本化是可行的，农村土地具有很大的资本化潜力；其次提出要将土地使用权资本化，建立土地市场，明确土地使用权资本化的法律依据；最后总结土地资本化的主要形式包括土地使用权的股份制、土地租赁制度、土地抵押制度和土地使用权的买卖制度[16]。在实证研究方面，通过对欠发达地区扶贫开发经验进行总结，指出对欠发达地区投资的相对效益较发达地区高，土地资本化是贫困地区脱贫的重要推力[15]。此外还具体分析了"南海模式"，实行土地股份制，保障农民合法权益[18]。但该时期的研究还处于探索阶段，并未形成完整的理论体系，且相关实证研究较少。

（2）城市土地资本化理论构想。农村集体土地两权分离取得成效后，城市国有建设用地使用权有偿流转开始得到支持。1998 年《土地管理法》修正案正式设立国有土地有偿使用制度，为城市国有土地使用权有偿出让和流转提供了法律依据。1994 年分税制改革，中央政府财政汲取能力增强，而地方政府财政收入下降，财政支出大幅增加，地方政府利益主体意识增强，开始凭借一级土地市场垄断权，大力推进"经营土地"的发展模式[10]。因此，该时期城市土地资本化的研究主要有：对城市土地资本化运营提出理论依据、条件与内容方面的构想[19]；对城市土地资本化运营进行绩效分析[20]；提出"两费自理"的土地资本化运营模式[21]；分析城市土地资本化的必要性与可行性，并提出具体的实施措施[22]等。该时期的研究初步构建了城市土地资本化的理论基础，明确城市土地资本化指的是"对城市土地资源进行科学配置，使城市土地资产以货币化形式进行运作，以谋求城市土地资产的增值及城市的健康持续发展的管理方式"[23]，指出城市土地资本化是经济体制转型与实现城市土地市场价值的需要，还总结了具体的城市土地资本化形式，包括城市土地使用权的招标出让和城市土地使用权的挂牌出让[24]，并提出了相应的对策。但同样缺少对地方实践的研究。

2. 第二阶段（2004—2012 年）：实践的探索与试点推进。

（1）农村土地资本化内容与模式探讨。2004 年中央一号文件强调市场调节在农业生产要素流动和农产品市场流通中的基础性作用，明确要提高各种资源在农村经济中的配置效率。2008 年党的十七届三中全会召开，通过《中共中央关于推进农村改革发展若干重大问题的决定》，提出要"稳定土地承包关系'长久不变'，赋予农民更加充分而有保障的土地经营权",拉开了新一轮农村土地制度改革的序幕[25]。在此背景下,学者们的研究集中在通过具体的案例研究农地资本化,如浙江省新风村"股田制"经营机制[26];南京市横梁乡现代农业企业支付给农民租金的土地资本化模式[27];四川省金堂县的公司经营模式、合作社经营模式及农业龙头企业带动模式[28];北京市郑各庄村集体建设用地创办工业及发展第三产业模式[29];山东省枣庄市农地产权资本化改革的"徐庄模式"[30]等。有学者进一步探讨了土地资本化的形式,较有代表性的有土地使用权证券化,将由农村土地使用权能够获得的收益作为抵押品(担保),发行证券,再由经营土地的法人把这些证券在证券市场上向广大投资者出售[27];发展土地金融,以土地作为信用保证(抵押)而获得资金融通[31];为失地农民设立"土地基金",征地补偿费或土地出让金不直接发放给失地农民个人,而是设立"土地基金",并由失地农民在原来集体经济组织的基础上组建"土地基金管理委员会",负责对土地基金进行管理[32];建立区域性土地银行,由政府出面组织,把某一区域农民的承包地使用权、农村集体建设用地使用权以及通过整理和置换的宅基地使用权整合,以"零存整取"这种银行经营方式来加快农地的流转,推动农业产业化和规模化[33]等。还有学者借鉴了现代企业制度,提出要建立现代农业企业制度,以现代企业制度为模本,农民以土地经营权出资入股并以出资额为限对公司债务承担责任,公司以其全部资产对外独立承担民事责任[34]。但随着我国城镇化进程加快,耕地面积持续减少,农业收入在农民总收入中的占比不断下降,同时被征地农民数量增多[35],失地农民的社会保障问题引起了学者们的注意。学者们认为土地资本化不仅有助于适应不同需求的土地保障制度的创新[34],还有助于实现农村土地保障制度的渐进变迁[36],是农村社会保障制度建立的过渡选择,能够衔接土地保障制度和社会保障制度[37]。土地资本化经营可以分担农民社保资金的筹集[38],农地使用权资本化是增加农民财产性收入的重要途径[33],"农民留用地"保障模式能够提升村集体经济组织对失地农民的保障能力,并让失地农民积极参与到工业化与城市化进程中[39]。该时期从理论研究转向了个案研究,关注具体地区土地资本化的模式,总结了各地土地资本化的特点。同时也探索了新的土地资本化形式,如土地金融、土地银行等,丰富了土地资本化的理论内容。研究视角由整个农村地区转向微观主体农户,关注农户的社会保障问题。

(2) 城市土地资本化实现机制探究。继 1990 年国务院发布《城镇国有土地使用权出让和转让暂行条例》,明确规定土地使用权出让可以采用协议、招标和拍卖三种方式后,2004 年《关于继续开展经营性土地使用权招标拍卖挂牌出让情况执法监察工作的通知》要求不得再以历史遗留问题为由采用协议方式出让经营性土地使用权。土地出让方式由协议出让为主转向招标、拍卖、挂牌公开出让为主,体现了市场经济原则,使市场机制在土地资源配置中发挥基础性作用。2007 年《土地储备管理办法》,标志着我国土地储备制度全面确立。土地储备制度加强了政府对土地供给的调控能力,增加了国有土地使用权的出让收入[40]。该时期我国城市土地资本化的研究着眼于国有企业无偿划拨土地资本化的问题,如划拨土地使用权资本化的实现[41]、国资管理体制改革后土地资本化如何促进国有土地的增值[42]、土地资本化如何推动国企产权改革[43]等。同时,土地资本化产生了巨大的红利,对推动我国城镇化进程、经济持续增长有极大的贡献,地方政府通过土地储备到土地一级市场供应，进而获得财政收入，并为获得城市建设发展资金大规模投融资，出现"土地财政"，学者们展开了相关研究。如有学者以具体的案例为切入点，运用财政风险矩阵分析地方政府收入结构及其与土地资源的关系[44]；也有学者认为土地资本化是地方政府基于行政权力和经济利益的追求及先天的占有优势而具有强烈供给欲望的结果[45]。同时创新提出设立"土地衡平基金"，形成国有土地资本保值增值的平台，建立政策性土地资本化体系，有效参与市场调节[46]。该时期的研究主要聚焦在具体的土地产权主体，如国有企业、地方政府等，探讨国有土地资本化的实现形式，通过个案论证土地资本化对城镇化的推动作用[47]，同时也注意到了地方政府在经济发展过程中对土地的依赖，"土地财政"现象突出。

3. 第三阶段（2013—2022年）：制度的完善与研究视角的丰富。

（1）农村土地资本化影响机制研究。2013年我国进入全面深化改革新时期，党的十八届三中全会提出"全面深化农村改革"[48]。2014年中央一号文件《关于全面深化农村改革加快推进农业现代化的若干意见》以"深化农村土地制度改革"为题阐述了土地制度改革的具体内容，同年11月《关于引导农村土地经营权有序流转发展农业适度规模经营的意见》提出实施农村集体土地所有权、承包权、经营权的"三权分置"。2015年，中央进一步提出开展农村土地征收、集体经营性建设用地入市、宅基地制度改革。2018年中央一号文件再次对宅基地制度改革做出部署，开始探索宅基地所有权、资格权、使用权"三权分置"[13]。到2022年，中央一号文件继续强调"稳慎推进农村宅基地制度改革试点"，农村土地制度改革不断深化。该时期农村土地资本化的研究内容主要为：不同视角下土地资本化的作用，如探讨土地资本化对乡村发展的影响[49]、研究土地资本化与户籍制度改革的联动作用与实施路径[50]、土地资本化驱动下的土地利用变迁[51]、土地资本化对于农村社会结构变迁的影响[52]、探究农地资本化对耕地非粮化的影响机制[53]、农村土地资本化驱动下乡村经济空间重构[54]等；梳理农村土地资本化的动因、模式、途径等[55-59]，并探讨各种模式的优缺点与选择合适的模式[60]；认识到土地资本化面临一定风险[61-64]，需要相关制度与法律上的保障[65-68]，如完善补充《物权法》《土地管理法》《农村土地承包经营法》等法律，建立城乡统一的建设用地使用权制度和城乡统一的土地产权登记制度等[66]。该时期的研究不仅涵盖了理论构建，还与具体的案例相结合，形成了较为完整的研究结果，能够为各地的土地资本化提供经验借鉴。研究的视角也增多了，更多研究农村的社会问题方面。在探讨农地资本化各种模式的基础上，指出要因地制宜选择合适的模式，才能促进农村经济发展、增加农民收入。还认识到实现土地资本化需要完善有关法律法规，提出了完善的方法与途径。

（2）城市土地资本化正负效应探讨。在城市土地方面，2012年党的十八大召开后，城乡统一建设用地市场真正进入试点实施阶段。2017年《土地储备管理办法》修订，进一步规范土地储备管理，增强政府对城乡统一建设用地市场的调控和保障能力。2019年《关于建立健全城乡融合发展体制机制和政策体系的意见》提出城乡融合发展。同年，对《中华人民共和国土地管理法》与《中华人民共和国城市房地产管理法》进行了修正[40]。但大量的土地没有进入生产领域与生产过程，存在严重的闲置与粗放利用问题[69]。学者们逐渐认识到过度的土地资本化会带来负面的效应。有学者认为土地资本化不仅使中国经济闭锁于粗放的发展方式，也对耕地资源的保护造成巨大的压力[69]，同时会扩大地区差距[70-71]，政府官员追求自身利益最大化而非社会福利最大化[72]，因此土地资本化模式是不可持续的[72]。学者们将该模式概括为"以地谋发展"模式[73]，并具体分析了该模式的运行机制，明确存在的问题，指出要构建新型的土地与经济关系[74]。此外，也有学者认为土地资本化具有正面效应，如通过研究土地出让收入与政府支出偏好的关系，认为地方政府投资基础设施建设的动力来源于想获得更多的土地出让收入[75-76]，即土地资本化可以推动地区基础设施的建设与完善，由此丰富了土地资本化的研究内容，提供了研究的新视角。

4. 研究时间线总结。

综上所述，我国土地资本化研究不断深入，1993—2003年，学者们认识到土地资源具有资本化的潜力，对土地资本化提出了一系列的构想，初步构建起了理论体系，较有代表性的关键词为"土地资源""土地市场""土地储备""模式"和"经济功能"；2004—2012年，学者们通过实证研究探索土地资本化具体的实现形式，总结各地的实践，较有代表性的关键词有"资本化""社会保障""土地金融""土地财政""土地银行""经济增长""土地产权"等；2013—2022年，学者们将理论与实践相结合，形成了较为系统的研究理论与成果，既丰富了土地资本化的理论基础，又结合地方实践对土地资本化模式、形式等进行创新研究，主要关键词有"农村金融""宅基地""流转""三权分置""土地管理""抵押融资""乡村振兴""融资模式""结构转变"等。相关研究视角增多，研究内容丰富，研究方法不断创新，取得了丰硕的成果。

五、结论与展望

文章通过梳理与分析近30年来土地资本化的相关文献，得出我国土地资本化研究经历了萌芽与探索、实践探索与试点推进、制度完善与研究视角丰富的阶段，从认识到土地资本化具有可行性，到研究土地资本化的内容、形式与正负面影响等，形成了较为完整的研究体系。但目前还存在可以进一步探讨与研究的内容：

（1）土地资本化概念与内涵研究。虽然已有研究已从多个角度对"土地资本化"进行界定，但目前还存在与"土地资金化""土地财产化""土地金融化""土地市场化""土地货币化"等概念混用的情况，未来研究应理清这些概念间的关系，形成统一的概念体系，达成共识。

（2）土地资本化相关理论研究。目前研究多从具体的案例出发，通过分析地区土地资本化的实践，总结运作模式，得出可以推广借鉴的经验。但未能重视以马克思土地资本化理论为基础的相关研究，运用较多的是地租理论与土地价值理论，理论体系应进一步完善。

（3）农村土地资本化增值收益分配机制研究。收益分配是土地资本化过程中重要的问题，在农村地区尤其需要注意。目前学者们在土地增值收益来源及形成机理、增值收益归属、分配格局等方面进行了探讨，但研究较少集中在农村地区，缺乏针对性，未来应着重研究农村地区的增值收益分配问题，保护农民权益，增加农民财产性收入。

参考文献

[1] 刘凤梅. 土地资本化作用机理及制度构建 [J]. 人民论坛, 2014 (35): 70-72.

[2] WU Y, MO Z, PENG Y, et al. Market-driven land nationalization in China: a new system for the capitalization of rural homesteads [J]. Land Use Policy, 2018, 70: 559-569.

[3] 韩高峰, 袁奇峰, 温天蓉. 农村宅基地: 从资源、资产到资本 [J]. 城市规划, 2019, 43 (11): 20-30.

[4] 陈国辉, 孙志梅. 资产定义的嬗变及本质探源 [J]. 会计之友 (下), 2007 (1): 10-12.

[5] 张海鹏, 逄锦聚. 中国土地资本化的政治经济学分析 [J]. 政治经济学评论, 2016, 7 (6): 3-24.

[6] 袁钱燕, 阮平南. 整理农村宅基地启动农村土地资本化运作探析 [J]. 特区经济, 2012 (3): 178-180.

[7] 何晓星, 王守军. 论中国土地资本化中的利益分配问题 [J]. 上海交通大学学报 (哲学社会科学版), 2004 (4): 11-16.

[8] 胡亦琴. 农地资本化经营与政府规制研究 [J]. 农业经济问题, 2006 (1): 45-49+80.

[9] 渠敬东, 周飞舟, 应星. 从总体支配到技术治理——基于中国30年改革经验的社会学分析 [J]. 中国社会科学, 2009 (6): 104-127+207.

[10] 蔡继明, 李蒙蒙. 当代中国土地制度变迁的历史与逻辑 [J]. 经济学动态, 2021 (12): 40-51.

[11] 黄贤金, 刘大耕, 吴吕. 农村土地资本化刍议 [J]. 中国农村经济, 1993 (8): 61-63.

[12] 李江涛, 熊柴, 蔡继明. 开启城乡土地产权同权化和资源配置市场化改革新里程 [J]. 管理世界, 2020, 36 (6): 93-105+247.

[13] 陈小君. 我国农村土地法律制度变革的思路与框架——十八届三中全会《决定》相关内容解读 [J]. 法学研究, 2014, 36 (4): 4-25.

[14] 毕国华, 杨庆媛, 张晶渝, 等. 改革开放40年: 中国农村土地制度改革变迁与未来重点方向思考 [J]. 中国土地科学, 2018, 32 (10): 1-7.

[15] 刘彦随. 中国东部沿海地区乡村转型发展与新农村建设 [J]. 地理学报, 2007 (6): 563-570.

[16] 龙言. 欠发达地区经济起飞的关键是"资源资本化"——中国农村改革试验区扶贫体制改革的实证经验 [J]. 中国税务, 1997 (12): 25-30.

[17] 徐翔. 论土地使用权的资本化 [J]. 吉林大学社会科学学报, 2001 (2): 73-78.

[18] 邓大才. 论农村土地的新功能 [J]. 福建论坛 (经济社会版), 2002 (5): 30-32.

[19] 蒋省三, 刘守英. 土地资本化与农村工业化——广东省佛山市南海经济发展调查 [J]. 管理世界, 2003 (11): 87-97.

[20] 李建建. 关于国有土地资本运营的思考 [J]. 当代经济研究, 1998 (5): 18-21.

[21] 刘永湘, 杨继瑞. 论城市土地的资本化运营 [J]. 经济问题探索, 2003 (3): 46-50.

[22] 何秀恒, 李德增, 杜玉祥. 两费自理改革的新尝试——土地资源资本化运营 [J]. 中国农垦经济, 1999 (10): 23-24.

[23] 赵才水. 论城市土地资本运营 [J]. 中国土地, 2001 (9): 25-26.

[24] 陈仲伯, 沈道义, 段睿. 城市资本化经营策略分析 [J]. 财经理论与实践, 2003 (4): 104-109.

[25] 蒲实, 袁威. 中国改革开放39年农业用地制度研究 [J]. 中国土地科学, 2017, 31 (7): 91-96.

[26] 胡亦琴. 农地资本化经营与绩效分析——以浙江省绍兴市新风村农地资本化经营为例 [J]. 江

海学刊, 2004 (5): 76-80+222-223.

[27] 张跃进. 快速推进农村土地使用权资本化——南京市率先基本实现现代化的根本途径[J]. 南京社会科学, 2004 (S1): 287-294.

[28] 陈维. 强化土地资本化意识 推进土地规模化经营[J]. 农村经济, 2007 (12): 32-34.

[29] 刘守英. 集体土地资本化与农村城市化——北京市郑各庄村调查[J]. 北京大学学报(哲学社会科学版), 2008 (6): 123-132.

[30] 臧得顺. 农地产权资本化改革中的政府行为分析——以"徐庄模式"为例[J]. 农村经济, 2010 (4): 61-64.

[31] 潘义勇. 开放土地金融 搞活土地资本经营[J]. 广东社会科学, 2006 (1): 50-54.

[32] 杨波, 刘珺. 市场化和资本化: 对我国失地农民问题的思考[J]. 调研世界, 2006 (9): 39-42.

[33] 杨元庆, 韩立达. 我国农村集体土地使用权资本化问题研究[J]. 农村经济, 2008 (4): 75-77.

[34] 张明皓. 土地物权资本化: 中国农地制度改革的可能路径——兼论现代农业企业制度的建立[J]. 学习与探索, 2010 (2): 79-81.

[35] 黎翠梅. 土地资本化与农村土地保障制度的创新[J]. 财经论丛, 2007 (1): 43-47.

[36] 岳意定, 黎翠梅. 试析农地资本化在农村土地保障制度渐进变迁中的作用[J]. 经济体制改革, 2007 (3): 84-87.

[37] 秦响应, 段迎君. 土地资本化在农村社保制度建立中的过渡作用分析[J]. 商业时代, 2010 (23): 110+118.

[38] 张爱军. 论农村土地资本化与农民社保资金分担机制[J]. 宁夏大学学报(人文社会科学版), 2007 (4): 108-112.

[39] 邹富良. 土地资源商品化与土地资源资本化——对失地农民社会保障效果的比较[J]. 调研世界, 2009 (5): 10-13.

[40] 董昕. 中国城市土地制度的百年演进、历史作用与内在逻辑[J]. 中国软科学, 2021 (S1): 1-9.

[41] 王慎刚, 王瑞英. 关于国企改革中划拨土地资本化方案的分析[J]. 经济体制改革, 2005 (1): 51-54.

[42] 文宗瑜. 土地资本化实现的国有资产增值[J]. 经济研究参考, 2009 (36): 25-26.

[43] 汤玉刚. 财政竞争、土地要素资本化与经济改革——以国企改制过程为例[J]. 财贸经济, 2011 (4): 31-38+103.

[44] 王雅龄, 赵杰, 马骥. 地方政府融资与土地资本化: 基于财政风险矩阵的分析[J]. 财政研究, 2010 (11): 17-20.

[45] 贾军, 刘耀. 中国模式的不足: 土地垄断[J]. 理论导刊, 2011 (1): 19-20.

[46] 陈霄, 梅哲, 鲍家伟. 中国城镇土地资本化路径创新: 基于社会主义经济转型发展的视角[J]. 社会主义研究, 2011 (3): 61-65.

[47] 陈学法. 城镇化进程中的土地资本化问题研究——以江苏省徐州市为例[J]. 徐州师范大学学报(哲学社会科学版), 2012, 38 (6): 108-112.

[48] 冯海发. 对十八届三中全会《中共中央关于全面深化改革若干重大问题的决定》有关农村改革几个重大问题的解读[J]. 农业展望, 2013, 9 (11): 4-12.

[49] 魏开, 魏成. 土地资本化视角下的乡村发展研究——珠江三角洲村庄土地变化的一个案例[J]. 生态经济, 2013 (1): 32-36.

[50] 陈霄. 户籍制度改革与土地资本化——基于重庆案例的分析[J]. 财经科学, 2013（5）: 77-84.

[51] 田莉. 工业化与土地资本化驱动下的土地利用变迁——以2001—2010年江阴和顺德半城市化地区土地利用变化为例[J]. 城市规划, 2014, 38（9）: 15-21.

[52] 朱静辉. 土地资本化与农村阶层再分化——一个沿海村庄的阶层结构变迁分析[J]. 南京农业大学学报（社会科学版）, 2016, 16（3）: 77-89+158.

[53] 戚渊, 李瑶瑶, 朱道林. 农地资本化视角下的耕地非粮化研究[J]. 中国土地科学, 2021, 35（8）: 47-56.

[54] 龚丽钧, 杨忍, 杨帆. 农村土地资本化驱动下珠三角地区乡村经济空间重构历程与重构机制[J]. 经济地理, 2021, 41（9）: 152-161.

[55] 曾福生, 夏玉莲. 制度创新是我国农村土地资本化的根本[J]. 湖南社会科学, 2013（3）: 156-158.

[56] 杨钧. 新型城镇化视域下的农地流转资本化及途径研究[J]. 河南农业大学学报, 2013, 47（4）: 486-491.

[57] 夏显力, 王乐, 赵敏娟, 等. 农地由细碎化走向规模化的制度优化及路径——基于农地经营权资本化的视角[J]. 西北农林科技大学学报（社会科学版）, 2013, 13（5）: 22-28.

[58] 马英才. 我国农地资本化的动因、绩效及政策建议——基于城乡统筹的视角[J]. 湖北社会科学, 2013（10）: 88-91.

[59] 朱志峰. 我国农地资本化改革的可行性路径分析——基于超经济强制惯性解除的视角[J]. 浙江学刊, 2013（6）: 184-189.

[60] 张先贵. 社会转型期集体土地资本化模式选择之法理辨析[J]. 中州学刊, 2013（10）: 59-65.

[61] 曲福玲, 王静, 章洁倩. 农村资本化市场化进程中主体风险防范分析[J]. 征信, 2013, 31（6）: 82-86.

[62] 孙月蓉, 代晨. 中国农地资本化流转风险分析[J]. 经济问题, 2015（5）: 107-110+129.

[63] 王凤林. 农村土地资源资本化的生态风险及其防范对策研究[J]. 农业经济, 2018（6）: 94-95.

[64] 陈振, 欧名豪, 郭杰, 等. 农地资本化流转风险的形成与评价研究[J]. 干旱区资源与环境, 2018, 32（9）: 13-18.

[65] 李红娟. 我国农村土地资本化问题法律分析[J]. 管理现代化, 2013（5）: 11-13.

[66] 胡建. 农村集体土地产权改革的路径与法制保障[J]. 中州学刊, 2014（5）: 68-72.

[67] 胡建. 土地市场化视阈中的农村集体土地产权改造[J]. 求实, 2014（6）: 88-91.

[68] 刘凤梅. 土地资本化作用机理及制度构建[J]. 人民论坛, 2014（35）: 70-72.

[69] 张良悦, 刘东, 刘伟. 土地贴现、资本深化与经济增长——基于省级面板数据的分析[J]. 财经科学, 2013（3）: 105-114.

[70] 齐讴歌, 白永秀. 土地要素资本化和地区差距: "融资效应"与"空间效应"[J]. 经济问题, 2016（3）: 22-29.

[71] 齐讴歌, 白永秀. "以地谋发展模式"如何加剧了区域分化[J]. 现代经济探讨, 2018（4）: 72-79.

[72] 彭昱. 城市化过程中的土地资本化与产业结构转型[J]. 财经问题研究, 2014（8）: 40-45.

[73] 刘守英, 熊雪锋, 章永辉, 等. 土地制度与中国发展模式[J]. 中国工业经济, 2022（1）: 34-53.

[74] 杨宜勇, 范宪伟. 土地资本化背景下中国特色"以地谋发展"模式论析[J]. 中州学刊,

2018(8):24-30.

[75] 李娟娟,宋琪. 土地出让、资本化与城市基础设施供给激励——基于我国35个大中城市的实证分析[J]. 经济问题探索,2018(6):91-100.

[76] 汤玉刚,陈强,满利苹. 资本化、财政激励与地方公共服务提供——基于我国35个大中城市的实证分析[J]. 经济学(季刊),2016,15(1):217-240.

集体经营性建设用地使用权流转纠纷实证研究
——基于2020—2021年259份典型司法案例分析①

王恒伟　周香梅　雷梦媛　严金明

一、引言

随着农村社会经济的发展和城镇化步伐的加快，农村小型工业企业以及农业企业数量增多，对厂房、仓库等建设用地的需求增多。在工农业产业发展过程中，土地要素充当了基石的角色，人民群众对农村集体建设用地的需求大大增加。农村集体建设用地包括宅基地、集体经营性建设用地、乡村公共设施和公益事业建设用地等，其中集体经营性建设用地为建设用地的重要组成部分，对乡村的发展起到举足轻重的作用。为建立城乡统一的建设用地市场，2019年，我国第三次修正《中华人民共和国土地管理法》（以下简称新《土地管理法》，2020年1月1日实施），该法首次从国家立法的层面，允许集体经营性建设用地使用权流转，新《土地管理法》第63条确立了集体建设用地使用权出让制度，并删除了集体用地不得用于非农建设的规定。新《土地管理法》对集体经营性建设用地入市做出了明确的定义：经土地利用总体规划、城乡规划确定为工业、商业等经营性用途，并经依法登记的集体经营性建设用地，土地所有权人可以通过出让、出租等方式交由单位或者个人使用。本文中集体经营性建设用地使用权流转指的是土地使用权的设立与允许流转的过程，集体经营性建设用地使用权流转既包括土地所有者流转给土地使用者，也包括土地使用权在使用者之间的流转，具体表现为出让、转让、租赁、入股，以及破产兼并等形式。农村集体建设用地大量进入市场，打破了城乡土地二元分割局面，使得可利用的建设用地面积增多，进一步满足了工业推进和城镇化发展的用地需求。当前，深化农村土地制度改革的重点之一即是结合新《土地管理法》的修改，进一步探索集体经营性建设用地使用权流转中出现的问题，并建立健全集体经营性

---

① 作者简介：王恒伟，西南大学资源环境学院副教授。本文是国家社会科学基金重大项目"国土空间规划体系下土地要素市场化改革研究"（21&ZD121）、国家自然科学基金项目"地球表层国际公地治理模式与政策研究"（72134008）、重庆市社会科学规划项目"乡村振兴战略背景下重庆农村集体经营性建设用地市场化配置的改革模式与路径研究"（2019QNGL21）和成都市哲学社会科学规划项目"成都都市圈深化要素市场化配置综合改革研究"（2022CS043）的阶段性成果。原文刊于《土地经济研究》，2022年第12期。

建设用地使用权流转制度[1]。

当前我国学者已从多方面对集体建设用地使用权流转展开了研究。从流转模式的角度出发，根据地区具体制度的差异，可分为南海模式、苏州模式、芜湖模式、天津模式[2]、成都郫县模式[3]及重庆"地票"模式等；根据流转对象可分为实物交易和土地发展权交易两种模式[4]；而从影响流转收益分配的产权让渡及市场化出发，可将集体经营性建设用地流转更细致地划分为6种模式[5]。对于入市交易机制方面，有学者建议应当畅通集体经营性建设用地获得路径，扩大入市规模；缩减征地数量，坚持民生导向；加强相关配套制度建设，助推入市流转[6]。政府在入市进程中主要在制度供给、市场培育、准入管理、收益分配、市场秩序维护等方面扮演重要角色，因此，入市中地方政府可能出现的角色失当也应引起重视[7]。集体经营性建设用地入市流转的实现，关键在于理顺国家、集体、集体组织成员间的利益配置比例关系[8]。目前对于收益分配机制的改革重点是明确流转收益分配主体、平衡利益主体之间的分配比例以及确定流转收益分配方式。遵循"谁流转、谁收益"原则，探索集体经营性建设用地流转的税费制度，维护国家、集体土地所有权人，集体建设用地使用权人的应得权益[3]。完备健全的制度体系是集体经营性建设用地入市的必要保障。学者分别从不同角度提出相应的建议，如有的学者从经济学角度，给出制定科学合理的农村集体建设用地定价机制、完善农村集体建设用地流转交易市场等建议[9]。对于改革范畴的扩大，经营性建设用地流转要实现从"存量"到"增量"的突破，实现流转方式多元化，探索建立农村集体经营性土地与国有土地平等入市、规则统一的城乡建设用地市场与交易平台[10]。另外也有大量学者从制度施行出发，在各个方面提出建议，如积极争取上位法支持、构建地方政策体系和实施细则、明晰产权和权利主体的权责关系等。

已有研究主要从形成模式、影响机制、体系建设等不同方面对农村集体建设用地流转和入市交易制度进行了研究并给出了建议，但基于集体建设用地流转纠纷进行的研究还相对欠缺。随着新《土地管理法》实施，集体经营性建设用地入市有了实体法依据，全国各个省份也将陆续推进集体经营性建设用地的入市实践，并将有大量集体经营性建设用地进入市场。对集体经营性建设用地入市流转中出现的问题和纠纷进行研究，不仅可以完善相关法律法规，还有助于为其他地区入市流转提供指导和参考。本文在前人对集体建设用地使用权流转研究的基础上，分析近两年判决的集体经营性建设用地使用权流转纠纷案例，以期从中发现纠纷产生的原因及背后的制度漏洞，为建立完善的城乡统一建设用地市场提供参考。

二、研究案例选择及分析

（一）案例选择

笔者在中国裁判文书网中以"集体建设用地使用权"为条件进行检索，审结日期为2020年1月1日—2021年12月31日，得到的结果包括一审、二审和再审的法律文书。经过筛选，去除宅基地流转等不相关案例，去除相同案件，并对同一法院同一被告的多数案件择其一，最终得到259份典型案例作为分析样本[①]。

本文所选案例分布在全国20个省、自治区和直辖市。地理分布上包含东北（8例）、华北（25例）、华南（111例）、华中（28例）、华东（58例）、西南地区（25例）和西北地区（4例），在地理位置、地形地貌、农业要素等方面具有一定代表性。从案例分布来看，虽然各地区均有分布，但是各地案例数量差距较大，华南地区尤其是广东省案件数量最多，其次为华东地区，西北地区和东北地区案例均为个位数。数据上的差异说明各地区在推广集体建设用地使用权流转方面的力度也有很大不同，广东省的推广力度明显强于其他省份，农村集体经营性建设用地使用权除部分试点地区外仍然难以流转，价格也未显化，整体市场尚未形成[11]；也说明各地在落实集体建设用地使用权流转政策过程中出现的问题没有被完全挖掘，不利于集体建设用地使用权流转政策的完善。

（二）诉讼主体分析

农村经济合作社和自然资源局是农村集体经营性建设用地使用权纠纷中重要的部分，纠纷涉及主体范围较广，包括政府、村委会、企业、自然人等多种主体。本文所选259份案件中，按照诉讼当事人统计，32例案件诉讼当事人均为自然人，15例案件诉讼当事人均为公司企业，33例案件诉讼当事人为公司企业和自然人，20例案件诉讼当事人为公司企业和农村经济合作社，35例案件诉讼当事人为自然人和农村经济合作社，7例案件诉讼当事人为自然人、公司企业与农村经济合作社，79例案件诉讼当事人为个人与公权力机关（包括人民政府、自然资源局等），30例案件诉讼当事人为法人和政府部门，8例案件诉讼当事人为农村经济合作社和公权力机关。在集体经营性建设用地入市中，相关纠纷主要与公权力机关有关；在集体经营性建设用地使用权流转中，农村经济组织经常以转出方的身份出现，集体建设用地使用权流转方向多为农村经济组织将土地使用权转让或出租给自然人、法人。

（三）诉讼期限分析

多数案件在被诉行为发生多年后提起诉讼。案件时间分布如图1所示。从时间上来看，被诉行为最早发生在1987年，最晚发生在2021年（被诉行为连续的或者有多个连续行为的，选取行为开始时间点或流转合同成立时间点），一审判决时间最早为2015年，一审判决距离流转时间最长33年，平均时长为11年。起诉时间与被诉行为的时间差可能导致超过诉讼时效、证据难以取得等问题。

---

① 检索日期为2022年1月20日。

图 1 案件时间分布

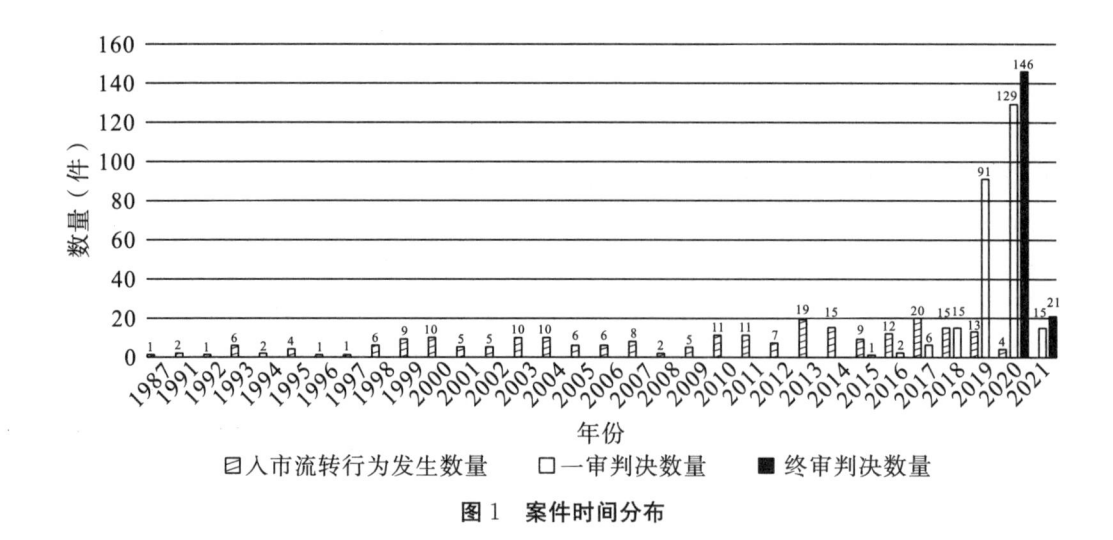

三、研究设计

（一）研究方法

扎根理论研究方法（Grounded Theory Methodology）是一种定性研究方法，于1967年由美国学者格拉泽（Glaser）和施特劳斯（Strauss）在《发现扎根理论：质性研究的策略》（*The Discovery of Grounded Theory: Strategies for Qualitative Research*）中首次提出。扎根理论是将可被观察、认知的经验事实转化为可测量的变量，通过统计方法验证假设并寻求因果解释的理论方法，其核心是通过对原始资料直接进行提炼概括，避免研究者有先入为主的假定，并对数据进行归纳、提炼与比较，能够最大限度地挖掘数据与资料。扎根理论的优势在于操作相对规范，具有一套完整、相对规范的操作流程，科学性和实用性较强。扎根理论适用于政策分析、危机管理、政治参与、政府治理等与因素识别有关的公共管理议题。农村集体建设用地使用权流转纠纷能够反映土地流转法律制度、政策的问题，应用扎根理论对土地流转纠纷判决书进行分析，探索集体经营性建设用地使用权流转中存在纠纷的原因，对于集体经营性建设用地使用权流转政策的发展和完善具有重要价值[12-14]。

（二）案例分析过程

1. 开放编码。开放编码是基于259份判决书的内容，对判决书中独立完整的信息碎片进行提炼，作为最小的编码单元，并将相近概念进行合并整理形成范畴化概念的过程。本文将判决书中出现与集体经营性建设用地使用权流转纠纷相关的诉求、争议焦点和司法回应等内容抽象成初始概念（表1），对相似的初始概念合并最终形成13个范畴化概念（表2）。

2. 主轴编码。开放编码将原始资料分成了不同的开放性范畴，主轴编码就是找出开放性范畴之间的各种联系，将范畴进一步归类。经过主轴编码后，概念与类属之间的关系将更为明确。本文针对开放编码形成的 13 个范畴，形成了包括入市地块范围合理性、行政机关程序、农村集体经济组织表决程序、流转合同内容、土地性质争议、土地权属争议和流转合法性在内的 7 个主轴编码（表2）。

3. 选择编码。选择编码是以主轴编码的核心编码为中心，将已发现的概念类属重新归类，找到核心类属的过程。选择编码通过找到不同类属之间的中心概念，找到概念之间的逻辑关联，将概念整理为一个有逻辑和条理的理论整体。围绕集体经营性建设用地使用权流转纠纷这一核心范畴的故事线：按照集体经营性建设用地入市的流程步骤，选定入市范围，对所选地块进行确权登记，进入土地市场进行流转，规范各流转程序，最后签订入市流转合同，明确其流转效力。本文确定的核心范畴为入市范围、流转程序、流转客体和流转效力，集体建设用地使用权入市和流转的客体即为该块土地的使用权能本身，在经过法定流转程序后产生效力（表2）。

表 1　概念提取过程

序号	原始文本	初始概念	案件标题
1	其承包地 213.78 亩被花乐园公司的花乐园项目和正峰公司的春肆项目违法占用，相关单位未依法取得手续，占用该合作社土地用于施工建设	未经法定程序使用集体建设用地	成都市郫都区团结镇石堤村第十农业合作社诉被告成都市郫都区规划和自然资源局不履行法定职责案
2	原审判决对涉案厂房的客观事实认定不清，申请人在原审中提交的相关证据证明了申请人建设厂房的合法性，原审法院认为该证据无法证明涉案厂房系合法建筑不当	集体建设用地合法性出现纠纷	安吉县盛源竹木工艺厂诉安吉县综合行政执法局、湖州市综合行政执法局城建行政处罚及行政复议案
3	丁堰镇政府不服提起上诉称，陈宏与其岳父纪广贵实为一户，在二轮土地确权时陈宏的宅基地份额和纪广贵一起确认在老宅基地处，陈宏的老房子仍然在原址没有拆除，案涉房屋所占土地并非陈宏的宅基地，而是皋南村 14 组的集体土地	宅基地和集体经营性建设用地的土地性质认定不一致	如皋市丁堰镇人民政府与陈宏不履行法定职责二审行政判决书
4	上诉人于 2004 年与原双流县彭镇福田村村民委员会签订《土地租赁合同》，并约定租用期限为 2004 年 6 月 1 日至 2028 年 6 月 1 日，且根据《双流区土地利用总体规划（2006—2020 年）》，上诉人租用的土地属于集体建设用地，符合双流区土地利用总体规划，上诉人通过租赁的方式取得案涉土地，符合法律规定，不属于非法占用土地的情形，应当适用 2020 年 1 月 1 日施行的《中华人民共和国土地管理法》第六十三条之规定，上诉人取得集体经营性建设用地的方式系合法有效	新《土地管理法》出台之前集体建设用地使用权流转问题的法律适用	成都双流中宁钢构有限公司与被上诉人成都市双流区规划和自然资源局行政处罚、被上诉人成都市双流区人民政府行政复议案

续表

序号	原始文本	初始概念	案件标题
5	市规划和自然资源局未履行变更"余杭市公路工程公司土地证"的法定职责，明知"杭州金中公路工程有限公司"无证建房，却在诉讼期间违法同意继续使用余集用（2000）字第1-262号集体土地证违法建房	行政部门违法同意第三方使用集体经营性建设用地	余杭区南苑街道天万社区一组、杭州市规划和自然资源局、杭州金中公路工程有限公司等行政登记二审行政裁定书
6	本案无证据证明两份集体土地流转合同的签订已经过集体经济组织表决通过，且大部分村民表示不知道案涉土地已流转给卢某或作新公司	使用权流转未经过集体经济组织和村民代表审议程序	曹志信、佛山市顺德区勒流作新物业管理有限公司等土地租赁合同纠纷民事二审判决书
7	一审法院根据案涉合同的约定及履行情况，判令《物业使用权益转让合同》约定的物业使用权转让期限超出二十年的部分无效及红潮公司退还相应的转让款本金及利息，于法有据，本院予以维持	租赁合同中租赁期限超过20年部分无效	唐小鸣与佛山红潮投资有限公司、广州品耀企业管理咨询有限公司租赁合同纠纷一案民事二审判决书
8	无论是佛山市南海区国土城建和水务局向一审法院的复函还是孔庆文、叶灿全一审中提交的《佛山市南海区土地利用总体规划（2010—2020年）》均能显示涉案土地属于建设用地而非一审法院认定的农用地，甚至涉案的《土地出租合同》也明确孔庆文、叶灿全租赁的地块"石头山"从未用于农业生产，而益北股份合作经济社未曾提交证据证明涉案土地属于或曾经属于农用地，故一审判决对涉案土地的性质认定有误	农用地和集体经营性建设用地的土地性质认定不一致	孔庆文、叶灿全与佛山市南海区狮山镇永安村益北股份合作经济社租赁合同纠纷一案民事二审判决书
9	2013年，杜桥镇良种村村委会在未经有关部门审批、未经村民会议民主决策、未经评估、未依法履行招标投标程序的情况下发布《招租公告》公开对外出租331082112203010号宗地	村委会未经法定程序流转集体经营性建设用地	朱锦超不服被告临海市自然资源和规划局作出的答复行为以及台州市自然资源和规划局作出的行政复议决定案
10	莱恩斯公司取得集体土地使用权存在程序违法，虽然其提供的与奉桦公司、郭大桥村委会签订的协议中，写明经村委会研究通过使用权转让事宜，但是并未提供任何书面证据证明，且转让事宜属于涉及村民重大利益，不只需要经村委会讨论决定，还应当经村民代表大会讨论决定，故该协议书约定的转让内容违反《村民组织法》关于涉及村民利益决策程序的相关规定，莱恩斯公司取得案涉土地使用权程序违法，应当予以收回	集体建设用地使用权的流转只经过村委会而非村民代表大会	沈阳莱恩斯体育设施工程有限公司、沈阳市于洪区人民政府二审行政裁定书

续表

序号	原始文本	初始概念	案件标题
11	原告系郫都区团结镇太和村村民，在本村有合法的承包地、宅基地，案外人违法占用太和村的耕地、宅基地用于商业开发建设	集体经营性建设用地使用权的设立侵犯他人土地承包权、宅基地使用权	兰兴作等18人诉成都市人民政府、四川省人民政府的起诉材料案
12	准格尔旗人民法院于2009年9月10日裁定成立清算组并确定了清算组成员。以后公司一直在清算中，因清算组成员对清算方案意见不同，也一直未作出清算报告，准格尔旗鑫发煤焦化有限责任公司使用的集体土地使用权一直属于该公司	公司解散导致集体建设用地使用权权属产生纠纷	准格尔旗鑫发煤焦化有限责任公司解散清算组与准格尔旗自然资源局其他行政行为一审行政判决书
……	……	……	……

表2 范畴发展与质性编码过程

概念化	范畴化	主轴编码	选择编码
1. 村民与施工单位冲突 2. 使用权设立侵犯他人权利	1. 入市地块纠纷	1. 入市地块范围合理性	入市范围
3. 文件审核不透明 4. 流转程序不规范 5. 集体建设用地流转信息不公开 6. 未经集体经济组织和村民代表审议 7. 流转只经过村委会而非村民代表大会 8. 租赁期限超过法律规定期限	2. 相关文件审核程序 3. 登记程序 4. 土地信息平台 5. 集体经济组织程序 6. 村民代表大会表决程序 7. 合同约定土地租赁时间	2. 行政机关程序 3. 农村集体经济组织表决程序 4. 流转合同内容	流转程序
9. 土地性质认定不一致 10. 公司分立 11. 错误登记 12. 土地使用权未颁证 13. 土地实际位置不明	8. 土地性质认定不一致 9. 土地使用权权属产生争议 10. 土地所有权权属不明	5. 土地性质争议 6. 土地权属争议	流转客体
14. 集体建设用地在旧法中不允许流转 15. 新《土地管理法》出台之前集体建设用地使用权流转问题的法律适用 16. 农用地非法转让 17. 企业非法占用	11. 集体建设用地流转不合法 12. 《土地管理法》适用问题 13. 其他用地违法流转	7. 流转合法性	流转效力

4. 理论饱和检验。当在收集到的数据资料中发掘不到新的概念、范畴或关系时，就可以认为该理论已经达到了饱和[15]。鉴于此，在已有样本基础上，继续补充12份有

关集体经营性建设用地使用权流转纠纷案例①作为新样本资料，进行理论饱和度检验。经过开放式编码和范畴化分析，得到的 4 个范畴（相关文件审核程序、村民代表大会表决程序、合同约定土地租赁时间、流转登记程序）与研究得到的 13 个范畴重合，且并未有新的概念和范畴出现，可认为该理论模型通过了饱和度检验。

四、集体经营性建设用地流转纠纷分析

集体经营性建设用地使用权流转有关的纠纷争议焦点主要出现在入市范围、流转程序、流转客体和流转效力四个方面。

（一）入市范围

集体经营性建设用地在流转之前，部分土地入市表现为其他性质的土地转换为集体经营性建设用地。部分地区由于实行闲置农用地、宅基地整理和集体土地入市等项目，会对其他性质的土地或者农用地进行拆迁、集体收回，而集体经营性建设用地的入市范围出现问题往往会影响后续使用权的流转。如李某兰与被告北流市公安局不服治安管理行政处罚决定及被告北流市人民政府行政复议决定一案（案号：2020 桂 0981 行初 80 号）中，原告北流镇河泉村村民与某公司就农地入市项目中被强行入市的集体土地产生争议。该公司在取得建设用地规划许可权后，对上述地块进行平整土地施工时，多次遭到河泉村部分村民阻挠，村民以身体阻拦挖掘机、运泥车行进的方式阻碍施工。争议产生的原因主要在于农户认为入市地块是其赖以生存的果园、林地和农田，不属于农村集体经营性建设用地，不属于农地入市范畴，农地入市材料是采用欺骗、串通的方式非法制作的，但入市地块已经过相应审批程序，合理合法。本案争议是入市土地范围的合法性，不难发现，入市地块的划定范围也会影响集体经营性建设用地使用权的流转。当集体经营性建设用地使用权的设立与其他在先权利冲突时，可能会导致使用权后续流转不畅通，导致在先权利人、土地所有人和土地使用权所有人三方的利益均受到损害。长此以往，使用权的所有人对集体经营性建设用地的态度会更为谨慎，集体经营性建设用地使用权的流转价格也有可能被压低，不利于城乡建设用地的同权同价。

（二）流转程序

入市流转程序存在的争议主要集中在合同合法性和行政行为合法性两个部分。

1. 合同合法性争议。集体建设用地使用权在二级市场流转的过程中，合同签订是必不可少的一步。合同合法性争议焦点在于合同约定流转时间是否符合法律规定。存在争议的案件，一般是合同签订时约定的年限过长，由于土地溢价超过合同中约定的租金价格，出租方为使自己的损失最小化而提出合同时间效力问题。或者在签订合同时集体建设用地的规划用途改变、其使用用途与规划用途不符被相关政府部门勒令整改等，导

---

① 新样本选取范围为 2022 年 4 月 1 日—2022 年 7 月 17 日流转案例，查询日期为 2022 年 7 月 18 日，与原有案例无交叉。

致承租方无法对租用的土地进行使用，承租方为使自己的损失最小化而提出合同时间效力问题，认为根据《中华人民共和国合同法》（以下简称《合同法》）规定租赁合同时间不应当超过20年，以此请求法院认定超过20年部分无效。如东莞市某公司与东莞市某投资有限公司、东莞市某钢材有限公司租赁合同纠纷一案（案号：2020粤19民终3444号）中，原告公司就因土地价值的增长远超预期而多次要求增加租金，双方协商未果，原告则提起诉讼。针对此类问题，法院的处理方式主要有三种。一是根据《合同法》和《民法典合同编》①，判定超过20年部分无效。二是根据现行《土地管理法》第63条第4款的规定，集体经营性建设用地的出租，集体建设用地使用权的出让及其最高年限、转让、互换、出资、赠予、抵押等，参照同类用途的国有建设用地执行，认定工业用地不超过50年，商业用地不超过40年等。且一些地方规章也对集体建设用地使用权超过20年的转让期限予以肯定，以广东省为例，《广东省集体建设用地使用权流转管理办法》及广东省高级人民法院《关于集体建设用地使用权租赁期限适用法律问题的批复》的规定，集体土地的租赁期限本身就可以突破《合同法》中"租赁期限不得超过20年"的规定，但不得超过同类用途国有土地使用权出让的最高年限。三是充分考虑涉案财产的经营性价值、法律法规适用的衔接性和社会效果的稳定性，认为只要不违反公序良俗就可以根据当事人真实意思表示决定，不认为合同约定流转时间存在效力问题。

2. 行政行为合法性。认为行政行为合法性存在争议的案例在集体经营性建设用地入市和流转的过程中均有涉及。集体建设用地入市和流转过程中多项流程需要两个组织协同，一是行政部门，如地方自然资源局；二是农村经济组织，需要其与当地村委会、村民代表大会对接，集体土地使用权转让给其他的公司或者个人必须经过土地所有权人的同意并经过村民代表三分之二及以上集体讨论通过。所以相关行政部门和农村土地经济组织在一定程度上占据了土地流转过程的主导地位，土地使用权受让人变得十分被动，即使在合同中约定了农村土地经济组织的相关义务，也无法监督其是否完成流转程序，在诉讼中关于程序是否完成的纠纷也层出不穷。如曹某因与佛山市某物业管理有限公司、第三人佛山市某村村民委员会土地租赁合同纠纷一案（案号：2020粤06民终11286号）中，原告认为被告公司所提交的两份集体土地流转合同不符合集体土地首次流转的相关规定，两份合同未经国土部门备案，不能生效。同时本案无证据证明两份集体土地流转合同的签订已经过集体经济组织表决通过，大部分村民表示不知道案涉土地已流转给被告公司。因此，案涉土地的流转不符合法律规定。集体建设用地流转的程序不合法使得村集体和土地受让方的利益都受到了损失，流转的集体建设用地使用权也处于不稳定状态。

（三）流转客体

集体经营性建设用地使用权入市流转客体存在的争议主要集中在土地性质和土地权

---

① 《中华人民共和国民法典》自2021年1月1日起实施，有关合同的法律规范由《民法典》中的合同编替代，原《合同法》废止。

属两个方面。

1. 土地性质争议。流转客体的争议主要是对土地性质的争议，起诉方的诉讼理由主要是集体建设用地和其他农村集体用地的土地性质被混淆。我国对集体建设用地性质认定的主要依据是土地使用权登记，根据 2004 年《土地管理法》第 44 条的规定：建设占用土地，涉及农用地转为建设用地的，应当办理农用地转用审批手续。而办理供地手续、领取《土地使用权证》一般属于农村经济组织的义务，如果农村经济组织在手续审批完成之前就将土地使用权转让或租赁以获得经济利益，而后又怠于承担报批的义务，就会导致在发生争议时没有土地使用权登记证明的情况。如广州市某投资有限公司与广州市某经济合作社租赁合同纠纷一案（案号：2020 粤 01 民终 22338 号）中，原告认为涉案地块因绝大部分没有建设用地手续且建设方没有用地指标，应属于农用地，故土地性质不符合合同约定；而被告认为国土资源部门所公示的土地性质为建设用地过渡地，不论建设用地过渡地是否属于建设用地，但是至少不属于农业用地。对于此类纠纷，法院内部持有不同观点，一种观点认为土地的实际用途与规划用途不同，违反了法律强制性规定；另一种观点认为合同履行期间当事人并未提出土地性质的问题，诉讼期间提出违背诚实信用原则，故过去的土地流转不因此无效。

2. 土地权属争议。确定集体经营性建设用地使用权的权利归属是流转的基础，对土地权属人或内容的错误登记会对后续土地流转合同效力产生影响，错误登记土地权属人后造成土地流转合同无效，可能造成交易不稳定、带给正当的土地权属人经济损失等问题。土地权属争议的案例主要是对土地所有人和土地使用权人产生争议。其中，对土地所有人产生争议主要是因为确权程序不规范，如东莞昌和某有限公司与李某锋建设用地使用权转让合同纠纷一案（案号：2019 粤民再 437 号）中，该公司因为涉案土地没有办理建设用地审批手续和土地使用权登记证书，权属不明存在争议，所以诉称申请人对于涉案土地是无权转让。而对土地使用权人产生争议主要是因为使用权人处于不稳定状态，如解散、分立等。如准格尔旗某煤焦化有限责任公司解散清算组与准格尔旗自然资源局行政其他纠纷一案（案号：2019 内 0603 行初 241 号）中，原告公司处于解散清算期间，原被告就涉案集体土地使用权是否继续属于原告公司产生争议。由于使用权所有人的清算状态在一段时间内维持，《土地管理法》中对收回的土地何时进行注销登记并未规定具体时间，收回时间一般取决于当地自然资源局做出收回的行政行为时间，这段时间土地使用权的不稳定可能导致原土地使用权人的权利受损，土地使用权的再次流转也会受到阻碍[16]。

（四）流转效力

流转效力争议主要在于集体经营性建设用地使用权转让行为本身是否违反法律强制性。一般是签订《土地流转协议》后，一方反悔想要收回土地使用权或不想继续承担得到土地使用权的费用，以被告在订立合同时，违反 2004 年《土地管理法》强制性规定为由，请求法院依法宣告原、被告签订的合同为无效合同。如东莞市某物业投资有限公司诉东莞市某油脂工业有限公司确认合同无效纠纷一案（案号：2020 粤 1973 民初 6016 号）中，原告主要依据 2004 年《土地管理法》第 63 条请求宣告合同无效。2020 年

《土地管理法》删去了对农民集体所有的土地的使用权的限制性规定，并在第 63 条中规定了集体建设用地的出让可以参照同类用途的国有建设用地执行。2020 年《土地管理法》回应了关于集体建设用地使用权流转有效性的问题，为集体建设用地使用权流转提供了法律依据。但是由于被诉行为（合同的签订）的时间与诉讼时间有一定时间间隔，被诉行为发生的时间往往在 2020 年《土地管理法》出台之前，有当事人提出应该应用法不溯及既往原则，采用 2004 年《土地管理法》进行裁定。对此法院也有不同的观点，一是依据 2004 年《土地管理法》认定合同无效，即便当时地方已经出台集体建设用地使用权流转管理办法，但是其不能作为判案依据。二是考虑 2020 年《土地管理法》出台后，法律的衔接性及适用性，法院采取不同的说理方式，引用地方行政规章进行说理，对集体建设用地使用权的流转进行了肯定。更多的法院采取这种说理方式，认为法律是服务于社会发展的，不能成为经济发展的阻碍。

五、纠纷原因分析

诉讼理由除了可以直观反映出纠纷的内容，也可以反映出纠纷的原因。对于纠纷原因的分析可以反映出土地流转中的不稳定因素，有利于掌握集体建设用地使用权流转市场存在的问题，为政策建议提供理论支撑。

（一）集体经营性建设用地确权制度不完善，土地规划的变动性

有学者认为，自然资源资产所有者不到位，权责不清、权益不落实、监管保护制度不健全等问题是近年来产权纠纷多发的重要原因[17]。我国现行土地立法中，没有关于集体建设用地使用权范围的明确规定，《民法典·物权编》所规定的"建设用地使用权"一般指的是国有土地使用权[18]。但在现实中农村集体建设用地使用权不仅普遍存在，而且亦被国家有关行政主管部门的行政规章和一些地方性法规所肯定，并在具体行政行为中予以实现，本文所选案例中最早于 1990 年就有地方政府对集体土地使用权开展了确权活动，其后集体建设用地使用权确权活动也陆续在全国开展，但始终没有上升到国家法律层面，更没有制定规范的确权程序。此外，土地利用规划的变更会导致土地性质变更，原有土地无法继续利用时，企业需要拆迁，其厂房、设施设备、经营场所等都无法得到保障。大部分使用集体经营性建设用地使用权的企业为个人独资企业或者小型企业，以家庭为生产单位，抗风险能力较小，无法保障自己的合法权益。同时在颁发土地使用权证明时，一般只写有集体建设用地的字样，没有更明确的划分其为宅基地、经营性建设用地等。在诉讼中无法直接通过使用权权属证明确定土地的性质，只能通过相关部门的土地规划查询，当土地性质因为开展项目而变化时，政府信息更新有一定滞后性，也可能导致企业无法继续利用该土地。

（二）人民日益增长的农村建设用地需求和相关法律规定间的不协调

在城乡一体化的发展进程中，随着建设用地相关政策的收缩，以及农用地保护相关政策的出台，国有建设用地的供给已不能满足人民实际建设的需求。而对农村建设用地

使用的传统方法是先对集体建设用地征用为国有建设用地,再投入使用,虽然2020年《土地管理法》将征收必须符合社会公共利益的目的性要件的相关规定删除了,但其数量仍然不足以支撑城市快速发展以及城乡一体化对建设用地的需求。另外,按照2004年《土地管理法》第63条的规定,只有在符合土地利用总体规划且依法取得建设用地的企业破产、兼并时,集体土地使用权才可依法发生转移,该规定将集体用地使用权流转的范围框定在相当小的范围内。2020年《土地管理法》删去了该项规定,可以看出,国家正在逐步放宽集体用地使用权流转的限制。但是,《民法典·物权编》并未明确有集体用地使用权,虽然国务院出台的条例以及地方行政性文件规定了该种权利,但是审判时一般依据狭义的法律进行审理。因此,集体用地使用权的流转相关法律仍然处于初级阶段。[19]这会致使建设用地的供需不平衡,从而催生出隐性市场。隐性市场存在于合法、规范市场外,游离于各种制度之间且得不到已有法律认可、逃避各种制度管制[20],会造成"劣币驱逐良币"的现象,给集体用地使用权流转的规范化带来困难。

(三)流转交易缺乏指引,土地低效无序使用

我国目前并没有出台全国统一的集体建设用地使用权流转的程序性规定,仅是以地方政策的方式在各地开展集体建设用地使用权流转试点,各地信息公开并不及时,难以形成有效的沟通交流,各地农村在实施流转的过程中仍缺乏及时、准确的指引,对于流转的手续、流程并不清晰。农村集体经营性建设用地使用权流转主体并不明确,案例中包括农民集体经济组织、村民委员会、土地股份合作社、农民个体等各种类型的主体[21]。一些集体经济组织在引导流转过程中也没有统一的流程,各地入市的集体建设用地不少处于低效利用的状态,其中大多处于"于法无据而消除成本过高"的尴尬状态,甚至是违规违法的法外存在[22]。关于转让程序的纠纷大多是由于集体经济组织在履行转让程序时的不规范造成的,集体经济组织在办理转让程序时与公权力更为接近,受让方对相关流程不熟悉,作为城乡统一的建设用地市场没有进行统一监管[23]。另外,经常变更土地规划用途也会使得某种土地利用方式的年限缩短。在这种情况下,土地价格被压低,农民为获得高收益必将再次自发建成隐形的集体经营性建设用地使用权流转市场[24],用地单位更倾向于进行短期交易,在隐性市场中对土地进行短期租用以降低自己的风险,这也导致用地单位在集体建设用地上形成的产业类型整体档次不高,造成了土地资源的浪费[25]。

六、结论与建议

本文运用扎根理论研究方法,结合近两年与集体经营性建设用地使用权流转相关的259例法律文书,对相关纠纷进行分析,梳理了集体经营性建设用地使用权流转的争议焦点和法律回应,得到的结论如下:(1)争议焦点主要存在于土地入市范围、流转程序、流转客体和流转效力四个方面。(2)与行政程序相关的纠纷出现最多,包括确权程序、入市程序和流转程序,因行政机关内部的行政行为不合规范而产生的纠纷占大多数,这些行政手续的核查基本是等到纠纷发生时再由法院进行核查,几乎没有相应的监

督机制。(3) 法律不完善产生的纠纷也较多，这是由于目前我国《土地管理法》中关于集体经营性建设用地使用权流转的规定正处于施行初期，相关法律法规细则并不完善。(4) 法院的判决中反映出的问题主要在于法院对于同一类型纠纷的判决不统一。这反映出目前各地对于集体经营性建设用地使用权流转相关流程没有形成共识。

集体经营性建设用地使用权流转得到实体法认证之后，不难估计集体经营性建设用地将会成为我国建设用地的重要组成部分，集体经营性建设用地使用权流转的数量也将会逐步上升。因此，完善集体经营性建设用地使用权流转制度将是我国土地法律完善的重要一步。由此本文结合现行法律，对目前相关纠纷反映出的问题提出以下建议：

1. 从执法方面保证相关制度的合理实施。针对法院对法律适用观点不同的有：①更改后的法律是否具有溯及力。②下位法与上位法冲突时法律的适用问题。③集体建设用地出让、转让、租赁的时间如何确定。首先，建议对以上典型问题出台指导性案例，保证法院对相同案由的案件做到同案同判。其次，建议尽快完善政府基层组织。对于没有集体经济组织的村庄，建议由政府督促尽快建立集体经济组织；规模较小的村庄可以建立联合经济组织，推进农村集体建设用地使用权流转规范化，提高效率。最后，建立数据库以及能够查询土地性质和状态的平台。建议在全国范围内建立查询土地性质和权属的数据库，更加公开透明地进行土地市场交易，自然资源部门也应该加强各部门内部、层级之间的沟通，对土地权属和土地性质变更作出及时的反应，提高土地管理的系统性。

2. 建立连贯一致的土地法律框架。我国集体建设用地立法涉及的法律主要包括《宪法》《民法典》《土地管理法》。首先，为了让集体经营性建设用地直接为城市建设提供所需土地，建议将《宪法》第10条中对国有土地和集体所有土地的区分标准改为规划性质而非地理位置使其具有完全的正当性，保证从国家的根本法律上对集体建设用地使用权予以肯定。其次，在《民法典》中，由于我国采取物权法定原则，为保证权利体系的统一性，应该在《民法典》的物权编中增设集体建设用地使用权，明确权利的可流转性。并且对集体建设用地使用权的概念进行统一、清晰的界定，厘清集体建设用地所有权、使用权、转让权的边界，保证各项权利的独立性和规范性，有利于政策实施时的流畅性。最后，现行法律应当结合地方规章制度的规定，对我国土地法律制度由上至下进行统一，建立完整的集体建设用地法律体系。

3. 细化集体建设用地的具体法律。首先，关于诉讼范围是否合理的问题，部分基层法院仍然不明晰，虽然变更土地用途应该由政府部门管理，但是合同部分仍然是民法调整的部分。对此，应该在民法中予以确定，例如规定集体建设用地租赁、转让合同等。其次，对经常出现的法律问题，如集体建设用地流转时间问题建议从立法层面上予以解决，不建议允许集体建设用地出租合同约定时间过长，企业经营的不确定性容易造成土地闲置浪费。目前，2021年7月国务院修订的《土地管理法实施条例》中初步规定了集体经营性建设用地使用权的出让条件、出让程序、出让合同内容等基本内容，为了进一步保证集体建设用地与国有建设用地同权同价，还可以参考国有建设用地的相关规定，如《城镇国有土地使用权出让和转让暂行条例》，对集体建设用地使用权的合同缔约过失的归责方式、土地价格的调整方式、土地使用权的终止等内容进行细化，保证集体建设用地使用权与国有建设用地使用权权利平等。

本文对于探索集体经营性建设用地使用权流转的制度建设有指导意义，尤其是对于其中的法律建设部分，可以为集体经营性建设用地使用权流转的相关法律制定和实施提供借鉴。上述研究也有一定的局限性，一是部分地区还未开展集体经营性建设用地使用权入市流转，市场还未完全显化。二是本文主要以整体的视角对法律适用中出现的问题进行研究，没有过多考虑地方上开展入市项目的差异。针对这一点，后续可以在入市试点较多的地方结合地方规章制度研究集体经营性建设用地使用权流转问题，避免僵硬机械的使用法条，将法律与当地政策相结合，构建具有本地特色的经济发展模式，并且将有借鉴意义的地方规章进行推广。

参考文献

[1] 严金明，张东昇，夏方舟. 自然资源资产管理：理论逻辑与改革导向［J］. 中国土地科学，2019，33（4）：1−8.

[2] 程瑶瑶，孔祥智. 基于制度变迁视角的集体建设用地使用权流转研究［J］. 现代管理科学，2017（1）：63−65.

[3] 郭炜，高杰. 集体建设用地使用权流转研究——以四川省为例［J］. 农村经济，2015（12）：41−45.

[4] 徐银波. 集体建设用地流转模式梳理与困境反思二维论［J］. 中国不动产法研究，2012（700）：146−157.

[5] 舒帮荣，李永乐，陈利洪，等. 农村集体经营性建设用地流转模式再审视：基于产权让渡与市场化的视角［J］. 中国土地科学，2018，32（7）：22−28.

[6] 刁其怀. 集体经营性建设用地入市问题与对策研究——以全国统筹城乡综合配套改革试验区成都为例［J］. 农村经济，2020（3）：41−46.

[7] 申端帅，吕晓，王柏源. 集体经营性建设用地入市中的政府角色——基于出让合同文本的分析［J］. 中国土地科学，2019，33（4）：34−41.

[8] 毕琳琳. 集体经营性建设用地使用权流转市场规制研究［J］. 农业经济，2019（11）：91−92.

[9] 彭津琳. 我国农村集体建设用地改革及其流转价格形成研究［J］. 价格理论与实践，2019（4）：42−45.

[10] 严金明，陈昊，夏方舟. 深化农村"三块地"改革：问题、要义和取向［J］. 改革，2018（5）：48−55.

[11] 严金明，李储，夏方舟. 深化土地要素市场化改革的战略思考［J］. 改革，2020（10）：19−32.

[12] 贾哲敏. 扎根理论在公共管理研究中的应用：方法与实践［J］. 中国行政管理，2015（3）：90−95.

[13] 温阳阳，张正峰. 基于扎根理论的农民集中居住社会风险识别——以北京市Y镇H社区为例［J］. 中国土地科学，2018，32（10）：21−27.

[14] 徐梦瑶，张正峰，谷晓坤，等. 低效建设用地减量化对乡村转型发展的影响研究——基于上海市的扎根理论分析［J］. 中国土地科学，2021，35（6）：65−73.

[15] FASSINGER R E. Paradigms, praxis, problems, and promise: grounded theory in counseling psychology research［J］. Journal of Counseling Psychology，2005，52（2）：156−166.

[16] 刘鹏凌，蔡俊. 集体经营性建设用地整备统筹入市的农户意愿与行为响应［J］. 中国土地科学，

2020，34（8）：63-71.

[17] 严金明. 自然资源资产产权制度改革的几个关键问题［J］. 中国土地，2019（6）：8-10.

[18] 陈晓军. 农村集体土地使用权流转制度立法改革前瞻［J］. 山东科技大学学报（社会科学版），2021，23（1）：46-49.

[19] WANG H，ZHANG X，WANG H，et al. The right-of-use transfer mechanism of collective construction land in new urban districts in China：the case of Zhoushan city［J］. Habitat International，2017（61）：55-63.

[20] 常敏. 农村集体土地隐性市场的双重效应分析［J］. 现代经济探讨，2013（6）：68-72.

[21] 黄贤金. 论构建城乡统一的建设用地市场体系——兼论"同地、同权、同价、同责"的理论圈层特征［J］. 中国土地科学，2019，33（8）：1-7.

[22] 杨人豪，杨庆媛，冯一泰. 农村集体经营性建设用地入市的基层治理研究——基于扎根理论对成都市郫都区宝华村的案例分析［J］. 西部论坛，2020，30（5）：32-42.

[23] 林依标，林瀚. 集体经营性建设用地入市的实践思考［J］. 中国土地，2021（6）：4-8.

[24] 欧阳君君. 集体经营性建设用地入市范围的政策逻辑与法制因应［J］. 法商研究，2021，38（4）：46-58.

[25] XIE X，ZHANG A，WEN L，et al. How horizontal integration affects transaction costs of rural collective construction land market？ An empirical analysis in Nanhai District，Guangdong Province，China［J］. Land Use Policy，2019（82）：138-146.

深化农村集体经营性建设用地入市试点若干重要问题研究[①]

洪 运 宋欣怡

农村集体经营性建设用地入市改革，沿袭了典型的中国特色制度变革进路，先是地方实践取得成果，引起中央关注后中央以政策形式部署改革试点，再在取得更为可靠、充分的实践经验和制度成果之后，上升至立法，进而在全国范围内推行。新修订的《土地管理法》在充分吸收前期改革经验的基础上，以法律形式固化了城乡土地的"同地同权"地位。目前，深化农村集体经营性建设用地入市试点已经启动。在此背景下，亟须对入市改革中的关键环节进行充分整理、提炼，亦需对改革过程中的制度盲区和冲突予以覆盖和释明，以此为据，将所取得的实践经验转化为具有普遍性的法律规范。

在新一轮农村集体经营性建设用地入市的改革实践中，同样会面临试点政策与既存法律体系之间的固有张力问题。当前集体经营性建设用地入市中的关键问题主要有以下三方面：一是入市收益分配问题，二是入市后的协同监管问题，三是入市后的产权分割。立足于既存制度体系，包括《民法典》和近年来修订的《土地管理法》《城市房地产管理法》等，以中央及自然资源部关于新一轮集体经营性建设用地入市深化试点的系列政策精神为引导，笔者力争就上述问题提出合理解释和解决方案。

一、农村集体经营性建设用地入市收益分配问题

农村集体经营性建设用地入市后的收益如何进行分配？也是困扰实务界已久的一个问题。财政部、原国土资源部《农村集体经营性建设用地土地增值收益调节金征收使用管理暂行办法》（以下简称《暂行办法》）对集体经营性建设用地土地增值收益分配机制的规范化提供了探索文本，而各地的具体实践操作，亦为我们提供了可供讨论的参照性。经分析归纳，就农村集体经营性建设用地入市收益如何分配，问题主要集中在以下几个方面：调节金法律上如何定性、调节金征收基数及征收比例如何确定、收益如何在农民集体与成员之间分配等。

[①] 作者简介：洪运，四川省社会科学院副研究员；宋欣怡，南京审计大学金审学院。本文是成都市哲学社会科学规划项目"成都都市圈深化要素市场化配置综合改革研究"（2022CS043）的阶段性成果。

1. 调节金法律上如何定性。一方面，调节金不应当被认定是"费"，费具有有偿性，缴纳者能够从政府提供的相应服务中直接受益，缴费和服务存在对应的有偿交换关系。政府征收土地增值收益调节金未提供直接对应的公共服务，故调节金不属于费的范畴；另一方面，根据《暂行办法》第15条，"调节金具体缴库办法按照省级财政部门非税收入收缴管理有关规定执行"，可见官方亦未将其界定为税收。我们认为，调节金具有税收的特点和作用，理由在于，税收的特点在于其无偿性，国家收税无需对具体纳税人直接偿还，亦无须付出任何形式的直接报酬和代价，这使税收区别于国有经济收入、规费收入等其他财政收入范畴。土地增值收益调节金实质上符合此种强制性和无偿性，具有收入分配和宏观调控的功能，能够通过再次分配实现公平价值。而在具体的税收设置上，我们认为，应在区分"入市"和"再转让"环节的基础上，分别进行税种设置。在"入市环节"，需增设新的税种，而不应适用传统税种中的"土地增值税"和"企业所得税"，其依据在于，"入市环节"属土地流转一级市场，而"土地增值税"发生在土地流转二级市场，故不宜将其纳入"土地增值税"中，而企业所得税属于中央和地方共享税率，对集体经营性建设用地入市收益征税，应纳入地方税体系，故亦不宜将其纳入企业所得税。宜将集体土地入市所得税定性为一种新型所得税，征税对象是纳税人通过出让、租赁、作价出资（入股）等方式将农村集体土地入市所得，根据我国现行法律和政策，目前尚仅限于集体经营性建设用地入市。计税依据是将收入额扣除法定扣除项目（如成本、费用、损失等）后的纯所得额。纳税主体为集体土地所有权人及法律规定的集体土地所有权行使主体。关于税率，土地成交价格因不同地位、不同面积、不同用途等差距较大，若采累进税率，较难确定累进级距和标准，故可采比例税率，由立法机关确定具体税率数额。在税权划分上，应将集体土地入市所得税界定为地方税，由地方财政征收、管理、使用。在管理使用上，应将集体土地入市所得税定位为目的税，实行专款专用，用于农村基础设施、公益事业和土地开发等。理由在于：首先，政府对集体土地入市所得征税，是基于其公共服务者身份，而非产权人身份。集体土地和国有土地"同等对待""同权同价"，在承担税负的同时应享受政府的基础设施建设和公共服务。[①] 其次，通过专税专用增强征税的合理性。集体土地入市所得和国有土地出让金，实质上均属地租，对后者不课税而对前者课税，可通过用途限制强化合理性。最后，由于长期的"城乡二元"区隔，农村的基础设施建设和公共服务十分滞后。在深化改革、城乡融合发展的现阶段，将集体土地入市所得税用于农村，支持农村建设，符合中央政策和时代要求。"再转让环节"，则可纳入土地增值税范畴，入市后的农村集体经营性建设用地土地使用权人，以出售、交换、赠予、出租、作价出资（入股）或其他视同转让等方式再转让取得收益的，应缴纳土地增值税。未来应对《土地增值税暂行条例》进行修法，扩大征税范围，将转让农村集体经营性建设用地土地使用权取得的增值额纳入征税对象。理由在于：对转让农村集体经营性建设用地使用权取得的增值额征收土地增值税，符合土地增值税的立法原则与征收目的。既可以通过增值收益的调节实现涨价部分归公，提高地方政府财政收入，发挥二次分配的统筹平衡功能，也有利于平抑价格增长，

[①] 参见王小映：《论农村集体经营性建设用地入市流转收益的分配》，载《农村经济》2014年第10期。

控制集体土地使用权交易市场的投机行为。同时，符合土地增值税的征收方式。不同于农村集体经营性建设用地入市，再转让环节中的土地使用权人取得土地的成本是客观存在且明确的，开发成本、支出费用等在市场环境中能够评估和计算，故增值额可以确定。对土地的增值部分课税契合土地增值税的法理基础。在该环节适用土地增值税，纳税人为转让集体经营性建设用地使用权、地上建筑物及其附着物并取得收入的组织和个人。计税依据是纳税人转让集体经营性建设用地使用权、地上建筑物及其附着物所取得的增值额，即纳税人转让取得的收入减除规定扣除项目金额之后的余额。扣除的项目包括取得集体经营性建设用地使用权所支付的地价款和按照国家统一规定交纳的有关费用、房地产开发的成本、费用、经过当地主管税务机关确认的旧房和建筑物的评估价格等。税率则依据《土地增值税暂行条例》采取四级超率累进税率，具体税率设置可由立法结合具体时期的房地产市场状况进行调节。

2. 调节金征收基数及征收比例如何确定。"再次转让环节"较容易确定土地增值收益，难点在"入市环节"增收基数的确定，当前，各地或以土地增值收益为基数，或以成交价款为基数。《暂行办法》指出，调节金的计算基数是土地增值收益，是入市收入或再转让收入扣除取得成本和土地开发支出后的净收益。同时指出，无法核定本地区入市或再转让土地取得成本的，可根据土地征收或土地收储的区域平均成本情况，核算农村集体经营性建设用地的平均成本，或制订按成交总价款一定比例征收调节金的简易办法。而在实际操作过程当中，超过一半的试点地区未以土地增值收益为基数。其主要原因是集体经营性建设用地入市的增值部分难以计算。一方面，农村集体经营性建设用地使用权基准价难以确定，长期以来，集体土地不能直接入市，唯有经征收成为国有土地方可进入市场。在集体经营性建设用地入市试点之前，其因无法直接入市而非正常的交易客体，欠缺市场价值。在出让环节中，也便不存在所谓"增值"。另一方面，土地取得成本和开发成本难以计算。集体土地形成的历史较长，其中包含的直接成本、间接成本较为复杂，实物投入、劳务投入、置换等难以准确统计，且部分成本因欠缺市场机制导致无法评估价格。由是，以入市成交价款为计算基数较为简单明确，易于操作，在试点地区被广泛采用。我们认为，在规范性文件未予规定之前，以入市成交价款作为征收基数收取调节金是具有可操作性的方式。在调节金征收比例方面，《关于农村土地征收、集体经营性建设用地入市、宅基地制度改革试点工作的意见》中指出，要"实现土地征收转用与集体经营性建设用地入市之间取得的土地增值收益在国家和集体之间分享比例的大体平衡"。所谓"大体平衡"，其要义首先是农村集体经营性建设用地入市，农民集体的收益一定要大于其土地征收转用的收益，否则，农村集体经营性建设用地入市对农民集体就没有吸引力；其次，地方政府在入市分配中的收益不能过低，而应与土地征收中的分配收益基本平衡，否则将会导致地方政府无力负担集体土地入市后的基础设施建设压力而无力亦不愿推进集体经营性建设用地入市。因此，我们认为，土地调节金比率的确定，应秉承该"大体平衡"原则，各地可根据各自的经济情况，以土地征收转用收益下浮一定比率或征收补偿标准提升一定比率确定农村集体经营性建设用地入市时的"调节金征收比例"。

作为全国统筹综合配套改革试验区的成都市，在试点期间一直沿用收取公共基础设施和公用事业建设配套费（成交价或建设用地基础地价的10%～15%）、耕地保护金（成交价或建设用地基础地价的2%），部分地区还收取契税（成交价的3%），以冲抵土地增值收益调节金。作为33个全国试点之一的郫都区，则按成交价的15%～34%收取增值收益调节金以及成交价3%的与契税相当的调节金，合计收取成交价18%～37%的土地增值收益。整体来看，成都市政府部门收取农村集体经营性建设用地入市增值收益比率偏低，这有利于农民集体和农户利益的实现，但有碍于地方政府推动农村集体经营性建设用地入市的积极性，因此，未来试点的一个重要方向，即寻求地方政府利益和农民利益之间的一个平衡点。

3. 收益如何在农民集体与成员之间分配。农民集体与成员之间的土地增值收益分配问题实为集体所有权实现方式的问题。我们认为，在现阶段农村集体经济组织制度尚不完善、成员权实现机制尚不健全的背景下，农民集体与成员之间的土地增值收益分配应采"法定+意定"结合的模式，由立法规定集体提留比例和主要用途，同时规定村民自治的法律程序，赋予成员自治空间。具体来说，首先，立法应对集体提留的最低比例进行规定，具体比例由集体决议决定。集体土地所有权制度以生产资料的社会主义公有制为基础，赋予土地目的性，使集体土地为特定群体所共同分享、使用、收益。农民集体的抽象性和模糊性所蕴含的制度逻辑是，不仅现有成员可以对集体土地分享、使用、收益，未来新增成员也可以分享、使用、收益。集体土地不是某一时间点的集体成员共有，所以集体土地收益不能全部用来向现有成员进行分配，必须提留一部分用于公共服务等事项。鉴于理性人的自利性和群体行动的盲目性，防止"多数暴政"，立法应该对集体提留的最低比例进行规定。其次，明确规定集体提留收益的用途为提供社会保障和公共服务。在入市实践中，农民之所以十分关注土地增值收益分配，其中一个主要原因是"城乡二元"区隔体制下的农村社会保障制度不健全、标准低，集体土地仍负担社会保障的现实功能。故集体经营性建设用地入市收益应重点解决农村社会保障问题，减轻甚至消除农民后顾之忧，方可开展更多元的分配形式。目前集体仍然承担农村的公共服务职能，集体经营性建设用地入市收益是集体主要的收入来源，故集体可以提留部分收益，用于提供公共服务。立法不宜规定将提留收益用于发展、壮大集体经济。[①] 是否发展集体经济、如何发展，应是市场主体的市场行为，不宜通过公权力强行组织。同时在实践中，以发展集体经济为名引发的截留补偿款、贪污腐败现象时有发生。当然，村民可以通过民主决议决定是否将其余土地增值收益用于发展集体经济。最后，立法应规定集体决议土地增值收益分配的程序。可以参照《土地管理法》《村民委员会组织法》，规定"集体土地增值收益分配方案必须经过村民会议的三分之二以上成员或者三分之二以上的村民代表同意，并报乡（镇）人民政府和县级人民政府农业农村主管部门登记"。

---

① 理由在于，第一，农村经济发展具有多种路径，既可以发展集体经济，也可以发展私有经济、混合经济，若将高比例的入市收益用于发展集体经济，其必要性和合理性均不充分。我国目前集体经济发展存在效益较低、管理不规范、制度不健全等问题。第二，我国目前农村集体经济组织的制度建构尚不完善，一些地区没有集体经济组织，依赖村民委员会代行职能，导致农民集体缺乏意志形成机制，没有执行机关落实提留收益的使用、管理。第三，集体经营性建设用地为农民集体所有，自应自主决定集体的提留比例、提留的入市收益是否用于发展集体经济，公权力不应过度干预。

二、农村集体经营性建设用地入市后的协同监管问题

针对国有建设用地使用权出让后的权利正当行使问题,《土地管理法》《城市房地产管理法》等均有相应的监管条款。农村集体经营性建设用地入市,同样面临因怠于行使土地权利、不当行使土地权利等,土地"晒太阳"或低效利用等问题。据不完全统计,自 2008 年成都启动集体建设用地流转以来,用地企业按期开工、按期竣工的比例并不算高。截至目前,仍有大量已供土地处于供而未用、用而未尽的情形。一方面是乡村产业用地资源稀缺、保障紧张,另一方面却是土地闲置低效利用比比皆是。因此,如何践行农村集体经营性建设用地入市后闲置问题的监管,需要细致性地加以讨论。

(一)土地闲置监管的权利来源和实施程序

从农村集体经营性建设用地来源看,不存在从耕地转换为农村集体经营性建设用地的可能,因此,《土地管理法》第 38 条所规定的耕地转用时的闲置问题,应不涉及农村集体经营性建设用地,但未按照"土地使用权出让合同约定的动工开发期限开发土地"的情形,在农村集体经营性建设用地入市的过程中仍然存在。依照《城市房地产管理法》第 26 条,国有建设用地使用权闲置时的处置方式是"可以征收相当于土地使用权出让金百分之二十以下的土地闲置费""可以无偿收回土地使用权"。原国土资源部 2012 年颁行的《闲置土地处置办法》进一步具体化了闲置土地的"调查、认定、处置"程序。同时规定"集体所有建设用地闲置的调查、认定和处置,参照本办法有关规定执行"[①]。

学理上看,就《城市房地产管理法》第 26 条规定之责任是违约责任还是行政责任存在争议。部分观点认为该责任应属违约责任,理由在于:首先,其责任前提是《国有建设用地使用权出让合同》约定的动工期限;其次,第 26 条规定的责任形式并非一种强制性的责任形式,即并非必须对相对人的违约行为追究法律规定的责任,而只是可以要求相对人承担这样的责任,至于是否承担责任以及承担怎样的责任,并不能根据法律条文确定,事实上,《国有建设用地使用权出让合同》通常会通过细致化合同条款而固定违反动工期限的责任内容。此时,土地使用权出让主体要求受让方根据合同承担责任应属典型的平等主体之间的违约责任,而并非行政责任。部分观点则认为该责任应属行政责任,其依据在于:首先,《国有建设用地使用权出让合同》兼具民事合同和行政合同性质,地方政府除通过土地使用权出让行为获得相应的对价以外,其还通过该行为实现行政管理职能,即落实其本已拟定的城市发展计划,满足社会发展需求和人民生活需要;其次,违反约定的动工期限,将导致极为珍贵的土地资源闲置,形成权利滥用,并有碍城市发展预期,不利于公共利益实现,故以行政责任方式予以惩戒,既必要也可行。当前,在立法实践和司法实践中,均采用后一种观点。

针对农村集体经营性建设用地闲置问题的处理,《闲置土地处置办法》第 31 条规

---

① 参见《闲置土地处置办法》第 31 条。

定:"集体所有建设用地闲置的调查、认定和处置,参照本办法有关规定执行。"显然,农民集体(集体土地所有权人)并不具有地方政府那样的公共利益实现职能和监管职能,因此,能否参照执行及如何参照执行是实务工作中的难点。具体来说,在农村集体经营性建设用地入市的过程中,出让方和受让方系平等主体,其签订的《集体经营性建设用地使用权出让合同》应为民事合同,其形成的法律关系应为民事法律关系,对其进行调整的法律应当是民事法律,故而,《闲置土地处置办法》这种部门规章是否有权对该种关系进行调整,不无疑问。因此,出让方要对受让方的闲置土地行为进行监管并追究责任,就必须要在《集体经营性建设用地使用权出让合同》中对土地闲置行为及其相关责任进行明确的约定,以作为追责的依据。需进一步讨论的是,对"土地是否闲置"这一事实的判断由何种机构作出,国有建设用地闲置的认定,是由"市、县国土资源主管部门"认定[①],即"市、县国土资源主管部门"既作为行为违法性认定主体,又作为违法行为的处置主体存在,这符合行政责任落实的权力逻辑。但是,诚如上言,作为单纯民事行为的农村集体经营性建设用地入市,其若经由"行政机关"对违反约定的事实进行认定,既无法理支撑,也不符合制度逻辑,故此点不能参照《闲置土地处置办法》执行。那么,"土地是否闲置"这一问题究竟应该由谁加以认定?在诉讼中,对当事人之间是否存在违约行为由法院作出认定,进而予以判决,如果法院能够胜任此种认定工作,则由法院进行"土地是否闲置"的认定是非常恰当的。然而,针对"土地是否闲置"的认定,并非一般的事实判断,它具有一定专业性,需要核定的事项较复杂繁多[②],若是由法院进行认定,势必会极大地增加法院讼累。我们认为,对"土地是否闲置"的认定,应当由专业的第三方单位进行,若能在农村集体经营性建设用地使用权入市的规范性文件中明确由市、县自然资源主管部门认定是最优路径[③],但由于认定存在相应成本,而国家机关有其事权范围,故此路径实现可能存在体制障碍。次优的路径是,由市、县自然资源主管部门委托平台机构如农村产权交易机构作为第三方进行认定,其优势在于既能依托上述部门的信息优势和人力优势高效地作出合理的认定,同时,又不受事权范围和财务纪律约束而可凭借认定行为收取一定的成本费用。以成都市为例,成都农村产权交易所有完整的农村集体经营性建设用地流转数据,包括流转期限、开发信息等与"土地闲置"认定息息相关的数据,这是进行"土地闲置认定"的前提和基础,这也是农村产权交易所能作为第三方认定机构的前提和基础。故而,"土地闲置"的认定,交由土地交易机构完成,既可行,又应当。上述是对监管属性以及监管过程中的权限安排作出的分析,下一步将对监管主体予以探讨。

(二)土地闲置监管主体

学理上看,集体经营性建设用地使用权是设立于集体土地之上的用益物权,作为设立合同之乙方的土地使用者身份并无特殊限制,任何自然人、法人、非法人组织都有资

---

① 参见《闲置土地处置办法》第5条。
② 参见《闲置土地处置办法》第6至8条。
③ 因为市、县自然资源主管部门本就存在对国有建设用地闲置的认定职能,其有专门的机构和人员进行此项认定,故以其作为认定机构,可以提升认定效率和认定的合理性,并节约成本。

格成为集体建设用地使用权的权利人；但作为设立合同之甲方的土地所有者，其情形则比较复杂，农民集体所有的特殊属性使其在所有权行使上与国有土地存在不同，实践中在设权之时往往面临谁是土地所有权人、谁来行使所有权的困惑。① 各地方实践中，将此方统称为"入市主体"和"入市实施主体"。

"入市主体"，应当是集体土地所有权人，法律规定的集体土地所有权的主体包括乡镇农民集体、村农民集体、生产队农民集体三种情形，具体到待设权的集体建设用地地块，其土地所有权归属于哪一个农民集体，则需要通过集体土地所有权确权登记确定。

"入市实施主体"，由于《民法典·总则编》并没有明确"农民集体"的民事主体地位，而只是赋予了农村集体经济组织特别法人地位，故此只能依据《民法典·物权编》第262条②的规定由该农民集体对应的农村集体经济组织或者村民委员会、村民小组等代表行使。这一做法使得在集体土地所有权行使上"农民集体"被"隐身"于法定代表行使主体之后。故此，集体建设用地使用权设立合同的甲方只能以对应的农村集体经济组织或者村民委员会、村民小组等法定代表主体的面目出现，在农村集体经济组织健全的地方，毫无疑问应由相应的农村集体经济组织作为合同甲方。农村集体经济组织作为专门承担经济职能的组织，由其作为土地所有权的法定代表比村民委员会等自治组织更为恰当，故此在代表行使集体土地所有权上其应具有优先性。《民法典·总则编》第101条第2款"未设立村集体经济组织的，村民委员会可以依法代行集体经济组织的职能"之规定则是对集体经济组织优先代表地位的进一步确认。在农村集体经济组织不健全的地方，情形则比较复杂。如果土地所有权为村一级农民集体所有，可以依据《民法典·总则编》第101条第2款之规定由村民委员会依法代行土地所有权，担任集体建设用地使用权设权合同的甲方。但如果土地所有权归属于生产队农民集体呢？事实上这才是农民集体土地所有权归属的主流形态。虽然《民法典·物权编》第262条规定可以由村民小组代表行使，但《民法典·总则编》仅确立了农村集体经济组织和村民委员会的特别法人主体资格，"村民小组"并非民事主体，此时谁来担任设权合同的甲方便面临困境。部分改革试点采取了由村民小组委托上一级（村级）农村集体经济组织或者委托村民委员会代为入市的做法。这一做法可谓村民小组一级农村集体经济组织健全之前的权宜之计。村民委员会或村级农村集体经济组织作为受托人，其与生产队农民集体之间的关系应适用民法委托代理的规则，通过委托合同约定双方之间的权利义务关系，而不同于法定代表主体行使权利的情形。

作为《农村集体经营性建设用地使用权流转合同》的签约主体，"入市实施主体"是对"土地闲置行为"的当然监管主体，而作为"入市主体"的农民集体，其亦属"土地闲置行为"的当然监管主体，但由于农民集体本身意志形成的不协调性、不及时性，其监管实效可能不佳。需要特别说明的是，可能出现"入市主体"和"入市实施主体"在是否进行责任追究上出现分歧的极端情况，如有三分之二以上成员或三分之二以上村

---

① 宋志红：《集体建设用地使用权设立的难点问题探讨——兼析《民法典》和《土地管理法》有关规则的理解与适用》，载《中外法学》2020年第4期，第1042—1061页。

② 参见《民法典》第262条。

民代表认为应当追究责任，而"入市实施主体"基于自身或自身组成成员利益考量而怠于主张权利。此时，应遵循"入市主体"的意见，即村集体经济组织、村民委员会等"入市实施主体"应按照"入市主体"的意见采取行为，而在村民小组委托村委会或村集体经济组织作为入市主体的情形下，"村民小组"可以作为诉讼主体进行诉讼。[①]

三、农村集体经营性建设用地入市后的产权分割问题

农地入市后如何进行产权分割，是困扰实务部门已久的难题，具体表现为：

1. 何种形式的农村集体经营性建设用地能够办理产权证书？农村集体经营性建设用地入市有出让、出租、入股等形式。以出让方式形成农村集体经营性建设用地使用权，本就属于物权项下的用益物权，则为其办理不动产权证书，属应有之义。但农村集体经营性建设用地出租而形成的租赁权，其本属债权，这种类型的权利能否进行不动产登记，不无疑义，部分试点地区以出租年限和是否缴纳全部租金为评判标准，若能够达到一定的出租年限且已缴纳全部租金，则即便该权利为债权性质的租赁权，仍可将其进行不动产登记，以进一步增强权利公示性，加强权利人保护，利于权利流通[②]；我们认为，我们可以参照适应这种规则，对出租形成的权利登记设置先决条件，若符合先决条件，则可将其登记，若不符合，则不予登记，事实上，物权与债权的区分，并不是绝对的。物权的本质，就是一个原来属于甲和乙之间的关系（相对关系），通过登记和公示，然后就被绝对化了[③]，普通债权，也可通过这种方式增强自身效力和对抗性。此外，若农村集体经营性建设用地以入股形式入市，则可根据其出资对象是物权还是债权的区分，考虑是否具有可登记性。

2. 产权分割应满足何种要求？我们认为，首先，分割后的产权单位应满足独立使用功能，配套用房不得分割（如酒店式公寓不允许分割）等；其次，应结合乡村产业的特点，目前的项目一般为开发低密度、低层的独立式建筑，只要具备独立使用功能，可允许分割，但若涉嫌住宅类房地产开发或变相房地产开发的，则应禁止分割。就如何进行产权分割的问题，我们建议借鉴城市产业用地分割的标准，首先应要求项目业主自持一定比例的产权不得分割，其理由在于其有义务通过对入市土地的开发利用，带动乡村产业发展，而不能"一卖了之"；其次，考虑到乡村产业投资收益的平衡问题，可允许一定比例的产业用房（而非商品住宅）分阶段进行分割销售，以减轻投资压力。具体分割阶段在出让合同中予以明确，如以产业项目已达到一定的投资强度、已实现一定的税收比例、已支付一定年期的农用地流转租金、已解决一定数量的当地劳动力等，按具体达到的履约阶段，分比例放开产权分割比例。再次，建议农村集体经营性建设用地上产

[①] 最高人民法院在给河北省高级人民法院的《关于村民小组权利如何行使的复函》（[2006]民立他字第23号）中提到，"遵化市小厂乡头道村第三村民小组（以下简称第三村民小组）可以作为民事诉讼当事人"。最高人民法院认定村民小组可以作为民事诉讼当事人，实际上是将村民小组纳入《民事诉讼法》第48条"其他组织"的范畴。

[②] 参见《佛山市南海区农村集体经营性建设用地产权登记管理试行办法》第12条。

[③] 苏永钦：《中国需要什么样的民法典》，载《私法》2013年第1期，第1—17页。

权单位分割仍然采用"预告登记制度",针对规划确定可以分割的项目,由住建部门牵头建楼盘表,防止"一物二卖"等不诚信行为出现。最后,建议当前应以农村产权交易平台为农村集体经营性建设用地入市分割的协同监管平台。其理由是,试点阶段农村集体经营性建设用地入市路径存在多样性,入市双方的权利义务亦存在多样性,故登记所涉及之权利存在较大的变动性。而法定不动产登记机关所登记之权利皆为固定化和模型化的权利,其可登记之类型必不尽与实践中所创设之权利类型相符,若削足适履,则恐由于物权之公示性而导致潜在交易人对交易权利的认知误差,进而引发争议,不利于交易安全。农村集体经营性建设用地入市试点,则与其相关的登记机关、登记程序、登记内容也应属于试点范围。当前阶段,农村产权交易平台是最了解流转各方权利义务以及利益诉求的第三方主体,因其掌握完整的农村集体经营性建设用地流转信息,以此为基础,进行产权分割登记,会达到事半功倍的效果;同时,依托此平台,进一步探索农村集体产权登记的程序和内容,也与试点结果的不确定性和多变性契合,利于试点的进一步推进并形成合理的试点成果。

3. 关于单宗净地分割问题。我们认为,应禁止单宗的主动分割,即农村集体经营性建设用地使用权人不能申请单宗净地分割,理由在于产权人在受让该土地时即已明晰该地用途、范围、容积率等基本情况,也正是基于该基本情况综合考量方才受让,故,产权人对受让的风险和收益进行了较为充分的博弈,不应允许入市后再净地分割。若是因法院判决而进行的被动分割,则相关规划部门和不动产登记部门应根据法院判决并综合当事人意见进行处理。

四、结语

新一轮深化农村集体经营性建设用地入市试点已全面铺开,中央明确了审慎稳妥推进的试点思路,凸显从前期33个区(市)县试点的"从无到有",到当前深化试点的"从有到精"的不同要求。事实上,新一轮试点中需要深化的内容远不止本文所讨论的范畴,但改革的最终目标是清晰的,即通过对国家、集体、农民不同主体间城乡土地利益格局的重构,从微观上实现入市土地更好支持乡村产业发展,促进集体经济壮大与农民增收的目标,从宏观上实现构建统一城乡建设用地市场,畅通城乡要素循环,促进城乡融合发展的目标。当前,各试点地区应在现行法律法规框架内,结合当地区位及产业特点,以"解剖麻雀"的精神对需要深化试点的重点领域和关键环节进行靶向突破,积极创新"解题思路",以交出令决策者和立法者满意的试点"答卷"。

第二篇 绿色发展

论美丽宜居公园城市的内涵特征与管理之变[①]

骆 玲

为顺应新一轮科技革命与产业变革以及世界城市发展的趋势，遵循新时代我国新型工业化与城镇化发展的阶段性特征及演变规律，深入学习贯彻落实党的十九大精神、习近平总书记来川视察重要指示精神和中共四川省委十一届三次全会精神，成都市提出了"加快建设全面体现新发展理念的国家中心城市"的宏大目标，着力打造美丽宜居公园城市，努力探索新发展理念引领城市发展的全新实践，这对新一线超大城市规划、建设与管理提出了更高要求，需要从发展理念和路径方法上进行梳理与变革。

一、公园城市的内涵和 4G—4C 特征

从城市发展史来看，无论是当今美国倡导的精明增长（Smart Growth）、彼得·卡尔索普（Peter Calthorpe）等为代表的新城市主义（New Urbanism），还是历史上埃比尼泽·霍华德（Ebenezer Howard）首创的田园城市理论（Garden Cities of Tomorrow），以及其后产生的英国新城运动（New Town Movement）、赖特（F. L. Wright）的广亩城市理论（Broadacre City Theory）、雷蒙·恩温（Raymond Unwin）的卫星城市理论（Satellite City Theory）、沙里宁（Eliel Saarinen）的有机疏散论（Theory of Organic Decentralization）等都是对城市化理想模式的经典表达范式，倡导的是一种社会改革思想。特别是英国社会活动家霍华德所提出的田园城市，体现了关注生态环境、以人为主体和城乡一体发展的规划思想，追求一种兼有城市和乡村优点（生态优美、宜居宜业等）的理想城市。

成都要建的公园城市并不是"公园+城市"的简单组合或停留在园林景观建设层面的"花园城市"，而是在新时代、新形势、新使命下结合成都的资源禀赋、人文特质和现实条件对田园城市、卫星城、新城等理论和实践的深化与发展，不同于西方的模式或我国沿海发达城市的模式，应有其更为深刻的理论内涵与实践要求以及自身的特点。自2011 年全球人口突破 70 亿以来，人类大家庭面临着气候变化、环境污染、能源危机、粮食短缺、战争动乱等多重问题，城市有了不同于霍华德时期的发展特征：势不可挡的

[①] 作者简介：骆玲，西南交通大学经济管理学院教授。原文刊于《城市管理美学》，2019 年 3 月创刊号。

城市化进程、城市人口激增，如2021年成都市常住人口已经超过2000万，土地资源成为极度稀缺的资源要素，对土地的集约利用成为超大城市可持续发展的必要前提，因此，公园城市必须具有集约化的城市形态。一个多世纪的粗放型工业化发展消耗了大量的不可再生能源，能源危机在全球范围内凸显，如成都工业化已进入中后期阶段、新型工业化加速推进，加之其汽车保有量多年来一直高居全国第二，因此，节约能源、转变经济发展方式、调整能源结构和产业结构势在必行，这也表明公园城市必须具有低碳高效的产业特征，以绿色低碳的方式实现经济社会可持续发展。信息时代的到来极大地促进了世界各地的沟通交流，如成都拥有两个4F级的国际机场和担负亚欧枢纽的国际铁路港，因此，公园城市必须具有繁荣多元的文化以实现包容性发展，也需要富有地方特色的文化赋能以支撑公园城市体系的多彩文化发展。全球变暖、大气污染等一系列环境问题取代了20世纪初的战争、饥荒等社会问题成为人类生存的最大威胁，如成都市大气、水、土壤、噪声污染和移动源污染、生态破坏等环境问题在很大程度上制约了公园城市示范区建设，因此，公园城市必须建立起良好的、能够维持居民生产生活及经济社会高质量发展所需的生态系统。

综上，公园城市是以营造高品质生活环境、高质量发展环境为重点，提升城市发展的"经济价值、生活价值、宜居价值、生态价值、美学价值"，是现代化的城市形态、高级化的城市业态、特色化的城市文态以及优美化的城市生态的高度结合。公园城市的意象，是自然的意象、和谐的意象、健康的意象、幸福的意象、创新的意象和大美的意象，具有如下所述的4G-4C特征。

（一）组团化、紧凑型（Group and Compact）的城市形态

进入新世纪，对城市有限土地供给的集约利用成为世界各国都在积极探索的热点问题，"精明增长"概念在城市规划建设中广泛应用。公园城市更加关注城市蔓延问题，提倡多中心、组团化布局与紧凑式发展模式——土地混合使用、TOD（公共交通引导发展）和EOD（生态文明引领发展）等集约高效开发，注重社区、街区、邻里等中等尺度的设计和规划，强调人与自然、人与社会的和谐共生和以人为本的发展理念，着力推进中心城区与外围之间、城乡之间基础设施一体化和公共服务均等化。

在交通运输技术和通信技术飞速发展的今天，组团网络化是公园城市发展的不二选择。比如成都市拓展"11+2"主城区范围，实施"东进、南拓、西控、北改、中优"的城市与产业空间发展战略，各组团有其主体功能定位，承载国家中心城市的多种功能，而组团间有便捷的轨道交通、高速公路、快速通道和现代通信等构成的可达性较高的设施网络连接，组团间由自然生态用地或山、水、林、田、湖隔离，能够处理好城市扩张与生态环境的协调关系；组团网络式的城镇体系，避免了单一中心城区"摊大饼式"过度扩张对公园城市形态的破坏；居民分散居住于各组团之中，避免了单一中心城市的过度拥挤；而各组团在公园城市中的主体功能定位决定了组团之间的平等协作关系，任一组团都是公园城市整体运行不可缺少的结构要素，确保了现代农业、先进制造业、现代服务业等功能组团在公园城市中的有机结合或融合发展。同时，紧凑型的城市形态能够鼓励公园城市居民选择利用绿道等慢行系统徒步出行、骑行或公共交通出行，

实践绿色生活方式。

（二）绿色低碳、集群化（Green and Clustering）的城市产业

在全球气候变暖的背景下，"低碳经济"成为世界各国普遍关注的热点，甚至上升为决战未来的国家战略。产业绿色化发展不仅是低碳发展的重点内容，也是实现传统经济增长向生态经济增长转型的重要途径。一方面，公园城市需要有产业高端化、绿色化、智能化、集群化、融合化发展作为支撑，同时公园城市也强调人与自然和谐共生及共处的"生产、生活、生态"环境，必然不能忽视对生态环境的保护；另一方面，公园城市对产业发展路径的选择必须能够保持城市经济的高效性，同时产业绿色化发展模式创新所带来的低排放、低能耗特性能够很好地支撑公园城市经济的高效发展。

现阶段公园城市对经济高效发展的要求需要从产业组织理论的角度予以实现，产业集群理论自20世纪90年代由波特教授系统阐述以来，已经成为产业经济发展的主导理论之一，公园城市的紧凑布局也从客观上要求城市产业集群化发展。集群化要求集群内部有着合理的产业组织结构，能为集群内的企业带来溢出效应，实现范围经济，带来低环境成本、低交易成本、低信息成本、低配套成本的低成本经济增长。产业集群化发展能够实现公园城市经济的有序组织、高效发展，为公园城市的发展提供持续稳定的增长动力。

（三）繁荣多元、富有特色的（Glorious and Characteristic）城市文化

文化是一个城市的气质、风骨和灵魂。文化塑造城市，提升城市品位，增强城市的综合竞争力。公园城市的要义决定了它必须有繁荣多样的城市文化以丰富其内涵：公园城市是开放的城市，需要以既求同又存异、共生繁荣的城市文化氛围聚敛人气，提升其开放程度；公园城市是和谐的城市，需要以繁荣、多元化的城市文化实现城市内的文化包容，促进人与人、人与自然的和谐；公园城市是物质生活、精神生活丰富多彩的城市，需要繁荣、丰富的文化生活。

城市文化是其风土人情、经济发展、历史积淀等综合因素作用的结果，在繁荣多样的城市文化背后，每个城市都应该有其特色鲜明的、共识度辨析度高的文化内核与表征。公园城市的组团化发展不仅要求其在空间布局上、经济功能上的组团化发展，同样也要求其在文化分布上的组团化发展，以区分文化层面的组团内部特色；要根据公园城市组团网络内各板块的自身特点发展其特色城市文化，构建良好的文化生态体系，实现公园城市体系内丰富多彩的文化生活同质性与异质性并存。

从城市美学的角度来讲，公园城市文化建设必将提升城市品位和审美价值。比如全域成都已经形成了以下几大审美体验的"物质板块"，能够唤起人们的精神回忆和想象力：春熙路、盐市口、太古里等片区——时尚美；宽窄巷子、锦里、文殊院、杜甫草堂等景点——古典美；天府大道、蜀都大道、中环路、三环路等通衢——现代美；府河、南河、锦城湖、兴隆湖等河湖——生态美；天府新区、东大街、金融城等核心区——建筑美；天府绿道、大熊猫基地等打卡地——景观美；人民公园、特色街区、特色小镇、川西林盘聚落等烟火地——生活美。

（四）优雅、和谐共生的（Grace and Coordinate）城市生态环境

美丽宜居的生态环境不仅给人以愉悦的第一印象，往往还决定了一个城市的投资环境、营商环境、生态环境的竞争力，也关乎城市居民的生活质量与游客的舒适度、满意度。城市生态环境建设在环境污染问题成为世界共性问题的今天显得更加重要。公园城市给人留下的最为直观的印象应当是其优雅的、大美的生态环境：公园城市体系内各组团的边界有山、水、林、田、湖分隔或绿带绿道环绕；组团内有楔形绿地和园林小品点缀，城市道路尽显绿色景观；组团的主体功能分区中留有生态平衡组团（如湿地、湖泊、农田、水系、林盘）。这种优美天成的生态环境确保了公园城市内健康的人类生存条件：清新的空气、蓝色的天空、洁净的水源、适宜的温度、四季的花木。

优美的生态环境是对公园城市生态固定时点上的外在描述，而这种优美的环境还需要一种内在的生态观维系，即公园城市的另一个生态特征——人与自然的和谐共生。公园城市将过去人与自然对立的观点摒弃，强调"绿水青山就是金山银山"、经济社会发展和生态环境保护可以协调统一。公园城市追求和谐共享的要义，让市民与游客在美丽宜居的生态环境中享受生活，必然会激发和调动市民、游客建设与管理公园城市的主体意识、参与意识。只要拥有高素质的居民，就能确保公园城市在其发展的过程中始终维持良好的生态环境。

二、适应美丽宜居公园城市发展的管理之变

公园城市规划建设与管理是一个系统工程，也是一项富有全局性、战略性、综合性、时代性、艺术性的工作。而公园城市的管理水平，不仅关系着城市的外部形象与营商环境"软实力"，更关系着市民的获得感与生活质量。当前，作为新一线翘楚的成都发展已经迈入了一个新的历史时期，如何面向全球、面向未来、面向卓越建设"美丽宜居公园城市"已经成为城市管理与运营的核心问题。因此，必须谋求管理之变。总体上讲，公园城市管理工作必须符合"精细化、智能化、人性化"和"大城细管、大城智管、大城众管"的要求，突出"城市美学"和精细管理之道。

（一）由综合职能向以人为本和助推绿色发展转变

城市管理职能重心位移是公园城市高效运行和实现可持续发展的重要保障。公园城市管理工作关乎民生、连接民心，必须以人为本，切实将提升老百姓的参与感、获得感和幸福感（对美好生活的向往）作为根本出发点与落脚点，并落到实处、细处。在此方面，被誉为"世界花园城市"的新加坡为我们做出了榜样，比如新加坡要求所有的街头摊贩都必须持牌设摊，实行有序、有限制的开放政策；在统一规划建设的邻里中心配置独有的小贩中心让世人点赞，环境简朴而不失整洁，设施简单而又功能齐备，既能尝到当地中餐、印度餐、马来餐等独具特色的美食，花费又物超所值。同时，小贩中心已深深融入新加坡人寻常的生活，市民在小贩中心吃饭、喝茶、看报、闲聊，享受属于自己的日常时光，并吸引世界各国游客前往观光体验。又如纽约中央公园、第五大道一带的

马车和马车夫已成为繁华都市的独特风景。因此，在成都公园城市建设管理中，既要重视对大美城市环境的规范化治理，也要考虑世俗文化风貌的重建，比如对流动商贩与小吃摊、火三轮等在城区活动的规范管理与"美学运用"。

公园城市绿色发展（绿色+产业、城市、资源利用、居民生活等）是生态文明建设的重要组成部分。要从管理理念更新、管理制度变革着力，建立和完善以环境质量管理为导向的公园城市管理制度、目标责任体系和环境问责机制，倒逼社会主体自觉保护环境，主动参与到公园城市生态建设与环境治理中来。如加快制定出台《成都市公园城市条例》，完善环境治理与保护的地方法规体系，注重体现绿色转型。助推公园城市绿色发展的城管职能主要体现在以下几个方面：一是做好市政公用设施的管理维护工作，保持公园城市的高效运转，从城市运行效率上为绿色发展做贡献。二是做好市容环卫工作，保持干净整洁、健康舒心的生产生活环境。垃圾综合治理与保洁工作对维护公园城市环境的重要性巨大。三是做好园林绿化管理维护工作，保持公园城市健康发展的生态空间。特别要管理好广场游园、湖泊湿地、公园绿道等公共活动空间秩序，让市民在居家附近就能够见到绿地、小公园及亲近自然。四是做好大气污染、土壤污染、环境噪声污染和水污染防治工作，保持全民共享的碧水蓝天净土，打赢"蓝天白云、青山绿水"保卫战。

（二）由单一管理向协同治理的体制机制转变

公园城市作为全面体现新发展理念的城市发展高级形态和可持续发展的新模式，以人为本、以生态文明为引领，是将创新发展、协调发展、绿色发展、开放发展、共享发展方式与城市空间有机融合，生产生活生态空间相宜、自然经济社会人文相融的复合系统，是新时代大成都"人城境业"高度和谐统一的生活共同体和命运共同体。因此，公园城市治理不但要树立政府职能观，由城管部门一家挑担转变为政府相关职能部门共同挑担，而且要由单纯政府职能回归政府和社会的共同责任，还要引入市场运作模式与机制。

首先，社区是公园城市治理的基本平台，又是政府为公众提供服务的一种有效途径，同时也是公众参与公共事务管理的基本方式。强化社区在公园城市精细化管理中的主体地位，可有效解决管理中的难点问题。如拨付专项经费、制定考核激励办法，推进管理的重心下沉，由社区选拔聘用熟悉街坊情况、人脉资源广、责任意识强的市民担任绿道管家、小巷管家、街长、河长、楼栋长、片长、门前"三包"巡查员等专员以及组建"公园城市社区志愿服务工作站"。例如北京市全面推行的街巷长制（街巷理事会）就值得借鉴。其次，部门联动是公园城市治理的必然要求。公园城市治理具有长期性、复杂性、综合性和利益相关性等特点，仅靠一个行业管理部门单打独斗，是很难完成治理目标的。可行的办法有：一是设立新的"超级部门"（具有跨部门的统筹协调力和综合行政执法权）——公园城市统筹管理局；二是围绕特定的政策目标，在不取消部门边界的前提下实行跨部门合作，如建立"公园城市管理联席会议"常态化与长效机制（大城管），实行规划、城管、市政、交通、环卫等部门轮值主席召集制，定期开展公园城市调研和召开专题会议，及时有效地解决问题。最后，公园城市管理需要强化公民参与。公园城市治理从宏观到微观事务都关系到市民的切身利益，与市民的高品质生活及福祉息息相关。例如，颁布实施《成都市公园城市重大事项决策公众意见征询委员会制度（试行）》《成都市公园城市管理重大事项决策听证试行办法》等，让包括普通市民和社会团体、企事业单位、政府机构的工作人员在内的"市民群体"真正行使参与权、表达权和监督权，增强市民的公园城市治理主人翁意识。

（三）由传统手段向新一代信息化技术手段转变

城管部门要加快运用信息化技术建成适应公园城市管理要求、顺应"互联网＋"电子政务发展大趋势的智慧城管平台和公共服务平台，以科技创新带动公园城市管理运行机制创新，推动公园城市管理由"管理"向"治理"和"共建共治与服务"转变，由粗放向精细、静态向动态、被动向主动转变，提升公园城市治理能力和治理水平的现代化。

一是加快建设公园城市智慧管理中心（云平台）和大数据分析应用系统。以数字城管平台为基础，整合信息化基础资源（如公安视频资源和交警治安资源的整合），综合运用物联网、大数据、云计算、人工智能等新一代信息科技手段，建立公园城市管理各环节全面感知、智能分析、信息共享、协同作业的统一平台。如建设覆盖全域的地下管网等基础设施数据库、智能环卫等行业监管系统、交通出行等智能预警监控处理系统、灯饰照明等公共设施智能控制系统、绿道管家等公园城市服务企业诚信系统。二是加快建设公园城市管理公众互动服务平台。如设立"美丽宜居蓉城"公众号，整合当下流行的移动互联网社交手段（微信、微博等）及 App 应用，发动和奖励市民爆料、投诉、评价，并向市民提供各种有关公园城市规划、建设、运行、管理和服务的信息，激励社会公众以主人翁的角色参与到公园城市管理中。例如，深圳市"回收哥"手机 App 上线，市民只要轻点手机在线上交投废品，就可预约安全可靠的回收哥上门服务。

（四）由分散控制方式向系统运行转变

公园城市管理必须对各个系统各个环节实行全覆盖、全过程、全天候的管理，规划、建设、运营、管理等需要统筹联动，区域之间、部门之间需要协调沟通，需要做到 24 小时管理有序。精细化治理则是依照一定标准所进行的系统化、标准化管理。制定公园城市治理精细化的标准是治理范式的创新，其优点在于将传统的定性和分散的管理方式转变为现代的定量和系统的管理方式。一是科学规划公园城市建设与管理。公园城市建设与管理涉及方方面面，是一项庞大的社会系统工程，需要统一和高水平的规划设计。相关部门应联合外部第三方专业机构，加强对公园城市顶层设计工作的前期研究，坚持公园城市发展"一张蓝图绘到底"的理念，充分做好与相关规划的衔接，确保"多规融合"。二是制定公园城市管理标准体系。以总体规划为引导，强化公园城市综合开发、生态建设、产业转型、交通管理、环境治理等的细化方案。没有一整套严格执行的科学、细致和可操作的管理标准，精细化治理就会流于形式。科学高效的公园城市精细化治理实施标准包括对城市道路、建（构）筑物、公共设施、园林绿化、户外广告、城市照明、公共场所、街道院落、小镇景点、历史文化保护区等内容进行细致规定，甚至包括绿道、湿地、湖泊、农田、山川等全域公园化设施，从细节着眼，才能"绣"出公园城市美丽画卷。如出台《成都市公园城市环境综合治理评价考核制度》等。三是完善执行流程。精细化治理的精髓在于流程的细化和标准化。公园城市精细化治理流程包括4个阶段。第一个阶段是信息搜集，利用分布各处的"城管通"志愿者或信息化技术手段采集各类公园城市管理问题、诉求等信息，实时传递到公园城市智慧管理中心；第二个阶段是任务派遣，公园城市智慧管理中心对信息分析研判后，按工作职责及时交办给责任单位；第三个阶段是反馈，责任单位将办理情况反馈给公园城市智慧管理中心；第四个阶段是考核，公园城市智慧管理中心派监督员或第三方机构对处置情况进行核查并进行考核评价。

（五）由突击整治运动式做法向长效监管激励转变

制定一套立体多元的工作机制，才能变粗放式管理为精细化管理，变被动式应付为主动式作为，从而实现对公园城市的长效精细治理。一是建立目标考核机制。充分发挥公园城市智慧管理中心等技术化手段的监督考评作用，以其记录的数据为主要考核依据，对相关部门和单位实行月度考核通报和年度综合考评。考核的内容由常规的城市管理条目向突出公园城市管理特色的综合评价指标体系转变。通过建立目标考核机制，可以提高公园城市管理热点问题、难点问题、关键问题的发现率、管事率、解决率。二是建立绩效奖惩机制。建立科学的评价体系，自测、上级考评、第三方评价和民意测验相结合，对市区街道相关部门和单位甚至包括先进个人完成公园城市管理工作任务的实绩进行科学评价。同时，设立公园城市管理工作专项奖励资金，对完成任务出色的单位、部门和个人予以重奖，并设立公园城市市民贡献奖。三是建立"代整治"机制。即对于责任主体不明确的，可以通过"代整治"，由市政府协调相关区县政府（管委会）或部门、街道社区，明确责任主体，或引进市场化运作的城市管家模式，落实长效监管，确保同类事件以后不再发生。

参考文献

[1] 埃比尼泽·霍华德. 明日的田园城市 [M]. 金经元，译. 北京：商务印书馆，2010.
[2] 顾朝林，沈建法，姚鑫等. 城市管治：概念·理论·方法·实证 [M]. 南京：东南大学出版社，2003.

异质性环境规制如何驱动中国工业绿色化？

史敦友

一、引言

在生态环境破坏与资源能源稀缺双重约束背景下，以牺牲自然资源与生态环境为代价谋求经济增长的发展模式越来越不可持续。正因为如此，联合国于2016年正式启动《改变我们的世界——2030年可持续发展议程》（Transforming our World：The 2030 Agenda for Sustainable Development），强调指出可持续发展目标是人类的共同愿景。在可持续发展引领下，绿色经济、绿色增长、绿色新政已经成为全球所有国家和地区应对生态危机的共同选择，而通过政府规制驱动本国经济绿色转型，则是世界各国和地区向绿色经济跨越的重要路径。

从中国来看，改革开放40多年以来，中国经济发展取得了举世瞩目的成就，但也同步产生了生态环境破坏与经济社会可持续发展动能不足等矛盾，该矛盾在工业领域尤为突出。在美丽中国建设背景下，中国正在建立健全环境规制政策体系，不断提升环境规制强度，旨在降低宏观工业发展对生态环境的负外部性影响和逐步实现工业经济可持续发展与高质量转型目标。以环境规制政策驱动工业绿色化，既是满足中国人民日益增长的美好生活需要的必然举措，也是体现中国主动应对全球资源与环境危机、维护全球生态安全、推动构建人类命运共同体的使命担当，更是为"美丽世界"建设积极贡献中国智慧和中国方案的生动诠释。

理论界关于环境规制与绿色发展的研究文献较多，总结起来主要包括五个方面内容。一是关于环境规制与绿色创新。自1995年波特假说被学术界提出以来，环境规制是否有利于技术创新成了学术界研究的焦点。早期学者多数对波特假设产生过质疑（Palmer et al.，1995；Jaffe et al.，1995；Simpson and Bradford Ⅲ，1996）[1-3]，但随后，学者们普遍倾向于完善和发展波特假说，将其拓展为强波特假说、弱波特假说和狭义波特假说，并认为，弱波特假说是指环境规制可能会造成技术创新，狭义波特假说是指灵活的环境规制相对传统的规制形式（即弱波特假说和强波特假说）更有利于企业技术创新（Jaffe and Plamer，1997；Jaffe et al.，2002；Iraldo et al.，2009；Rubashkina et al.，

---

① 作者简介：史敦友，四川师范大学经济与管理学院讲师。

2015）[4-7]。二是关于环境规制与绿色增长。受环境规制异质性、跨期性等因素影响，环境规制是否有利于绿色增长在实践上具有不确定性（Aşici and Acar，2018；Guo et al.，2017）[8-9]。三是环境规制与绿色效率。环境规制与绿色效率的研究结论在不同研究时期差别较大。早期研究多认为，环境规制不利于绿色效率的改进（Barbera and Mcconnell，1986；Gray and Shadbegian，1994）[10-11]。然而，近期研究表明，环境规制对绿色效率起积极作用（Galloway and Johnson，2016；Curtis and Lee，2019）[12-13]。四是环境规制与低碳减排。现有观点认为，环境规制由于增加了企业生产成本导致企业减排行为不确定，但将环境规制因素引入绿色减排技术后，环境规制的事后减排成本将有所降低，减排目的可以达成（Abrell and Rausch，2016；Hashmi and Alam，2019）[14-15]。五是环境规制与污染空间转移。污染避难所假说成为研究环境规制的空间效应的一个重要领域，Naughton（2014）[16]使用由经合组织面板数据验证移动资本应对环境监管时从高管制国家转向低管制国家，验证了污染避难所假说，但是低环境规制地区通过适当的环境规制手段可以抑制新污染避难所的形成（Shen et al.，2017）[17]。

综上所述，由于工业绿色化是一个全新发展理念，目前关于环境规制对工业绿色化影响的研究文献仍然较少，已有研究存在如下不足：一是理论与实证衔接较弱，致使现有研究结论差异性较大；二是没有重视环境规制引致的创新挤出效应，致使实证解释不够全面合理；三是异质性环境规制政策具有组合效应，现有研究对此较为忽略。针对上述问题，本文以中国工业绿色化为研究对象，系统阐述了异质性环境规制驱动工业绿色化的作用机理，并对该作用机理进行实证验证。本文将异质性环境规制驱动工业绿色化的理论机理系统归纳为资源重置效应、创新激励效应、创新"挤出效应"、污染"溢出效应"及生态环境反馈机制，并通过中介效应模型验证了技术创新在异质性环境规制与工业绿色化中的中介关系，即市场型环境规制存在部分中介效应，公众型环境规制只有中介效应，而行政型环境规制没有中介效应。尽管已有研究也考虑到环境规制的异质性，却忽略了异质性环境规制组合与工业绿色化的关系。本文认为，尽管环境规制不利于工业绿色化，但是在考虑环境规制异质性条件下，通过实施灵活适度的环境规制政策工具组合（"自上而下"的与"自下而上"的）有利于工业绿色化。这一结论为提升中国工业绿色化水平找到了可行路径。

二、异质性环境规制驱动工业绿色化的作用机理

本文将环境规制划分为行政型环境规制、市场型环境规制和公众型环境规制，在此基础上系统阐述了异质性环境规制驱动工业绿色化的作用机理。

（一）行政型环境规制对工业绿色化影响的作用机理

科斯（1960）[18]认为，若无交易成本，则新古典经济学的有效竞争可以实现市场资源最优配置，因为无论如何安排初始制度，市场竞争总能使交易双方在无须任何成本的情况下达到收益最大化，市场型环境规制也就能够自动驱动工业绿色化。但是，在存在交易成本时，市场型环境规制失灵。因此，以税收和补贴为主的行政型环境规制在市场

型环境规制失灵时便可以作为补充并发挥作用。按照庇古（2006）[19]的观点，导致市场配置生态环境配额失效的原因是各个企业利用生态环境配额的私人成本与社会成本及其私人收益与社会收益的不相一致，私人企业最优决策并不是社会最优决策。基于此，在市场失灵时，为减少甚至消除企业负外部性并实现清洁型企业的私人收益与社会收益相等和污染型企业私人成本与社会成本相等，可通过行政型环境规制的行政监管、行政约束和行政处罚直接干预工业企业。

行政型环境规制推动工业绿色化的具体手段主要为税收和补贴。一方面，由于清洁型企业边际产出的生态环境损耗要低于政府生态环境配额，故清洁型企业不仅不会受到行政型环境规制的约束，相反还会受到行政型环境规制的激励，即清洁型企业利用技术优势、产业优势和竞争优势推动节能减排与集约发展，既可以获取技术创新补贴，也可以进一步强化在整体行业当中的技术优势和竞争优势，形成绿色创新的良性循环。另一方面，由于污染型企业边际产出的生态环境损耗要高于政府生态环境最高标准，故污染型企业生产经营将会受到行政型环境规制的消极影响，即行政型环境规制通过环境税收提升了污染型企业生产的边际成本和平均成本，致使污染型企业的投入产出均衡已经偏离了原来的最优均衡。由此，污染型企业通过转移到环境规制强度较低的地区，或者实施绿色技术创新以实现节能减排，或者减少产出以弥补额外成本支出等手段实现调整企业的生产函数和生产过程，直到产品生产的边际收益等于边际成本的均衡点为止。

行政型环境规制直接增加了企业的生产成本，特别是污染型企业的生产成本，在有限资本约束下，企业是否还有盈余的资本用来从事绿色技术研发投资，以推动工业绿色化，并在此基础上获得来自政府的绿色技术创新投资补贴，实践上还有待商榷。

（二）市场型环境规制对工业绿色化影响

企业个体决策机制能够有效实现企业内部资源配置效率最大化。在市场型环境规制下，企业根据总边际成本与边际收益相等这一决策决定生产多少产品以实现企业内资源利用效率最大化（包括生态环境配额利用最大化）并获得利润最大化。在这一过程中，存在两类企业，一类企业由于单位工业产出消耗的资源与排放的废弃物相对较少，以至于其边际产出的生态环境损耗要低于政府生态环境配额，形成生态环境配额盈余，因此，这类企业工业生产活动不受政府生态环境配额制度的影响（称之为清洁型企业）。一类企业单位工业产出消耗的资源与产出的废弃物相对较多，以至于其边际产出的生态环境损耗要高于政府生态环境配额，形成生态环境配额缺口，在此情况下，只能通过减少产品产出以实现减少边际产出的生态环境损耗并达到与政府生态环境配额相等为止（称之为污染型企业）。总之，在存在生态环境配额情况下，清洁型企业生产经营不受生态环境配额约束影响，而污染型企业在生态环境配额约束下通过"关停并转"途径可扭转和改进低水平的生态资源利用效率现状。

生态环境配额约束下的企业决策尽管可以实现企业内资源利用效率最大化，但是并没有完全有效利用生态环境配额，生态环境配额在市场上还存在帕累托改进空间。在市场机制下，污染型企业通过市场手段购买清洁型企业盈余的生态环境配额，由此，在整个区域市场内部，清洁型企业和污染型企业可以通过调整生产规模以实现自身利润最大化和生态环境配额的有效利用。针对清洁型企业来看，盈余的生态环境配额通过市场交易，企业利润增加，实现了经济效应与环境效应的"双重红利"，由此刺激清洁型企业将研发更多地投入节能减排领域，形成环境规制下经济效益与环境效益"双重红利"的良性循环。针对污染型企业来看，虽然可以在市场上购买到额外的生态环境配额，但是相对于原有生产过程，通过购买额外的生态环境配额生产的产品的边际成本与没有购买生态环境配额生产的产品的边际成本之差为边际产品的生态环境配额价格，由此，污染型企业的最优生产决策是：相对过去减少一定的产出量以实现边际收益与边际成本相等的均衡点。总之，市场型环境规制通过生态环境配额约束及其在清洁型企业与污染型企业之间的市场交易形成的产品生产边际成本变化使得市场企业出现分化，污染型企业或"关停并转"，或购买清洁型企业盈余的生态环境配额，或通过技术创新向清洁型企业转变；而清洁型企业为获得更多的生态环境配额盈余并通过市场交易获得更多的生态环境配额销售收入，势必将更加重视技术研发投入。故在市场型环境规制下，生态环境配额的市场交易使得污染型企业占比不断缩小，清洁型企业占比不断增加，清洁型研发投入也不断增加，工业产业结构实现转型升级，推动了工业绿色化。

（三）公众型环境规制对工业绿色化影响的生态环境反馈机制

市场型环境规制和行政型环境规制共同作用可以实现生态资源利用效率的最大化。然而，二者强度到底该多大，直接体现于市场中生态环境配额总量。但生态环境配额总量到底需要制定多大，除了考虑企业生产成本外，更重要的是要考虑生态环境可持续发展的承载容量，即必须要小于生态环境可持续发展的最大承载容量，而该容量完全可以以生态环境质量对人们生产生活的影响程度来度量。也就是说，当市场型环境规制和行政型环境规制对区域企业生产活动引致的资源配置效应与创新激励效应综合作用所形成的生态环境产品供给质量不足以满足人们对美好生态环境消费需求时，公众就会向政府施压并要求政府提高行政型环境规制强度和市场型环境规制强度，反之亦相反。由此，公众型环境规制与市场型环境规制和行政型环境规制对工业绿色化影响存在协同效应。

具体来看，公众型环境规制通过以下途径影响工业绿色化进程并推动工业绿色化。在生态环境质量不能够满足人们对美好生态环境消费需求时，消费者通过信件、电话、来访、人大建议、政协提案等合法途径向政府环保部门施压，政府部门基于民生考虑将会对公众所举报的生态环境破坏主体也就是污染型企业实施市场型环境规制和行政型环境规制，如拉入失信名单、取消评优、不支持金融证券融资、征收排污税、停产整顿甚至是关停歇业等措施。通过公众型环境规制的生态环境反馈机制作用，可以有效决定政府制定市场型环境规制和行政型环境规制的合理强度，达到既满足公众对优美生态环境消费需求，又在最大程度上降低企业特别是污染型企业的边际产出的生态环境损耗成本，最终实现工业经济增长与生态环境保护协调发展的目的。根据异质性环境规制对工业绿色化的传导机制，可将行政型环境规制与市场型环境规制统称为"自上而下"的环境规制政策工具，而将公众型环境规制称之为"自下而上"的环境规制政策工具。诚然，以公众的生态环境反馈意愿的强度测度的公众型环境规制能够在多大程度上推动工业绿色化，还取决于公众对生态环境质量的要求。该要求与公众的受教育水平、收入水平及区域经济发展水平密切相关。一般来讲，受教育水平、收入水平及区域发展水平越高，公众对生态环境损耗的认识也就越高，对生态环境质量的要求也就越高，在生态环境质量不满足其消费需求时实施生态环境反馈机制的表现也就越强烈。

（四）异质性环境规制对工业绿色化影响的空间溢出效应

一般来看，异质性环境规制可通过以下途径对技术创新造成"挤出效应"进而抑制工业绿色化。首先，环境规制是政府强加给企业的一种负外部性成本，在产品消费需求和消费价格不变的前提下，企业利润必然降低，进而可能导致企业研发由侧重具有市场潜力的项目转向侧重减少污染排放的项目，从而降低企业的创新能力和长期发展能力（Walley and Whitehead，1996）[20]。其次，当缺乏充足的资金购买生态环境配额时，企业便会将用于工业转型升级与技术研发的资本投入用来处理工业废水、废气、废渣等废弃物，以满足工业生产的生态环境排放要求，并且当生态环境配额价格较低时，企业更倾向于缴纳排污费而不会从事绿色创新。最后，当区域环境规制强度不一致时，污染型企业向低环境规制强度地区转移，造成企业对环境规制强度的"逐底竞争"，最终使得地理邻近地区成为以邻为壑的生产率增长模式，进而抑制了低环境规制地区的创新投入（金刚和沈坤荣，2018）[21]。另外，环境规制还导致污染型企业跨区域空间转移，形成污染的空间"溢出效应"。根据环境规制强度差异将区域空间分为高环境规制强度地区（发达地区）和低环境规制强度地区（欠发达地区）两类地区，清洁型企业和污染型企业都受到环境规制强度差异性的影响，即清洁型企业边际产出的生态环境损耗在低环境规制强度地区的生态环境配额盈余要高于在高环境规制强度地区的生态环境配额盈余，而污染型企业边际产出的生态环境损耗在低环境规制强度地区的生态环境配额缺口要低于在高环境规制强度地区的生态环境配额缺口。从表面上看，清洁型企业和污染型企业都具有向低环境规制强度地区转移的经济动机。实际上，在相同环境规制强度下，污染型企业相对于清洁型企业来讲，环境规制对其负面影响更大。因此，污染型企业比清洁型企业更具有向低环境规制强度地区转移的现实需求，由此形成了污染型产业向低环境规制强度地区或欠发达地区转移的"污染天堂"假说（Acemoglu et al.，2012；Candau and Dienesch，2016）[22-23]。异质性环境规制驱动工业绿色化的作用机理如图1所示。

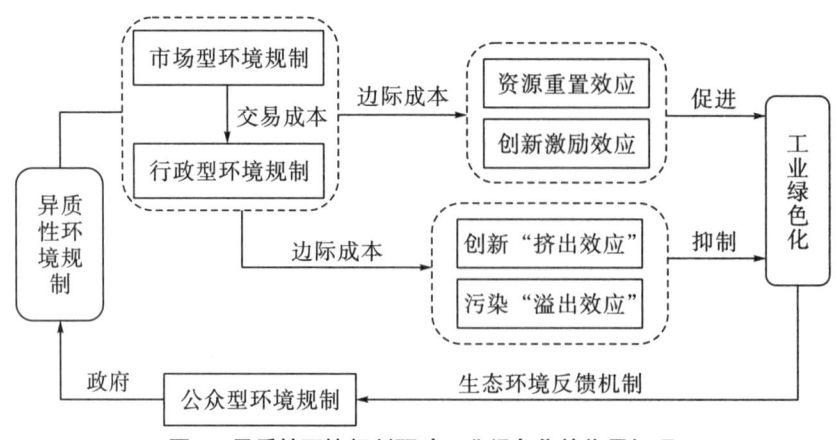

图1 异质性环境规制驱动工业绿色化的作用机理

三、指标设计与模型构建

（一）工业绿色化指标设计

所谓工业绿色化，是指工业企业在面对生态环境约束下主动或被动的改变生产方式以达到可持续发展的过程。从本质上看，节能、减排和循环是工业绿色化的核心，在此基础上进一步拓展到企业对工业发展与环境保护相互作用的态度问题，这也是西方学者近些年研究的重心，即借助于工业绿色化推动工业企业国际竞争力和市场影响力。借鉴史敦友（2019）[24]对工业绿色化的指标体系设计，本文从资源消耗、废物排放和工业转型三个方面构建工业绿色化指数（Industrial Greening Index，IGI）（表1）。

表1 工业绿色化水平评价指标体系

目标层	系统层	评价指标	评价因子	指标属性
工业绿色化指数	资源消耗绿色化系统	能源效率	单位工业增加值耗能量（X_1）	约束指标
		用水效率	单位工业增加值耗水量（X_2）	约束指标
		土地效率	单位工业增加值用地面积（X_3）	约束指标
	废物排放绿色化系统	废水排放	单位工业增加值工业废水排放量（X_4）	约束指标
			城市工业用水重复利用率（X_5）	激励指标
		废气排放	单位工业增加值工业二氧化硫排放量（X_6）	约束指标
			单位工业增加值工业氮氧化物排放量（X_7）	约束指标
			单位工业增加值工业烟（粉）尘排放量（X_8）	约束指标
		废渣排放	单位工业增加值工业固体废弃物排放量（X_9）	约束指标
			一般工业固体废弃物综合利用率（X_{10}）	激励指标
	工业转型绿色化系统	绿色能源	非石化能源占一次能源比例（X_{11}）	激励指标
		绿色产业	高技术产业主营业务收入占工业比例（X_{12}）	激励指标
		绿色投资	地方公共财政支出中节能环保支出比例（X_{13}）	激励指标
		绿色就业	高技术产业从业人员占工业比例（X_{14}）	激励指标

（二）异质性环境规制指标设计

本文将行政型环境规制、市场型环境规制和公众型环境规制分别界定如下。行政型环境规制（Administrative Environmental Regulation，AER）是指国家行政主管部门根据相关法律法规与制度条例对具有外部性行为的个体和单位进行直接干预的行政手段。直到当前，行政型环境规制仍属于占绝对主导作用的环境规制手段。市场型环境规制（也称市场激励型环境规制）（Market-based Environmental Regulation，MER）是指对具有环境外部性行为的个体和单位通过收费/税或补贴，运用市场化和显性的经济激励手段，驱使经营个体和单位在经营收益与环境外部性成本之间进行抉择以控制环境外部性总量和提升企业的生产技术水平。排污收费制度是中国政府较早就采取的市场型环境规制手段，排污收费统计数据较为齐全；相反，排污权交易制度在我国尚处于试点阶段，并没有在全国推广，所以也就不可能有完整的省级层面的排污权交易统计数据。公众型环境规制（Public Environmental Regulation，PER）是公众对生态环境质量对自身正常的生产生活造成不利影响的有效反馈机制。据此，本文构建异质性环境规制指标体系见表2。

表2 异质性环境规制指标体系构建

变量	一级指标名称	符号	二级指标内涵	符号
环境规制 ER	行政型环境规制	AER	地方环境保护规章制度与环境保护标准数（项）	AER_1
			万人中环保系统机构人数（人/万人）	AER_2
			当年审批建设项目环保投资总额占投资总额比重（%）	AER_3
			亿元工业增加值环保机构行政处罚案件数（件/亿元）	AER_4
	市场型环境规制	MER	万元工业增加值工业环境污染治理投资额（元/万元）	MER_1
			排污费解缴入库金额与入库企业数比值（万元/户）	MER_2
	公众型环境规制	PER	万人承办的人大建议数与政协提案数之和（件/万人）	PER_1
			万人电话与信访投诉数（次&件/万人）	PER_2
			万人环境来访人数（次/万人）	PER_3
			万人开展的社会环境宣传教育活动数（次/万人）	PER_4

（三）面板模型设计

根据异质性环境规制驱动工业绿色化的作用机理的分析，本文构建环境规制与工业绿色化关系的计量模型和异质性环境规制与工业绿色化关系的计量模型分别为：

$$\ln IGI_{it} = \theta_{11} \ln ER_{it} + \sum_{j=1} \theta_{12j} \ln q_{ijt} + \mu_{it} + \varepsilon_{it} \tag{1}$$

$$\ln IGI_{it} = \theta_{21} \ln AER_{it} + \theta_{22} \ln MER_{it} + \theta_{23} \ln PER_{it} + \sum_{j=1} \theta_{12j} \ln q_{ijt} + \mu_{it} + \varepsilon_{it} \tag{2}$$

式中，IGI_{it} 为第 i 个省份在 t 年的工业绿色化指数；ER_{it}、AER_{it}、MER_{it} 和 PER_{it} 分别为第 i 个省份在 t 年的环境规制、行政型环境规制、市场型环境规制和公众型环境规制；q_{ijt} 为第 i 个省份在 t 年第 j 个控制变量；μ_{it} 为固体效应；ε_{it} 为随机效应。

另外，异质性环境规制之间形成组合并协同推动工业绿色化，可以达到单一类型的环境规制所达不到的理想效果，是推动工业绿色化的一个重要选择。据此，构建异质性环境规制组合与工业绿色化关系的计量模型为：

$$\ln IGI_{it} = \theta_{31} \ln AER_{it} + \theta_{32} \ln MER_{it} + \theta_{33} \ln PER_{it} + \theta_{34} \ln AER_{it} \cdot \ln MER_{it} + \theta_{35} \ln AER_{it} \cdot \ln PER_{it} + \theta_{36} \ln MER_{it} \cdot \ln PER_{it} + \sum_{j=1} \theta_{37j} \ln q_{ijt} + \mu_{it} + \varepsilon_{it} \tag{3}$$

（四）中介效应模型设计

为了检验异质性环境规制是否会通过技术创新对工业绿色化产生影响，借鉴 Baron 和 Kenny（1986）[25]基于依次检验法的中介效应模型，引入技术创新中介变量，技术创新以研发创新投入为测度指标（RDI），构建技术创新作为因变量和自变量的计量模型分别如下：

$$\ln RDI_{it} = \theta_{41}\ln AER_{it} + \sum_{j=1}\theta_{41j}\ln q_{ijt} + \mu_{it} + \varepsilon_{it} \tag{4}$$

$$\ln IGI_{it} = \theta_{51}\ln AER_{it} + \theta_{52}\ln RDI_{it} + \sum_{j=1}\theta_{53j}\ln q_{ijt} + \mu_{it} + \varepsilon_{it} \tag{5}$$

其中，联合方程（2）、（4）和（5），形成技术创新作为中介效应关于行政型环境规制对工业绿色化影响的逐步检验方程组。在该方程组中，θ_{21}为行政型环境规制对工业绿色化影响的综合效应，θ_{51}为行政型环境规制对工业绿色化影响的直接效应，$\theta_{41}\times\theta_{52}$为行政型环境规制通过技术创新对工业绿色化的影响效应。若经过检验中介效应存在，则中介效应即等于间接效应$\theta_{41}\times\theta_{52}$，且$\theta_{41}\times\theta_{52}/\theta_{11}$为中介效应的权重系数。同理，在方程（2）、（4）和（5）中，以市场型环境规制和公众型环境规制依次替代行政型环境规制变量，即可以检验异质性环境规制通过技术创新是促进还是抑制工业绿色化或者与技术创新无关。

（五）空间杜宾模型设计

理论分析表明，异质性环境规制及其技术创新存在空间溢出效应，据此，构建以工业绿色化空间溢出效应和异质性环境规制溢出效应的空间计量模型。本文借鉴 Lesage 和 Pace（2010）[26]构建空间杜宾模型：

$$\begin{aligned}\ln IGI_{it} =\ & \alpha_1\ln IGI_{it-1} + \alpha_2\omega_{im}\ln IGI_{it-1} + \beta_1\ln AER_{it} + \\ & \beta_2\sum_{m=1}\omega_{im}\ln AER_{imt} + \sum_{j=1}\theta_{61j}\ln q_{ijt} + \mu_{it} + \varepsilon_{it}\end{aligned} \tag{6}$$

式中，α_1为本地上一期工业绿色化水平对本期本地工业绿色化影响的作用方向，α_2为周边地区上一期工业绿色化水平对本期本地工业绿色化影响的作用方向；β_1为本地行政型环境规制对本地工业绿色化的作用方向，β_2为周边地区行政型环境规制对本地工业绿色化的作用方向；ω_{im}为空间权重矩阵的元素，衡量省际空间之间的经济活动的相互影响关系；其他变量与上述相同。在方程（6）中，可用市场型环境规制和公众型环境规制替代行政型环境规制，其他符号含义相同。

关于空间权重矩阵元素ω_{im}，本文将地理空间与经济空间统一，构建"地理—经济"空间权重矩阵元素，设为w_{im}^{GE}，参考 Case 等（1993）[27]，设$w_{im}^{GE}(\gamma) = \gamma w_{im}^{G} + (1-\gamma)w_{im}^{E}$，其中，$w_{im}^{G}$为单位化地理空间矩阵元素，$w_{im}^{E}$为单位化经济空间矩阵元素，且$0 \leqslant \gamma \leqslant 1$，$\gamma$越大越倾向于地理空间权重，$\gamma$越小越倾向于经济空间权重。本文将地理空间权重与经济空间权重等同，令$\gamma = 0.5$。另外，地理空间矩阵元素w_{im}^{G}用距离空间矩阵来表示，距离空间矩阵的具体测度方法用公式可表示为：$w_{im}^{G} = 1/r_{im}$，$w_{im}^{G} = 0$（$i = m$）。经济空间矩阵ω^{E}用经济发展差距来表示，本文采用各个省份之间工业经济发

展水平差距的倒数，用公式可表述为 $w_{im}^{E}=1/|\overline{y_i}-\overline{y_m}|$（$i\neq m$），$w_{im}^{E}=0$（$i=m$），其中，$\overline{y_i}$ 为第 i 个省份 2007—2016 年的工业增加值的平均值。

另外，控制变量为工业发展水平指标（Industrial Development Level，IDL），用工业增加值表示；人口规模指标（Population Size，PS）以地区常住人口计算；工业化水平指标用工业化率（Industrialization Rate，IR）表示。数据来源于 2008—2017 年《中国统计年鉴》《中国能源统计年鉴》《中国环境年鉴》等。本文将对除西藏自治区和港澳台地区以外的中国 30 个省市区数据进行实证分析。

四、实证分析

本文采用 LLC 检验和 IPS 检验方法，对所有数据做平稳性检验，单位根检验结果表明，所有变量均通过显著性检验。因此，面板数据是平稳的，可用于实证分析。

（一）基准面板回归分析

根据异质性环境规制驱动工业绿色化的作用机理，本文采用因变量滞后一期和滞后二期作为工具变量来研究异质性环境规制对工业绿色化的影响。从表 3 回归结果可知，AR（1）、AR（2）与 Hansen 检验均满足显著性要求，表明无法拒绝原假设，即异质性环境规制对工业绿色化影响的动态系统 GMM 估计结果有效。

从工具变量工业绿色化滞后项结果看，上一期工业绿色化水平对本期工业绿色化的影响显著为正，表明上一期工业绿色化积累效应可以促进本期工业绿色化。滞后二期的工业绿色化对本期工业绿色化影响在环境规制、行政型环境规制、市场型环境规制和公众型环境规制条件下均显著为负，对此，本文认为，可能是因为政府在早期选择了较强的环境规制手段，使得工业绿色化已处于较高水平。然而，较强的环境规制也抑制了工业经济增速，在地方政府间经济赶超与官员晋升激励双重作用下，地方政府官员不得不降低环境规制强度，放松工业发展的环境监管，导致地方以破坏生态环境为代价谋求更快的工业增速。可以看到，地方政府在工业经济发展与生态环境保护之间存在周期性的转换。当环境规制强度过大时，尽管生态环境质量较好，但是工业经济增速受到限制，地方政府便会降低环境规制强度以提升工业增速；当环境规制强度较小时，尽管工业增速较高，但是工业发展致使生态环境破坏较为严重，生态环境质量也就较差，地方政府就会提高环境规制强度。这可能是中国工业绿色化水平呈现出在上升和下降之间周期性转换的一种重要因素。

环境规制对工业绿色化影响显著为负，意味着环境规制不利于工业绿色化。从异质性环境规制视角看，不同类型的环境规制对工业绿色化的影响存在差异性，行政型环境规制和市场型环境规制对工业绿色化的影响均显著为负，表明行政型环境规制和市场型环境规制均不利于工业绿色化。本文认为，可能原因为：一方面，环境规制或行政型环境规制和市场型环境规制直接提升了企业生产的边际成本，而工业企业为保持一定的增速，选择保留生产型研发投入而放弃掉清洁型研发投入，造成挤出清洁型研发投入，不利于工业绿色化（Guo et al.，2017；Yuan and Xiang，2018）[9,28]。下文通过技术创新中介效应对此观点进一步验证。另一方面，王昀和孙晓华（2017）[29]认为，地方保护主义和国有企业干预等政策致使政府生产性补贴更多地"扶弱"而不是"扶强"，落后低效产能不能被淘汰，产业转型升级受阻，尽管研究对象不完全相同，但是该观点非常值得借鉴。本文认为，政府在制定和实施环境规制，特别是行政型环境规制和市场型环境规制时，由于地方保护主义因素存在，有时并不是以激励"强者"为导向，而是以保护"弱者"为导向，致使环境规制不能够达到激励企业绿色创新与绿色转型的目的。公众型环境规制对工业绿色化的影响为正，但并不显著，可能是因为单独的公众型环境规制，并不具备行政型环境规制和市场型环境规制的强制性属性。公众型环境规制若想发挥应有的职能，本文猜想，可能需要与行政型环境规制或与市场型环境规制合作与协同推进，这样才能够对工业绿色化具有显著的驱动效应，下文通过组合效应对此观点也进行进一步验证。

表3 异质性环境规制对中国工业绿色化影响的动态面板回归

变量	模型（1）	模型（2）	模型（3）	模型（4）
$\ln IGI_{-1}$	0.538***	0.531***	0.541***	0.788***
	(0.123)	(0.114)	(0.110)	(0.129)
$\ln IGI_{-2}$	−0.212**	−0.208*	−0.315***	−0.234***
	(0.102)	(0.110)	(0.099)	(0.079)
$\ln ER$	−0.139***			
	(0.033)			
$\ln AER$		−0.097***		
		(0.024)		
$\ln MER$			−0.052***	
			(0.013)	
$\ln PER$				0.040
				(0.024)
$\ln IDL$	0.159***	0.122***	0.105***	0.036
	(0.037)	(0.043)	(0.035)	(0.037)
$\ln PS$	−0.147**	−0.110*	−0.091**	−0.025
	(0.057)	(0.066)	(0.044)	(0.047)
$\ln IR$	−0.100*	−0.059	−0.026	0.140
	(0.057)	(0.070)	(0.044)	(0.086)
Constant	−0.689***	−0.732***	−0.795***	−0.711**
	(0.242)	(0.278)	(0.213)	(0.330)
AR（1）	0.013	0.005	0.009	0.012
AR（2）	0.276	0.223	0.371	0.095
Hansen	0.729	0.326	0.504	0.528

续表

变量	模型（1）	模型（2）	模型（3）	模型（4）
样本数	240	240	240	240

注：(1) 系统 GMM 估计采用 xtabond2 程序完成，均为 twostep；(2) 内生变量为滞后一期和滞后二期的工业绿色化指数；(3) 系统 GMM 估计括号内为类聚稳健标准误；(4)***、**、* 分别表示在 1%、5%、10% 的显著水平上显著。

（二）中介效应检验分析

以技术创新为中介变量，将异质性环境规制对工业绿色化影响的中介效应依次进行检验，检验结果分别为表 3、表 4 和表 5。

首先，检验方程（2）的系数 θ_{21}。从表 3 回归结果可知，行政型环境规制、市场型环境规制对工业绿色化的影响系数均显著负相关，而公众型环境规制的系数则不显著。因此，行政型环境规制、市场型环境规制对工业绿色化的影响可能存在中介效应，而公众型环境规制对工业绿色化的影响存在遮掩效应。其次，依次检验方程（4）的系数 θ_{41} 和方程（5）的系数 θ_{52}。针对系数 θ_{41}，从表 4 回归结果可知，市场型环境规制对技术创新影响的系数 θ_{41} 均显著负相关，而行政型环境规制对技术创新影响的系数 θ_{41} 不显著，公众型环境规制对工业绿色化影响的系数 θ_{41} 显著正相关；针对系数 θ_{52}，从表 5 回归结果可知，技术创新对工业绿色化影响在行政型环境规制、市场型环境规制、公众型环境规制下均显著正相关。最后，检验方程（5）的系数 θ_{51}。从表 5 回归结果可知，在存在技术创新变量前提下，行政型环境规制、市场型环境规制对工业绿色化影响的系数均显著负相关，而公众型环境规制与工业绿色化正相关，但并不显著。

表 4　异质性环境规制对中国技术创新影响的动态面板回归

变量	模型（6）	模型（7）	模型（8）
$\ln IGI_{-1}$	0.485***	0.329***	0.233**
	(0.070)	(0.071)	(0.118)
$\ln IGI_{-2}$	0.212***	0.209***	0.259***
	(0.030)	(0.038)	(0.055)
$\ln AER$	0.088		
	(0.094)		
$\ln MER$		−0.179**	
		(0.089)	
$\ln PER$			0.516***
			(0.175)
$\ln IDL$	0.480***	0.724***	1.194***
	(0.093)	(0.127)	(0.270)

续表

变量	模型（6）	模型（7）	模型（8）
lnPS	−0.294**	−0.555***	−0.973***
	(0.141)	(0.187)	(0.349)
lnIR	−0.528**	−1.214***	−1.631***
	(0.254)	(0.413)	(0.461)
Constant	1.476*	2.483*	1.868
	(0.898)	(1.434)	(1.668)
AR（1）	0.000	0.001	0.015
AR（2）	0.095	0.252	0.457
Sargan	0.613	0.353	0.151
样本数	240	240	240

注：(1) 系统GMM估计采用xtabond2程序完成，均为twostep；(2) 内生变量为滞后一期和滞后二期的工业绿色化指数；(3) 系统GMM估计括号内为类聚稳健标准误；(4)***、**、* 分别表示在1%、5%、10%的显著性水平上显著。

表5 异质性环境规制、技术创新对中国工业绿色化影响的动态面板回归

变量	模型（10）	模型（11）	模型（12）
lnIGI_{-1}	0.584**	0.665***	0.729***
	(0.266)	(0.113)	(0.174)
lnIGI_{-2}	−0.145*	−0.121*	−0.232***
	(0.079)	(0.069)	(0.075)
lnAER	−0.084***		
	(0.022)		
lnMER		−0.082***	
		(0.026)	
lnPER			0.044
			(0.027)
LnRDI	0.611**	0.138*	0.477**
	(0.047)	(0.037)	(0.029)
lnIDL	0.095**	0.089***	0.012
	(0.042)	(0.033)	(0.040)
lnPS	−0.080*	−0.095**	−0.010
	(0.048)	(0.045)	(0.055)
lnIR	0.159**	0.036	0.255***
	(0.070)	(0.097)	(0.087)

续表

变量	模型（10）	模型（11）	模型（12）
Constant	−1.418***	−0.959***	−1.146***
	(0.320)	(0.335)	(0.314)
AR（1）	0.027	0.002	0.004
AR（2）	0.061	0.073	0.144
Sargan	0.342	0.314	0.561
样本数	240	240	240

注：(1) 系统GMM估计采用 xtabond2 程序完成，均为 twostep；(2) 内生变量为滞后一期和滞后二期的工业绿色化指数；(3) 系统GMM估计括号内为类聚稳健标准误；(4)***、**、* 分别表示在1%、5%、10%的显著性水平上显著。

基于上述分析，根据中介效应检验与划分标准，可计算得出技术创新的中介效应检验报告（表6）。从技术创新中介效应报告可知，首先，由于 θ_{41} 不显著，行政型环境规制对工业绿色化影响需要进一步进行 Bootstrap 法直接检验 $H_0: ab=0$，检验结果显示：间接效应不显著，说明行政型环境规制没有技术创新中介效应；其次，市场型环境规制对工业绿色化影响也存在部分中介效应，中介效应为 −0.02，中介效应与总效应的比值为 0.45；最后，公众型环境规制对工业绿色化影响存在遮掩效应，且只有中介效应。总之，行政型环境规制不存在中介效应；市场型环境规制可通过技术创新中介效应导致技术创新"挤出效应"，即抑制了技术创新，故不利于工业绿色化；公众型环境规制尽管不会直接促进工业绿色化，但是公众型环境规制可通过引致技术创新而有利于工业绿色化。因此，通过异质性环境规制对工业绿色化的直接影响实证分析与异质性环境规制对工业绿色化影响的中介效应检验结果可知，单一的环境规制政策或直接制约工业绿色化，或通过抑制技术创新来间接制约工业绿色化，或通过引致技术创新而间接有利于工业绿色化。根据中介效应检验结果，上述基准面板回归分析结果可以进一步确认：市场型环境规制不利于工业绿色化是因为其对技术创新形成"挤出效应"，而且技术创新"挤出效应"在抑制工业绿色化因素中所占比重还比较大，达到了45%。

表6 技术创新中介效应检验报告

类型	θ_{11}	θ_{41}	θ_{52}	θ_{51}	检验结果	检验报告
AER	显著为负	不显著	显著为正	显著为负	Bootstrap法不显著	没有中介效应
MER	显著为负	显著为负	显著为正	显著为负	部分中介效应	$\theta_{41} \times \theta_{52}/\theta_{11}=0.45$
PER	不显著	显著为正	显著为正	不显著	遮掩效应	只有中介效应

（三）交叉面板回归分析

根据前述分析，可能存在异质性环境规制的组合效应。因此，本文将行政型环境规制、市场型环境规制与公众型环境规制两两组合，回归结果表明（表7），在存在异质性环境规制政策组合时，公众型环境规制对工业绿色化的影响由之前的不显著变得显著，验证了前述猜想。本文认为，在加入行政型环境规制或市场型环境规制与公众型环境规制组合时，公众型环境规制之所以显著推动工业绿色化，可能是因为公众型环境规制引起行政型环境规制或市场型环境规制的联动响应。

从异质性环境规制组合看，行政型环境规制与市场型环境规制组合与工业绿色化显著负相关，行政型环境规制与公众型环境规制组合与工业绿色化显著正相关，市场型环境规制与公众型环境规制组合与工业绿色化也显著正相关。由此发现，通过"自上而下"的环境规制政策工具与"自下而上"的环境规制政策工具之间的"跨界组合"可以显著推动工业绿色化，而仅仅是"自上而下"的环境规制政策工具"内部组合"不但不能够实现推动工业绿色化，还会抑制工业绿色化。对于这一结论，张华等（2017）[30]在研究政府和市场对绿色发展的作用时指出，公众诉求有利于提升绿色发展效率，凸显"自下而上"的推力作用，且较高的公众诉求能够促使"波特假说"效应更早来临，体现政府与公众"上下结合"的协同效应。虽然研究对象不完全相同，但是这一观点与本文不谋而合。

"自上而下"的环境规制与"自下而上"的环境规制之间的协同组合之所以能够促进工业绿色化，本文认为，可能是因为公众型环境规制本身并没有直接增加企业成本，相反，在公众型环境规制下，企业具有主动实施技术创新的可能性。具体来看，在行政型环境规制或市场型环境规制协同作用下，企业通过技术研发创新投入，实现减少生态环境负外部性以达到公众型环境规制要求，进而获得来自政府关于行政型环境规制或来自市场关于市场型环境规制带来的技术研发创新补贴或税收减免，或者技术创新形成的市场收入（如市场技术交易收入与剩余排污配额交易收入）等好处。这些生态收益与企业积极主动保护环境形成的公众品牌效应与市场效应，形成相互促进与循环发展的良性格局。从这个视角看，公众型环境规制与行政型环境规制或与市场型环境规制组合，对推动企业向绿色、低碳、转型发展多重利好。因此，实施公众型环境规制与行政型环境规制或与市场型环境规制之间的"上下联动"组合政策，有利于推动工业绿色化。这验证了上述基准面板回归结果分析中关于公众型环境规制对工业绿色化影响的猜想。

表7 异质性环境规制组合对中国工业绿色化影响的动态交叉面板回归

变量	模型（13）	模型（14）	模型（15）	模型（16）
$\ln IGI_{-1}$	0.469***	0.621***	0.585***	0.467***
	(0.094)	(0.153)	(0.119)	(0.139)
$\ln IGI_{-2}$	−0.201*	−0.029	−0.253*	−0.117
	(0.113)	(0.145)	(0.143)	(0.137)
$\ln AER$	−0.453**	0.356		−0.503
	(0.230)	(0.277)		(0.474)
$\ln MER$	−0.267**		0.250	−0.090
	(0.134)		(0.156)	(0.216)

续表

变量	模型（13）	模型（14）	模型（15）	模型（16）
$\ln PER$		0.378*	0.361*	0.408*
		(0.251)	(0.214)	(0.353)
$\ln AER \times \ln MER$	−0.086**			−0.113*
	(0.055)			(0.074)
$\ln AER \times \ln PER$		0.141*		0.023
		(0.088)		(0.092)
$\ln MER \times \ln PER$			0.088**	0.071*
			(0.050)	(0.050)
$\ln IDL$	0.136***	0.157***	0.056	0.077*
	(0.043)	(0.061)	(0.046)	(0.042)
$\ln PS$	−0.160**	−0.170**	0.018	−0.103**
	(0.074)	(0.085)	(0.069)	(0.047)
$\ln IR$	−0.145*	0.050	0.039	0.002
	(0.084)	(0.107)	(0.084)	(0.095)
Constant	−1.604***	0.105	0.460	−0.878
	(0.447)	(0.755)	(0.802)	(1.361)
AR（1）	0.012	0.015	0.006	0.022
AR（2）	0.892	0.064	0.180	0.500
Hansen	0.839	0.148	0.365	0.222
样本数	240	240	240	240

注：（1）系统 GMM 估计采用 xtabond2 程序完成，均为 twostep；（2）内生变量为滞后一期和滞后二期的工业绿色化指数；（3）系统 GMM 估计括号内为类聚稳健标准误；（4）***、**、* 分别表示在 1%、5%、10% 的显著性水平上显著。

（四）空间溢出效应检验

将异质性环境规制与工业绿色化通过全局空间自相关检验，其莫兰指数计算结果显示，各省域异质性环境规制与工业绿色化的莫兰指数均大于1，且通过了10%的显著性检验。据此，可用空间杜宾模型将异质性环境规制对工业绿色化的影响进行实证检验。空间杜宾模型结果显示（表8），空间自回归系数显著为正，均在1%水平上通过显著性检验，说明工业绿色化、行政型环境规制、市场型环境规制及公众型环境规制均存在空间自相关关系。

行政型环境规制、市场型环境规制、公众型环境规制均不利于本地工业绿色化，行政型环境规制回归系数与市场型环境规制回归系数与表3回归结论在显著性及其方向上均一致，仅公众型环境规制与工业绿色化的关系回归系数与表3回归结果不同，但前后均不显著。从异质性环境规制对工业绿色化影响的空间溢出效应结果看，行政型环境规制和市场型环境规制对工业绿色化影响的空间溢出效应均显著为正，与环境规制对工业绿色化影响的空间溢出效应一致，但公众型环境规制对工业绿色化影响的空间溢出效应回归系数为负，与行政型环境规制和市场型环境规制对工业绿色化影响的空间溢出效应相反，但并不显著。因此，从异质性环境规制对工业绿色化影响的空间溢出效应结果看，邻近地区各省份行政型环境规制与市场型环境规制有利于本地工业绿色化，但邻近地区公众型环境规制与本地工业绿色化没有明显相关关系。行政型环境规制与市场型环境规制对工业绿色化影响的空间溢出效应结论表明，通过全国整体性行政型环境规制与市场型环境规制的建立和完善有利于全国整体性工业绿色化的改善。

表8 异质性环境规制对中国工业绿色化影响的动态空间杜宾模型估计

变量	模型（19）AER	模型（20）MER	模型（21）PER
α_1	0.854***	0.873***	0.902***
	(0.043)	(0.042)	(0.089)
α_2	−0.657***	−0.659***	−0.693***
	(0.111)	(0.110)	(0.089)
β_1	−0.001**	−0.004*	−0.022
	(0.011)	(0.007)	(0.021)
β_2	0.049*	0.027*	−0.015
	(0.030)	(0.016)	(0.017)
$\ln IDL$	0.003*	0.003	0.004
	(0.002)	(0.002)	(0.003)
$\ln PS$	−0.241*	−0.281**	−0.255**
	(0.143)	(0.137)	(0.110)
$\ln IR$	−0.151***	−0.199***	−0.067***
	(0.047)	(0.037)	(0.026)
rho	1.068***	1.095***	1.323***
	(0.081)	(0.076)	(0.080)
R^2	0.376	0.366	0.394

注：(1) 经过Hausman检验确定使用固定效应回归；(2) 表中第二行每一个因子均为代表该列模型的自变量。

最后，在异质性环境规制对工业绿色化影响的各种实证模型回归结果中，通过对工具变量、自变量及控制变量回归的参数系数比较发现，相互差别不大，特别是自变量及其工具变量回归的参数系数正负方向及其显著性基本一致，显示出异质性环境规制对工业绿色化影响的面板回归基本结论的稳健性。

五、结论

本文将异质性环境规制划分为行政型环境规制、市场型环境规制和公众型环境规制,构建异质性环境规制指标体系和工业绿色化指数,并通过动态面板模型、中介效应模型、组合回归模型、空间杜宾模型对异质性环境规制驱动工业绿色化的作用机理进行实证检验,得出结论如下。

一是行政型环境规制、市场型环境规制不利于工业绿色化,公众型环境规制与工业绿色化呈现正相关关系,但不显著。二是针对异质性环境规制与工业绿色化的实证结论,通过中介效应检验结果显示,技术创新在市场型环境规制与工业绿色化关系中存在部分中介效应,在公众型环境规制与工业绿色化关系中只有中介效应,在行政型环境规制与工业绿色化关系中没有中介效应。三是从异质性环境规制组合看,"自上而下"与"自下而上"的环境规制政策工具之间的"跨界组合"有利于工业绿色化,而"自上而下"的环境规制政策工具的"内部组合"则不利于工业绿色化。四是对异质性环境规制对工业绿色化影响的空间溢出效应进行检验,结果表明,行政型环境规制、市场型环境规制的空间溢出效应有利于周边地区工业绿色化,但这一结论并不支持"污染天堂"假说;公众型环境规制的空间溢出效应与工业绿色化回归系数为负,却并不显著,这一结论表明,全国整体性行政型环境规制与市场型环境规制的建立和完善有利于全国整体工业绿色化的改善。

本文以全球最大的发展中国家——中国的工业绿色化为例,构建了异质性环境规制驱动工业绿色化的作用机理理论分析框架并对此进行实证检验。根据本文研究结论,为推进工业绿色化以实现工业可持续发展,广大发展中国家应加快市场经济改革和对外开放步伐,推进区域一体化和国际合作,推动差异化的环境规制政策之间的组合特别是"自上而下"的环境规制政策工具与"自下而上"的环境规制政策工具之间的跨界组合;同时,在实施环境规制政策以保护生态环境的同时,强化环境规制的创新激励效应而减少环境规制的创新挤出效应,在此基础上制定差异化环境规制政策并协同实施。从理论研究看,正如本文理论分析的那样,异质性环境规制是通过影响企业生产行为来间接影响区域工业绿色化,而企业如何应对来自政府、市场和公众的异质性环境规制,不仅农业企业、工业企业、服务业企业有所差异,即使是工业企业内部也有差异。由此,必须要从异质性环境规制作用于工业绿色化的内在机理入手,从微观企业层面进行验证,与区域产业层面的实证检验相互印证,这也是未来理论界需要重点关注的研究方向。

参考文献

[1] PALMER K, OATES W E, PORTNEY P R. Tightening environmental standards: the benefit-cost or the no-cost paradigm? [J]. Journal of Economic Perspectives, 1995, 9 (4): 119−132.

[2] JAFFE A B, PETERSON S R, PORTNEY P R, et al. Environmental regulation and the competitiveness of US manufacturing: what does the evidence tell us? [J]. Journal of Economic Literature, 1995, 33 (1): 132−163.

[3] SIMPSON R D, BRADFORD Ⅲ R L. Taxing variable cost: environmental regulation as industrial policy [J]. Journal of Environmental Economics & Management, 1996, 30 (3): 282−300.

[4] JAFFE A B, PALMER K. Environmental regulation and innovation: a panel data study [J]. Review of Economics & Statistics, 1997, 79 (4): 610−619.

[5] JAFFE A B, NEWELL R G, STAVINS R N. Environmental policy and technological change [J]. Environmental & Resource Economics, 2002, 22 (1−2): 41−70.

[6] IRALDO F, TESTA F, FREY M. Is an environmental management system able to influence environmental and competitive performance? The case of the eco-management and audit scheme (EMAS) in the European union [J]. Journal of Cleaner Production, 2009, 17 (16): 1444−1452.

[7] RUBASHKINA Y, GALEOTTI M, VERDOLINI E. Environmental regulation and competitiveness: empirical evidence on the Porter Hypothesis from European manufacturing sectors [J]. Energy Policy, 2015, 83 (35): 288−300.

[8] AŞICI A A, ACAR S. How does environmental regulation affect production location of non-carbon ecological footprint? [J]. Journal of Cleaner Production, 2018, 178: 927−936.

[9] GUO L, QU Y, TSENG M-L. The interaction effects of environmental regulation and technological innovation on regional green growth performance [J]. Journal of Cleaner Production, 2017, 162 (9): 894−902.

[10] BARBERA A J, MCCONNELL V D. Effects of pollution control on industry productivity: a factor demand approach [J]. Journal of Industrial Economics, 1986, 35 (2): 161−172.

[11] GRAY W B, SHADBEGIAN R J. Pollution abatement costs, regulation and plant-level productivity [R]. NBER Working Paper, 1995: 1−32.

[12] GALLOWAY E, JOHNSON E P. Teaching an old dog new tricks: firm learning from environmental regulation [J]. Energy Economics, 2016, 59 (9): 1−10.

[13] CURTIS E M, LEE J M. When do environmental regulations backfire? Onsite industrial electricity generation, energy efficiency and policy instruments [J]. Journal of Environmental Economics and Management, 2019, 96: 174−194.

[14] ABRELL J, RAUSCH S. Combining price and quantity controls under partitioned environmental regulation [J]. Journal of Public Economics, 2017, 145: 226−242.

[15] HASHMI R, ALAM K. Dynamic relationship among environmental regulation, innovation, CO_2 emissions, population, and economic growth in OECD countries: a panel investigation [J]. Journal of Cleaner Production, 2019, 231: 1100−1109.

[16] NAUGHTON H T. To shut down or to shift: multinationals and environmental regulation [J]. Ecological Economics, 2014, 102: 113−117.

[17] SHEN J, WEI Y D, YANG Z. The impact of environmental regulations on the location of pollution-intensive industries in China [J]. Journal of Cleaner Production, 2017, 148: 785−794.

[18] COASE R H. The problem of social cost [J]. Journal of Law and Economics, 1960, 3: 1−44.

[19] A. C. 庇古. 福利经济学 [M]. 朱泱, 张胜纪, 吴良健, 译. 北京: 商务印书馆, 2006: 143−156.

[20] WALLEY N, WHITEHEAD B. It's not easy been green [R] //WELFORDAND R, STARKEY R. The earth scan in business and the environment. London: EarthScan, 1996: 334−337.

[21] 金刚，沈坤荣. 以邻为壑还是以邻为伴？——环境规制执行互动与城市生产率增长 [J]. 管理世界，2018，34（12）：43—55.

[22] ACEMOGLU D，AGHION P，BURSZTYN L，et al. The environment and directed technical change [J]. American Economic Review，2012，102（1）：131—166.

[23] CANDAU F，DIENESCH E. Pollution Haven and Corruption Paradise [J]. Journal of Environmental Economics and Management，2016，85（10）：171—192.

[24] 史敦友. 中国省际工业绿色化评价及空间差异性研究 [J]. 贵州财经大学学报，2019（4）：80—88.

[25] BARON R M，KENNY D A. The moderator-mediator variable distinction in social psychological research：conceptual，strategic and statistical considerations [J]. Journal of personality and social psychology，1986，51（6）：1173—1182.

[26] LESAGE J P，PACE R K. Spatial econometric models [C] //FISCHER M，GETIS A. Handbook of applied spatial analyses. Berlin：Springer，2010：355—376.

[27] CASE A C，ROSEN H S，HINES J R. Budget spillovers and fiscal policy interdependence：evidence from the states [J]. Journal of Public Economics，1993，52（3）：285—307.

[28] YUAN B，XIANG Q. Environmental regulation，industrial innovation and green development of Chinese manufacturing：based on an extended CDM model [J]. Journal of Cleaner Production，2018，176（3）：895—908.

[29] 王昀，孙晓华. 政府补贴驱动工业转型升级的作用机理 [J]. 中国工业经济，2017（10）：99—117.

[30] 张华，丰超，时如义. 绿色发展：政府与公众力量 [J]. 山西财经大学学报，2017，39（11）：15—28.

碳排放权交易对产业结构合理化的影响研究

韩 冬 谢逸秋 韩立达

一、引言

气候变暖已成为全球需共同面对的难题，随着各国二氧化碳排放，温室气体急剧增加将对人类生存造成重大挑战。基于此，在第七十五届联合国大会一般性辩论上我国首次宣布了"碳达峰"和"碳中和"的目标。为此，碳排放权交易作为一种市场化的减排手段而备受关注。2011年10月，国家发展改革委办公厅颁布了《关于开展碳排放权交易试点工作的通知》，并批准北京、上海、天津、重庆、湖北、广东、深圳七个省市进行碳交易试点，此后于2013年开始，先后正式启动了七个省市的碳排放交易试点。

另一方面，在环境问题日益严峻，低碳转型迫在眉睫的背景下，国家重大发展战略如《"十三五"规划纲要》《中国制造2025》等都明确提出，要通过合理的环境政策来优化调整产业结构，进而提高经济增长质量。但过去我国产业结构调整方式过度依赖于产业政策的干预和引导，计划经济色彩浓重，导致产业结构调整的内在激励不足，因此，亟须探索一些市场化的手段倒逼产业结构向更加合理化的方向发展。

碳排放权交易作为一种市场化的环境规制手段既有可能增加企业经营成本，又有可能为企业创造利润，在追寻利润最大化的驱使下，企业会调整生产行为引致产业结构变动。因此，我们有必要把对碳排放权交易和产业结构的研究有机结合起来，论证碳排放权交易能否使产业结构合理化，降低高能耗、高污染产业的比重，倒逼企业淘汰落后产能，进行生产技术创新、设备更新，改善当前产业结构调整主要受政府干预的现状。从而为产业结构合理化找到一个市场化的内在激励，推动经济转向高质量、高效率、低污染、低能耗的方向发展。

---

① 作者简介：韩冬，成都理工大学管理科学学院副教授；谢逸秋，成都理工大学管理科学学院硕士研究生；韩立达，四川大学经济学院教授。本文是国家社科基金一般项目"市场与政府协调下的农村土地制度与户籍制度系统联动改革研究（19BJY110）"的阶段性成果。

二、文献回顾

美国学者Dales于1968年首次将科斯的产权理论应用于污染控制领域的研究中，对排放权进行了定义，并设计了排放权交易的制度。有众多学者从企业微观角度对碳排放权市场交易机制下的决策模型进行研究。Klaassen等（2005）分别对自由多边交易和拍卖两种交易模式中的碳排放权进行了博弈实验，验证了传统的市场效率理论在排放权交易的市场中同样有效，也就是说排放权交易依然能够实现市场均衡，达成帕累托最优[1]。Subramanian等（2010）搭建了企业在投资减排、排放权拍卖交易、生产三个阶段的博弈模型，得出了相应的企业最优决策[2]。陈波（2014）根据两类碳排放权交易的市场均衡，对碳交易由于供给曲线弹性过小、产权边界界定模糊，以及额外性甄别系统失效等原因而可能会出现的市场失灵现象进行了总结归纳[3]。

随着众多国家碳排放权交易实践的开展，很多学者也开始研究碳排放权交易的影响效应，主要从其经济影响和环境影响两方面进行研究。首先，在环境方面受关注最多的就是碳排放权交易的减排效果。Zhang和Wei（2010）认为，若在世界范围内构建碳排放权交易市场，则各国的碳排放总量能够实现有效削减[4]。Zhang等（2016）对中国全国性地开展碳排放权交易的情景进行模拟，结果表明通过碳排放权的省际交易，中国的碳排放总量可以下降约27%[5]。任亚运和傅京燕（2019）利用DID模型验证了碳交易既能使区域的碳排放强度下降，还能协同促进二氧化硫减排[6]。然而，关于碳排放权交易的经济影响，当前国内外的研究仍然存在争议。Abrell等（2011）通过实证研究发现，欧盟的碳交易对就业、企业的增加值和利润率的影响均不显著[7]。Benz和Trück（2009）认为，当前由于碳排放权的价格偏高，对企业产生了较为严苛的现金流约束，导致碳排放权交易对经济发展的促进效应被削减[8]。Kara等（2008）通过对细分行业进行研究发现，电力行业能够通过碳排放权获取巨大的收益，并由此引发电力价格上涨，而这会使钢铁行业和普通消费者的利益受损[9]。而周畅等（2020）研究表明，碳排放权交易的推行对企业的财务绩效和价值具有明显的提升，但没能使我国的企业加大R&D投入[10]。

而碳排放权交易属于一种市场化的环境规制工具，关于环境规制对产业结构的影响，主流研究可归纳为三种观点：第一种是"负向效应论"，认为根据"污染避难所"假说，环境规制加重了企业的污染治理成本，由此会导致企业的全要素生产率下降，使得高污染产业转移至环境规制较宽松的地区，有损于迁入地的产业结构的绿色转型升级（沈坤荣等，2017）[11]；第二种是"正向效应论"，认为有效的环境规制能够促使高污染企业产生创新补偿效应，从而减少企业的环境遵循成本，最终能够挤出未进行技术创新的企业，倒逼产业结构升级（袁丽静和郑晓凡，2017）[12]；第三种是"不确定论"，认为环境规制只是一种可能对企业全要素生产率、地区间贸易比较优势等产生影响的因素，其能否引起地区比较优势，以及促进产业结构升级都具有很多的不确定性（童健等，2016）[13]。现有的研究中，仅有少数研究聚焦于碳排放权交易与产业结构之间的关系，其结论普遍认可实行碳排放权交易能够优化产业结构。如杜莉和李博（2012）证明实际碳排放量、碳排放配额与产业结构的变化及其升级有着重要相关关系[14]。谭静和张建华（2018）利用合成控制法验证了我国的碳排放权交易能够倒逼区域产业结构升级，但是这种"倒逼"效应的强度会随着区域特征存在差异而不同[15]。杨大光和刘嘉夫（2012）也通过实证分析证明了发展碳金融有利于产业结构调整升级[16]。

三、机理分析与研究假设

如图1所示，在碳排放总量约束下，我国试点省市的相关企业可进行碳排放权交易以达成减排目标，企业间存在边际减排成本差异，设定边际减排成本大于市场碳价的企业为Ⅰ类企业，边际减排成本小于市场碳价的企业为Ⅱ类企业。边际减排成本的差异导致了两类企业出于利润最大化的原则而做出不同的企业决策。具体而言，对于Ⅰ类企业，其边际减排成本大于市场碳价。当碳配额难以满足生产时，企业可能选择在市场上买入碳排放权以维持正常生产，也可能会选择缩小生产规模以减少碳排放。而依据"遵循成本价说"，无论企业做出哪种决策，均会使企业产生环保遵循成本，从而降低企业经济效益，进而依据"污染避难所假说"，实施碳排放权交易的地区因环保遵循成本的增加而形成比较劣势，未实施碳减排政策的地区则具有比较优势，因此可能有部分企业出于成本压力，选择将企业迁入未实行碳减排政策规制的地区，实现产业转移，因此会提升迁出地的产业结构合理化。对于Ⅱ类企业，其边际减排成本小于市场碳价，因此企业的最优决策是不占用碳排放配额，而通过改进低碳生产技术等方式进行减排，并将节余的碳排放权配额出售以实现营业外收益。这也符合"波特假说"的推断，即合理的环境规制会倒逼企业技术进步，以弥补由环境规制所带来的额外成本，产生创新补偿效应，最终促进产业结构合理化。根据以上分析，提出本文的第一个假设：

假设1：碳排放权交易对产业结构合理化有正向影响。

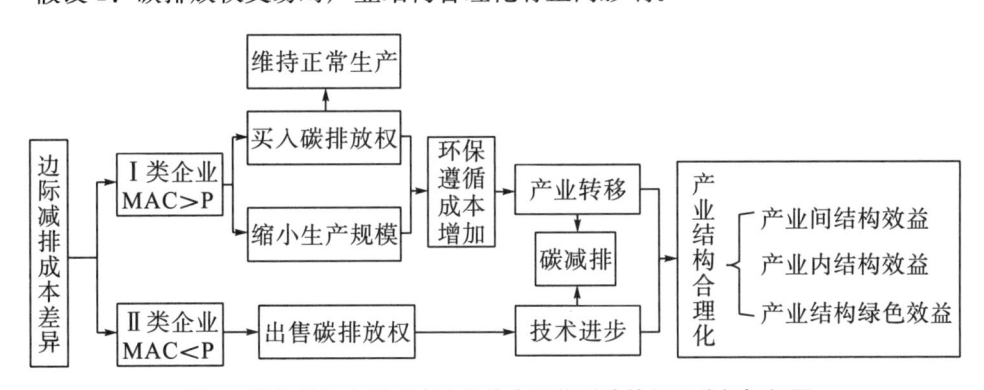

图1 碳排放权交易对产业结构合理化影响的机理分析框架图

基于以上分析，本文认为，碳排放权交易可以通过产业转移和技术进步两条路径影响产业结构合理化：

产业转移路径。根据"污染避难所假说"，地区间其他方面的条件都相同时，环境标准较低的地区形成比较优势，污染企业倾向于选择转移至环境标准较低的地区进行生产。一方面，产业转移是一种要素配置的优化途径（张幼文，2020）[17]，研究证明，区域内失去比较优势的产业会向外转移，释放的生产要素会转移至其他产业，从而促使资源重新配置，提升资源配置效率（白俊红和刘宇英，2018）[18]。高碳排放产业在碳排放权交易实施后，由于环保遵循成本增加而发生产业转移，会向产业迁出地释放大量资本、劳动力、土地等生产要素，增强了生产要素的流动性，使要素向边际报酬更高的其他产业流动，从而提高资源的配置效率，使产业间的总产出更加趋近于最优产出，实现产业间的结构效益。另一方面，理想的政策实施结果还应该使生产率高的企业占据更高的市场份额，由此更好地发挥资源再配置效应（Aghion et al.，2015）[19]。碳排放权交易引起的产业转移还会促进所释放的生产要素在产业内部流动，使资源由原本的以水泥、电力、煤炭、有色、造纸、钢铁、航空等为主的高碳排放企业向生产率更高的现代制造企业、高新技术企业流入，从而优化产业内部的资源再配置，实现产业内部的结构效益。再者，单边的碳减排政策，有可能导致高碳排放产业转移到其他未实行碳减排政策的国家和地区（Antoci et al.，2021）[20]，产业转移迁出地会由于碳源转移而实现碳减排，由于碳密集型产业占比的减少而导致地区整体的单位产出下的碳排放强度降低，因此，产业结构的绿色效益得到提升。根据以上分析提出本文第二个假设：

假设2：碳排放权交易会引起产业转移，从而促进产业结构合理化。

技术进步路径。一方面，在产业链条的上下游企业之间，R&D投入具备溢出效应（夏良科，2010）[21]，同时，在集聚产业中通过知识技术的外溢可以更好地实现创新对产业调整的正向作用（Porter，2000）[22]。碳排放权交易实施后，碳减排的压力会激励企业通过引进低碳生产技术、增大R&D投入等方式实现技术进步，而低碳技术的积累具有外溢效应，在其积累到一定阈值后，会在产业集群内部和产业链上下游间传导，由此带动产业链各部门全要素生产率的整体提升。而产业链整体生产效率的提升，使得要素边际报酬增加，从而激发生产要素的流动，提升产业间的资源配置效率，优化产业间结构效益。另一方面，在碳密集型产业内部，相比于一直通过买入碳排放权或缩小生产规模以实现碳减排的企业而言，通过技术进步来减排的企业会拥有更高的全要素生产率，由此会形成产业内部企业间的生产率的势能差，使生产要素向拥有更先进的低碳生产技术的企业流动，使其形成竞争优势，挤出技术落后、生产效率低下的企业，提升产业内劳动、资本等各类生产要素的投入产出耦合度，实现产业内部的结构效益。再者，碳排放权交易促进企业技术进步，通过外部引入和自主研发清洁、低碳、低能耗的生产技术和生产设备，提升企业的能源利用效率（朱金鹤和孙乐，2022）[23]，降低企业碳强度（刘自敏和申颢，2020）[24]，提升企业绿色全要素生产率（孙振清等，2022）[25]。从而在不降低总产出的前提下，节余企业的碳配额，继而扩大碳减排投入以实现更多的减排收益（黄帝等，2016）[26]，对没有更新低碳技术和设备的企业发挥挤出效应，淘汰高污染、高能耗的低效落后产能，从而实现产业结构的绿色效益。因此，提出本文第三个假设：

假设3：碳排放权交易会倒逼企业技术进步，从而提升产业结构合理化。

四、研究设计

(一) 模型构建

本文选择采用合成控制法对碳排放权交易对产业结构合理化的影响进行研究。合成控制法最早在 Abadie 和 Gardeazabal (2003)[27] 对巴斯克地区恐怖活动的经济成本的研究中被提出，此后被国内外学者广泛地应用于政策评估领域的研究中。合成控制法的基本步骤为：(1) 选取适宜的能够对结果变量产生影响的变量作为预测变量；(2) 对控制组中各样本的预测变量加权，拟合出一个与实验样本具有相似特征的"反事实"的合成样本；(3) 比较政策实施之后，根据实验样本和合成样本的产业结构合理化评价指数的差异来评估碳排放权交易对产业结构合理化的影响。假设有 $K+1$ 个地区在 $t \in [1, T]$ 期内的碳排放数据可观察，其中，第 1 个省市在 $t = T_0$ 时进行了碳排放权交易试点，将其作为一个处理单元，且政策影响是连续的。其余 K 个地区在 $t \in [1, T]$ 期内未实施碳交易机制，将其作为控制组。

实施碳排放权交易试点地区的产业结构合理化评价指数可构建如下模型：

$$ISR_{it} = ISR_{it}^N + D_{it} \alpha_{it} \quad (1)$$

式中，ISR_{it} 表示 t 时刻 i 地区在碳排放权交易影响下的真实产业结构合理化评价指数；ISR_{it}^N 表示 t 时刻 i 地区未实施碳排放权交易下的产业结构合理化评价指数；D_{it} 表示是否实施碳排放权交易的虚拟变量，该值为 1，代表该地区实施了碳排放权交易，该值为 0，代表该地区未实施碳排放权交易；α_{it} 表示碳排放权交易效应。假设地区 i 在 $t \in [1, T]$ 实施碳排放权交易，则该地区在 $t \in [1, T]$ 期内不受碳交易机制的影响，则有 $ISR_{it} = ISR_{it}^N$。当 $t > T_0$ 时，该地区受碳交易机制的影响，则 $ISR_{it} = ISR_{it}^N + \alpha_{it}$，此时 ISR_{it}^N 无法直接观测到，可以利用控制组省市数据模拟出试点地区的"反事实" ISR_{it}^N，即碳排放权交易对产业结构合理化的影响可以表示为：

$$\alpha_{it} = ISR_{it} - ISR_{it}^N \quad (2)$$

根据 Abadie 等 (2010)[28] 提出的基于参数回归的因子模型，得到：

$$ISR_{it}^N = \varphi_t + \boldsymbol{\gamma}_t \boldsymbol{X}_i + \boldsymbol{\delta}_t \boldsymbol{\mu}_i + \varepsilon_{it} \quad (3)$$

式中，φ_t 表示所有地区的时间固定效应；$(r \times 1)$ 维向量 $\boldsymbol{X}_i$ 表示不受碳排放权交易影响的可观测控制变量；$\boldsymbol{\gamma}_t$ 为 $(1 \times r)$ 维参数向量，$(F \times 1)$ 维向量 $\boldsymbol{\mu}_i$ 表示无法观测的省市固定向量；$\boldsymbol{\delta}_t$ 为 $(1 \times F)$ 维不可观测公共因子向量；ε_{it} 为无法观测的短期随机扰动，均值为 0。

为了测算 ISR_{it}^N，需要找到 $(1 \times K)$ 维权重向量 $\boldsymbol{W} = (w_2, w_3, \cdots, w_{k+1})$，将 K 个非试点省市加权合成一个反事实的试点省市。其中，$\boldsymbol{W}$ 的分量均为非负，且 $w_2 + w_3 + \cdots + w_{k+1} = 1$。加权非试点省市可得：

$$\sum_{k=2}^{K+1} w_k ISR_{kt} = \varphi_t + \boldsymbol{\gamma}_t \sum_{k=2}^{K+1} w_k \boldsymbol{X}_k + \boldsymbol{\delta}_t \sum_{k=2}^{K+1} w_k \boldsymbol{\mu}_k + \sum_{k=2}^{K+1} w_k \varepsilon_k \quad (4)$$

当存在 $\boldsymbol{W}^* = (w_2^*, w_3^*, \cdots, w_{k+1}^*)$ 满足：

$$\sum_{k=2}^{K+1} w_k^* ISR_{k1} = ISR_{11}, \cdots, \sum_{k=2}^{K+1} w_k^* ISR_{kT_0} = ISR_{1T_0}, 且 \sum_{k=2}^{K+1} w_k^* X_k = X_1 \quad (5)$$

若 $\sum_{t=1}^{T_0} \boldsymbol{\delta}_t^T \boldsymbol{\delta}_t$ 是非奇异的，则式（6）成立：

$$ISR_{1t}^N - \sum_{k=2}^{K+1} w_k^* ISR_{kt} = \sum_{k=2}^{K+1} w_k^* \sum_{s=1}^{T_0} \boldsymbol{\delta}_t \left(\sum_{n=1}^{T_0} \boldsymbol{\delta}_n^T \boldsymbol{\delta}_n\right)^{-1} \boldsymbol{\delta}_s^T (\varepsilon_{ks} - \varepsilon_{1s}) - \sum_{k=2}^{K+1} w_k^* (\varepsilon_{kt} - \varepsilon_{1t})$$
(6)

若碳排放交易制度实施前的时间段大于实施后的时间段，式（6）的右侧将趋近于 0，因此 $\sum_{k=2}^{K+1} w_k^* Y_{kt}$ 可以被视为 ISR_{it}^N 的无偏估计，从而得到碳排放权交易对产业结构的影响 $\alpha_{it} = ISR_{it} - ISR_{it}^N$。所以，关键是得到合适的权重向量，则需要试点地区的特征向量恰好在 K 个非试点地区的特征向量的凸组合之中，由于现实中难以寻找到一个完全符合该要求的权重，因此参考 Abadie 等（2010）的做法，通过近似解来得到适宜的权重，即利用距离函数 $\|Z_1 - Z_0 \boldsymbol{W}\| = \sqrt{(Z_1 - Z_0 \boldsymbol{W})^T \boldsymbol{V} (Z_1 - Z_0 \boldsymbol{W})}$，$\boldsymbol{V}$ 是一个对称半正定矩阵，将距离 $\|Z_1 - Z_0 \boldsymbol{W}\|$ 最小化，即可确定 $\boldsymbol{W}^*$。

（二）变量说明

1. 结果变量。

本文研究的是碳排放权交易对产业结构合理化的影响，现有研究中对于产业结构合理化的度量方法莫衷一是，本文将基于产业间结构效益、产业内结构效益和产业结构绿色效益三个维度，搭建产业结构综合评价体系，并利用因子分析法计算产业结构合理化指数（ISR），将其作为合成控制法中的结果变量。

表1 产业结构合理化评价指标体系

维度	指标	指标计算公式
产业间结构效益	泰尔指数	$\sum_{i=1}^{3} \left(\frac{Y_i}{Y}\right) \ln\left(\frac{Y_i}{Y} / \frac{L_i}{L}\right) (i=1,2,3)$
	增量资本产出率	$dY/dK = dY/dI = GDP/全社会固定资产投资$
	比较劳动生产率差异指数	$\sqrt{\sum_{i=1}^{3}(P_i - 1)^2}$, $P_i = \frac{Y_i}{Y} / \frac{L_i}{L} (i=1, 2, 3)$
产业内结构效益	现代制造业占比	现代制造业总产值/工业总产值
	高技术产业占比	高技术产业总产值/工业总产值
	现代服务业占比	现代服务业增加值/第三产业增加值

续表

维度	指标	指标计算公式
产业结构绿色效益	单位 GDP 能耗	能源消费总量/GDP
	碳排放强度	$\frac{C}{GDP}, C = \sum E_i \times \sum S_i \times \sum F_i$
	三废综合排放值	$Y_{综} = \sum_{j=1}^{3} W_j M_{ij}, W_j = \frac{V_j}{\sum_{j=1}^{3} V_j}, V_j = \frac{s_j}{|\bar{y}_j|},$ $M_{ij} = 60 + 10 \times \frac{y_{ij} - \bar{y}_j}{s_j}$ $(j = 1,2,3; i = 1,2,\cdots,16)$

表1中，Y为GDP增加值；L为就业人数；P_i为第i产业的比较劳动生产率；K为资本存量；I为投资流量，用全社会固定资产投资代替；C为碳排放总量；E_i表示第i类化石能源的消费量；S_i表示第i类化石能源相对于标准煤的折算系数；F_i则表示第i类化石能源的排放系数；y_{ij}是污染物j在i年的值；$\bar{y}_j$是污染物j的平均值；s_j是j污染物的样本标准差。而现代制造业和现代服务业的界定分别参考刘艳（2014）[29]和匡远凤（2015）[30]的研究。

2. 预测变量。

参考已有的文献研究，选取城镇化水平、经济发展水平、人力资本存量、基础设施建设水平、市场化程度、外资利用水平、政府支出规模等一系列会对产业结构合理化产生影响的变量（张国强等，2011[31]；雷国胜和蔡芳，2019[32]；韩永辉等，2017[33]）作为预测变量（表2）。此外，为了优化拟合效果，提升结果的稳健性，将政策实施前结果变量历年的平均值，以及结果变量在政策实施前三个间隔年份的取值加入控制变量中。

表 2　预测变量

变量名称	变量解释	变量符号
城镇化水平	城镇人口数/总常住人口数	urban
经济发展水平	人均 GDP 的对数	ln$pgdp$
人力资本水平	（常住人口数×人均受教育年限）的对数	lnhc
基础设施建设水平	城市人均道路面积	ln$infra$
市场化程度	非国有企业固定资产投资/总固定资产投资	market
外资利用水平	外商直接投资的对数	lnfdi
政府支出规模	地方政府支出/GDP	gcr
产业结构合理化评价指数均值	政策实施前产业结构合理化评价指数历年的平均值	PISR
产业结构合理化评价指数2005	2005年产业结构合理化评价指数取值	ISR（2005）
产业结构合理化评价指数2008	2008年产业结构合理化评价指数取值	ISR（2008）
产业结构合理化评价指数2012	2012年产业结构合理化评价指数取值	ISR（2012）

(三) 数据来源

本文选取上海、北京、广东、天津、湖北、重庆6个碳排放权交易试点省市作为实验组（试点省市除深圳外均为省级区域，因此不单独研究深圳，将其并入广东），全国除港澳台、西藏、福建以及6个试点省市之外的23个省份数据作为"备选池"，用于拟合合成控制组，各省市选取2005—2020年的面板数据作为样本，样本数据均来源于历年的《中国统计年鉴》、《中国工业经济统计年鉴》、《中国高技术产业统计年鉴》、《中国能源统计年鉴》、《中国环境统计年鉴》、《中国城市建设统计年鉴》、《中国金融年鉴》、中国碳排放数据库（CEADs），以及各省市历年的统计年鉴。此外，为剔除价格水平的影响，对以金额为单位的数据均处以1992年为基期的价格平减处理。各变量的描述性统计结果展示在表3中，该结果与现有相关文献的描述性统计结果基本一致。

表3 结果变量及预测变量描述性统计

变量名称	变量符号	样本数	平均值	标准差	最小值	最大值
产业结构合理化评价指数	ISR	480	4.063	0.825	0.307	5.49
市场化程度	market	480	0.716	0.114	0.419	0.934
外资利用水平	$\ln fdi$	480	4.511	1.703	−2.086	7.128
人力资本存量	$\ln hc$	480	10.350	0.755	8.208	11.780
经济发展水平	$\ln pgdp$	480	9.720	0.606	7.973	11.290
基础设施建设水平	$\ln infra$	480	2.596	0.371	1.396	3.288
城镇化水平	urban	480	5.882	0.140	0.269	0.896
政府支出规模	gcr	480	0.263	0.238	0.017	2.495

五、实证分析

(一) 结果与分析

为了深入评判碳交易机制对不同省份产业结构高度化的影响，本文针对每一个碳交易试点构建了对应的合成控制省份，由此得到了每一个试点省份2005—2020年"反事实"的产业结构合理化指数。其中，合成广东的构成省份为山西（0.513）、江苏（0.371）、浙江（0.116）；合成上海的构成省份为江苏（0.407）、吉林（0.401）、广西（0.168）和贵州（0.024）；合成天津的构成省份为吉林（0.464）、江苏（0.381）、黑龙江（0.155）；合成重庆的构成省份为湖南（0.501）、江西（0.044）、青海（0.100）、辽宁（0.053）、贵州（0.099）、云南（0.203）；合成湖北的构成省份为安徽（0.364）、四川（0.316）、江苏（0.151）、陕西（0.109）、湖南（0.060）；合成北京的构成省份为江苏（0.562）、浙江（0.278）、江西（0.160）。

图 2～图 7 为真实样本以及"反事实"的合成样本的产业结构合理化水平的拟合结果和变化情况。由图可知，广东、上海、天津、湖北、重庆五个试点地区均能够较好拟合，合成地区能够作为试点地区的控制组，这五个地区实行碳排放权交易均能对其产业结构合理化水平产生正向影响。而合成北京与真实北京的拟合效果较差，因此，合成控制结果无效，推测是因为其城市功能定位、经济社会发展水平的特殊性，导致"备选池"中的其他样本难以通过加权合成出能够与之匹配的合成地区。

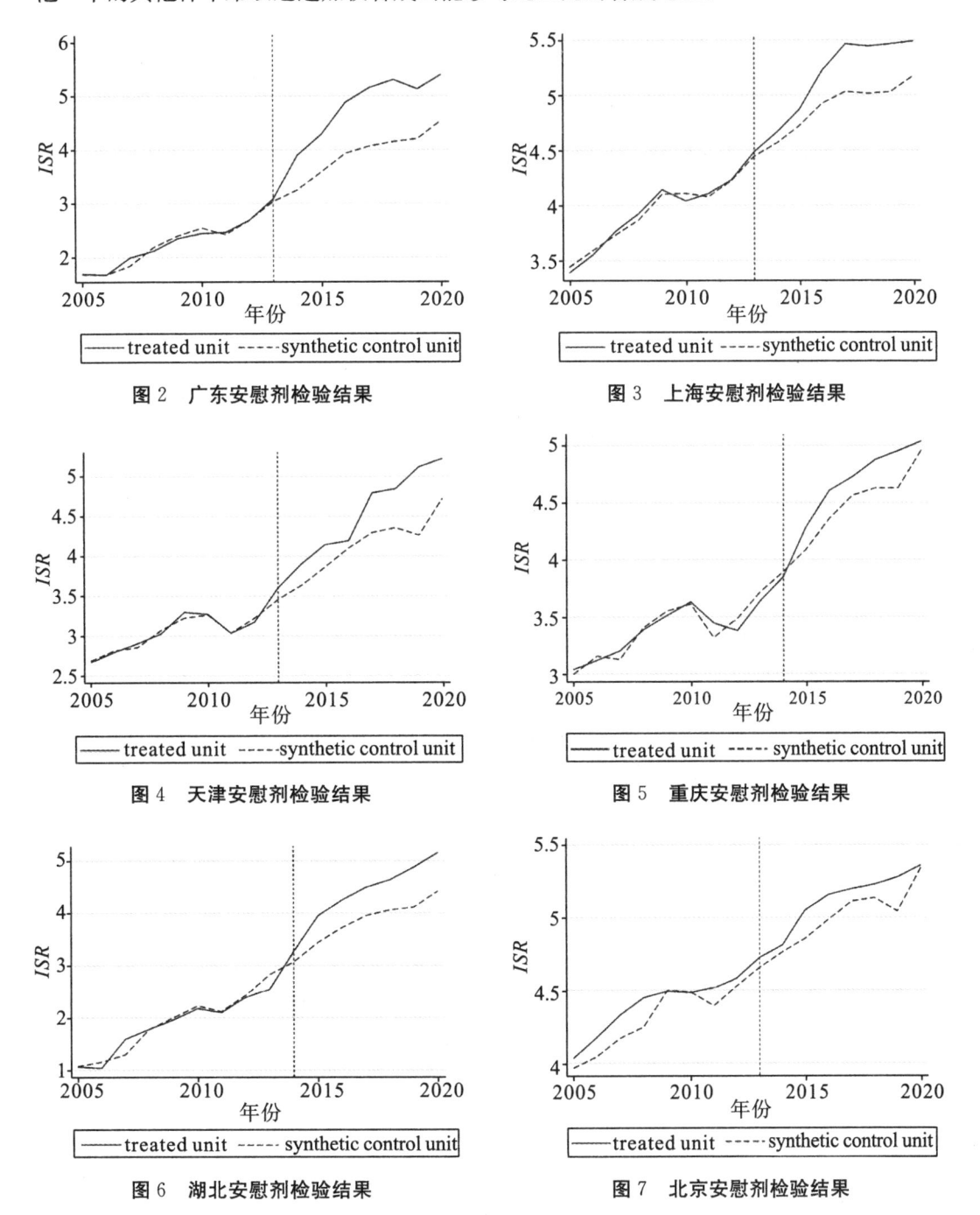

图 2　广东安慰剂检验结果

图 3　上海安慰剂检验结果

图 4　天津安慰剂检验结果

图 5　重庆安慰剂检验结果

图 6　湖北安慰剂检验结果

图 7　北京安慰剂检验结果

图 8 展示了各试点地区碳排放权交易对产业结构合理化的影响效应。由图可知,各地区碳排放权交易试点启动后对产业结构合理化所产生的影响效应大小各有不同。广东的影响效应最大,峰值约 1.1;湖北、天津次之,峰值在 0.7~0.9 之间;上海、重庆最小,峰值均在 0.5 以内。整体来看,碳排放权交易的实施对试点地区的产业结构合理化水平均有正向影响,因此验证了本文的假设 1。本文推测,地区间影响效果的差异可能与其碳排放权交易市场的活跃度有关。

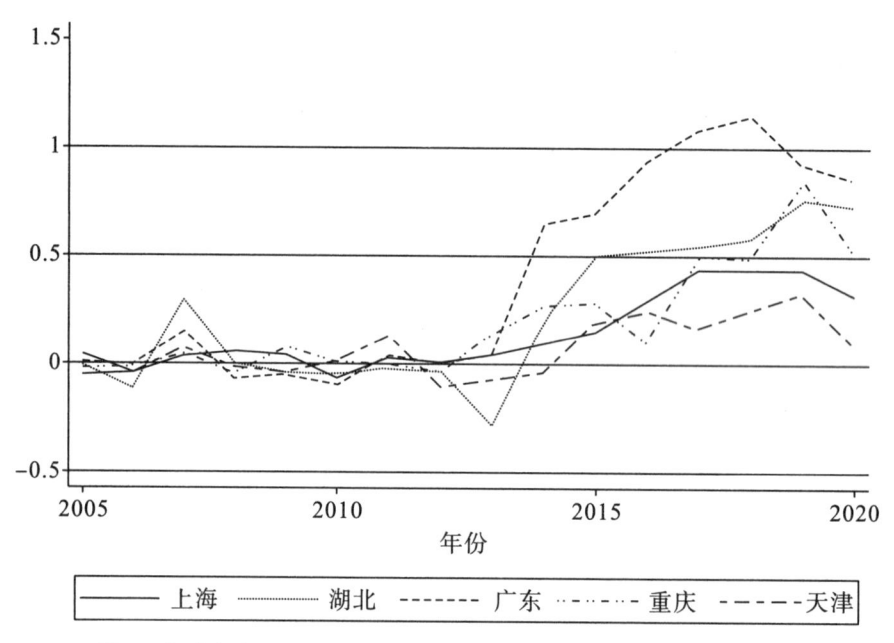

图 8 各试点地区碳排放权交易对产业结构合理化的影响效应变动图

(二)有效性检验

本文参考 Abadie 等(2010)[28]的做法,利用排序检验的方式来从统计意义上检验碳排放交易对试点地区产业结构合理化影响的显著性。假设"备选池"中所有的样本都受到试点政策的影响,将它们都作为试点地区,分别利用合成控制法为其构造"反事实"的合成样本,比较政策冲击年份之后,真实样本和合成样本差异程度。若现实中真正发生政策冲击的地区的影响效果大于其他非真实试点地区的影响效果,则可以认为合成控制法的结果是显著的,因为若该结果仅为偶然是小概率事件。

剔除 RMSPE 值高于真实试点地区 2 倍的样本,具体的排序检验结果如图 9 至图 13 所示,从图中可以看出,剔除掉拟合不佳的地区后,广东、上海、天津、湖北的碳排放权交易的影响效果均明显地超过其他非试点地区,说明其合成控制结果有效;而重庆的影响效应并未显著大于其他样本,说明重庆的合成控制结果不可靠。

图 9　广东排序检验结果

图 10　上海排序检验结果

图 11　天津排序检验结果

图 12　重庆排序检验结果

图 13　湖北排序检验结果

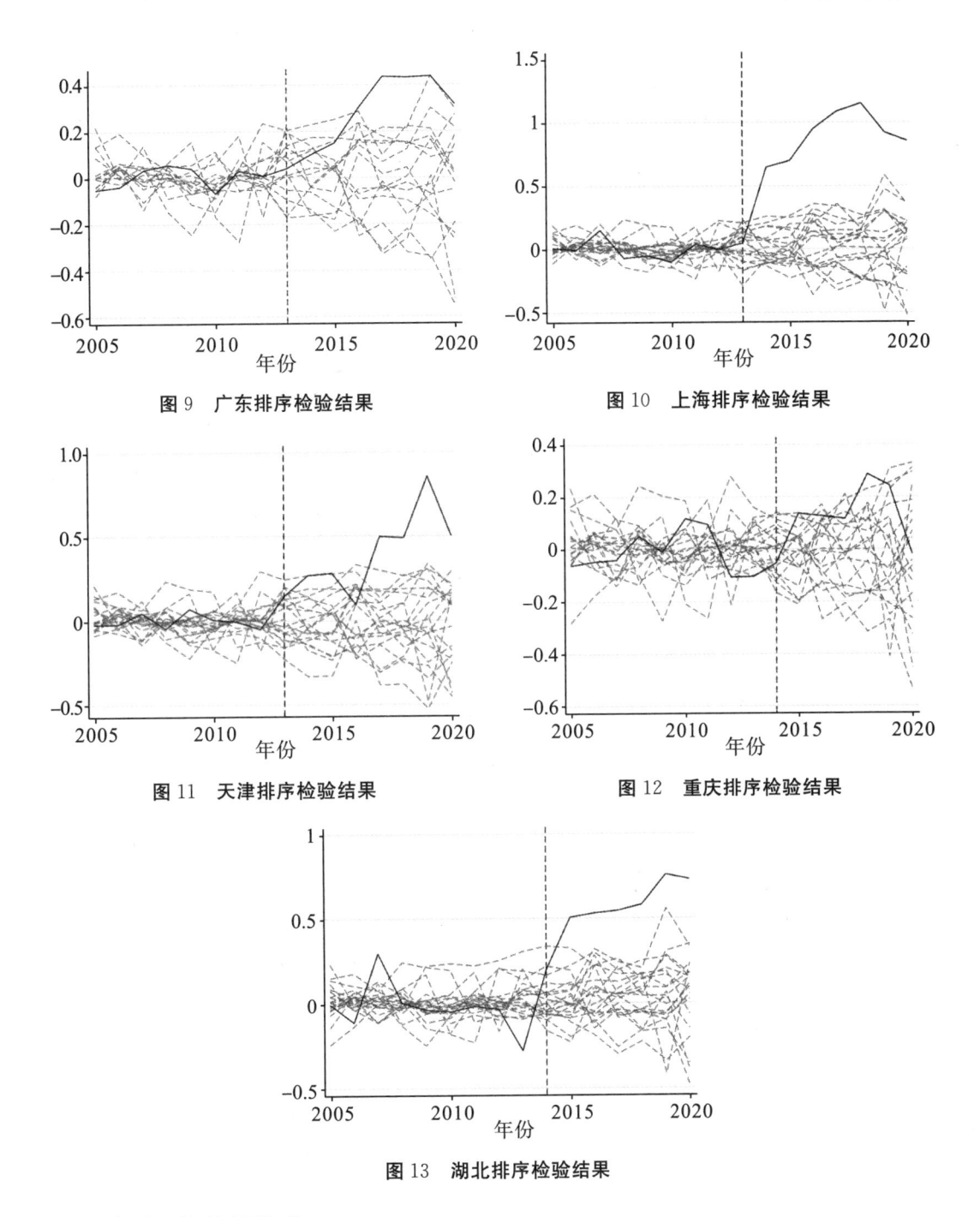

（三）稳健性检验

为了进一步验证合成控制法结果的稳健性，同时对受合成控制模型局限的地区进行补充性验证，本文选择更换实证模型，检验结果是否一致。将模型替换为另一个被广泛应用于政策评估领域的模型，即双重差分模型。仍然以 2005—2020 年全国除港澳台地区、福建省和西藏自治区之外的 29 个省（自治区、直辖市）的面板数据为样本，以北京、上海、天津、重庆、广东和湖北 6 个试点省市为实验组，其他 23 个未试点地区为控制组，统一以2013年为碳排放权交易开始实施的年份。为了保证回归结果的准确性，本文在双重差分基准回归模型（1）的基础上加入控制变量设定为模型（2），并且设定了同时控制时间效应和个体效应的双向固定效应模型（3），模型具体设定如下：

$$ISR_{it} = \alpha_0 + \alpha_1 treat_i + \alpha_2 post_t + \alpha_3(treat_i \times post_t) + \lambda_i + \varepsilon_{it} \quad (1)$$

$$ISR_{it} = \alpha_0 + \alpha_1 treat_i + \alpha_2 post_t + \alpha_3(treat_i \times post_t) + \sum \alpha_j control_{jit} + \lambda_i + \varepsilon_{it} \quad (2)$$

$$ISR_{it} = \alpha_0 + \alpha_1 treat_i + \alpha_2 post_t + \alpha_3(treat_i \times post_t) + \sum \alpha_j control_{jit} + \lambda_i + \gamma_t + \varepsilon_{it} \quad (3)$$

其中，i和t分别代表省市和年份。模型（1）为基准回归模型，ISR为解释变量，代表产业结构合理化评价指数，λ为个体固定效应，ε为随机误差项；$treat$为试点地区分组变量，设定为若该省市实施了碳排放权交易即为1，否则为0；$post$为时间分组变量，设定2005—2012年为0，2013—2020年为1。模型（2）在基准模型的基础上加入控制变量，以避免遗漏变量的可能性，$control_{jit}$即为控制变量，包含经济发展水平、市场化程度、外资利用水平、基础设施建设水平、城镇化水平、政府支出规模。模型（3）在模型（2）的基础上加入时间固定效应，γ为时间固定效应。

表4为采用双重差分模型验证碳排放权交易对产业结构合理化影响的回归结果，可知模型（1）（2）（3）中的核心解释变量即碳交易试点交互项的回归系数都在1%的显著性水平上显著，且系数均为正，说明碳排放权交易显著地促进了其产业结构合理化的提升，该结果与本文采用合成控制法所得到的结果整体上一致，再一次验证了本文的假设1，说明本文核心的合成控制模型结果稳健。

表4 碳排放权交易对产业结构合理化基于双重差分模型的回归结果

变量	ISR	ISR	ISR
	模型（1）	模型（2）	模型（3）
post	0.877***	0.232***	1.290***
	(20.89)	(3.88)	(8.30)
treat×post	0.707***	0.873***	0.785***
	(7.54)	(10.36)	(10.64)
常数项	3.555***	−4.056***	1.129
	(133.93)	(−6.48)	(1.21)
控制变量		控制	控制
时间固定	NO	NO	YES
个体固定	YES	YES	YES
观测值	480	480	480
调整R^2	0.639	0.744	0.814

注：*、**、***分别表示在10%、5%、1%的显著性水平上显著，括号里的数值为t值。

（四）进一步分析：碳排放权交易对产业结构合理化的影响机理检验

根据前文的机理分析可知，碳排放权交易可以通过技术进步和产业转移影响产业结构合理化。为验证以上两条路径，笔者参考江艇（2022）[34]的研究，继续利用双重差分模型验证碳排放权交易是否对技术进步和产业转移有促进作用，从而验证碳排放权交易对产业结构合理化的影响机理。首先，对于产业转移路径，由于当前我国企业区位变动相关的数据缺失，多数学者都选择研究相对产业转移，利用各地产业产值、增加值或就业占全国份额的相对量变化等来衡量区域间的产业转移（靳卫东等，2016[35]；李颖，2015[36]），因此本文采用高耗能产业产值占全国的比例（$heci$）作为代表产业转移的指标，将其作为被解释变量。而对于技术进步路径的检验，参考已有研究（王珍愚等，2021[37]），本文利用绿色专利申请数（$ingrva$）作为技术进步的指标，并将其作为被解释变量。

双重差分回归结果见表5，（1）至（6）列模型的核心解释变量$treat \times post$的系数显著为负，且系数值及符号在回归模型中逐步加入控制变量和时间固定效应后未出现明显变化，但显著性水平提升，说明碳排放权交易显著地促进了区域内的高耗能产业转移和技术进步。而机理分析部分已经论证了技术进步和产业转移均会直接影响区域的产业结构，影响产业间结构效益、产业内结构效益和产业结构的绿色效益，因此，可以分别验证本文的假设2和假设3，即碳排放权交易可以分别通过产业转移和技术进步，促进产业结构合理化。

表5 产业转移路径检验回归结果

变量	$heci$			$ingrva$		
	(1)	(2)	(3)	(4)	(5)	(6)
$post$	0.000978	0.00134	−0.0586***	2814.7***	557.4	17724.6***
	(0.91)	(0.70)	(−4.18)	(9.81)	(1.13)	(5.10)
$treat \times post$	−0.00493**	−0.00550**	−0.00532**	4058.3***	4427.4***	4132.2***
	(−2.05)	(−2.39)	(−2.36)	(6.32)	(7.47)	(7.71)
常数项	0.0333***	−0.115***	−0.795***	789.9***	−4056.9	179504.9***
	(48.98)	(−2.68)	(−5.15)	(4.35)	(−0.32)	(4.90)
控制变量		控制	控制		控制	控制
时间固定	NO	NO	YES	NO	NO	YES
个体固定	YES	YES	YES	YES	YES	YES
观测值	480	480	480	480	480	480
调整R^2	0.00929	0.119	0.187	0.348	0.466	0.582

注：*、**、***分别表示在10%、5%、1%的显著性水平上显著，括号里的数值为t值。

六、研究结论与建议

基于我国六个地区开展的碳排放权交易试点，本文以 2005—2020 年全国 29 个省（自治区、直辖市）为研究样本，运用合成控制法评估了碳排放权交易对产业结构合理化的影响。研究证明，整体上，碳排放权交易能够促进产业结构合理化，但各试点地区的影响效果有所不同，这可能是与各地区交易市场活跃度差异有关。具体而言，广东、上海、天津、湖北四个地区的合成控制结果显著地证明碳排放权交易的实行对其产业结构合理化均有正向影响；重庆的合成控制结果同样证明其碳排放权交易能促进产业结构合理化，但由于影响效应较小而未通过排序性检验；北京的合成样本的拟合效果不佳，因此其合成控制结果无效。继而，本文通过双重差分模型进行了模型替换检验，验证了碳排放权交易能够促进产业结构合理化这一研究结论的稳健性。此外，还通过双重差分模型验证了碳排放权交易通过促进技术进步和产业转移两条路径提升区域产业结构合理化水平的影响机理。

根据上述研究结论，本文提出以下针对性的建议。第一，借鉴碳排放权交易试点地区的成功经验，因地制宜考虑区域异质性，推动和完善全国碳排放权交易市场的建设。本文结论表明，碳排放权交易能够通过促进技术进步和产业转移，有效提升地区产业结构合理化水平。全国碳排放权交易市场开市于 2021 年，开市后仅将发电行业纳入市场交易，先前的碳排放权交易试点地区的交易仍正常进行。因此，应借鉴试点地区的成功经验，以点带面，大力推动和完善全国碳排放权交易市场的建设，完善碳排放权配额分配机制和交易机制，综合全国信息资源，实现信息公开透明，在现有基础上在更多城市设立碳交易所，逐步将更多行业纳入碳交易市场，对行业统一调查管理，实现全国全行业统筹。此外，研究也表明现有的试点地区碳交易市场的活跃程度各有不同，由此也导致碳交易所产生的影响效果各有差异，因此，未来在全国碳交易市场建设完善过程中要因地制宜，碳交易要素设计要充分考虑地区异质性，对于碳减排总量分配和碳配额的初始分配都应充分考虑我国不同地区的排放差异、减排潜力差异、经济发展差异和资源禀赋差异。第二，加大对低碳技术研发和应用的政策扶持力度，更好地发挥碳排放权交易对企业技术进步的激励作用。本文已验证，碳排放权交易能够倒逼技术进步，因此政府应予以政策支持，协同推动传统企业绿色化改造升级。应强化政府资金保障，予以资金补贴和税收优惠；出台相应的人才引进政策聚集高技术人才；引导和激励低碳技术创新，建立低碳技术推广目录，推动新兴低碳产业发展，引导核心低碳技术的突破和大规模的转化应用。第三，加强对产业转移的引导和管理，保障产业转移所释放要素的市场化再配置，同时做好中西部地区产业转移的承接工作。考虑到区域间要素禀赋和发展水平的差异，全国碳排放交易市场的未来设计也要因地施策，因此，本文所证明的碳交易引起的产业转移现象很可能仍在省际持续存在。一方面，碳密集型产业的迁出地会释放出大量的土地、劳动力等生产要素，政府应推动设计和建立公平、自主、有序的要素交易体系，放宽对价格的管制，保护市场公平交易。另一方面，工业化进程相对落后的中西部地区也应积极做好承接产业转移的准备工作，立足于区域比较优势，改善当地的营商环境，规范招商引资行为，实现承接产业转移稳步落地，因地制宜地发展优势特色产业，通过促进产业集约化布局等方式，加强产业园区污染集中处理，以避免高污染、高耗能产业低水平地复制迁移，实现在产业布局调整的过程中协同优化产业结构的绿色效益。

参考文献

[1] KLAASSEN G, NENTJES A, SMITH M. Testing the theory of emissions trading: experimental evidence on alternative mechanisms for global carbon trading [J]. Ecological Economics, 2005, 53 (1): 47-58.

[2] SUBRAMANIAN R, GUPTA S, TALBOT B. Compliance strategies under permits for emissions [J]. Production & Operations Management, 2010, 16 (6): 763-779.

[3] 陈波. 碳交易市场的机制失灵理论与结构性改革研究 [J]. 经济学家, 2014 (1): 32-39.

[4] ZHANG Y J, WEI Y M. An overview of current research on EU ETS: evidence from its operating mechanism and economic effect [J]. Applied Energy, 2010, 87 (6): 1804-1814.

[5] ZHANG C, WANG Q, SHI D, et al. Scenario-based potential effects of carbon trading in China: an integrated approach [J]. Applied Energy, 2016, 182 (15): 177-190.

[6] 任亚运, 傅京燕. 碳交易的减排及绿色发展效应研究 [J]. 中国人口·资源与环境, 2019, 29 (5): 11-20.

[7] ABRELL J, FAYE A N, ZACHMANN G. Assessing the impact of the EU ETS using firm level data [R]. BETA Working Paper, 2011.

[8] BENZ E, TRÜCK S. Modeling the price dynamics of CO_2 emission allowances [J]. Energy Economics, 2009, 31 (1): 4-15.

[9] KARA M, SYRI S, LEHTILÄ A, et al. The impacts of EU CO_2 emissions trading on electricity markets and electricity consumers in Finland [J]. Energy Economics, 2008, 30 (2): 193-211.

[10] 周畅, 蔡海静, 刘梅娟. 碳排放权交易的微观企业财务效果——基于"波特假说"的PSM-DID检验 [J]. 财经论丛, 2020 (3): 68-77.

[11] 沈坤荣, 金刚, 方娴. 环境规制引起了污染就近转移吗？[J]. 经济研究, 2017, 52 (5): 44-59.

[12] 袁丽静, 郑晓凡. 环境规制、政府补贴对企业技术创新的耦合影响 [J]. 资源科学, 2017, 39 (5): 911-923.

[13] 童健, 刘伟, 薛景. 环境规制、要素投入结构与工业行业转型升级 [J]. 经济研究, 2016, 51 (7): 43-57.

[14] 杜莉, 李博. 利用碳金融体系推动产业结构的调整和升级 [J]. 经济学家, 2012 (6): 45-52.

[15] 谭静, 张建华. 碳交易机制倒逼产业结构升级了吗？——基于合成控制法的分析 [J]. 经济与管理研究, 2018, 39 (12): 104-119.

[16] 杨大光, 刘嘉夫. 中国碳金融对产业结构和能源消费结构的影响——基于CDM视角的实证研究 [J]. 吉林大学社会科学学报, 2012, 52 (5): 98-105.

[17] 张幼文. 世界经济学的基础理论与学科体系 [J]. 世界经济研究, 2020 (7): 3-16+135.

[18] 白俊红, 刘宇英. 对外直接投资能否改善中国的资源错配 [J]. 中国工业经济, 2018 (1): 60-78.

[19] AGHION P, CAI J, DEWATRIPONT M, et al. Industrial policy and competition [J].

American Economic Journal: Macroeconomics, 2015, 7 (4): 1-32.

[20] ANTOCI A, BORGHESI S, IANNUCCI G, et al. Should I stay or should I go? Carbon leakage and ETS in an evolutionary model [J]. Energy Economics, 2021, 103 (10): 55-61.

[21] 夏良科. 人力资本与R&D如何影响全要素生产率——基于中国大中型工业企业的经验分析 [J]. 数量经济技术经济研究, 2010, 27 (4): 78-94.

[22] PORTER M E. Location, competition, and economic development: local clusters in a global economy [J]. Economic Development Quarterly, 2000, 14 (1): 15-34.

[23] 朱金鹤, 孙乐. 碳排放权交易政策提高了中国全要素能源利用效率吗 [J]. 现代经济探讨, 2022 (11): 1-13+23.

[24] 刘自敏, 申颢. 有偏技术进步与中国城市碳强度下降 [J]. 科学学研究, 2020, 38 (12): 2150-2160.

[25] 孙振清, 谷文姗, 成晓斐. 碳交易对绿色全要素生产率的影响机制研究 [J]. 华东经济管理, 2022, 36 (4): 89-96.

[26] 黄帝, 陈剑, 周泓. 配额-交易机制下动态批量生产和减排投资策略研究 [J]. 中国管理科学, 2016, 24 (4): 129-137.

[27] ABADIE A, GARDEAZABAL J. The economic costs of conflict: a case study of the Basque Country [J]. American Economic Review, 2003, 93 (1): 113-132.

[28] ABADIE A, DIAMOND A, HAINMUELLER J. Synthetic control methods for comparative case studies: estimating the effect of California's tobacco control program [J]. Journal of the American Statistical Association, 2010, 105 (490): 493-505.

[29] 刘艳. 中国现代制造业全要素生产率研究 [J]. 当代经济研究, 2014 (2): 75-82.

[30] 匡远凤. 现代服务业、产业结构与经济增长关系实证研究——以武汉市为例 [J]. 城市问题, 2015 (1): 54-59.

[31] 张国强, 温军, 汤向俊. 中国人力资本、人力资本结构与产业结构升级 [J]. 中国人口·资源与环境, 2011, 21 (10): 138-146.

[32] 雷国胜, 蔡芳. 土地财政对产业结构合理化、高度化影响的实证研究 [J]. 工业技术经济, 2019, 38 (2): 153-160.

[33] 韩永辉, 黄亮雄, 王贤彬. 产业政策推动地方产业结构升级了吗?——基于发展型地方政府的理论解释与实证检验 [J]. 经济研究, 2017, 52 (8): 33-48.

[34] 江艇. 因果推断经验研究中的中介效应与调节效应 [J]. 中国工业经济, 2022 (5): 100-120.

[35] 靳卫东, 王林杉, 徐银良. 区域产业转移的定量测度与政策适用性研究 [J]. 中国软科学, 2016 (10): 71-89.

[36] 李颖. 跨区域产业转移的路径和影响因素: 基于中部地区的分类实证研究 [J]. 产经评论, 2015, 6 (6): 24-34.

[37] 王珍愚, 曹瑜, 林善浪. 环境规制对企业绿色技术创新的影响特征与异质性——基于中国上市公司绿色专利数据 [J]. 科学学研究, 2021, 39 (5): 909-919+929.

环境约束性指标对地方政府节能减排绩效的影响效果研究[①]

唐宇琪　赵　放

促进绿色发展与高质量发展是关系人民福祉、关乎中华民族永续发展的长远大计。改革开放以来，我国的经济总量增长举世瞩目，但粗放型发展也对环境造成了严重污染。2020年9月，我国提出"3060"双碳目标，体现了大国担当，也反映出环境治理任务的急迫与繁重。中国式现代化进程具有"并联式"发展的特征。在继续保持经济稳定增长的同时，如何实现环境治理目标，是一个非常值得研究的议题。

有关研究表明，我国经济长期维持中高速增长的一个重要动力即以GDP增长为主要考核指标的官员晋升体制，在这一体制下，地方政府会不遗余力地推动GDP增长。那么，环境治理是否能够借鉴经济发展的激励模式？将环境指标，尤其是环境约束性指标纳入地方政府绩效考核，是否也能够促进地方政府环境绩效的提升？此外，在落实中央政策时，地方政府也会根据自身资源禀赋、经济发展等实际情况设立不同的目标，完成情况也存在显著差异，那么这些差异是否会给地方带来不同的节能减排效果？目前，学界对相关问题的研究仍不够深入。

自"十一五"规划提出环境约束性指标以来，我国加大了对地方政府节能减排绩效的考核。节能减排绩效在地方绩效考核中的权重逐渐加大，加快了我国环境治理进程，环境治理取得显著成效。正基于此，本文收集整理了我国31个省（自治区、直辖市）"十五"到"十四五"规划纲要中的环境约束性指标内容、2004—2020年的节能减排数据，利用双重差分模型、广义双重差分模型对环境约束性指标的作用效果进行评估，希望能够丰富我国的环境政策执行理论以及指标驱动的环境治理理论，同时为地方政府的环境治理、节能减排等工作提供有效工具和决策依据。

[①] 作者简介：唐宇琪，西南交通大学公共管理学院；赵放，西南交通大学公共管理学院讲师。此报告为四川省科技计划项目（软科学项目2022JDR0251）的阶段性成果。

一、地方政府环境政策执行的理论基础与实践

（一）地方政府环境政策执行的理论基础

环境政策是公共政策的重要内容之一。环境政策执行理论以公共政策执行理论为基础，同时在执行过程中又与地方政府晋升锦标赛理论、目标-绩效管理理论相结合。地方政府主要官员因晋升的需要和压力，会格外关注政策执行效果在区域间的排名；为了提高排名，大多地方政府会为自己设立较高的目标，从而加大推动地方政府环境政策执行力度，激励自己达到更好的节能减排绩效。

1. 政策执行理论。

通常来说，政策执行是指执行主体按照一定的制度安排，以达到既定的政策目的。根据史密斯的政策政执行过程模型可知，政策执行过程中涉及的重要因素包括：理想化的政策、执行机构、目标群体、环境因素（图1）。其中，理想化的政策是决策者努力寻求互动方式的结果；执行机构是指在一个国家的行政机关内对政策的实施负有责任的机构；目标群体是指那些最直接受到该政策的影响，并且应当对政策做出回应的组织或个人；环境因素是指对政策实施产生作用并受到其影响的因素。

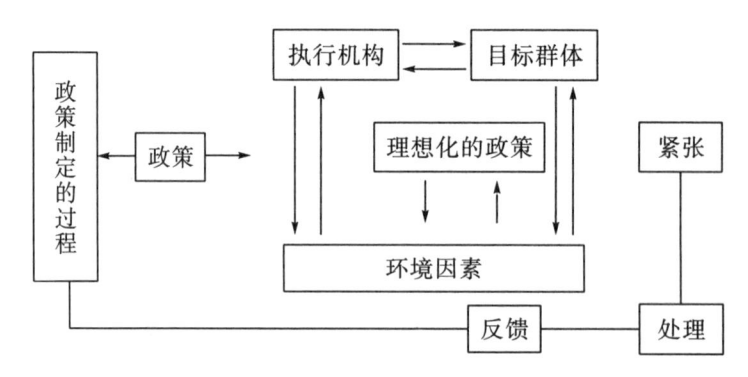

图1 史密斯政策执行过程模型

理想化的政策、目标群体、执行机构不同和政策执行环境的不同，使得我国地方政府在落实中央环境政策时呈现出不同于其他政策的状态。

从理想化的政策而言，中国的生态环境管理体制与管理能力已经有了很大的进步，但仍然存在很多的不足和短板，比如，在体制上仍然存在着碎片化、分散化、部门化的现象，生态环境法制的缺失，以及尚未完全实现的多元管理模式（孔凡斌等，2022）。

从执行机构来看，我国的经济、政治、社会的发展的动力主要来源于各省，地方政府成了中央政策最主要的执行者。基于政绩考核的政策偏好、对政策的解码差异等因素都会导致地方政府环境政策执行差异。环境政策执行也不例外。干部考核指标体系会促使地方政府及其官员去执行那些明确的、可量化的、带有"一票否决"性质的"硬指标"，而忽视那些模糊的、无法量化的、约束力不强的"软指标"。

从目标群体来看，地方政府分配给环保部门资源的差别会导致地方政府环境政策执

行差异。长期以来的政策主流都是以发展主义为导向。随着 20 世纪 80 年代地方分权制度的启动，地方政府自主决策能力不断增强。在以经济增长作为绩效考核衡量标准的情况下，地方资源向地方环保部门倾斜不足，环保部门不受重视，难以正常履行职责。

从政策执行环境来看，我国生态治理涉及的众多利益主体中，中央政府和地方政府是最重要、最核心的利益主体，二者基于各自的利益会有不同的行为选择。中央政府主要是基于社会公共利益，希望保障全局利益，改善全国生态环境，实现经济的可持续发展。但环境治理投入的回报难以在短期内显现，地方政府很可能会基于短期利益，不会主动选择对生态治理过多投入，而只会在不得不进行生态治理（比如中央检查、环境恶化显著）的时候，才会迫于压力，进行环境整治。尤其是在"十一五"之前，笔者在相关规划文件中看到了与环保有关的目标，但这一时期的 GDP 的能源消耗增加了 7%、二氧化硫的总排放量增加了 27.8%。

2. 晋升锦标赛理论。

晋升锦标赛理论最初由我国著名学者周黎安提出，用于探讨中国特色的国家体制如何促进经济发展。它将机制分析集中在干部考核和任免制度上，认为地方干部的晋升很大程度上取决于所在地方的绩效考核是否能够在各省（自治区、直辖市）的排名中名列前茅，因此，地方干部会不遗余力地提高在地方主政时期的政绩。锦标赛理论较好地解释了地方主要官员晋升与地方经济社会绩效之间存在正向关系，尤其是 GDP 增长指标的考核。

2006 年开始，中央政府在五年规划中推行的环境约束性指标使得我国在环境治理领域也形成了典型的晋升锦标赛。环境约束性指标是地方政府必须要完成的、具有强约束力的考核指标，与地方官员能否晋升息息相关。环境约束性指标制度的建立为地方政府提供了环境绩效排名的平台，由此推动了地方政府环境政策执行力度。晋升锦标赛理论同样适用于环境治理领域。中央设置环境约束性指标任务，并将任务分配到各省（自治区、直辖市），作为其五年里的奋斗目标，在五年规划期结束时对地方政府进行目标考核。目标考核的内容，是使用国民经济和社会发展规划纲要中所制定的一些环境约束性的指标，综合运用百分制评分，将评价结果分为优秀、良好、合格、不及格四个等级，是一种具有代表性的相对绩效考核方式，在经过党中央、国务院审定之后，考核报告将其向社会公开，考核结果被用来作为各省（自治区、直辖市）党政领导班子和领导干部的综合考核评价，是对领导干部进行奖励、惩罚、任免的主要根据。因此，地方政府为了在考核排名中取得靠前名次或者突出成绩，会积极主动地提升政绩，这样一来，其获得职位晋升的可能性也就更大。在推动高质量发展的时代背景下，环境绩效的地位日趋重要，环境约束性指标制度的设立将会激励地方政府更加注重环境问题，加大环境治理力度，提升节能减排绩效，如图 2 所示。

约束性指标 —中央考核→ 职位晋升 → 加大实施节能减排政策力度

图2　晋升锦标赛理论下地方政府如何加大节能减排力度

资料来源：作者整理。

3. 目标—绩效管理理论。

在我国政府治理过程中，围绕重要治理任务生成若干指标，通过指标的分解、下放、运行、反馈、再调整等一系列过程使治理任务得以完成，同时对指标的实施状况进行监督考核，将考核结果与党政干部的任免升迁相挂钩，形成了政治运转的驱动力和政策执行的保障。

各类指标是我国政府绩效考核的重要依据，在我国经历了一个较长时段的发展和演变。黄晗和燕继荣（2018）认为中国政府治理过程的指标演变可以分为三个阶段：政治指标、经济指标、预期性指标和约束性指标。

第一阶段是政治指标，可以追溯到新中国成立以前的土地改革时期，比如土地改革的总路线规定将农村社会阶级总体上划分为地主、富农、中农和贫雇农四类。第二阶段是经济指标，产生于计划经济时代，这一时期国家的整体经济计划均由指标来控制。改革开放以后，GDP增长便成为衡量地方政府绩效的重要指标，但在指标考核和征集竞赛的驱动下，以GDP为核心的经济指标体系导致了经济结构失衡、金融风险扩大、生态环境恶化等重大问题。第三阶段是预期性指标和约束性指标。"十一五"规划首次提出了约束性指标，并将其完成情况与地方政府官员的政绩挂钩，蕴含了中国特色环境规制方式的独特探索（李新廷，2016）。预期性指标是指国家期望的发展目标，主要依靠市场主体的自主行为实现。约束性指标是在预期性指标的基础上进一步明确强化了政府责任的指标，是中央政府在公共服务和涉及公共利益领域对地方政府和中央政府有关部门提出的工作要求，政府要通过合理配置公共资源和有效运用行政力量，确保必须实现的目标。

绩效考核可以有效促进地方政府环境保护方面的绩效提升。在推进生态文明建设、推动高质量发展的过程中，一方面中央加强对地方以问责为导向、以绩效"达标"为免责标准的环境保护工作考核，推动地方政府对环境绩效的逐底竞争，逐步转变为在经济发展水平相似条件下的府际逐顶竞争和趋优模仿，部分地区甚至超额执行环境政策（袁方成和姜煜威，2023）；另一方面，中央通过设置奖励和激励向地方政府释放中央的政策倾向信号，有效地提升了各级官员的行政绩效，推进了中央政策的落实（Harrison and Kostka，2012）。

从管理学的角度来看，目标管理是管理过程的基础，对未来的管理工作具有一定的导向作用。目标管理理论认为组织设置目标的难度会影响达成目标的投入，进而影响组织绩效。当组织设置明确且具有挑战性的目标时，才有利于组织绩效的提高（魏四新和郭立宏，2012）。先将地方政府代入目标管理理论的主体，再结合晋升锦标赛理论，可以认为，地方政府为了提升环境绩效，在环境绩效排名中获得靠前位次，会设置较高的节能减排目标，从而驱动自己完成更高的节能减排任务。

（二）地方政府环境政策执行的相关实践

1. 政策执行方式。

生态环境是公共物品，政府是公共物品最主要的供给者。在环境政策的执行方面，西方国家主要鼓吹以"环境民主"和"环境威权主义"为导向的两种形式；但这都是西方学者基于西方社会契约论等唯心主义理论所得出的结论。我国长期以来存在着人多地少的矛盾，作为发展中国家，我们必须结合经济发展、社会治理、环境治理等实际情况，走出一条具有中国特色的环境治理道路。因此，与国外不同，我国的环境政策执行是在中央的集中统一领导之下，协调各方利益开展的。

在我国，环境政策的执行主要采用的是目标责任制。这是目标—绩效管理理论的一种具体实践。我国的环境保护目标责任制，根据环境行政合同主体的不同，可作如下分类：一是行政机关的上下级之间或者行政机关与其内部工作人员以及受到委托使行政职权的组织或者个人之间签订的环境行政合同；二是行政机关之间签订的环境行政合同；三是环境行政主体与非行政机关之间签订的环境行政合同。因此，我国的环境保护目标责任制其实也是一种环境行政合同，不过是政府内部环境行政合同（刘然和褚章正，2013）。

环境约束性指标便是一种目标责任制的环境治理措施。环境约束性指标可以被视作改革开放以来我国在环境治理领域提出的一项重大政策措施，是中央政府在公共服务和涉及公共利益的领域对地方政府和中央政府有关部门提出的工作要求，政府要通过合理配置公共资源和有效运用行政力量确保实现，具有强制性。"十一五"时期提出环境约束性指标以后，我国环境治理取得了极不平凡的成果。胡鞍钢等（2010）的研究发现，环境约束性指标促进地方政府提升了环境政策执行力度，从而促进地方政府环境绩效的提升；而各地方政府在设定指标目标时会显著受到中央政府目标的影响和可比同行目标水平的影响（Ma，2016）。

2. 环境绩效考核。

我国环境政策执行与环境指标主要应用于地方政府的环境绩效考核，从而推动地方开展环境治理。长期以来，各级政府、各级部门、各单位以及受委托对公共事务进行管理，利用公共资金的社会组织是我国环境绩效评估和责任追究的主体，这些政府部门和社会组织几乎承担了环境政策制定、环境质量监控、环境产品提供等环境治理全部环节，企业和社会公众对治理决策影响较弱。

环境绩效考核成为我国推进环境治理的主要手段。但直到"十一五"时期，环境绩效才开始逐渐被纳入政府绩效考核，其考核的主要方式便是指标考核。在我国政府治理过程中，围绕重要治理任务生成若干指标，通过指标的分解、下放、运行、反馈、调整等一系列过程保障治理任务得以完成，同时对指标的贯彻落实情况进行实时考核监督，将考核结果与党政干部的任免升迁相挂钩，形成了政治运转的驱动力和政策执行的保障。

但也有研究者指出在对环境绩效考核上，我国地方政府的评价过于集中、单一，社会评价有所缺失，可以借鉴国外先进国家的经验，使评价主体民主化、多元化，并不断提高社会评价的比例（黄爱宝，2010）。丁煌和李新阁（2019）通过对某市政府环境政策执行具体案例分析发现，部分城市的干部考核体系不完善会造成基层政府政策执行力提升梗阻。不过，也有不少研究从正面评价我国的环境指标考核制度。比如，梅赐琪和刘志林（2012）认为在行政问责压力下，环境约束性指标促进了地区实现节能目标预绩效；Liang 和 Langbein（2015）则认为环境政策执行力度的提高是因为约束性指标制度的建立和实施提高了指标绩效考核的力度。

3. 环境治理效果。

在中国特色社会主义制度下，我国环境治理是在党的统一领导下，由地方政府充分发挥主观能动性进行的。中国特色社会主义进入新时代以来，我国生态环境建设实际上取得了巨大的成效。例如，2022 年 12 月 27 日，中国科学院发表的一组生态环境报告表明，全国的生态环境状况有了明显的好转。《中国东部超大城市群生态环境研究报告》的研究结果显示，京津冀地区、长三角地区以及粤港澳地区的空气和水体的质量得到了显著的提高。

其中，约束性指标是我国推进环境治理的重要举措。不少研究表明，环境约束性指标的设立确实推动了我国环境治理进程。例如，胡鞍钢、鄢一龙和刘生龙（2010）表示量化指标可定量、可评估、可核查，有效地促进了能源强度的下降。Harrison 和 Kostka（2012）通过实证研究证明约束性指标制度显著提高了地方政府的环境政策执行力度。刘政文和唐啸（2017）认为环境约束性指标为官员提供了一个新的绩效排名平台，非正式制度关系中的省份排名压力促使地方政府更好地去执行中央政府的环境政策，尤其是当期环境绩效排名落后的省份会在未来大幅度提升环境政策执行力度。党的十八大以后，我国的生态环境保护工作发生了历史性、转折性、全局性的变化，同时，我国的环境治理工作取得了空前的成绩。当然，也有一部分学者认为这与约束性指标的行政考核并不存在直接的关系。例如，Ran（2013）认为约束性指标的奖惩性措施对地方政府的激励效果并不显著。在落实中央政策时，地方政府会根据地区之间的资源禀赋、人口规模、经济发展等方面的实际情况，设立不同的目标，完成情况也有所差异。因此，学界对环境约束性指标制度能否有效促进政府环境绩效提升仍存在着一定争议。

二、我国环境指标的发展和执行情况

本文收集和整理了全国 31 个省（自治区、直辖市）"十五"至"十四五"的规划纲要，共计 155 份，从各个时期的"发展目标"和"发展成就"中提取了与生态环境相关的指标内容，并对此进行了政策文本分析，将各省指标内容、数量与国家、其他省份的情况进行了对比，分析其环境指标在设定、类型和执行方面的共性与差异。

（一）我国环境指标的类型与发展

1. 环境指标的类型设置。

我国规划政策中的经济社会发展指标被正式划分为预期性指标和约束性指标两大类，始于《中华人民共和国国民经济和社会发展第十一个五年规划纲要》，这也是我国首次提出"约束性指标"的概念，并将其完成情况与政府官员的政绩挂钩，蕴含了中国对环境治理方式的独特探索。一般而言，预期性指标是指一个国家所希望达到的发展目标，这一点在很大程度上取决于市场主体的自主行动；而约束性指标是上级政府对下级政府提出的工作要求，政府必须通过有效运用公共资源和行政力量，确保任务实现，具有一定的法律效力和强制约束力。

我国的环境指标的属性经历了从预期性向约束性转变的过程。"十五"之前，环境指标几乎都是预期性指标。从"十一五"开始，根据中央指示，大部分省（自治区、直辖市）开始赋予此类指标以约束性效力，环境预期性指标开始转化为约束性指标。到"十二五"时期，环境约束性指标已经扩展到全国所有的31个省（自治区、直辖市）。之后，每个五年规划初期，中央政府都会统揽全局，在五年规划纲要中提出当期全国环境治理的目标，即全国层面的环境约束性指标目标。地方政府会在中央的环境约束性指标范围内，结合当地环境状况、经济实力、政绩提升等诸多因素，能动地设置地方当期的环境约束性指标目标，从而推动当地的环境治理。

2. 环境指标的发展阶段。

根据"十五"至"十四五"国家五年规划的指标内容整理（表1），本文将我国环境指标发展划分为三个阶段：①预期性指标阶段："十五"计划期间及以前为预期性指标阶段。"十五"计划中将可持续发展目标规定为预期目标，只包括森林覆盖率提高到18.2%，城市建成区绿化覆盖率提高到35%、主要污染物排放总量比2000年减少10%三个预期目标。②预期性指标和约束性指标共存阶段："十一五"和"十二五"规划为预期性指标和约束性指标共存阶段。"十一五"首次将约束性指标纳入"经济和社会发展主要目标"规划表，还明确指出"约束性指标具有法律效力"。这是"法律效力"一词首次出现在国民经济和社会发展规划纲要的文字表述中，约束性指标中半数以上为环境约束性指标。③约束性指标阶段："十三五"及以后为约束性指标阶段。此阶段只有极少数省份保留了环境预期性指标，且预期性指标个数一般仅有1个，绝大多数省（自治区、直辖市）与环境相关的指标均为约束性指标。绿色发展被提高到了空前重要的位置，体现了国家对资源环境问题的高度重视。

表1 国家五年规划纲要中的环境约束性指标

"十五"规划	"十一五"规划	"十二五"规划	"十三五"规划	"十四五"规划
预期性指标：①主要污染物排放总量2000年减少10%②森林覆盖率提高到18.2%③城市建成区绿化率提高到35%	约束性指标：①单位GDP能源消耗降低20%②单位工业增加值用水量降低30%③耕地保有量保持在1.2亿公顷④主要污染物排放总量减少10%⑤森林覆盖率达20%预期性指标：①农业灌溉用水有效利用系数提高至0.5（2005年为0.45）②工业固体废物综合利用率提升至60%（2005年为55.8%）	约束性指标：①单位国内生产总值能源消耗降低16%②单位工业增加值用水量降低30%③耕地保有量保持在18.18亿亩④主要污染物排放总量：化学需氧量、二氧化硫排放分别减少8%，氨氮、氮氧化物排放分别减少10%⑤森林覆盖率提高至21.66%，森林蓄积量增加6亿立方米⑥单位GDP二氧化碳排放降低17%⑦非化石能源占一次能源消费比重增加至11.4%（2010年占比为8.3%）预期性指标：①农业灌溉用水有效利用系数增至0.53	约束性指标：①单位国内生产总值能源消耗降低15%②耕地保有量保持在18.65亿亩③主要污染物排放总量：化学需氧量、二氧化硫排放分别减少10%，氨氮、氮氧化物排放分别减少15%④新增建设用地规模＜3256万亩⑤森林覆盖率提高至23.04%，森林蓄积量增加至165亿立方米（2015年为151亿立方米）⑥单位GDP二氧化碳排放降低18%⑦非化石能源占一次能源消费比重增加至15%（2015年占比为12%）⑧万元GDP用水量下降23%⑨空气质量：地级及以上城市空气质量优良天数比率＞80%；细颗粒物（$PM_{2.5}$）未达标地级及以上城市浓度下降18%⑩地表水质量：达到或好于Ⅲ类水比例＞70%（2015年为66%）；劣Ⅴ类水比例＜5%（2015年为9.7%）	约束性指标：①单位国内生产总值能源消耗降低13.5%②单位GDP二氧化碳排放降低18%③地级及以上城市空气质量优良天数比率达到87.5%④地表水达到或好于Ⅲ类水体比例达85%⑤森林覆盖率达24.1%⑥地级及以上城市$PM_{2.5}$浓度下降10%⑦氮氧化物和挥发性有机物排放总量分别下降10%以上；化学需氧量和氨氮排放总量分别下降8%⑧城市污泥无害化处置率达到90%，地级及以上缺水城市污水资源化利用率超过25%⑨单位GDP用水量下降16%左右

资料来源：课题组根据全国31个省（自治区、直辖市）五年规划纲要整理。

从数量上看，"十一五"到"十四五"环境约束性指标的个数基本呈现出不断增长的趋势，如图3所示。从"十一五"规划的5个环境约束性指标，增加到"十三五"规划中的10个环境约束性指标，意味着我国对环境保护重视程度的不断上升。但是在"十四五"规划中，环境约束性指标个数骤减。这并不是意味着我国对环境保护重视程度的降低，因为分析这一时间全国31个省（自治区、直辖市）的"十四五"规划的环境约束性指标的文本内容可以发现，其环境约束性指标与全国"十四五"规划中的环境约束性指标的设立趋于一致；而在此之前，地方环境指标与中央环境指标还存在着较大差异，指标内容和指标预期五花八门。"十四五"规划中环境约束性指标个数的收敛，

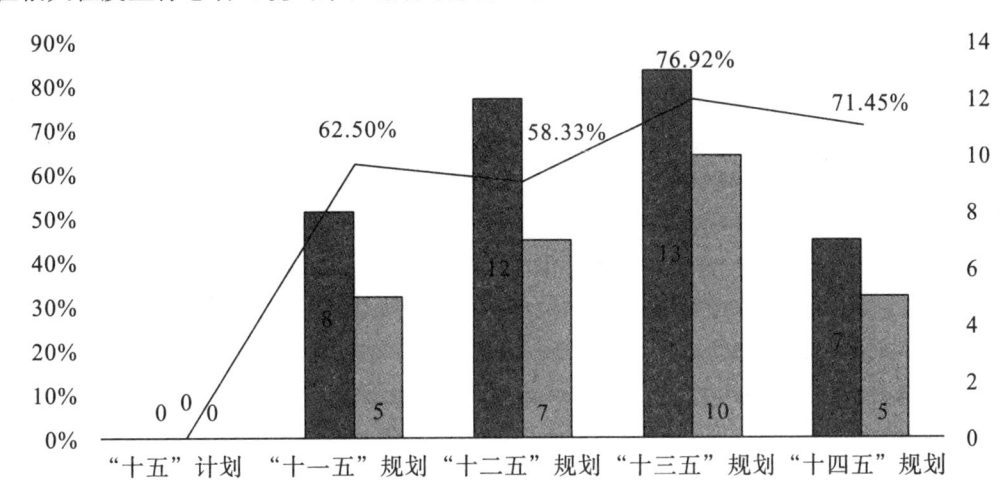

在很大程度上标志着环境约束性指标制度在我国已经进入了一个更加规范化的阶段。

图3　全国31个省（自治区、直辖市）五年规划纲中环境约束性指标发展的变化趋势汇总

资料来源：根据各个省（市、自治州）政府网站整理。

（二）我国环境约束性指标执行情况

地方贯彻落实环境约束性指标的过程可以分为环境约束性指标的设立和完成，具体情况如下。

1. 环境约束性指标目标设立情况。

如图4所示，地方政府设定的环境约束性指标数目、预期目标值与国家的均存在着差异。

从数量上看，各省（自治区、直辖市）环境约束性指标个数普遍高于国家的有辽宁、河北等六个省。这些地区具有以下特征：大多数为老工业区，重工业发达、能源消耗高、有较多工业污染、大气灰尘含量一直处于较高水平。因此，这些地方的环境污染问题在全国范围内比较严重，需要更多的约束性指标来指引当地的环境治理。

从目标值看，各省（自治区、直辖市）环境约束性指标的预期目标值普遍高于国家的有北京、上海、广东等八个省（自治区、直辖市），大多数为我国沿海经济发达地区。经初步分析，有以下三点原因：①根据国家、各省（自治区、直辖市）年鉴上的数据，沿海经济发达地区的第二产业比重普遍低于其他地区，拥有先进的产业结构水平和现代产业体系，污染排放会低于其他地区，更易达到高水平环境约束性指标目标值。②沿海经济发达地区的经济体量高于其他地区，因此能够有足够的财政支撑更高水平的环境治理。③沿海经济发达地区创新能力更强，其创新能力足以赋能高水平环境治理。

总的来看，地方环境约束性指标个数多于国家的省份数量分别为："十五"期间3个，"十一五"期间5个，"十二五"期间8个，"十三五"期间5个，"十四五"期间0个。环境约束性指标目标值高于国家的省份数目分别为："十五"期间7个，"十一五"

期间8个,"十三五"期间5个,"十四五"期间2个。从"十五"到"十四五"期间,高约束性指标目标省份个数整体呈现出先增加后减少的趋势,表明在环境约束性指标在推行初期,得到了地方的积极响应。但"十二五"以后,我国整体环境治理取得了一定成效,要在环境治理上取得更大突破的难度上升,地方政府的环境治理信心也遇到瓶颈。

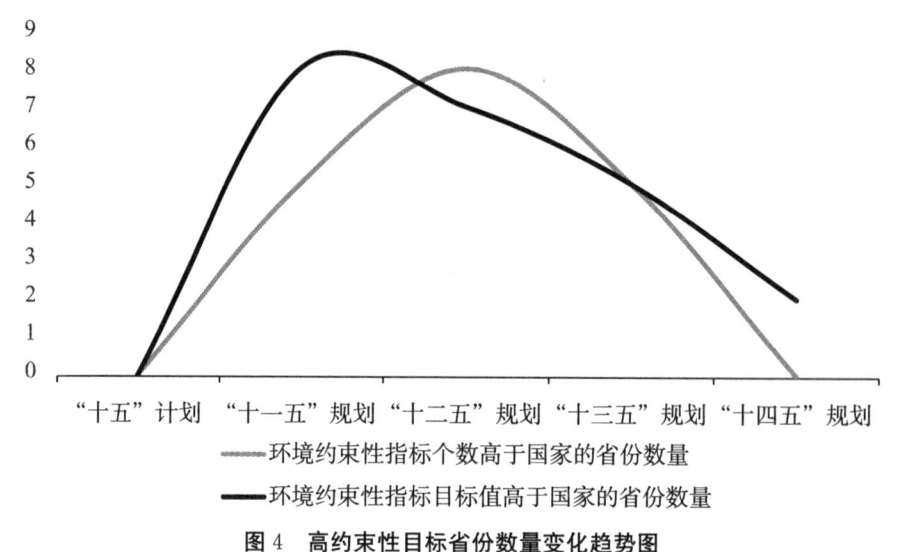

图4 高约束性目标省份数量变化趋势图

资料来源:根据全国31个省(自治区、直辖市)五年规划纲要整理。

2. 环境约束性指标完成情况。

根据各省(自治区、直辖市)"十五"至"十三五"的环境约束性指标内容与目标值设置,对比"十一五"至"十四五"规划中对过去五年成绩的回顾,笔者发现并非所有省(自治区、直辖市)都完成了五年规划初期设立的目标。

如图5所示,具体表现在:"十五"期末有黑龙江、吉林等六个省未完成,"十一五"期末有黑龙江、吉林、湖北等七个省未完成,"十二五"期末有青海等三个省未完成,"十三五"期末有黑龙江、辽宁等三个省未完成。经分析,这些地区未能完成五年规划初期设立的环境约束性指标目标的原因主要有以下两点:①先进的工业和长期以来工业促进经济增长的现实给其带来更大的环境治理压力,这些地区主要是我国工业制造先进区域,其工业结构主要以重工业为主,特别是钢铁、煤炭、机械等重工业占据了重要地位,凭借丰富的自然资源和较好的基础设施,工业较发达,由此带来的污染也就更严重。②这些地方的经济相对落后,可能不足以支撑其在环境治理领域进行高水平投入。

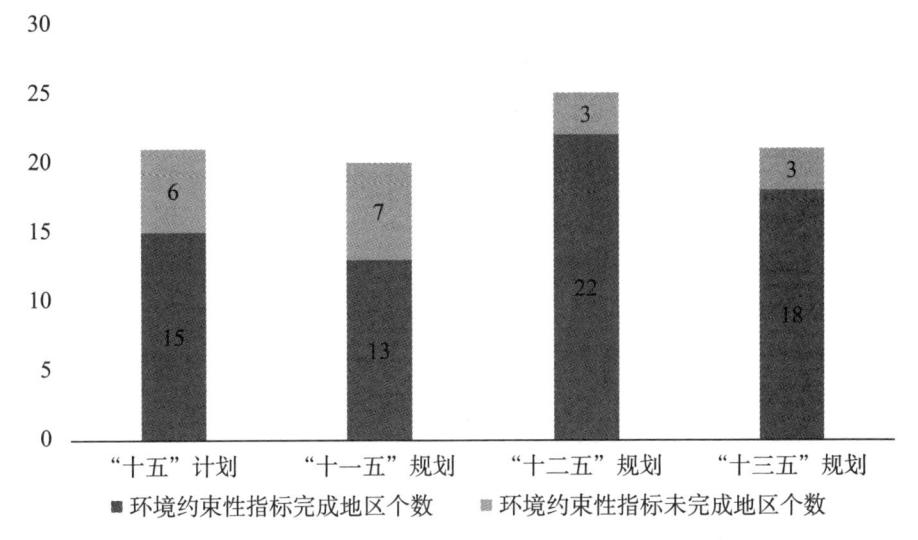

图 5　部分省（自治区、直辖市）五年规划目标完成情况

资料来源：根据全国 31 个省（自治区、直辖市）五年规划纲要整理。

三、环境约束性指标对地方政府节能减排绩效的影响效应

（一）研究假设与模型设定

1. 研究假设。

基于政策执行的基础理论以及我国各省（自治区、直辖市）环境约束性指标的执行情况，本文有以下两点推论：①环境约束性指标作为地方政府政绩考核的重要内容，使地方政府加大了节能减排力度。②各地方政府作为政策执行的主体，执行同样的中央政策，执行效果存在显著差异，地方政府设立环境指标目标的高低会影响其最后的环境治理效果。基于此，本文提出以下假设：

根据环境政策执行理论，环境约束性指标作为一种政策工具，在环境治理领域所具备的前所未有的约束力能够促使地方政府提升环境政策执行力度，从而提升环境绩效。此外，随着环境约束性指标在政府政绩考核中比重的增大，为了完成中央的环境绩效考核以及在环境绩效中获得较好的排名，地方政府会加大节能减排力度。因此提出假设1。

假设1：环境约束性指标对地方政府节能减排绩效提升有显著作用。

根据环境政策执行理论，地方政府在落实中央政策时存在着执行差异，会根据地方的经济实力、环境治理现状、地方产业结构、职位晋升等实际因素制定不同的环境约束性指标目标。根据晋升锦标赛理论、目标管理理论，地方政府为了在节能减排绩效考核中获得较好的排名，也会设置具有挑战性的环境治理目标，从而激励自己达到更高的节能减排绩效。因此，本文提出假设2。

假设2：地方政府制定更高的环境约束性指标目标，其节能减排绩效更好。

本文将从两个维度定义"更高的环境约束性指标"：①地方政府环境约束性指标目

标值高于中央。②地方政府环境约束性指标数量高于中央。据此可以提出以下两个子假设：

假设 2.1：地方政府环境约束性指标的目标值设定比中央高得越多，其节能减排绩效越好。

假设 2.2：地方政府环境约束性指标的数量比中央多得越多，其节能减排绩效越好。

2. 研究方法。

社会科学中的政策效果测量，常常借鉴自然科学中自然实验的思想，将其全部的样本数据分为两组：一组样本受到某项政策干预影响，即实验组；另一组则未受到干预，即对照组。对于研究关心的观察变量，考察一定时间之后两组之间的效果差异。

具体操作是通过两次差分过程来完成的。一次差分是分别对实验组和对照组各自干预前后的数据进行差分，代表实验组与对照组在干预前后分别的相对关系；第二次差分则是对实验组和对照组的值进行差分，从而消除实验组与对照组原生的差异，最终得到干预带来的净效应。该方法被称为双重差分法（Difference-in-Differences，DID），又叫作倍差法，是近年来常用于公共政策或项目实施效果评估的实证领域。

（1）经典的 DID 模型。

双重差分模型需要建立实验组和对照组，并控制其他有可能影响被解释变量的因素，来比较在政策执行之前和执行之后，试验组和对照组的差别，其一般模型设置如下：

$$Y_{it} = \alpha + \delta \cdot D_i \cdot T_t + u_i + \lambda_t + \eta \cdot x_{it} + \varepsilon_{it} \qquad (3-1)$$

式中，Y_{it} 表示被解释变量；u_i 表示个体固定效应；λ_t 表示时间固定效应；x_{it} 表示一组控制变量 δ 表示交互项的系数，用于度量政策执行的实际效果，是模型中重点考察的参数；D_i 是个体虚拟变量，如果个体属于实验组取值为 1，否则为 0；T_i 是时间虚拟变量，在政策变化之后取值为 1，否则为 0。

（2）广义的 DID 模型。

有时研究主题不是很容易区分实验组和控制组。比如本文假设 2，所有 31 个省份均执行了环境约束性指标，所以并不存在传统意义上的实验组和对照组。在此条件下，使用广义 DID 模型更为适宜。广义 DID 模型可以应用于所有个体都受到政策的影响，但该政策对每个个体的影响程度不一样的情形。模型如下：

$$Y_{it} = \alpha + \delta \cdot intensity_i \cdot T_t + u_i + \lambda_t + \eta \cdot x_{it} + \varepsilon_{it} \qquad (3-2)$$

与传统 DID 模型式（3-1）相比，模型式（3-2）用衡量政策影响程度的连续变量 $intensity_i$ 替代分组虚拟变量 D_i。

3. 模型设定。

如果要使用双重差分模型进行实证研究，需要满足双重差分法的应用的四个假设：SUTVA 假定、无预期假设、无选择性偏误以及平行趋势假设。

SUTVA 假定有两点要求：一是要满足政策冲击的唯一性，即为了排除未考察的政策冲击对被解释变量的影响，在研究时间节点上，只能有一个相关的政策冲击，而不能出现多种相似的政策冲击；二是要满足样本受政策冲击的独立性，即受到政策冲击的个体之间互不影响，个体接受处理后导致的潜在结果不受其他个体处理的影响。在本文中，选取的面板数据为 2004—2020 的 31 个省（自治区、直辖市）的环境治理相关数据。在国家"十一五"规划中首次提出了环境约束性指标，该指标成为地方政府绩效考核的硬指标，是环境保护领域的一项重大举措。在这个时间段内，没有任何其他的与环境保护相关的政策会对被解释的变量造成影响，所以可以符合政策的唯一性假设。本文选取的样本为我国 31 个省（自治区、直辖市），为我国最大的行政区划，相比于地级市、县级区划，其节能减排效果之间的相互影响作用最小。各省（自治区、直辖市）均会根据各自的实际发展情况运用约束性指标。因此，本文研究选取的样本可以满足样本互不干预的假设。

无预期假设，即在受到政策冲击前的阶段，任意样本的处置效应为零，但允许处理后阶段的处置效应具有异质性。这一假设在许多情境中是合理的，尤其是在没有提前公布处置方案的情况下。在本文中，约束性指标出台以前，我国处于粗放式发展，中央把 GDP 作为考核地方政府绩效的重要指标，这导致我国地方政府片面追求经济快速增长，忽视了环境保护。虽然我国五年计划中一直有关于环境保护的相关目标，但在"十一五"以前，环境保护相关目标都是以笼统的方式进行规定的，比如，加强大气污染防治，实施"两控区"和重点城市大气污染控制工程。环境治理指标化目标较少，这些目标未被列入地方政府绩效考核硬指标。据此可以认为，在 GDP 晋升锦标赛的背景下，地方政府不会改变环境约束性指标出台以前的环境治理态度和行为。因此，本文满足无预期假设。

选择性偏误是指因为样本选择不随机，使其不能反映总体的某些特征，从而使估计量产生偏差。选择性偏误一般由下面两个原因造成：一是由于主客观因素非随机地选择了解释变量，这个选择会导致在研究过程中对主效应的估计产生偏差。二是由于主客观因素非随机地选择了研究样本，导致研究样本的特征不能代表总体的特征。本文选取的样本是全国 31 个省（自治区、直辖市），不存在随机选取样本的情况。

平行趋势假设则要求在没有政策冲击的情况下，实验组和对照组结果变量随时间的平均发展趋势相同。该检验在下面将以统计检验的形式呈现。

在上述四个假设基础上，本研究的实证部分将采用传统双重差分模型和广义双重差分模型进行分析。具体设定如下：

（1）传统双重差分模型。

假设 1 时将采用式（3-3）进行检验，其中 $treat$ 为假设 1 的核心虚拟变量。若地方政府使用了环境约束性指标，则 $treat=1$，否则 $treat=0$。模型设定如下：

$$Y_{it} = \alpha + \delta \cdot treat_i \cdot T_t + u_i + \lambda_t + \eta \cdot x_{it} + \varepsilon_{it} \quad (3-3)$$

假设 2.1 时采用式（3-4）进行检验，$Hightreat1_i$ 为核心解释变量。若地方的环境约束性指标目标值高于国家环境约束性指标目标值，属于实验组，$Hightreat1_i=1$；若地方的环境约束性指标目标值小于等于国家环境约束性指标目标值，属于控制组，$Hightreat1_i=0$。模型设定如下：

$$Y_{it} = \alpha + \delta \cdot Hightreat1_i \cdot T_t + u_i + \lambda_t + \eta \cdot x_{it} + \varepsilon_{it} \quad (3-4)$$

假设 2.2 时采用式（3-5）进行检验，$Hightreat2_i$ 为核心解释变量。若地方的环境约束性指标个数多于国家环境约束性指标个数，属于实验组，$Hightreat2_i=1$；若地方的环境约束性指标个数小于等于国家环境约束性指标个数，为控制组，$Hightreat2_i=0$。模型设定如下：

$$Y_{it} = \alpha + \delta \cdot Hightreat2_i \cdot T_t + u_i + \lambda_t + \eta \cdot x_{it} + \varepsilon_{it} \quad (3-5)$$

（2）广义 DID 模型。

本文对传统 DID 进行扩展，使用广义 DID 来验证假设 2，能够使得检验假设 2 的结果更加稳健。在广义 DID 模型中，所有个体均受到政策冲击，但是政策对个体的影响力度并不相同。因此，本文在验证假设 2.1 和假设 2.2 时使用了广义 DID 模型。

本文验证假设 2.1 的第二个测量角度为：$High1_i$ 为地方环境约束性指标目标值/国家环境约束性指标目标值；$High1$ 为连续变量，是本次验证假设 2.1 的核心解释变量。模型设定如式（3-6）所示。

$$Y_{it} = \alpha + \delta \cdot High1_i \cdot T_t + u_i + \lambda_t + \eta \cdot x_{it} + \varepsilon_{it} \quad (3-6)$$

本文验证假设 2.2 的第二个测量角度为：$High2_i$ 为地方环境约束性指标个数/国家环境约束性指标个数；$High2$ 为连续变量，是本次验证假设 2.2 的核心解释变量。模型设定如式（3-7）所示。

$$Y_{it} = \alpha + \delta \cdot High2_i \cdot T_t + u_i + \lambda_t + \eta \cdot x_{it} + \varepsilon_{it} \quad (3-7)$$

上述模型共同之处为：Y_{it} 表示被解释变量，反映地方节能减排的绩效；x_{it} 表示与地方节能减排绩效相关的控制变量；λ_t 表示时间效应；u_i 表示个体固定效应。模型中的 δ 是本书重点关心的系数，衡量了地方设置环境约束性指标对地方节能减排绩效的影响效应大小。如果环境约束性指标的确推动了地方政府的节能减排绩效，则 δ 预期值应该显著为负。

（二）变量的选取与统计描述

1. 变量的选取。

（1）被解释变量。

节能减排是指以节能、降耗、减污为目标，利用管理和技术方法，使物质生产活动产生的排放量和污染量最小化的过程。开展节能减排工作对控制环境污染、增加人民福祉、实现经济和环境持续发展有重大意义。地方政府节能减排绩效是指地方政府采取一系列措施，促进当地资源利用率提高、能源消耗减少、污染物排放减少的效益衡量。基于地方政府使用环境约束性指标的共性、数据统计的完整性、环境约束性指标的代表性，本文选取了地方单位 GDP 能耗变化率和 SO_2 排放变化率来衡量地方政府的节能减排绩效。在我国环境约束性指标中，单位 GDP 能耗、SO_2 排放量均为重要的环境约束性指标，地方单位 GDP 能耗越高、SO_2 排放越多代表地方节能减排绩效越差。

（2）核心解释变量。

我国中央政府、各省（自治区、直辖市）均会在每个五年规划开始时制定五年规划纲要，并且制定相应的指标目标。本文依据各省（自治区、直辖市）设定的环境约束性指标目标的差异，设置核心解释变量。核心解释变量的具体情况如下：

①$Treat_i$：若地方有环境约束性指标，为实验组，$Treat_i = 1$；若地方没有环境约束性指标，为控制组，$Treat_i = 0$。2011 年以前，只有部分省份有环境约束性指标，2011 年以后所有省份均有环境约束性指标。

②$Hightreat1_i$：若地方的环境约束性指标目标值高于国家环境约束性指标目标值，属于实验组，$Hightreat1_i = 1$；若地方的环境约束性指标目标值小于等于国家环境约束

性指标目标值，属于控制组，$Hightreat1_i=0$。自从"十一五"出台环境约束性指标以后，各省与国家之间环境约束性指标目标值存在差异。

③$Hightreat2_i$：若地方的环境约束性指标个数多于国家环境约束性指标个数，属于实验组，$Hightreat2_i=1$；若地方的环境约束性指标个数小于等于国家环境约束性指标个数，属于控制组，$Hightreat2_i=0$。

④$High1$ 为地方环境约束性指标目标值/国家环境约束性指标目标值，$High1$ 为连续变量。

⑤$High2$ 为地方环境约束性指标个数/国家环境约束性指标个数，$High2$ 为连续变量。

（3）控制变量。

在回归分析中，本文参考刘政文和唐啸（2017），控制了三个影响地方节能减排绩效的因素：第二产业比重、森林覆盖率、人口密度。

在社会发展过程中，第二产业发展都会给环境治理带来一定的压力，对节能减排具有一定的反向作用。第二产业将会使地方的能耗、SO_2 等污染物的排放增加。同时，一个地方的人口密度越高，也会带来更大的节能减排压力。因此，本文选择了第二产业比重、人口密度作为控制变量。

此外，一个地方的森林覆盖率越高，越有利于减轻地方节能减排压力，因此本文选取了森林覆盖率作为控制变量。

上述连续变量均采用对数形式，以减少因离群点而引起的计算结果的偏差。本文所有变量及描述见表2。

表2 模型中相关变量设定及说明

变量名称	指标	简写
被解释变量	单位 GDP 能耗增长率	$\ln\_energy$
	SO_2 排放增长率	$\ln\_SO_2$
核心解释变量	地方是否有环境约束性指标	$Treat$
	地方环境约束性指标目标值是否高于国家约束性指标目标值	$Hightreat1$
	地方环境约束性指标个数是否多于国家约束性指标个数	$Hightreat2$
	地方环境约束性指标目标值/国家环境约束性指标目标值	$High1$
	地方环境约束性指标个数/国家环境约束性指标个数	$High2$
控制变量	第二产业比重	$\ln\_psi$
	人口密度	$\ln\_popden$
	森林覆盖率	$\ln\_forest$

2. 描述性统计。

本文所使用的数据来源于 2004—2020 的《中国统计年鉴》以及各省（自治区、直辖市）的统计年鉴。最终获得包含 510 个观测值的面板数据，描述性统计结果见表3。单位 GDP 能耗平均增长率为 0.6582，最高为 11.6371；SO_2 排放平均增长率为

3.4852，最高为 5.2842。这代表地方完成环境约束性指标结果存在差异。$Treat$ 的平均值为 0.8925，代表国家层面正式使用环境约束性指标时，还有的省并没有使用环境约束性指标。$Hightreat1$、$High1$ 的平均值分别为 0.3548、1.0312，说明各省与国家之间、各省之间的环境约束性指标目标值存在差异。$Hightreat2$、$High2$ 的平均值分别为 0.2065、0.8896，说明各省与国家之间、各省之间的环境约束性指标个数存在差异。

表 3 描述性统计表

变量名称	样本量	均值	标准差	最小值	最大值
$\ln\_energy$	485	0.6582	0.3057	0	11.6371
$\ln\_SO_2$	510	3.4852	1.2192	0.1570	5.2842
$Treat$	510	0.8925	0.3101	0	1
$Hightreat1$	510	0.3548	0.4790	0	1
$Hightreat2$	510	0.2065	0.4052	0	1
$High1$	510	1.0312	0.3594	0.2033	3
$High2$	510	0.8896	0.3470	0.1000	3.5714
$\ln\_forest$	510	3.3293	0.6822	1.6894	4.2166
$\ln\_psi$	510	3.7445	0.2187	2.8232	4.1431
$\ln\_popden$	510	5.1761	1.6744	0.9357	8.2751

（三）实证分析

本文实证分析过程中加入了控制变量、时间固体效应、个体固定效应、1000 次 Bootstrap 自助抽样。

Bootstrap 是一个常用的估算标准差、置信区间和偏差的方法。该方法是由布拉德利·埃弗伦于 1979 年提出的，主要用于对随机估算值的标准偏差进行估算。在统计领域，自助抽样（Bootstrap Method，Bootstrapping 或自助抽样）是指一次选择一个样品，它可以被再次选择，并被再次加入训练集中。自助抽样因其拥有较高的测量准确率（如标准偏差、置信区间、偏差等），适用于任何数据统计。

1. 假设 1 检验结果。

表 4 展示了环境约束性指标对地方政府节能减排绩效影响的检验结果，检验加入了控制变量、时间固定效应、个体固定效应、自助抽样检验。第 1、第 2 列为没有加入 bootstrap 的回归结果：单位 GDP 能耗的回归系数为 -0.144，在 0.1% 的水平上显著；SO_2 排放的回归系数为 -0.2446，在 1% 的水平上显著。第 3、第 4 列为加入 bootstrap 的回归结果：单位 GDP 能耗的回归系数为 -0.0745，在 99% 的水平上显著；SO_2 排放的回归系数为 -0.3511，在 99% 的水平上显著。这说明环境约束性指标能够促进地方节能减排绩效提升，假设 1 得到证明。

加入 bootstrap 会使回归结果更加稳健，加入 bootstrap 前后的回归结果均验证了假设1，所以之后的实证分析均加入 bootstrap。

表4 假设1基准回归结果

	(1) ln_energy	(2) ln_SO₂	(3) ln_energy	(4) ln_SO₂
$Treat_i \cdot T_t$	−0.1440***	−0.2446**	−0.0745**	−0.3511**
	(0.0334)	(0.0833)	(0.0254)	(0.1172)
ln_psi	0.4114***	3.5182***	−0.4462***	0.4467***
	(0.0577)	(0.1615)	(0.1085)	(0.1591)
ln_popden	−0.4530***	0.0212	0.7558***	−1.1700***
	(0.0081)	(0.0226)	(0.0760)	(0.2849)
ln_forest	−0.1453***	0.1109*	−0.7002***	−1.2224***
	(0.0180)	(0.0498)	(0.9913)	(0.2580)
时间固定效应	是	是	是	是
个体固定效应	是	是	是	是
个体时间趋势	是	是	是	是
自助抽样	否	否	是	是
样本量	485	510	485	510

注：括号中为标准误；*** $p<0.01$，** $p<0.05$，* $p<0.1$。

2. 假设2检验结果。

由于在2011年以后全国各省（自治区、直辖市）均有环境约束性指标，假设2的核心解释变量为各省环境约束性指标的设定情况，所以在验证假设2时使用2011—2020年的数据。分为两个部分：

(1) 假设2.1：地方政府环境约束性指标的目标值设定比中央高得越多，其节能减排绩效越好。地方政府环境约束性指标目标值设定是否比中央高可以从以下两个角度进行分析：

①采用 $Hightreat1_i \cdot T_t$ 的形式，此时运用经典DID模型，结果见表4中第（1）、第（2）列——单位GDP能耗的回归系数为−0.0465，在99%的水平上显著；SO_2 排放的回归系数为−0.2243，在95%的水平上显著。这说明地方政府环境约束性指标的目标值设定比中央高得越多，其节能减排绩效越好。假设2.1得到证明。

②采用 $High1_i \cdot T_t$ 的形式，因为 $High1_i$ 为连续变量，所以采用广义DID模型，结果见表5中第（3）、第（4）列——单位GDP能耗的回归系数为−0.0532，在90%的水平上显著；SO_2 排放的回归系数为−0.0581，在95%的水平上显著。这说明地方政府环境约束性指标的目标值设定比中央高得越多，其节能减排绩效越好。假设2.1得到证明。

表5 假设2.1基准回归结果

	(1) ln_energy	(2) ln_SO₂	(3) ln_energy	(4) ln_SO₂
$Hightreat1_i \cdot T_t$	−0.0465***	−0.2243**		
	(0.0150)	(0.7722)		
$High1_i \cdot T_t$			−0.0532*	−0.0581**
			(0.0245)	(0.0282)
ln_psi	−0.5356***	3.5722***	−0.4923***	−0.1825
	(0.1174)	(0.1634)	(0.0729)	(0.1526)
ln_popden	0.7241***	0.0167	0.5859**	1.2020**
	(0.1790)	(0.0234)	(0.1664)	(0.3211)
ln_forest	−0.3337**	0.1131*	−0.3795**	−0.1658
	(0.1354)	(0.0547)	(0.1249)	(0.2111)
时间效应	是	是	是	是
个体效应	是	是	是	是
个体时间趋势	是	是	是	是
自助抽样	是	是	是	是
样本量	300	310	300	310

注：括号中为标准误；*** $p<0.01$，** $p<0.05$，* $p<0.1$。

(2) 假设2.2：地方政府环境约束性指标的数量比中央多得越多，其节能减排绩效越好。地方环境约束性个数相较于中央的多少可以从以下两个角度进行分析：

①采用 $Hightreat2_i \cdot T_t$ 的形式，此时运用经典DID模型，结果见表6中的第（1）、第（2）列——单位GDP能耗的回归系数为−0.1681，不显著，SO₂排放的回归系数为0.0004，不显著，因此拒绝假设2.2。

②采用 $High2_i \cdot T_t$ 的形式，因为 $High2$ 为连续变量，所以采用广义DID模型，结果见表6中的第（3）、第（4）列——单位GDP能耗的回归系数为−0.1681，SO₂排放的回归系数为0.0004，均不显著，拒绝假设2.2。

检验结果为地方政府环境约束性指标的数量多于中央，其节能减排绩效不一定好，因此拒绝假设2.2。

假设2.2不成立的原因，我们作了如下猜想：在前面的分析里提到，环境约束性指标个数多的地区主要是我国老工业区，这些地区污染较为严重，因此需要因地制宜地制定更多的环境约束性指标。此外，随着社会主义市场经济的不断发展，老工业区的经济逐渐衰退，无法支撑其圆满完成环境保护目标。

表6 假设2.2基准回归结果

	(1) ln_energy	(2) ln_SO_2	(3) ln_energy	(4) ln_SO_2
$Hightreat2_i \cdot T_t$	0.0063	0.0675		
	(−0.0101)	(0.0613)		
$High2_i \cdot T_t$			−0.1681	0.0004
			(0.0432)	(0.0170)
ln_psi	−0.4904***	0.5666*	0.3375	−0.1524
	(0.1201)	(0.2431)	(0.1044)	(0.1528)
ln_popden	0.5988**	−0.8427	0.0990	1.2242***
	(0.1766)	(0.6345)	(0.5969)	(0.3227)
ln_forest	−0.3972**	−2.1267***	0.0370	−0.1304
	(0.1462)	(0.4665)	(0.1679)	(0.2115)
时间效应	是	是	是	是
个体效应	是	是	是	是
个体时间趋势	是	是	是	是
自助抽样	是	是	是	是
样本量	300	310	300	310

注：括号中为标准误；*** $p<0.01$,** $p<0.05$,* $p<0.1$。

（四）平行趋势检验

为增加双重差分模型得到的实证结果的可信性，必须通过平行趋势检验。因此，为了增加假设1和假设2.1的可信度，本文进行了平行趋势检验。

平行趋势检验的要求是影响时，实验组和对照组的特征在事件发生前在0附近波动，事件发生后两组的特征具有显著差异性。

假设1的平行趋势检验图如图6、图7所示，可以看出在没有受到环境约束性指标影响时，实验组和对照组的节能减排数据发展趋势一致，在受到环境约束性指标影响以后，实验组和对照组的节能减排数据特征具有显著差异。假设1通过了平行趋势检验。

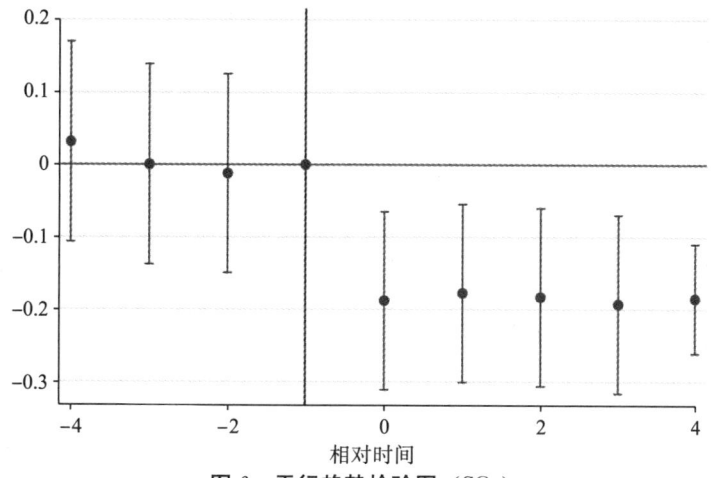

图6 平行趋势检验图（SO_2）

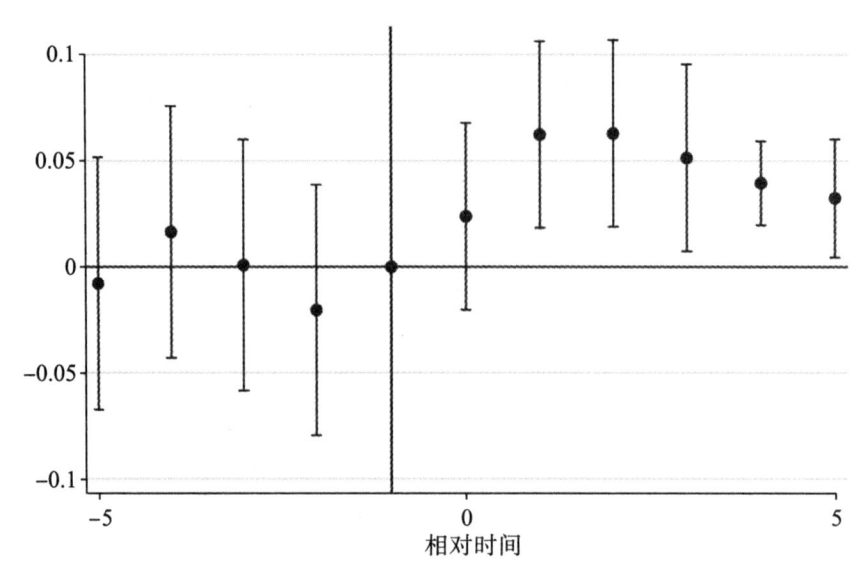

图7 平行趋势检验图（单位GDP能耗）

假设2.1的平行趋势检验图如图8、图9所示，可以看出制定低环境约束性指标目标的省份的节能减排绩效发展趋势一致，制定高环境约束性指标目标和制定低环境约束性指标目标的省份节能减排绩效具有显著差异。假设2通过了平行趋势检验。

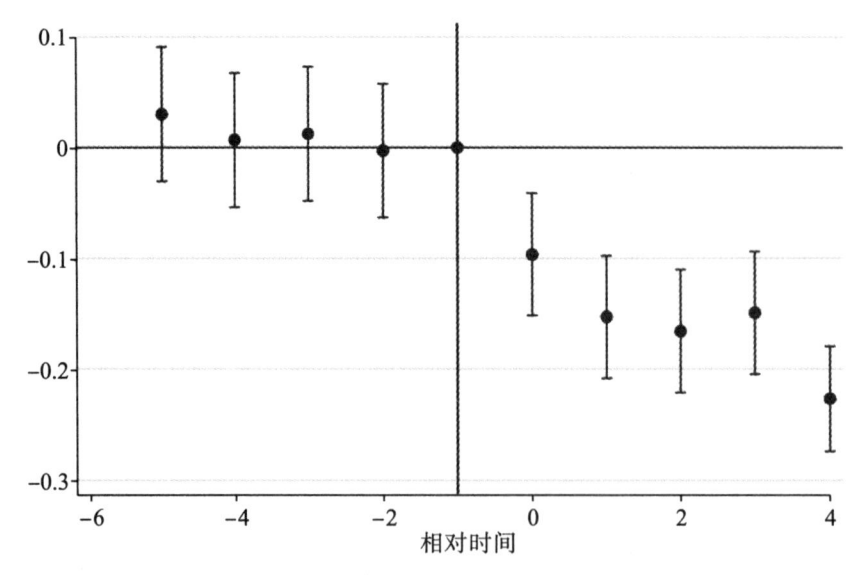

图8 平行趋势检验图（SO_2）

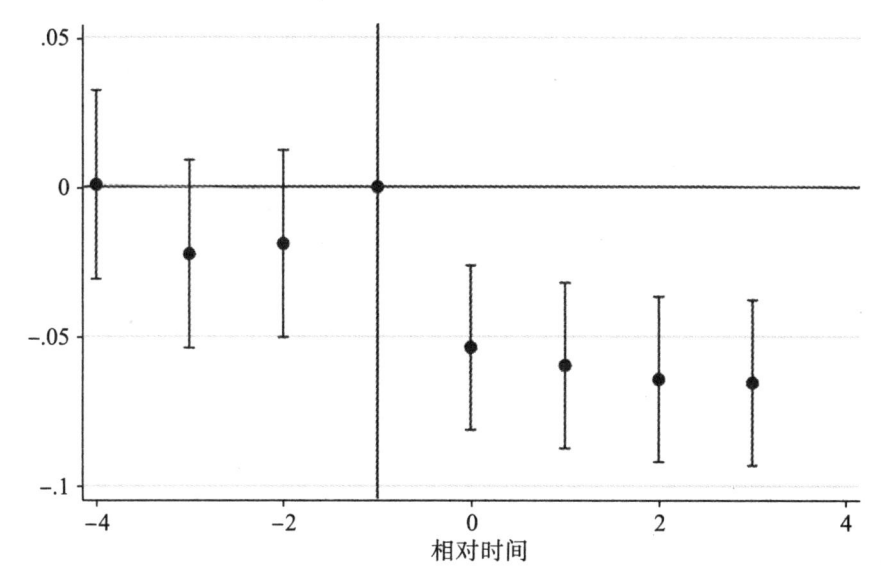

图 9　平行趋势检验图（单位 GDP 能耗）

综上所述，本文的两个主要假设均通过了平行趋势检验，可以使用双重差分法进行实证分析。

五、结论与政策建议

（一）研究结论

本文重点分析环境约束性指标对地方政府节能减排绩效的影响作用，为如何充分发挥环境约束性指标，提升地方政府节能减排绩效提供了实证分析结论，并据此提出相关建议。

首先，运用经典 DID 分析得出，地方政府在应用环境约束性指标后，其单位 GDP 能耗和 SO_2 排放增长率显著减小，这说明环境约束性指标的推行能够促进地方政府节能减排绩效的提升。

其次，运用广义 DID 模型分析得出，地方政府环境约束性指标的目标值设定比中央高得越多，其节能减排绩效越好。环境约束性指标目标值高于中央的一般是我国经济较为发达的地区。可以从以下三个方面来解释：（1）环境约束性指标具有强约束力，且为地方政府绩效排名平台，地方政府为在绩效排名中取得好成绩，便会为了更高的环境约束性指标目标奋斗；（2）这些地区的第二产业比重普遍低于其他地区，拥有先进的产业结构水平和现代产业体系，污染排放会低于其他地区，更易达到高水平环境约束性指标目标值；（3）沿海地区的经济体量高于其他地区，因此能够有足够的财政支出支撑更高水平的环境治理；（4）经济发达地区创新能力更强，其创新能力足以赋能高水平环境治理。

最后，地方政府环境约束性指标的数量比中央多，对其节能减排绩效没有显著影响。可能的原因是：（1）环境约束性指标个数多的地区主要是我国老工业区，这些地区污染较为严重,需要因地制宜制定更多的环境约束性指标。然而,随着社会主义市场经济的不断发展,老工业区的经济逐渐衰退,其经济实力无法支撑其圆满完成环境保护目标。(2)设立过多的环境约束性指标,会分散其提升节能减排绩效的注意力,从而使得节能减排绩效弱于其他地区。

但本文也存在以下局限:第一,本文未收集到所有种类的节能减排数据,没有精准地反映地方政府的节能减排绩效。第二,本文在选取控制变量时,没有充分考虑可能会影响实证结果的因素,比如地方人均受教育年限、地方官员的平均学历等,可能会导致实证结果存在偏差。

(二)政策建议

首先,构建更加合理的环境约束性指标体系。一方面,从现有的环境约束性指标来看,均为抑制环境污染的指标,从本文的分析来看,地方政府在后期控制环境污染明显乏力。环境保护不能只靠简单地控制污染的增加,还应当鼓励地方积极创新更加绿色环保的技术。因此应当设立考核地方绿色创新的指标,形成兼顾"主动创新"和"积极控制"的环境约束性指标体系。另一方面,环境约束性指标目标的设立会在一定程度上削弱经济目标的实现,因此在构建环境约束性指标体系时,应当与经济发展充分融合,最终形成降碳、减污、扩绿、增长四位一体的协同机制。

其次,实事求是设置环境约束性指标目标。地方政府应当充分考量自身的资源禀赋、人口规模、经济发展等现实因素,在此基础上设立最高的环境保护目标,发挥政府内驱力,获得高目标带来的节能减排效应。比如经济结构完善、科技水平领先的地区应当制定较高的环境约束性指标目标,大力支持绿色技术创新,强化环境绩效考核,增强地方官员对环境绩效的关注度,引导地方企业进行技术革新。经济结构还未实现转型的地区,应主动采取有效治污措施,减少不必要的污染,同时指定人才、企业引进政策,增强地方的绿色创新能力。

然后,建立合理的环境绩效考核体系,加强对地方政府环境绩效考核力度。绩效考核作为提升地方政府环境绩效的主要外部压力,应当在合理适度的原则上,充分发挥其效能,促使地方政府为更高的节能减排目标奋斗。一方面,要制定严谨的环境绩效考核体系,给予地方政府外部压力,提升地方政府对环境治理的关注度和主动性,从而在全国范围内推动绿色发展。另一方面,不能一味追求环境绩效,要充分融合经济发展因素,协同推进节能减排和经济增长。

最后,注重环境约束性指标的"质",而非"量"。本文实证分析结果表明,环境约束性指标数量越多,节能减排绩效不一定越好。因此,地方政府要充分结合地方节能减排实际情况,制定与地方政府能力相符合、与地方发展相适应的环境约束性指标。

参考文献

[1] HARRISON T, KOSTKA G. Manoeuvres for a low carbon state: the local politics of climate change in China and India [J]. DLP Research Paper, 2012.

[2] LIANG J, LANGBEIN L. Performance management, high-powered incentives, and

environmental policies in China［J］. International Public Management Journal，2015，18（3）：346-385.
［3］MA L. Performance feedback，government goal-setting and aspiration level adaption：evidence from Chinese provinces［J］. Public Administration，2016，94（2）：452-471.
［4］RAN R. Perverse incentive structure and policy implementation gap in China's local environmental politics［J］. Journal of Environmental Policy & Planning. 2013，15（1）：17-39.
［5］丁煌，李新阁. 干部考核作用下基层政府政策执行力的动力机制及其优化——以 A 省 B 市生态环保政策执行与考核为例［J］. 行政论坛，2019，26（5）：109-118.
［6］胡鞍钢，鄢一龙，刘生龙. 市场经济条件下的"计划之手"——基于能源强度的检验［J］. 中国工业经济，2010（7）：26-35.
［7］黄爱宝. 政府环境绩效评估的阐释与再思［J］. 江苏社会科学，2010（3）：244-249.
［8］黄晗，燕继荣. 从政治指标到约束性指标：指标治理的变迁与问题［J］. 天津行政学院学报，2018，20（6）：45-53.
［9］孔凡斌，王苓，徐彩瑶，等. 中国生态环境治理体系和治理能力现代化：理论解析、实践评价与研究展望［J］. 管理学刊，2022，35（5）：50-64.
［10］李新廷. 社会中心主义·国家中心主义·政党中心主义——西方比较政治学研究视角的演进与中国关照［J］. 国外理论动态. 2016，480（2）：20-31.
［11］刘然，褚章正. 中国现行环境保护政策评述及国际比较［J］. 江汉论坛. 2013，415（1）：28-32.
［12］刘政文，唐啸. 官员排名赛与环境政策执行——基于环境约束性指标绩效的实证研究［J］. 技术经济，2017.36（8）：118-127.
［13］梅赐琪，刘志林. 行政问责与政策行为从众："十一五"节能目标实施进度地区间差异考察［J］. 中国人口·资源与环境，2012，22（12）：127-134.
［14］魏四新，郭立宏. 目标设置在地方政府绩效管理中的功能研究［J］. 统计与决策，2012，364（16）：60-63.
［15］袁方成. 姜煜威."达标锦标赛"：冲突性目标的治理机制——以生态环境治理为讨论场域［J］. 清华大学学报（哲学社会科学版），2023，38（2）：183-197+232.

基于对口支援的长江经济带上下游区域生态补偿研究[①]

方江涛 王 林

对口支援是我国特有的政策制度。1992年4月，国家启动长江三峡工程建设，同步启动全国对口支援长江三峡库区经济社会发展工作，长三角的上海市、江苏省、浙江省、安徽省分别援助长江上游的重庆市万州区和湖北省宜昌市夷陵区、重庆市云阳县和湖北省宜昌市秭归县、重庆市涪陵区、重庆市渝北区，形成了长江"龙尾"支援"龙头"经济社会发展的格局。在全国对口支援等政策支持下，长江上游地区经济发展快速提升，社会面貌发生深刻变化，生态环境治理明显改善。

2013年7月，习近平总书记在武汉调研时指出，长江流域要加强合作。2014年12月，习近平总书记做出重要批示，强调建设长江经济带要坚持一盘棋思想，理顺体制机制，加强统筹协调。2016年3月，中共中央政治局审议通过《长江经济带发展规划纲要》，明确长江经济带发展思路为"生态优先、流域互动、集约发展"，发展新格局为"一轴、两翼、三极、多点"，坚守战略包括生态优先、创新驱动、东西合作等。生态文明建设先行示范带是长江经济带发展的重要战略定位。

目前，长江经济带上下游地区援助与合作主要集中在发展经济和建设社会方面，长江经济带发展面临着上下游经济区发展不平衡、合作机制不健全、区域生态环境形势严峻等问题，不利于推进"长江经济带绿色发展""长江上游生态大保护"等国家战略的实施。

为此，本文基于对口支援现实与市场化生态补偿理论，分析对口支援给上游成渝经济区与下游长江三角地区生态补偿带来的机遇，探讨长江经济带上下游生态产品设计与生态补偿模式选择，并构建具有操作性的长江经济带上下游市场化生态补偿方案，提出方案落实的具体对策建议，助力建设"长江上游生态屏障"，实现长江经济带经济社会协调稳定发展。

[①] 作者简介：方江涛，重庆科技学院法政与经贸学院讲师；王林，重庆大学管理科学与房地产学院教授。本文是重庆市教育委员会人文社会科学研究项目"乡村振兴背景下重庆农村土地制度改革研究"（23SKGH351）的阶段性成果。

一、长江上游生态环境保护意义重大

长江是我国第一大河，横跨东、中、西三大区域。一般来说，长江上游是指长江发源地（三江源）至湖北省宜昌市。长江上游蕴藏着丰富的水能资源、森林牧场资源、生物物种资源、煤炭等矿产资源及自然景观和人文遗产资源。长江上游流经我国横断山脉和大巴山脉，其分别是我地势的一、二级和二、三级阶梯交界之处，水流落差巨大，夏季雨量充沛时，极易出现滑坡、泥石流等，并易引发中下游洪涝灾害。同时，长江水体含沙量不高，但由于水量丰沛，年均输沙量达 5 亿吨，且泥沙主要来源于上游。

长江上游生态环境不仅影响着长江流域的经济社会持续发展，还对我国乃至全球生态环境带来一定影响，其重要性有目共睹。长期以来，长江上游矿产资源存在过度开发和粗放利用的情况，生态环境遭到破坏，且大部分矿山开采后未能做到"谁破坏、谁治理"，成为历史遗留废弃矿山；同时处于长江上游区域的居民为了摆脱贫困，存在砍伐森林、开荒种地等行为，加剧了长江上游生态环境的脆弱性。

为保护生态环境，我国采取了一系列行之有效的措施：一方面，出台法律法规，用刚性手段保护生态环境。如出台《环境保护法》《水污染防治法》《土地管理法》《重庆市环境保护条例》等法律法规；坚持"预防为主、防治结合""谁污染、谁治理"等原则制度。另一方面，引入生态补偿机制，用经济手段保护生态环境，目的是恢复受偿地的生态系统和自然生态功能。我国的主要做法包括：国家直接对退耕还林的农民给予补助、中央财政对重点生态功能区进行转移支付、国家对天然林保护全覆盖和森林生态效益进行补偿、国家对地方政府实施生态修复给予奖励、地方政府之间的横向财政转移支付（如 2012 年安徽省和浙江省，若新安江自安徽出境流入浙江的水质达标，浙江省每年补偿安徽省 1 亿元，否则安徽省每年补偿浙江省 1 亿元）。

总体来说，使用强制手段保护生态环境起到了一定效果，但相比生态补偿等经济手段，对上游地区的限制更多，不利于上游地区的经济社会发展，对上游地区来说是不公平的。运用生态补偿机制，对上游地区保护环境的政府或民众给予补偿，符合国际公认的"谁受益、谁补偿"原则，是能持续并有效运行的环境保护路径。

二、对口支援：长江经济带上下游跨区域生态补偿的契机

实施生态环境跨区域保护是减缓生态环境恶化的有效措施。长江上游生态环境相对脆弱，存在历史遗留废弃矿山数量大、岩溶地区石漠化、三峡库区移民收入不高等问题，经济和社会发展受到制约；长江下游的长三角地区依托长江"黄金水道"，经济和社会发展处于全国领先地位，其有能力也有责任发挥"龙尾"带动作用，与上游"龙首"联动，对上游地区进行补偿，抑制生态环境进一步恶化。而对口支援政策给长江经济带上下游开展生态补偿提供了契机。

（一）对口支援政策支持长江"首""尾"联动

1994年4月，国务院办公厅转发《关于深入开展对口支援三峡工程库区移民工作意见报告的通知》，明确对口支援任务是"支持库区经济、社会发展与移民安置"。2011年5月，《三峡后续工作规划》明确提出三峡库区后期发展战略是"库区安稳致富""生态环境保护"和"地质灾害防治"。

30年来，对口支援省市累计为地处长江上游的三峡重庆库区引入项目超过1800个，引入资金1600亿元。其中，长三角的上海市、江苏省、浙江省、安徽省分别援助万州区项目771个、资金39.74亿元，援助云阳县项目288个、资金及物资折款2.38亿元，援助涪陵区项目107个、资金234.58亿元，援助渝北区项目30个、资金1.65亿元。援建项目占全国援建重庆库区项目总的60%以上，援助资金占全国援建重庆库区的17%左右。上海、江苏同时对口支援夷陵区项目471个、资金5.96亿元，支援秭归县项目70个、资金1.61亿元。

2022年10月召开的中国共产党第二十次全国代表大会上，习近平提出要"推进……长江经济带发展、长三角一体化发展"，为长江上下游"首""尾"联动发展指明了方向。

（二）对口支援政策助力长江上游生态屏障建设

在对口支援等政策支持下，长江上游地区经济发展快速提升，社会面貌发生深刻变化，生态环境治理亦明显改善，长江上游生态屏障逐渐形成。建设长江上游生态屏障的主要政策规定包括：

2009年1月，国务院印发《关于推进重庆市统筹城乡改革和发展的若干意见》，三峡库区生态保护列入全国对口支援工作计划，要求"认真落实全国对口支援三峡库区移民工作五年规划纲要。""健全库区生态环境保护体系，把三峡库区建成长江流域的重要生态屏障。"2009—2015年，三峡重庆库区长江两岸造林334万亩，实现"应绿尽绿"，森林覆盖率达49%。2021年重庆森林覆盖率已经达到54.5%。

2014年7月，《全国对口支援三峡库区合作规划（2014—2020年）》明确要"加强库区生态环境保护……""支持三峡生态屏障区建设"，对口支援省市更加注重三峡库区生态环境质量改善问题。在对口支援下，三峡库区第一生态屏障区大县的云阳，2018年其境内的长江干流两岸森林覆盖率达70%以上；涪陵区、渝北区计划2022年实现森林覆盖率55%；万州区2019年建成6.57平方千米"海绵城市"，2020年森林覆盖率已达53.5%。特别值得一提的是，万州区利用对口支援地区南京的技术，引进了根系发达、固土效果良好的中山杉，目前长江消落带栽种中山杉10万余株，面积1200余亩，解决了大型水利设施消落带高大乔木植被恢复的"世界级生态难题"。

2021年10月，在万州区召开第十三届全国对口支援三峡库区合作工作座谈会（简称"支洽会"），其主题是"深化对口支援合作 推动长江经济带绿色发展"。2022年6月，全国对口支援三峡库区第十四届经贸洽谈会筹备工作协调会在武汉召开，强调发挥市场作用，围绕乡村振兴、绿色发展谋划绿色高质量项目，注重生态环境保护，实现受援双方合作共赢，筑牢长江上游生态屏障。

三、生态产品创新：长江经济带上下游跨区域生态补偿构想

（一）我国区域生态补偿实践

生态补偿既体现了人与人的关系，又体现了人与自然的关系。随着生态文明建设进程的加快，区域生态补偿相关实践也在快速推进。目前，我国已基本建立政府主导的纵向生态补偿机制，资金主要来源于上级政府的纵向转移支付，如中央财政支持对三江源地区进行生态补偿；并探索推进流域横向生态补偿实践，由政府主导财政资金补偿给利益相关方，如新安江流域浙江给予安徽的生态补偿及黄河流域山东与河南签订的《黄河流域（豫鲁段）横向生态保护补偿协议》等。

政府主导生态补偿的资金主要来源于政府财政，给中央和地方财政带来压力。这种典型的"输血式"生态补偿，一旦中央或下游政府补偿资金不能及时到位，上游地区就可能会失去保护生态环境的动力和能力。

同时，流域生态补偿主要关注地表水横断面水质问题，而对与生态环境保护息息相关的植树造林、建设用地复垦、矿山生态修复等增加国土绿化面积、加速上游生态环境向好的行为未给予认可和补偿，是不合理的。

再者，目前流域生态补偿基本限定于河流流经的紧邻的地域。但生态服务具有无边界、无轨迹流动的特质，生态环境保护者和受益者并非总是呈现线性的一一对应关系。如长江、黄河等流域上游生态环境保护不仅关乎地域紧邻的中游地区，也对下游区域带来重要影响，如果不关注经济发展与生态服务的权责关系，下游（如长江经济带的长三角地区）不对上游（如长江经济带的成渝地区）进行补偿，是不公平的。

跨区域生态补偿作为协调良好环境受益区域与环境保护区域利益关系的制度措施，受到了关注。2016年4月印发的《国务院办公厅关于健全生态保护补偿机制的意见》已明确，要逐步扩大生态补偿范围，鼓励社会主体参与生态环境保护，强调"结合生态环境保护和治理，探索生态脱贫新路子"。

（二）我国市场化生态补偿实践

市场化生态补偿，除了耳熟能详的哥斯达黎加森林生态效益补偿机制、法国毕雷矿泉水公司为保持上游优良水质的主体付费、欧盟生态标签制度等成功案例外，我国一些省市也进行了探索，如排污权及碳排放权交易、建设用地指标交易、森林覆盖率交易及建设"森林生态银行"等。其中，重庆市地票制度（建设用地指标交易）、福建省南平市"森林生态银行"、重庆市森林覆盖率交易均于2020年入选全国首批生态产品价值实现十大典型案例。

2008年12月，在国家支持指导下，重庆市设立农村土地交易所，借助市场机制，开展地票交易；2018年6月推出生态地票，将部分不能复耕的宅基地及废弃矿山用地复垦为宜林宜草地，腾退出的建设用地指标交易到经济较为发达区域，复垦形成的耕地

及宜林宜草地用于耕种或植树造林，生态效果显著。截至2022年底，重庆市累计实施建设用地复垦42.49万亩，交易地票36.90万亩、724.42亿元，其中生态地票累计交易6570亩、12.68亿元；交易耕地占补平衡指标17.63万亩、44.80亿元。2018年，重庆地票制度还入选全国改革开放40年地方改革创新40案例。

2018年2月，重庆印发《国土绿化提升行动实施方案（2018—2020年）》，提出至2022年全市森林覆盖率从45.4%提升到55%的具体目标。随后印发《重庆市实施横向生态补偿 提高森林覆盖率工作方案（试行）》，允许部分确有造林困难的区县购买森林面积指标，探索建立基于森林覆盖率指标交易的生态产品价值实现机制。2019年3月，江北区与酉阳县签订"森林覆盖率交易协议"，推动建立生态补偿激励机制，实现生态与发展"双赢"。截至2022年底，重庆市共签订购买森林面积指标39.6万亩，成交金额9.9亿元。

2018年12月，福建省南平市在全国首创"森林生态银行"。截至2021年底，"森林生态银行"已导入林地面积8.15万亩，促进林农增收5.94亿元，并成功交易林业碳汇项目，首期成交碳汇15.55万吨、288.3万元。

（三）对口支援下长江经济带上下游生态产品市场化交易思路

2016年发布的《国务院办公厅关于健全生态保护补偿机制的意见》明确，逐步建立和完善生态产品市场交易和价格形成机制，通过生态产品交易使保护生态环境的主体获益。

2018年3月，国务院办公厅印发《城乡建设用地增减挂钩节余指标跨省域调剂管理办法》，实施为期3年的城乡建设用地增减挂钩节余指标跨省域调剂。2020年12月，印发《关于实现巩固拓展脱贫攻坚成果同乡村振兴有效衔接的意见》，指出脱贫攻坚目标任务完成后的5年内，东西部省市之间可以继续开展增减挂钩节余指标跨省域调剂。2021年1月印发的《建设高标准市场体系行动方案》再次明确，在全国范围内推动建设用地指标跨区域交易。

2020年6月发布的《全国重要生态系统保护和修复重大工程总体规划（2021—2035年）》明确，加大重要流域的生态修复，通过土地综合整治等措施，解决历史遗留矿山生态破坏问题，增强山地生态系统稳定性，推动长江岸线生态恢复，打造长江绿色生态廊道。

2021年3月实施的《长江保护法》明确，"国家鼓励长江流域上下游、左右岸、干支流地方人民政府之间开展横向生态保护补偿。"

基于对口支援模式，提出长江经济带上下游生态产品创新交易思路如下：

一是创新生态产品。借鉴国际上通行的生态服务价值支付（PES）等形式和做法，关注除地表水以外的相关环境要素保护与修复，如加快长江上游区域支援地与受援地之间的土地综合整治、植树造林、建设用地复垦及历史遗留废弃矿山生态修复等，形成新的生态产品，如建设用地增减挂钩指标、森林覆盖率指标等。

二是在受援地与支援地之间实行市场化交易。立足对口支援，利用市场机制，吸引相关社会主体参与其中，拓宽生态补偿资金来源，拓展对口支援模式与生态补偿地域范围,将长江经济带上游生产的生态产品交易到长江经济带下游,实现长江"龙尾"生态补偿"龙首",在更大空间内达到生态和谐,实现长江经济带"绿水青山就是金山银山"。

四、基于对口支援的长江经济带上下游生态产品交易方案设计

借鉴国内外市场化生态补偿实践经验,立足现有对口支援模式及市场化交易思路,借助对口支援政策,拓展对口支援模式,在确定生态产品——建设用地增减挂钩指标交易前提下,设计长江上游成渝经济区与下游长三角地区的对口支援市场化生态补偿方案。

(一)确定交易主体:长江经济带上下游生态产品提供与使用

国际上的通行做法是依据"破坏者付费"及"受益者付费、保护者受偿"等原则确定生态补偿的主体。破坏者付费,即污染破坏生态环境的主体,对其行为负责并买单。"受益者付费、保护者受偿"是指受益者对提供的优良环境服务价值付费,环境保护者因采取措施保护环境,会付出成本,并因保护环境而放弃一定的发展机会,应该获得一定的补偿。

跨区域生态补偿利益关系复杂,需要遵循"受益者付费、保护者受偿"原则确定具体的补偿主体。关于长江经济带上游成渝地区与下游长三角地区之间的以生态产品(主要是指建设用地增减挂钩指标)交易为主要途径的跨区域补偿,建议确定对口支援地为补偿主体、受援地为受偿主体。具体而言,受援地长江上游成渝地区为受偿主体,支援地长江下游长三角地区为补偿主体。

受援地长江上游成渝地区作为受偿主体,受偿主体是提供生态产品的主体。受偿主体具体包括申请宅基地等农村建设用地复垦的农户、农村集体经济组织及负有历史遗留废弃矿山修复责任的主体等。建设用地等各种类型的土地复垦,是指通过工程措施,将被损毁、破坏的土地恢复到可供利用的状态,并通过改良土壤环境,提高植被覆盖度等手段,恢复与重建土地生态系统,促进人与自然和谐共生。大量农村居民进城工作和生活,宅基地等农村建设用地闲置、废弃现象严重,既不利于土地资源的节约集约利用,也不利于生态环境保护。重庆、四川等部分省市开始推行农村建设用地复垦,腾退出的建设用地指标在城镇规划范围内使用。如重庆市规定,全市范围内的经营性建设用地必须利用地票指标进行征转用。农户和农村集体经济组织的宅基地等建设用地复垦为耕地或宜林宜草地,是一种生态保护行为,同时其发展权受到限制,理应获得补偿。

支援地长江下游长三角地区作为补偿主体,补偿主体是使用生态产品的主体。补偿主体主要是利用成渝地区节余建设用地增减挂钩指标进行开发建设的单位和个人。长三角地区的建设用地指标更是稀缺,农村后备土地资源也严重不足,亟须通过市场等途径获得建设用地指标。国家下达长三角各省市的建设用地指标可用于保障基础设施建设等项目,立足对口支援,购买成渝地区节余建设用地增减挂钩指标用于办理经营性建设用

地征转用等，利用经营性建设用地的单位和个人，应该对提供指标的主体进行补偿。

（二）测算供求数量：长江经济带上下游可交易生态产品规模

产品数量有限，则难以形成稳定的交易市场。为此，必须对成渝地区可提供的跨区域交易生态产品进行测算，确定是否有必要开展生态产品跨成渝、长三角地区交易。主要测算成渝地区建设用地增减挂钩指标供给规模。

根据《重庆市国土空间总体规划（2020—2035年）》，预计2035年重庆市农村常住人口为700万人，按国家建议西部地区一般标准人均150平方米预算，2035年的农村建设用地总量为105000万平方米（157.5万亩）。

《第三次全国国土调查主要数据公报》显示，2019年重庆市农村建设用地为355.99万亩，扣除需保留、征地减少和预留入市共计200.5万亩（到2035年征地约200万人，按户均2.5人、每户0.5亩测算，征地减少农村建设用地约40万亩；未来15年农村集体经营性建设用地入市按每年2000亩预留空间，约需3万亩；需保留农村建设用地157.5万亩）后，理论上可退出155.49万亩农村建设用地。考虑农户复垦意愿等因素，按20%估算复垦申请量，到2035年重庆市农村建设用地复垦潜力至少为31万亩。扣除城镇建设等约需建设用地指标17万亩，节余的14万亩可作为跨区域建设用地增减挂钩指标交易来源。同理测算，到2035年四川省可节余建设用地增减挂钩指标55万亩，川渝两地可节余建设用地增减挂钩指标69万亩。

产品有供给规模，同时还需要有需求规模，才能形成市场。主要测算长三角地区的建设用地增减挂钩指标需求规模。长期以来，长三角地区存在着人多地少的矛盾，且农村建设用地复垦潜力有限，亟须通过跨区域建设用地增减挂钩指标交易弥补缺口。据统计，2018—2020年，长三角地区共计调入建设用地增减挂钩指标11.02万亩，年均3.67万亩。

2021年3月，中共中央、国务院印发的《长江三角洲区域一体化发展规划纲要》明确提出，要探索建立跨区域统筹土地指标管理机制。上海市贯彻该纲要的实施方案再次明确，推动建立区域土地指标跨省调剂机制。此时，购买成渝地区节余建设用地增减挂钩指标，是其优先选择。成渝地区提供的69万亩建设用地增减挂钩指标，可供长三角地区消化使用近20年。

（三）确定补偿标准：长江经济带上下游生态产品价格

价格是市场机制和利益分配的核心，产品价格关系到交易双方的利益，决定交易行为能否开展及其持续性，调节产品的供给和使用，进而影响产品的分配正义和区域经济效益平衡。同时，对口支援又有一定的政府转移支付的性质，补偿标准不能完全按照市场化来进行，而有一定的统筹考虑、转移支付的特征。既要有市场化的激励，也要有区域间支援的特点。

对生态产品进行科学定价，不仅能够有效反映生态产品的市场供求关系，还能反映上下游之间的生态关联性以及生态产品蕴含的多元价值，进而达到优化资源配置、提高市场效率、实现分配正义与平衡区域经济社会发展之目的。针对建设用地增减挂钩指标价格来说，目前有两种定价方式：

一是政府定价。如《城乡建设用地增减挂钩节余指标跨省域调剂管理办法》规定，"国家统一制定跨省域调剂节余指标价格标准。节余指标调出价格根据复垦土地的类型和质量确定，复垦为一般耕地或其他农用地的每亩30万元，复垦为高标准农田的每亩40万元。"成都市开展农村建设用地增减挂钩指标交易之初，采取市场定价，出现了价格波动大、引发矛盾多等问题，随后改为政府公布指导价格，即成交价格为每亩30万元。

二是政府给出指导价格区间，由供求关系确定最终价格，但不能突破价格区间。如《重庆市地票管理办法》规定地票交易实行最低保护价格制度。2011年之前，地票交易最低保护价为每亩12万元，2011年调整为每亩17.8万元，2017年调整为每亩19.6万元。目前，重庆地票交易平均价格为每亩20万元左右。2016年河南郑州市推出"复垦券"，明确最低保护价为每亩16万元，交易时基本以每亩30万元的最高限价成交。

为避免价格起伏引发同一区域不同时期申请复垦农户获得收益差距大等矛盾，建议参照《城乡建设用地增减挂钩节余指标跨省域调剂管理办法》规定，对成渝地区、长三角地区交易的建设用地增减挂钩指标进行政府定价，即每亩30万元。同时，依照支援地与受援地的通货膨胀率水平、经济发展状况、财政状况等情况，适时对该政府定价进行调整。指标交易价款归土地所有权和使用权主体，提升农户及农村集体经济组织申请宅基地复垦的积极性，有效增加国土绿化面积。

五、结语

"新时代推进西部大开发形成新格局"的重要使命之一是"促进西部地区经济发展与人口、资源、环境相协调"，实现乡村振兴。完善对口支援三峡库区等长江上游区域经济社会发展与环境保护工作机制，保护好长江上游生态环境，促进长江上游地区经济社会发展，关系到成渝地区双城经济圈建设战略实施，关系到长江经济带战略定位及国际经济合作竞争新优势的培育。新时代长江上下游跨区域生态补偿，要以习近平生态文明思想为指导，坚持生态环境"共建、共治、共享"，统筹解决长江上游生态环境问题，"共抓大保护、不搞大开发"，实现长江经济带乃至全国范围内生态环境利益与经济利益协同。这就需要：在思想层面，形成对口支援双方经济社会发展和生态环境向好的合作共赢意识。在制度层面，国家统筹、相关省市配合，出台法律法规及政策措施，推动跨区域市场化生态补偿。在实践层面，探索开展成渝地区与长三角地区生态产品跨区域交易；待条件成熟，推进长江（包括四川、重庆、青海、云南等省市）、黄河等流域上游生态产品跨区域交易至中下游甚至全国，在更大范围内实现生态产品价值，支持长江等流域上游"绿水青山"成为"金山银山"，实现各区域经济、社会、生态协调运行，建设美丽中国。

参考文献

[1] 全国首个跨省流域生态补偿机制试点3年 新安江清了、净了、美了[N]. 人民日报，2014-12-

12（9）.

[2] 1.26亿元！河南"赌"赢了山东［N］. 人民网，2022-07-08.

[3] "改革开放40年地方改革创新40案例"名单揭晓（附名单）［N］. 扬子晚报网，2018-12-27.

[4] 黄奇帆. 建设土地指标交易价格人为固化，成都模式10年来每亩30万［N］. 搜狐千里眼，2020-05-11.

[5] 重庆地票模式第二城 河南郑州推出复垦券［N］. 经济观察网，2016-12-24.

[6] 孙翔，王玢，董战峰. 流域生态补偿：理论基础与模式创新［J］. 改革，2021（8）：145-155.

[7] 麻智辉，高玫. 跨省流域生态补偿试点研究——以新安江流域为例［J］. 企业经济，2013，32（7）：145-149.

[8] 谢婧，文一惠，朱媛媛，等. 我国流域生态补偿政策演进及发展建议［J］. 环境保护，2021，49（7）：31-37.

[9] 颜珂，刘晓宇. 福建省顺昌县探索森林生态银行 绿了山林 富了口袋［N］. 人民网，2022-03-01（7）.

[10] 张丽荣，孟锐，潘哲，等. 生态保护地空间重叠与发展冲突问题研究［J］. 生态学报，2019，39（4）：1351-1360.

[11] 郜志云，姚瑞华，续衍雪，等. 长江经济带生态环境保护修复的总体思考与谋划［J］. 环境保护，2018，46（9）：13-17.

第三篇　乡村振兴

全面推进乡村振兴：战略意义、关键问题与实现路径[①]

陈锴民　姚树荣

一、引言

党的二十大指出，我国已进入战略机遇和风险挑战并存的时期，必须统筹发展与安全。[1]全面推进乡村振兴，既是扩内需、畅循环、强韧性的关键举措，也是落实粮食安全、生态安全、社会安全等多维安全目标的基础支撑，所谓"农为邦本，本固邦宁"。两大战略交汇，凸显了乡村振兴的极端重要性，但同时也提出了新的挑战。从统筹发展与安全的视角看，全面推进乡村振兴必须统筹处理好推动乡村发展与保障粮食安全、加快乡村建设与保障生态安全、深化乡村改革与保障社会安全等三大关键问题。当前，不少地方出现了耕地"非粮化、非农化"现象，严重威胁粮食安全，同时又不同程度存在"用地难"的问题。如果不能够适时调整乡村振兴的思路，"全面推进"势必加剧发展与安全的矛盾。问题的复杂性与胶着性要求将乡村振兴和统筹发展与安全结合起来系统研究。如何统筹处理好发展与安全的关系，已成为全面推进乡村振兴亟待破解的重大理论与现实难题。

习近平总书记指出，乡村振兴是一个关系大局的重大问题。[2]自党的十九大部署乡村振兴以来，学界针对乡村振兴的深刻内涵、关键问题和实现路径开展了广泛研究。学者们普遍认为，乡村振兴不仅要实现经济快速发展，更要兼顾粮食安全、生态安全、社会安全、文化安全等多维目标（温铁军等，2016[3]；刘奇，2020[4]）。魏后凯（2022）提出，全面推进乡村振兴必须统筹好发展与安全，坚持底线思维。[5]高帆（2022）认为，乡村发展对超大规模国家的整体现代化提供了粮食、生态和社会安全。[6]同时，发展与安全难统筹也是全面推进乡村振兴的现实"痛点"，实践中频发乡村发展、农业生产与生态建设"争地"问题。现有研究为理解全面推进乡村振兴中统筹发展与安全关系的重要性提供了良好启发，但尚有深化研究之必要。一是将乡村振兴和统筹发展与安全相结合的系统研究成果还不多见；二是对统筹乡村振兴中发展与安全关系的研究仍停留在阐

[①] 作者简介：陈锴民，四川大学经济学院政治经济学专业博士研究生；姚树荣，四川大学经济学院教授。本文是四川省哲学社会科学规划重大项目"全面推进乡村振兴研究：战略意义、关键问题与实现路径"（SC22ZD007）的阶段性成果。

释阶段，较为缺乏理论与实践结合的分析。有鉴于此，本文拟从统筹发展与安全的视角，系统论述全面推进乡村振兴对于构建新发展格局与新安全格局的战略意义，并对当前面临的发展与安全矛盾问题进行深入分析，从而有针对性地提出新时代全面推进乡村振兴与统筹处理好发展与安全问题的思路和建议。

二、统筹发展与安全视角下全面推进乡村振兴的战略意义

（一）全面推进乡村振兴是加快构建新发展格局的关键举措

1. 全面推进乡村振兴对扩大内需起着重要作用。内需不足，特别是农村消费需求不足，是我国经济循环的主要痛点。[7]受百年变局和疫情等多重因素冲击，2022年我国消费和对外贸易对GDP的贡献率分别为32.8%和17.1%，内外需求市场遭受巨大冲击，经济恢复承压明显。特别是，2022年全年社会消费品零售总额为42.97万亿元，其中乡村消费比例仅占13.48%。而同期我国城镇化率为65.22%，乡村人口仍高达4.9亿人，占比为34.87%。两相比较可见，广阔的农村市场潜力尚未得到有效释放。农村消费需求不足是我国经济发展中长期存在的一个问题，既有城乡二元体制下乡村发展乏力、城乡差距拉大的制度因素，也有农村消费市场发育不足、硬件设施建设落后的市场因素。全面推进乡村振兴将进一步补齐乡村发展和建设存在的诸多短板，通过产业振兴、人才振兴、组织振兴等举措，不断提升农村居民收入、完善农村社会保障、丰富农村消费业态、扩大农村消费规模，为我国经济发展释放巨量的消费需求。

2. 全面推进乡村振兴能有效畅通城乡经济循环。当前，城乡要素流动不畅、城乡经济循环受阻仍是全面推进乡村振兴、实现城乡融合发展面临的一大难题。综观世界工业化国家发展规律，基本都经历了从城市优先发展实现经济快速腾飞以完成初步现代化，到通过城乡经济循环反哺农村加快农业农村发展速度，从而实现全面现代化的历程。在这一过程中，农村由于发展的长期滞后需要外力的引入，城乡经济循环的畅通也往往面临着历史积累的诸多障碍。立足于我国从城乡分离对立走向城乡融合统一的历史阶段，要把握这一阶段的基本特征，破除城乡经济循环在制度政策、经济环境、产业结构和发展程度等多层次多维度的障碍。全面推进乡村振兴将进一步深化城乡制度改革，为城乡要素、资源和人才的双向流动提供空间和条件，不断打破城乡融合的体制机制束缚，从而有效畅通城乡经济循环，为经济发展释放更大活力。

3. 全面推进乡村振兴将为增强国内大循环内生动力和发展韧性提供支撑。"十四五"时期国内外形势已发生重大变化。从外部环境看，中美贸易摩擦持续、逆全球化形势蔓延、疫情常态化三重冲击叠加，导致外需不振，国际经济循环严重受阻；从内部环境看，国内经济规模持续扩大，人民收入水平不断提升，内需扩大具备坚实基础，以国内经济循环为主条件已然成熟。构建新发展格局，关键在于畅通国内大循环。一方面，畅通国民经济循环要求供需的有效衔接，而农村发展滞后带来的内需严重不足是制约国内大循环畅通的重要障碍。全面推进乡村振兴，将改善城强乡弱格局，通过乡村的快速发展为我国完善内需体系和超大市场规模优势的充分发挥奠定基础。另一方面，推进国

内大循环畅通升级依赖于生产体系在质量和水平上的不断升级。全面推进乡村振兴依托广阔的农村空间和充分畅通的城乡经济循环将为产业链、供应链和价值链的拓展创新提供空间和条件。通过全面推进乡村振兴实现供给侧与需求侧的有效衔接，将带动国民经济循环进入要素配置赋能产业升级、产业发展提振居民收入、居民收入增加形成旺盛需求、需求牵引供给的良性循环，为我国经济的持续健康发展提供强大的内生动力和发展韧性。

（二）全面推进乡村振兴为加快构建新安全格局提供战略支撑

1. 全面推进乡村振兴有利于保障粮食安全。习近平总书记反复强调粮食安全是"国之大者"，要坚持把饭碗牢牢地端在自己手上。近年来，我国粮食年产量持续保持在1.3万亿斤以上，很好地保障了国家粮食安全，保证了14亿人民能吃饱饭、吃好饭。粮食安全的有力保障靠的是党中央的极端重视和科学部署、立足自身实际的经营制度和产业体系，更重要的是近2亿农人的辛勤劳动和奉献。过去几年，面对国内外百年变局与疫情的严峻挑战，粮食安全的有力保障对经济平稳运行、社会安定团结起到了重要作用，充分证明了粮食安全为国之大者，是实施乡村振兴战略的首要任务，必须毫不动摇、毫不松懈、长抓长治。只有牢牢把住粮食安全主动权，才能为国家经济发展营造稳定环境，以应对外部形势的不确定性。因此，党中央适时部署全面推进乡村振兴，从产业、人才、文化、生态和组织五大振兴着手破解当前"三农"问题中存在的障碍束缚，将进一步加快农业现代化步伐，对于全方位夯实粮食安全根基具有重要战略意义。

2. 全面推进乡村振兴有利于保障生态安全。推进生态文明建设，确保生态安全，是实现中华民族永续发展的基础条件。近年来，快速城镇化与工业化伴随的生态破坏和环境问题频频出现，引发社会广泛关注。在以生态环保督察制度为代表的环境保护政策的规制下，城市生态环境问题逐渐得到解决。而乡村建设中出现的乡村生态环境问题尚未得到重视和解决。伴随着大批乡村获得发展，诸如面源污染、垃圾围村、污水横流等生态环境破坏问题为乡村振兴蒙上了一层阴影。经济发展会对生态环境的承载力提出更大挑战，若不预先防范和有效重视，往往会带来严峻的生态环境风险。因此，习近平总书记多次强调要重视生态安全，指出"我们不能把加强生态文明建设、加强生态环境保护、提倡绿色低碳生活方式等仅仅作为经济问题。这里面有很大的政治。"[8]生态安全已成为"最终的安全"和"政治稳定的环境基础"。[9]全面推进乡村振兴，建设宜居宜业和美乡村，将有力保障生态安全，将乡村发展引入人与自然和谐共生的中国式现代化道路上来。

3. 全面推进乡村振兴有利于保障社会安全。习近平总书记指出："在现代化进程中，如何处理好工农关系、城乡关系，在一定程度上决定着现代化的成败。"[10]全面推进乡村振兴、实现城乡融合发展是扎实推进现代化建设的重大历史任务和时代课题，必须坚定不移地推进城乡制度改革，扎实推动城乡融合进程。自2003年党的十六届三中全会明确提出统筹城乡发展以来，党中央高度重视城乡统筹和"三农"问题，持续出台促进城乡要素流动的重要政策，为城乡融合发展奠定了良好基础。然而，在推进城乡要素流动中也出现了诸如要素从乡村到城市单向流动、农村发展滞后问题加重、城乡收入差距持续高位等众多问题，进而对社会稳定形成冲击。社会长期和谐稳定是经济持续平稳发展的重要保障，而当前城乡发展差距已成为我国发展与安全的突出短板。全面推进乡村振兴有利于改善农民生活、提升农民收入、缩小城乡差距，将为我国现代化建设奠定和谐的社会基础。

三、全面推进乡村振兴面临的三大发展与安全难题

（一）保障粮食安全面临"无人种粮、无地种粮、无力种粮"三大难题

1. 种粮比较收益过低正导致"无人种粮"。保障粮食安全面临的首要难题是种粮收益持续低迷导致的农业从业人员不断减少问题。为有效保障粮食安全，历年来党中央高度重视农业发展，制定了大量政策支持农业发展，鼓励号召农民更多地种粮食。然而，对于农民个体而言，种植粮食的比较经济收益是影响种粮的积极性和稳定性的关键因素。2004到2020年我国三大主粮平均生产成本涨幅达183.5%，而同期平均出售价格涨幅仅为72%，种粮收益大幅收窄，甚至在考虑到自用工成本后可能为负。因此，持续走低的种粮比较效益，正导致大量农民不愿意种粮食。与此同时，伴随着城市化进程持续推进，人口城市化率也不断提高。以乡村人口为例，当前我国乡村人口占比已从2000年的63.91%下降至2022年的34.78%，年均降幅达1.32%，与此相伴随的第一产业就业人员数从3.6亿人降低至1.7亿人，占同期就业人员比例从50.6%下降到20.9%，累计减少达1.9亿人。此外，农村空心化带来的"老人农业"问题正日渐突出，55岁及以上农业就业人员占比超过1/3。[11]随着老年人口逐渐逝去，"无人种粮"问题正日渐凸显。

2. 农村产业结构调整正加剧"无地种粮"。耕地是粮食生产的基础资源，耕地"非农化""非粮化"现象不断加剧对粮食安全提出了新的挑战。虽然我国国土面积居世界第三位，但受到地形地势等因素影响，优质耕地数量并不多，人多地少的国情决定了，要确保粮食安全，势必要求将很大部分耕地用于种粮。因此，国家出台了大量严格进行耕地保护的政策措施，反复强调要确保18亿亩耕地红线，并进一步划定仅允许种植粮食的永久基本农田。然而，经济社会发展建设要求不断增加土地要素投入，这使得耕地"非农化、非粮化"现象必将长期存在。近年来，耕地"非农化、非粮化"现象频发，一方面正是因为乡村振兴战略深入实施，不断加快乡村发展建设，非农产业获得发展，耕地面积遭受城乡发展建设需求"挤压"所致。第三次全国国土调查数据显示，我国耕地总面积与第二次全国土地调查相比，减少了1.13亿亩，降幅达5.6%。此外，各地频现挖田造湖、挖田造河、农田上山等问题，对有效保障粮食安全提出了新的挑战。另一方面，则是受到食物消费结构变化等因素影响，非粮产业加快发展，从而推动农业种植结构的加速调整。2016年以来，耕地"非粮化"现象呈扩大态势，粮食播种面积占农作物总面积比例趋降，最高降幅达1.7%，非粮作物种植面积大幅上升正在不断挤占粮食种植比例。[12]

3. 农业产业水平滞后或面临"无力种粮"。国家粮食安全的有效保障，更依赖于农

业产业的现代化水平。2022年我国三次产业结构中，第一产业GDP占比已降至7.3%，就业人口占比也降至20.9%。同期，美国第一产业GDP占比和就业人口占比分别仅为0.9%和1.3%，而日本第一产业GDP占比也不足5%，就业人口占比则为3.5%。因此，从未来一个时期来看，我国农业产业产值和人口占比仍处于下降通道。在农业产业就业人口与产业产值比重双重下降的背景下，有效保障粮食安全，更依赖于农业产业现代化水平的提高。然而遗憾的是，相较于这些发达国家，我国农业产业水平仍较为落后。由于土地和人口城市化进程不断发展，以及长期存在的城乡二元结构影响，我国第一产业现代化水平长期滞后于第二三产业，农业中资本、技术、管理等现代化要素长期匮乏，导致我国农业生产存在着生产规模小、组织化程度低、技术水平落后、抗风险能力弱等突出问题。以农业劳动生产率为例，2022年我国农业劳动生产率为4.8%，在全球156个经济体中位于后30%。因此，保障粮食安全亟待加快农业产业现代化进程，以应对当前的诸多难题。

（二）保障生态安全面临三大挑战

1. 农业污染问题严重对保障生态安全提出挑战。在我国从农业大国向农业强国转型过程中，如何实现农业发展与生态安全的协调统一是需要着重把握的关键问题之一。追求粮食的高效增产一直是农业发展的核心目标，但是对于生态环境的忽视也造成了突出的环境问题，如土壤耕作层变薄、面源污染问题严重。同时，农业规模化与机械化中石油、农药、化肥等的大量使用，也对食物安全、自然承载力提出了更大挑战。粮食安全与生态安全交织下的农业污染问题已经成为当前生态保护面临的一个重点和难点问题。横向对比来看，国际上各发达国家也大都经历了从对农业生态环境问题忽视到重视的过程，但滞后治理的成本代价是高昂的，甚至有些污染是难以得到有效解决的。因此，西方传统的以高效增产为第一目标而忽视资源环境代价的农业现代化进程，并不符合我国当前全面推进绿色发展的要求。党的二十大报告指出"中国式现代化是人与自然和谐共生的现代化"。如何实现农业绿色发展，长效治理农业污染问题是全面推进乡村振兴面临的一大挑战。

2. 乡村建设不断提速对保障生态安全提出挑战。乡村生态安全保障的第二个挑战来自全面推进乡村振兴背景下乡村建设的不断提速。乡村地域范围广阔、生态环境类型多样等特点决定了乡村生态保护是我国生态安全保护的重点领域。党的十九大以来我国实施乡村振兴战略，扎实推进乡村建设，为乡村增加了大量基础设施和公共服务，极大改善了乡村的落后面貌。其中，着重整治了农村人居环境，连续出台《农村人居环境整治三年行动方案》《农村人居环境整治村庄清洁行动方案》等，使得农村的垃圾围村、污水横流等问题得到相当程度解决。不过，总体来看，目前乡村生态文明建设水平仍是较为落后的，与城市生态文明建设水平存在较大差距。数据显示，2019年，我国城市生活污水处理率和污水处理厂集中处理率分别为96.81%和94.81%，而乡村仅为54.43%和45.26%，二者间差距高达42.38%和49.55%。[13]因此，如何在乡村振兴中全方位加强生态文明建设是全面推进乡村振兴的重点之一。必须不断纠正现存的重视经济价值开发而忽视生态价值提升、重视人造环境改善而忽视自然生态修复、重视聚集地区建设而忽视自然环境保护等突出问题，把生态文明建设放在更重要的位置上。

3. 生态保护资金匮乏对保障生态安全提出挑战。导致农村生态环境污染日趋严重、未得到根本扭转的既有思想意识的因素，也有体制性制度性因素。具体来看，城乡二元结构下，国家发展建设的重心一直在城市，导致农业农村环境的整治和保护不受重视，有限的生态环境保护和污染防治资金多用于城市当中。此外，乡村经济发展水平仍较为落后，农村居民的生态环境保护意识较差，多元化的生态文明建设社会投入机制远未形成。因此，目前来看，要实现乡村生态安全的有效保障，仅凭农民的自律意识和农村集体的微薄投入显然是不够的。缺乏完善的乡村生态投入保障机制正在对生态安全保护提出严峻挑战，若不能提前部署、加大投入、完善制度，可以预见的是，乡村发展建设速度越快，生态安全面临的挑战就会越大。如何统筹乡村发展建设和生态安全保障已成为新时期全面推进乡村振兴面临的难题之一。

（三）保障社会安全面临三大风险

1. 城乡要素单向流动为乡村发展带来的不确定因素。如何破解农民共同富裕难题，以城乡居民共同富裕夯实国家社会安全基础是全面推进乡村振兴要解决的核心问题之一。在近年来不断进行的城乡融合发展的制度改革导向下，城乡之间交流的体制障碍正在不断减少，从而带动了巨量农村人口涌入城市，通过分享城市发展红利提高了收入水平。然而，城乡要素的流动是乡村向城市的单向流动，乡村发展滞后的同时叠加要素不断外流，对乡村振兴造成了突出困难，也为乡村发展带来了不确定因素。以土地要素为例，农民缺乏对土地的完整产权导致农村土地市场发展严重滞后，农民无法利用闲置建设用地发展第二三产业增加非农收入，城市资本也无法下乡投资，加剧城乡间要素的单向流动。[14]如何改善或扭转城乡要素单向流动的难题，已成为全面推进乡村振兴面临的一大挑战。

2. 市民化成本高企为城市化进程带来不确定因素。农民市民化进程不符预期也为我国城乡融合发展带来了不确定因素。2016年以来，我国农民工规模按每年1%的速度增长，2022年我国农民工群体规模已达2.96亿人，约占全国人口的20%，其中，本地农民工规模达1.2亿人，外出农民工规模达1.7亿人。巨量劳动力从农村向城市的持续转移已成为当代中国的一大特征，为我国经济发展注入强大动力。然而，尚未完全破除的城乡二元的住房、医疗、养老、教育、社保等制度仍在相当程度上制约着劳动力在城乡之间的自由流动，抑制了农村劳动力向城市流动的动力和能力。以住房为代表，我国房价持续攀升，房价收入比已居世界前三，导致城市生活成本高昂，对农民市民化进程提出严峻挑战。总体来看，二元结构下的城市化表现为"经济吸纳、社会排斥"，导致农民进入城市而无法市民化，只能成为农民工往返于城乡之间，像候鸟一样在城市打工地和农村居住地之间周期性迁移，进而产生农民工制度性歧视、留守儿童、农村老龄化空心化等系列社会问题。

3. 农村改革推向深入为社会稳定带来不确定因素。当前，乡村振兴已进入全面推进的历史阶段，新一轮农村改革逐渐进入深水区，改革与稳定的矛盾正在凸显。其中，农业经营制度和农村土地制度改革是当前农村深化改革的矛盾焦点。一方面，小农户生产方式与市场化生产要求存在突出矛盾。改革开放以来，我国农业实行家庭生产经营模式，激发了广大农民群众的生产活力，为粮食持续高产打下坚实基础。但小农户规模较小，技术较弱，应对市场能力不足的先天弱势正在导致农业生产与市场消费的脱节，如何加强小农户与现代农业的有效衔接已成为理论与实践上的难题。另一方面，坚持土地保障性功能与释放土地财产性功能的矛盾日渐突出。由于长期以来农村社会保障体系建设的不足，土地在保障农民生活方面发挥了重要作用。因此，不管国家层面还是农民层面，都将土地视作根本，也导致农村土地制度改革进程缓慢。虽已明确让市场在资源配置中起决定性作用，但在农村土地入市问题上仍争议不断，遭遇重重阻碍。如何兼顾农民保障与唤醒土地资源成为能否取得改革实效、保持社会长期稳定的关键问题。

四、在统筹好发展与安全中全面推进乡村振兴

（一）综合使用产业强农和财政支农手段统筹粮食安全保障与农民种粮收益

第一，持续强化粮食补贴支持政策效果。立足我国大国小农的基本农情，农民仍将是农业生产的主体力量，如何有效提高农民种粮的收益水平是破解粮食安全保障问题的关键。一方面，要坚定不移地加大财政支农的力度和规模。各级政府要充分认识到粮食安全的极端重要性，落实好中央农资补贴和种粮补贴政策，适时扩大补贴支持政策的范围和力度，增强补贴支持的精准性和实效性，让农民务农种粮不吃亏，激发农民种粮的积极性。另一方面，要不断完善粮食生产支持政策体系。要完善粮食主产区与主销区的横向利益补偿机制，丰富粮食补贴的资金渠道。同时，把粮食安全保障放在地方政府考核的重要位置，强化粮食安全责任考核，将对粮食安全真抓实干、卓有成效的干部提拔重用，让地方重农抓粮不吃亏，激发地方政府保障粮食安全的积极性。

第二，严格落实耕地保护政策要求。耕地是粮食安全的生命线，没有充足的耕地资源是无法实现粮食安全的长治久安的，因此，耕地红线必须要长抓不放。一方面，要不断加大耕地破坏的惩戒力度。严格落实耕地保护党政同责，严肃处理违法违规占用耕地问题，坚决遏制耕地"非农化""非粮化"趋势，强化耕地资源保护效果。另一方面，要持续优化耕地资源管控体系。以全域土地综合整治为抓手，完善耕地占补平衡和进出平衡政策，增强耕地管控的弹性。适应乡村振兴实践需要，持续优化乡村空间布局，从而有效协调产业发展、乡村建设与耕地保护的关系。通过空间治理的刚性管理与弹性调整的融合统一，不断增强我国耕地保护制度韧性。

第三，推进大农业产业体系优化升级。一方面，要树立大食物安全观。既强调传统主粮安全，也要重视非主粮安全；既要强调耕地安全，也要重视整个国土资源潜力的拓展。积极顺应人民群众食物消费需要的变化趋势，通过农业产业结构的不断调整和优化，发挥各地区各主体的比较优势，构建多元化的食物供给体系。另一方面，要强化小农户与现代农业的衔接。小农户是我国农业生产的主体力量，如何充分发挥小农户的积极作用是稳定我国农业生产体系的关键。当务之急是要形成"联农、带农、富农"的衔

接机制，宜以完善农业专业化社会化服务体系为突破口，为小农户技术提升、管理改善和市场拓展充分赋能，将小农户引入现代农业发展轨道。

（二）以技术支撑、空间重构和制度完善统筹生态安全保障与宜居宜业和美乡村建设

第一，推动农业生产绿色转型。有效治理农业各类污染问题、坚决遏制农业污染加重趋势，要求扭转农民化肥和农药投入不断增长状况，提高农业生产经营绿色水平。一方面，要加强宣传教育引导，不断提高农业生产相关主体的生态保护意识，充分认识农业面源污染和生态退化的长久危害，坚持农业发展的绿色导向。另一方面，要推广绿色农业技术，通过进行政策引导、完善监督管理、加大扶持力度等举措综合施策，加快绿色农业技术的研发、应用和推广。同时，也要加大对农业污染防治的资金投入和控制检测力度。

第二，建设宜居宜业和美乡村。乡村是一个集生产、生活和生态于一体的三生空间，宜居宜业和美乡村建设的提出正适应全面推进乡村振兴的需要。一方面，要对乡村进行空间重构，引导乡村人口适度集中，产业适度集聚，从而协调人居环境和自然环境关系，优化乡村生态、生活和生产空间布局。另一方面，运用设计、工程等技术手段，激活乡村的经济价值、社会价值和生态价值，比如通过建设绿色"宜居"的乡村，为"宜业"创造基础和条件，通过建设绿色"宜业"乡村，把乡村的绿水青山更好地转化为金山银山。

第三，完善乡村生态治理制度。习近平总书记强调，保护生态环境必须依靠制度、依靠法治。生态安全是国家利益，单靠农民和农村是不够的，必须要完善体制机制，形成全社会共保格局。一方面，要健全乡村生态保护的制度体系，完善乡村生态保护的法律法规，强化乡村生态治理的监管措施，不断加大乡村生态文明建设的投入力度。另一方面，要激活市场活力和社会动力，进一步完善激励机制和投融资模式，逐步建立完善以碳汇、景观、生物多样性等为代表的生态补偿机制，积极探索乡村生态产品价值实现机制，吸引社会资本参与。

（三）联动推进要素市场化与城乡一体化改革统筹社会安全保障与城乡多维融合

第一，稳慎推进城乡融合制度体系改革。党的二十大强调，全面推进乡村振兴要坚持城乡融合发展、畅通城乡要素流动。城乡融合包含要素的融合、产业的融合、空间的融合、生态环境的融合、治理的融合与制度的融合，其中推动城乡要素对流、畅通城乡经济循环是实现城乡融合发展的关键。一方面，要坚定要素市场化改革导向，坚决破除妨碍城乡要素对流的体制壁垒，为城乡要素流动创造空间和条件。另一方面，要坚持农业农村优先发展，加快形成城乡均等普惠的社会保障制度，不断提高对乡村发展建设的政策、资金和人才的投入力度，引导城市要素向乡村流动，为全面推进乡村振兴提供制度保障。

第二，持续推进农民就地就近城镇化。《乡村振兴战略规划（2018—2022）》指出，

"加快发展中小城市,完善县城综合服务功能,推动农业转移人口就地就近城镇化。"相较于传统城市化模式的成本高昂,推动农民就地就近城镇化更适于全面推进乡村振兴的需求。一方面,以县域城乡融合发展为抓手,大力发展县域经济,缩小县城与大中城市在基础设施和公共服务等方面的差距,提高县城的综合承载能力,吸引农民在家乡附近县城实现就近城镇化。另一方面,以乡村振兴为抓手,加快提升乡村建设水平,同时对适度集聚、适宜改造的中心乡镇进行城镇化改造,提高就地城镇化能力,为农民市民化提供多种选择。

第三,建立健全乡村振兴共建共治共享机制。在全面推进乡村振兴中形成"共同参与、共同受益"的共治格局,既要切实维护农民权益,也要维护其他主体的合法权益。一方面,坚持"农村人主导农村事",让农村居民在乡村振兴的过程中通过"干中学",提升参与乡村建设和治理的能力水平,培育起乡村振兴的内生动力。另一方面,秉承城乡一体观念,不断打开城市人才下乡的制度阻碍,完善乡村人才引进的培养体系和激励机制,引导更多人才在乡村振兴中成为"新村民",为乡村振兴提供新鲜活力。

参考文献

[1] 习近平. 高举中国特色社会主义伟大旗帜 为全面建设社会主义现代化国家而团结奋斗[N]. 人民日报,2022-10-26(1).
[2] 习近平. 坚持把解决好"三农"问题作为全党工作重中之重,举全党全社会之力推动乡村振兴[N]. 人民日报,2022-04-01(1).
[3] 温铁军,张俊娜,邱建生,等. 国家安全以乡村善治为基础[J]. 国家行政学院学报,2016(1):35-42.
[4] 刘奇. 保障三大安全是乡村振兴的基础[J]. 中国发展观察,2020(Z2):99-101.
[5] 魏后凯. 全面推进乡村振兴必须坚持底线思维[J]. 中国农村经济,2022(12):2-6.
[6] 高帆. 中国乡村振兴道路的"特色":含义和意义[J]. 当代经济研究,2022(6):34-45.
[7] 姚树荣,陈锴民,崔耀文. 土地要素市场化配置与畅通国民经济循环[J]. 政治经济学评论,2022,13(6):35-53.
[8] 中共中央文献研究室. 习近平关于社会主义生态文明建设论述摘编[M]. 北京:中央文献出版社,2017:5.
[9] 余敏江,邹丰. 总体国家安全观下的生态安全:风险感知、形态进化与系统治理[J]. 治理研究,2022,38(5):73-82+126-127.
[10] 习近平在中共中央政治局第八次集体学习时强调 把乡村振兴战略作为新时代"三农"工作总抓手 促进农业全面升级农村全面进步农民全面发展[N]. 人民日报,2018-09-23(1).
[11] 谢玲红,张琛,郭军. "无人种地"问题再辨析[J]. 中州学刊,2022(7):44-52.
[12] 高鸣,张哲晰. 新时代走出"谁来种粮"困局的思路和对策[J]. 中州学刊,2022(4):36-42.
[13] 王宾,于法稳. "十四五"时期推进农村人居环境整治提升的战略任务[J]. 改革,2021(3):111-120.
[14] 姚树荣,周诗雨. 乡村振兴的共建共治共享路径研究[J]. 中国农村经济,2020(2):14-29.

面向乡村振兴的制度体系变革[①]

李海卫 姚树荣

我国是一个拥有五千年农耕历史的农业大国，乡村是重要的组成部分，以农业糊口、手工业养家的农工并重发展模式使乡村长期保持了高度自给。新中国成立以来，我国以工农产品价格剪刀差和对农地的用途管制方式实现了城市资本积累、工业化和现代化，失去手工业和乡村工业贴补收入的农民只能依靠出售农产品谋生，成为城市附庸的乡村发展缓慢。党的十八大以来，发展不平衡不充分成为我国社会主要矛盾，而城乡发展差距是其中的突出矛盾。不解决乡村发展的问题，城市发展后劲不足，我国难以实现高质量和可持续发展。国家高度重视乡村问题并于2017年提出了乡村振兴战略，注重从制度层面破解乡村振兴难题，取得了重要进展。但从实践中看，乡村振兴的制度改革还存在碎片化、不系统、不协调的问题，一些制度之间相互掣肘、互相制约，导致改革推进艰难，系统效应难以体现。因此，需要厘清乡村振兴的制度需求以及诸制度之间错综复杂的关系，研究如何通过体系化的制度变革推动乡村振兴。

一、文献综述

对于如何推进乡村振兴，学界从产业发展、规划引导、乡村治理、制度改革等方面展开了研究。

在产业发展方面，现有研究指出了乡村振兴的三种产业发展路径：一是通过乡村工业化（王景新和支晓娟，2018；杨忍等，2019），立足东部区位和历史上乡村工业化的发展优势推进乡村振兴；二是推进乡村第一二三产业融合（黄祖辉，2018），其中以发展休闲农业和乡村旅游的乡村振兴路径得到了众多学者的支持（贺雪峰，2018；陆林等，2019）；三是强调农业为主的发展战略，立足资源禀赋发展有机农业、品牌农业等特色优势农业，推动农业适度规模经营，延长现代农业产业链，发展壮大集体经济（陈锡文，2012；郭晓鸣等，2018）。

规划引导强调以土地规划等推动产业落地，协调人地钱关系。其中，刘彦随

[①] 作者简介：李海卫，四川大学经济学院硕士研究生；姚树荣，四川大学经济学院教授。本文是四川省哲学社会科学规划重大项目"全面推进乡村振兴研究：战略意义、关键问题与实现路径"（SC22ZD007）的阶段性成果。

（2018）强调了乡村总体规划、乡村建设规划在乡村振兴中的重要性；龙花楼等（2018、2020）进一步指出了通过土地综合整治和土地利用转型调控区域人地关系，因地制宜地实现乡村产业结构和人力资源结构转型的乡村振兴实现路径。

乡村治理体系建设直接影响乡村振兴成效。对于如何通过乡村治理推进乡村振兴，学者们从农村基层治理体系建设（郭远智等，2019）、乡贤参与乡村治理（孔新峰和齐高龙，2022）、乡村社会管理和公共服务建设（秦中春，2020）等方面进行了研究。制度改革滞后是实施乡村振兴战略的最大制约，乡村振兴主要面临以下制度阻碍：一是城乡二元的土地制度，差异性的建设用地利用制度和土地用途管制导致乡村产业发展受限（姚树荣和周毓君，2018），学者们从宅基地制度改革（严金明，2019；郭贯成和盖璐骄，2021）、产业用地制度改革（陈美球，2018）、集体经营性建设用地入市（周应恒和刘余，2018）、农地"三权分置"（洪银兴和王荣，2019）和征地制度改革（严金明等，2018）等角度分别进行了深入研究；二是户籍和社会保障制度阻碍，户籍及附着于户籍之上的城乡公共服务和社会保障服务的差异导致城乡要素流动受阻，相关研究指出要推动建立城乡无差异的基本养老、医疗保险体系，推进城乡公共服务一体化（郭晓鸣等，2018）；三是现有财税制度的阻碍，出于维系土地财政发展模式的考虑，担忧农地入市对土地财政形成冲击，强调要注重探索分税制改革方案，支持乡镇发展税源经济，加大县域财政和涉农部门财政建设，完善乡村公共品供给（肖卫东，2022）；四是治理体系上的阻碍，认为政府主导无效率，会造成供给侧结构性矛盾和供需失衡，指出要推动乡村治理和组织制度改革（姚树荣和周诗雨，2020）；五是金融制度建设不完善，乡村融资难、金融供给不足，认为要创新金融机制，为乡村振兴项目融资（何广文和刘甜，2018）。

乡村振兴是一个复杂的系统工程，执行起来会遇到体制机制和不同利益集团的掣肘。因此，近年来学界更加注重研究制度上的协调推进和系统改革，目前有关乡村振兴的制度系统变革主要有以下研究主题：一是土地制度与户籍社保制度的协同改革，从改变城市偏向的公共政策、改革城乡二元体制、实现城乡居民权利平等、完善农地"三权分置"制度等角度点出了乡村振兴战略的制度供给与体制改革方案（刘守英和熊雪锋，2018；韩立达等，2019；姚树荣和周诗雨，2020）；二是财税制度改革与户籍社保制度的协同改革，指出财税体系对户籍制度及福利分配差异的关系，认为只有财税制度与二元户籍制度协同改革才能为乡村振兴奠定制度基础（王瑜等，2019；唐琼，2022）；三是土地制度与财税制度变革，提倡地方政府转变发展目标，创新融资机制，转变行为模式，剥离政府经营土地职能并构建现代农村产权制度体系，使土地收益由投资为主向民生为主转型（王振坡等，2020）；四是土地制度与金融制度协同改革，提出要健全土地增值收益共享机制，健全农村金融体系，完善财政支农制度建设（刘俊杰和朱新华，2020）；五是从农村基层管理制度和制约城乡要素双向流动的制度因素（如户籍制度和农村宅基地制度）出发，提出推动以城乡要素流动、人才制度改革等为主要内容的第四次制度革命（温铁军等，2018）。

总的来看，现有研究从影响乡村振兴的制度因素和非制度因素方面进行了深入系统的分析。非制度层面学者们研究了产业发展、规划引导和乡村空间治理对于乡村振兴的意义，更多学者注重从土地、户籍社保、财税、治理等制度层面分析乡村振兴的制度阻碍及制度改革需求。随着各地实践的开展，越来越多的学者开始强调制度系统改革的重要性，制度间相互掣肘对乡村振兴的影响已经成为学界的共识，相关研究还指出了多种制度系统改革的乡村振兴路径。我国土地财政发展模式形成的过程就是城乡二元土地制度和户籍社保制度逐步固化的过程，没有财税制度和治理制度改革，土地制度改革和户籍社保制度改革难以迈向深水区。现有研究虽然讨论了土地、户籍社保、财税、治理等制度之间的关系，并给出了土地—户籍社保、财税—户籍社保、土地—财税金融、土地—治理等制度系统改革的方案，但是大多回避了财税制度掣肘土地制度和户籍社保制度改革的问题。土地、户籍社保、财税、治理等制度系统改革的研究比较缺乏，对于改革的力度、时序等也未详细说明。本文旨在从乡村振兴的制度需求出发，构建一个乡村振兴的理论分析框架，探讨土地、户籍社保、财税、治理等制度对乡村振兴的阻碍，厘清制度间错综复杂的关系及制度间的掣肘对乡村振兴的影响。最后基于制度系统改革的逻辑给出可行的面向乡村振兴的制度体系变革方案，化解乡村振兴中的制度体系阻碍。

二、乡村振兴的制度需求：一个分析框架

（一）乡村振兴的主要路径

乡村振兴强调要实现"产业兴旺、生态宜居、乡风文明、治理有效、生活富裕"，其最终目标是农民生活水平的有效提高和人居环境的有效改善。因此，可以将乡村人均 GDP 作为反映乡村振兴成效的核心指标。

$$乡村人均 GDP = \frac{乡村 GDP}{乡村常住人口} \tag{1}$$

由公式（1）可以看出，乡村人均 GDP 的提高可以通过减分母和增分子实现，具体来说有三种路径：一是推动农民向城市居民转变，以农民市民化和城镇化实现乡村常住人口规模的降低。与中高收入国家同等发展阶段相比，我国城镇化率明显偏低。2021 年我国农业产值仅占国内生产总值的 7.3%，但却负担了全国 35% 的农村人口。农村人多地少导致发展机会受限。面对近 5 亿农民，以城市反哺农村方式推动乡村振兴是不现实的。在农二代离土、离乡、不返乡的大背景下，乡村振兴首先要切实推动农业转移人口的市民化，城市积极吸纳农业转移人口，可以有效降低农村人口规模。二是加大政府财政支农力度，"输血式"提高乡村 GDP。发展经济学强调，后发国家往往无法靠自身摆脱贫困落后、资源密集型的发展模式，通常需要外部力量的干预才能实现"惊险的跳跃"，乡村振兴亦是如此。党的十八大以来，在党的领导和政府财政支持下，我国脱贫攻坚战取得了全面胜利，9899 万贫困人口全部脱贫。新时代乡村振兴的发展仍然需要政府的推动，通过加大财政转移支付力度为乡村基础设施建设和产业发展提供资金支持，以政策支持为乡村振兴培育土壤。三是推动乡村自我生长，培育乡村产业，"造血式"提高乡村 GDP。乡村振兴核心在于产业振兴，只有依托乡村资源禀赋发展现代农业、农产品加工、农业旅游等现代产业，培育乡村内生增长动力，最终才能实现可持续的发展。

（二）乡村振兴的制度需求

真实世界中制度无处不在，推进乡村振兴更离不开制度支持。上文指出的三种乡村人均 GDP 提高的路径背后也是由多种制度综合影响的。乡村有着丰富的生产要素，但现有制度阻碍了要素的有效组合，限制了乡村产出的增加。实现乡村振兴，首先要厘清其制度需求。

1. 农民市民化城镇化的制度需求。有序推进农业转移人口市民化可以从农业转移人口的农村退出、城市进入和城市融合三个环节着手。农业转移人口的农村退出需要土地制度改革的支持，尤其是土地承包制度和宅基地制度的改革。以土地承包制度改革和宅基地制度改革创造农民退出农村土地和农业的条件，实现农村剩余劳动力的转移。农业转移人口的城市进入需要城市高质量发展的支撑。只有城市高质量发展，才能为农业转移人口提供足够多且稳定的第二三产业就业岗位和生产生活要素。城市高质量发展需要财税制度、产权制度、创新激励制度等制度的保障。农业转移人口的城市融合则需要城市的包容性发展。提高城市对农村转移人口的认同感，使城乡户籍人口在教育、医疗、住房、就业等方面享有平等的权利，最终使农业转移人口扎根城市，成为城市居民，这需要户籍社保制度、就业制度和财税制度的共同发力。

2. 政府财政支农的制度需求。由于农村基本维持了以农业为主的发展模式，叠加国家在耕地保护、生态保护等方面的战略需求，乡村经济没有得到有效发展。国家虽然通过粮食最低收购价补贴、耕地保护基金等方式为农民提供了一定程度的补贴，但补贴和转移支付力度严重不足，农业比较收益低的现实限制了农民收入的持续增加。农村地区基础设施建设不足、社会保障力度不高的问题普遍存在。一方面，政府要加大对乡村的转移支付和政府购买力度，提高农民参与农业生产、保护耕地和生态环境的积极性，有效提高农民收入；另一方面，要通过加大基础设施、教育医疗投入力度，推进乡村公共物品提供和社会保障建设。这些目标的实现需要财税制度的支撑以及治理制度的改革。

3. 乡村自我生长的制度需求。乡村自我生长是指乡村通过农业现代化和三产融合发展，实现乡村造血式成长的过程。长期以来，农村是资本和技术的洼地，在城乡要素双向流动受阻的情况下，农村被迫维持小农经济。要推动乡村自我生长就要推动乡村产业发展，这需要改革长期以来的城乡二元土地制度，完善农村土地财产权，为农民创造原始资本积累条件。此外，乡村要改善营商环境，为产业落地和发展培育土壤，金融机构方面要推动金融体系改革，为农村产业发展提供资金保障，这需要乡村治理制度、府际关系和金融制度的深入探索。

（三）乡村振兴的制度供求矛盾

乡村振兴需要土地制度、户籍与社会保障制度、财税制度、治理制度、金融制度等制度改革的保障，但现有制度改革滞后，制度供给缺失导致乡村振兴面临众多制度桎梏。

1. 土地制度改革的供求矛盾。城乡二元土地制度来源于工业和城市优先的发展导向。新中国成立之初,为了实现工业的赶超发展,我国将农业产出的资源聚集到工业行业,走农村支援城市的道路。同时基于追赶逻辑和城市经济发展的需要,1998年《土地管理法》规定建用地只能使用国有土地,农民利用集体土地从事非农建设的权利被剥夺。长期以来,城乡土地在权利体系、配置方式、增值收益、用途管制等方面存在极大差异,农民土地权利受损,农村产业单一,农民在乡村地区的发展机会有限。城乡发展悬殊,耕地非农化非粮化问题严重。党的十八大以来,农村承包地"三权分置"改革、集体经营性建设用地入市改革陆续启动。但是,乡村建设用地配置不足、集体经营性建设用地在产业发展方面受限、宅基地制度改革推进缓慢等问题仍然是乡村振兴面临的关键难题。乡村建设用地配置不足,而在用途管制的约束下,农村集体土地能够发展的产业有限,制约了乡村产业发展。如果占农村集体建设用地70%以上的宅基地制度改革推进不了,农民就不可能真正"离土离乡"。只依赖农村有限的集体经营性建设用地,城市的资本、人才、技术与乡村的互动程度有限。因此,要推动乡村振兴,首先要改革土地制度。但现实中,由于担忧集体经营性建设用地入市对征地制度造成冲击,国家在集体建设用地改革上仍然较为谨慎。集体经营性建设用地在产业发展方面仍受到诸多限制,企业使用集体建设用地仍要克服政策的不确定性问题。宅基地制度改革仍处于试点探索阶段,进展缓慢,导致制度供给与需求存在矛盾。

2. 户籍与社会保障制度改革的供求矛盾。户籍制度具有社会管理和资源分配的功能。新中国成立之初,大量人口流入城市,为城市财政带来了沉重压力,催生了城乡二元的户籍制度,严格控制农村人口流入城镇。在二元户籍制度和经济发展阶段的限制下,城乡居民在基础设施建设和社会保障上的差异显化,由于承担主体财力不同,农业户口与非农业户口在基础设施建设、公共服务提供和社会保障上的差距较大[①]。20世纪90年代以来,我国户籍制度改革启动,逐步形成了小城镇和中小城市全面放开落户、大城市积分落户的居民户籍制度。目前户籍和社会保障制度改革仍存在较大问题:一是城市选择性落户明显,城市把吸引外来人员落户的重点放在争夺高端人才上,而对普通劳动者特别是农民工重视不足,甚至设置隐形门槛;二是城市社会保障体系建设不完善,仍有占总人口18%的农业转移人口在就业、工资、住房等方面遭受差异性的对待[②]。户籍与社会保障制度改革滞后制约了农民城市化和城乡人口流动的进程,在数量庞大的农村人口背景下,实现乡村振兴是非常艰难的。

3. 财税制度改革的供求矛盾。我国现行的财税制度框架是分税制改革后逐步形成的。财政"分权让利"使中央政府经济调控和行政管理能力大大下降,1994年国家开始进行分税制改革,明确了中央政府和地方政府事权与财权范围、改革了机构管理并实行了税收返还和转移支付制度。但是,政府体制决定财政体制,在五级政府管理体制下,上级政府逐步集中财力,导致县乡财力捉襟见肘。在政府日益旺盛的发展需求叠加

---

① 按照强国民等的计算方式,根据《中国统计年鉴(2021)》给出的城镇职工基本养老保险与城乡居民基本养老保险基金支出与领取养老金人数计算,2020年城镇职工基本养老保险平均支出为40198元/(人·年)(基金支出51301.4亿元/离退休人员12762.3万人),同理计算得到城乡居民基本养老保险平均支出为2088.04元/(人·年),城市职工基本养老保险支出是乡村的19倍。

② 2021年户籍人口城镇化率为46.7%,与64.7%的常住人口城镇化率仍存在较大差距。

下,土地财政成为地方政府获取预算外收入的主要来源。现阶段土地财政的主要特征表现为:强制土地征收和独家土地出让,低价宽供应工业用地以促进城市发展和高价紧供应商住用地以增加收入。近20年来,我国经济的高速增长与土地财政发展模式密切相关,但这实际上是以透支城市未来几十年的发展潜力和资源为代价的。随着中国经济进入转型期,以地谋发展模式积累的问题凸显,土地对地方经济的拉动作用已经衰竭。继续推动土地财政导致地方政府债务问题严重,高房价制约了城市的包容性发展和城市化进程,粗放供应的工业用地也造成了生产效率的低下和环境污染等问题。因此,土地财政发展模式亟待变革。

4. 治理制度改革的供求矛盾。由于城市优先发展的导向,长期以来城市和乡村形成了两套治理体系。城市管理、公共服务的提供由城市政府实现,农村管理、基础设施和公共服务由村集体完成。在城乡二元结构下,城乡居民在社会保障、基础设施等方面存在诸多差距。在地方经济发展压力下,地方官员往往只关注本地本级城市发展需求,而忽视下级政府以及乡村的发展需求,造成资源配置失衡和城乡发展差距拉大。在上级政府层层管理的治理结构下,作为我国治理体系末梢的乡镇政府和村委会治理能力不足,治理效率低,不利于乡村产业发展和共同富裕。

三、乡村振兴制度体系变革的梗阻

由于利益主体的差异,不同制度在实施过程中难免会存在差异、矛盾甚至相互掣肘。乡村振兴是一个系统工程,需要多种制度的改革,但是现有制度间的相互掣肘阻碍了制度改革的进程,乡村振兴的制度改革面临系统性的梗阻。

(一)土地制度改革梗阻

1. 户籍与社会保障制度改革缓慢阻碍土地制度改革进程。在市场上粮食价格低,农民种粮不合算的情况下,大量的农村人口进入城市,成为农业转移人口。由于城市社会保障制度建设的滞后,进城务工的农民虽然"离土"出村,但在劳动报酬、子女教育、住房、社会保障等多方面并不能与城市居民享有同等待遇。农民在没有一个稳定、长期的非农就业岗位前不会自愿放弃其所承包的土地,进城失败的最终归宿是返乡和回村。有较稳定非农工作的农民因担心未来政策的多变等,也不会轻易放弃土地承包权和宅基地使用权。数量庞大的农业转移人口候鸟式地往返于城市和农村之间,农村承包地撂荒和宅基地闲置情况严重,承包地"三权分置"改革和宅基地有偿退出改革效果有限。

2. 土地财政发展模式制约城乡土地平权化改革。重城轻乡的财税体系和土地财政发展模式阻碍土地制度改革进程。土地财政发展模式的核心是地方政府对土地供应的垄断。2020年开始实行的新《土地管理法》虽然允许集体经营性建设用地"平权入市",但仍然需要城市政府审批,符合城乡规划要求。同时,征地与集体建设用地入市是此消彼长的关系。若对城乡二元土地制度改革,允许集体建设用地入市,地方政府就失去了垄断土地供应的权力,入市的集体建设用地也会对征地制度形成冲击。制度改革的巨额成本①使得地方政府选择继续维持以征地为核心的土地财政，而对集体经营性建设用地入市持保守态度，导致城乡土地平权化改革进展缓慢。

（二）户籍与社会保障制度改革梗阻

城乡二元治理体系和财税制度阻碍户籍与社会保障制度改革。基础设施建设方面，城市基础设施建设由公共财政预算承担，而农田水利等农村基础设施投入主要由农民自己或集体经济组织解决。公共服务方面，地方政府和集体经济组织财力和治理能力的差异，导致农业户口与非农户口社会保障差距逐渐拉大，农村公共物品供给不足。在地方经济发展压力下，上级政府以城市高速发展为核心，往往会忽视城市的包容性发展，农民进城面临沉重的住房、教育、医疗压力。由于财力不足，地方政府以户籍作为差异性的基础设施、公共品供给和社会保障提供的依据，从而进一步固化了城乡二元的户籍制度及户籍福利差异。

（三）财税制度改革梗阻

土地制度改革对财税制度形成冲击。城乡土地平权化改革强调集体和国有土地同地同权同价，拥有相同的入市机制。其中的核心是集体建设用地入市，但集体建设用地入市和征地"此消彼长"，放开集体建设用地入市会对征地制度形成阻碍，进而对土地财政发展模式形成冲击。户籍和社会保障制度改革的滞缓制约财税制度运转和改革。土地财政发展模式的核心是征地制度，但是在社会保障缺失的前提下，征地成本高昂，以地融资模式趋于衰竭，对极度依赖预算外财政收入的土地财政发展模式会形成制约。此外，数量庞大的农村人口也为乡村财税体系建设和运转带来了考验。

（四）治理制度改革梗阻

治理制度阻碍了乡村财税体系的建设。乡村振兴需要稳定的财税收入保障和完善的乡村财税制度体系，而乡村处于政府治理的末梢和城乡关系中的弱势地位，其制度建设往往存在短板。

四、以城乡土地平权化改革撬动制度连锁变革

上文分析了土地制度、户籍与社会保障制度、财税制度、治理制度间错综复杂的关系，乡村制度改革面临系统性阻碍。以下笔者以城乡土地平权化改革为核心，构建制度连锁变革的分析框架，讨论制度连锁变革的总体思路、重点任务及改革策略。

（一）总体思路

城乡二元土地制度是城乡发展差距的制度根源。不变革土地制度，乡村振兴难以取

---

① 国家财政部数据显示，2021年全年国有土地使用权出让收入为87051亿元，约占全国一般公共预算收入的43%。

得实质进展。但土地制度、户籍与社会保障制度、财税制度和治理制度之间盘根错节，牵一发而动全身。不动土地改革，只动其他改革，乡村振兴很难取得实质性进展；而只动土地改革，不动其他改革，乡村振兴很可能做成"夹生饭"。只有以土地制度改革为抓手，撬动相关制度系统改革、协同推进，乡村振兴才能取得预期的良好效果。

本文意在提出一套乡村振兴制度连锁改革机制，总体思路（图1）如下：第一，土地制度改革应以城乡土地平权化改革为核心，显化土地财产属性，释放集体土地发展潜力，为乡村产业发展提供空间保障，深入推进宅基地"三权分置"改革，完善宅基地有偿退出和交易机制。第二，推动城乡统一的户籍与社会保障制度的建立。户籍制度改革要求大城市和超大城市逐步取消落户限制，缩小户籍福利差异；社会保障制度改革要求推进"人、地、钱"挂钩改革，城市要推动覆盖城乡、标准一致的就业、住房、医疗、教育等社会保障体系建设，实现城乡居民权利平等，以制度创新促进人口城市化和城市人力资本下乡。第三，推动财税制度改革，使政府由"重投资、重发展"的发展型政府转向"重民生、重治理"的服务型政府，转变"以地谋发展"模式，通过征收不动产税和调整税收央地分成比例的方式为地方政府基础设施建设和社会保障服务提供资金保障。最后，推进治理制度改革，摒弃"重城轻乡"的传统思维，改革官员考核方式，完善乡村治理制度，改变城市偏向制度和公共政策，制定城乡平等发展的规划体系。协调各部门间的利益，避免由于目标不一致而产生制度矛盾。

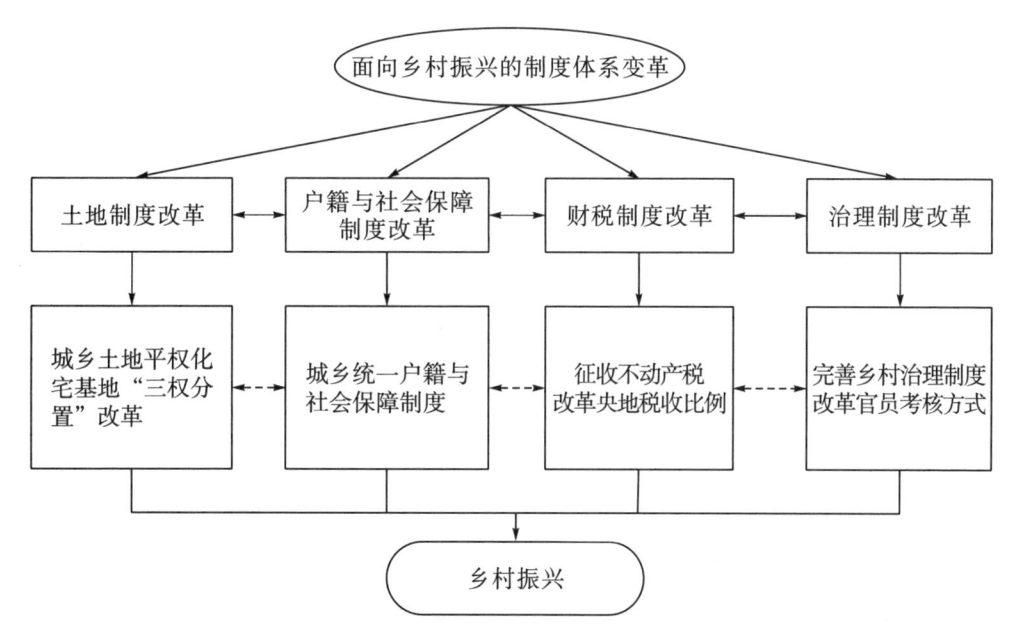

图1 面向乡村振兴的制度体系变革思路

（二）重点任务

1. 以城乡土地平权化改革为突破口的土地制度改革。城乡二元土地制度是乡村振兴的关键阻碍，新时代土地制度改革应以城乡土地平权化改革作为突破口，建立城乡土地同地同权同价的实现机制。具体来说，一要继续深入推进农村承包地三权分置改革，通过市场机制显化土地价值，释放土地财产属性；二要健全集体经营性建设用地定价、入市和收益分配机制，逐步放开对集体经营性建设用地的入市限制，为现代生产要素进入乡村领域，推动农业规模化、集中连片生产和农业产业链构建创造条件；三是建立完善的宅基地有偿退出和交易机制，探索宅基地和社会保障间的互动关系，使农民愿意退出宅基地、退出后有保障。

2. 户籍与社会保障制度改革。城乡土地平权入市就要解决农民失去土地的生活和生计保障问题。释放土地的保障性功能，意味着要着力构建城乡统一的社会保障体系。目前我国已有统一的征地社会保障补偿标准，但各地集体经营性建设用地入市流转后的收益分配和补偿机制各不相同。一些地区集体经济组织占有了增值收益的大部分，一些地区将增值收益更多地分配给农民个人（如河南安阳），还有的集体经济组织不仅注重现金分配，还将流转收益用于支持农民社保和基础设施建设（如福建晋江和广东中山）。对于农民的社会保障力度不足的问题，借鉴征地制度中国家通过土地出让收入和留用地为失地农民解决社会保障的经验，目前可行的路径是：提取集体土地入市收益的一定比例建立农民社会保障基金，用于农民失地保障、退休养老等，解决农民进城的后顾之忧。长期来看，要加快健全包括住房保障、失业保险、养老保险、医疗保险在内的制度统一、标准一致的城乡居民社会保障体系。现有的保障性住房政策已经在全国广泛开展，城市政府可以通过在集体经营性建设用地入市中分配的增值收益推动小户型、保障性住房的建设，降低农民进城风险，切实推动农民市民化进程。要积极探索"人、地、钱"挂钩的实现机制，为户籍社保制度改革落实土地制度和财税制度保障。

3. 财税制度改革。城乡土地平权化改革后，农村土地入市会使城市缩小征地范围，对以征地为核心的土地财政发展模式形成严重冲击。财税制度改革的核心是理顺中央与地方政府之间的财权与事权关系，弱化地方政府谋求土地财政的动机，寻求去土地财政的平稳转型。这主要可以从开源和节流两个角度实现。开源是要地方政府积极扩大税收来源。在央地税收分成比例不变的情况下，参照国际经验开始征收以房地产税为主的财产税或不动产税是最直接的手段。国家可加强房屋、土地等不动产在保有环节和转让环节征税的立法研究，使房地产税逐步成为地方政府"经营城市"的主要资金来源，实现由土地财政向不动产税的平稳过渡。此外，要适时调整税收央地分成比例，使地方政府事权与财权相匹配，弱化地方政府谋求土地财政的动力，化解政府债务风险。地方政府谋求土地财政的根源是投资冲动，节流是要政府转变现有的重基础设施建设、重投资、重工业的倾向，更多地支持民生、教育和住房需求。减少对企业经营活动的干预，由市场机制淘汰僵尸企业和落后产能。将部分非核心职能向非政府组织转移，实现社会治理、政府治理的有机融合，由发展型政府向服务型政府转变。要以科学的方法计算城市开发边界，抑制城市粗放、无序扩张和土地的低效利用，通过城市更新等方式挖掘存量用地潜力。要建立完善的乡村财税体系，使乡村振兴资金用到实处，切实服务乡村建设和产业发展。

4. 治理制度改革。只有治理制度上破除二元壁垒，户籍社保、财税等制度改革才能走入深水区。治理制度改革首先要打破"重城轻乡"的传统思维，打通城乡二元治理壁垒，探索建立新型城乡关系，完善乡村治理体系的建设。其次，要改革官员考核和晋升制度。城市发展和乡村发展并非零和博弈，城市的高质量和可持续发展同样需要乡村的参与。要改革传统的唯经济增长的官员考核制度，更加注重城市包容性发展和乡村发展质量。最后，要调整府际关系。减少上级政府直接干预，完善基层治理，充分调动基层政府治理积极性和能动性，鼓励地方政府改革行为。

（三）改革策略与时序

我国土地大规模城市化的阶段已经过去，"以地谋发展"模式趋于衰竭，土地制度改革恰逢其时。首先应放开集体经营性建设用地入市限制，出台鼓励企业利用集体经营性建设用地发展产业的相关政策，有序推动集体经营性建设用地入市和宅基地制度改革。

在土地平权化改革的同时，推动乡村社会保障制度改革。将集体经营性建设用地入市后部分收益用于为无偿退出宅基地的农民和本集体经济组织成员提供社会保障和公共服务。地方政府要积极鼓励乡村社会保障制度改革，以制度形式进行确认、规范和保障。推动治理制度改革，破除城乡二元治理壁垒，建立适应乡村振兴的治理制度。乡村社会保障体系建设是较为漫长且艰巨的过程，可先进行试点后在全国逐步开展。

以财税制度改革为土地平权化改革和乡村社会保障制度建设提供支持。从短期来看，集体经营性建设用地平权入市后，城市土地仍具有区位优势，地方政府土地出让仍有利可图。在土地收入降低的情况下，地方政府需要抑制投资冲动，把握时机实现财政与土地的平稳脱钩。中央政府也应当积极转变税收央地分成比例，化解地方政府债务风险。长期来看，地方政府要转变职能，减轻对市场的干预，变发展型政府为服务型政府，通过征收不动产税的形式为地方政府筹集资金。要通过科学的技术手段确定城市开发边界和建成区面积，限制城市无序扩张。地方政府应注重存量土地挖潜，通过城市更新实现土地高效利用。

最后，着力构建城乡统一的户籍社会保障体系。在理顺财权与事权的前提下，地方政府需要加大民生、教育、医疗、住房领域的财政支出，增强城市包容性。在城市配套服务完善的情况下，逐步取消落户限制，避免因农村人口大量涌入城市，但社会保障力度不足而出现贫民窟现象。

五、结语

制度之间的相互嵌套，使得改革"牵一发而动全身"。本文构建了以城乡土地平权化改革为核心，以户籍和社会保障制度改革为保障，以财税制度和治理制度改革兜底的系统改革方案。

土地制度改革为乡村产业发展和剩余劳动力离地离乡创造条件，户籍和社会保障制度改革保障农业转移人口城市化，降低农民对农村土地的依赖性，推动城乡要素双向流动，最终实现产业兴旺。财税制度改革理顺财权事权关系和城乡发展关系，完善乡村基础设施建设和公共品供给，推动城乡包容性发展，最后实现生态宜居。治理制度改革打破城乡二元治理格局，完善乡村治理，推动基层民主和法治建设，为其他制度改革夯实体制基础，实现乡风文明和治理有效。最终，制约乡村振兴战略的制度阻碍被破除，城乡资本、技术、人才、要素双向流动顺畅。资本进得去、融入得好，农民出得来、农业发展好，农民生活才能富裕起来，最终实现推动乡村振兴和新型城镇化的双赢。

参考文献

[1] 费孝通. 乡土中国[M]. 上海：上海人民出版社，2007：515-518.

[2] 王景新，支晓娟. 中国乡村振兴及其地域空间重构——特色小镇与美丽乡村同建振兴乡村的案例、经验及未来[J]. 南京农业大学学报（社会科学版），2018，18（2）：17-26+157-158.

[3] 杨忍，文琦，王成，等. 新时代中国乡村振兴：探索与思考——乡村地理青年学者笔谈[J]. 自然资源学报，2019，34（4）：890-910.

[4] 黄祖辉. 准确把握中国乡村振兴战略[J]. 中国农村经济，2018（4）：2-12.

[5] 贺雪峰. 城乡二元结构视野下的乡村振兴[J]. 北京工业大学学报（社会科学版），2018，18（5）：1-7.

[6] 陆林，任以胜，朱道才，等. 乡村旅游引导乡村振兴的研究框架与展望[J]. 地理研究，2019，38（1）：102-118.

[7] 陈锡文. 我国城镇化进程中的"三农"问题[J]. 国家行政学院学报，2012（6）：4-11+78.

[8] 郭晓鸣，张克俊，虞洪，等. 实施乡村振兴战略的系统认识与道路选择[J]. 农村经济，2018（1）：11-20.

[9] 刘彦随. 中国新时代城乡融合与乡村振兴[J]. 地理学报，2018，73（4）：637-650.

[10] 戈大专，龙花楼. 论乡村空间治理与城乡融合发展[J]. 地理学报，2020，75（6）：1272-1286.

[11] 龙花楼，张英男，屠爽爽. 论土地整治与乡村振兴[J]. 地理学报，2018，73（10）：1837-1849.

[12] 郭远智，周扬，刘彦随. 贫困地区的精准扶贫与乡村振兴：内在逻辑与实现机制[J]. 地理研究，2019，38（12）：2819-2832.

[13] 孔新峰，齐高龙. 推进新乡贤融入农村基层治理的思考[J]. 北京行政学院学报，2022（1）：40-46.

[14] 秦中春. 乡村振兴背景下乡村治理的目标与实现途径[J]. 管理世界，2020，36（2）：1-6+16+213.

[15] 姚树荣，周毓君. 乡村城镇化的市场驱动模式与实现路径——以成都市福洪镇为例[J]. 农村经济，2018（5）：81-86.

[16] 严金明，蔡大伟，夏方舟. 党的十八大以来农村土地制度改革的进展、成效与展望[J]. 改革，2022（8）：1-15.

[17] 郭贯成，盖璐娇. 乡村振兴背景下宅基地"三权分置"改革探讨[J]. 经济与管理，2021，35（3）：11-15.

[18] 陈美球，蒋仁开，朱美英，等. 乡村振兴背景下农村产业用地政策选择——基于"乡村振兴与农村产业用地政策创新研讨会"的思考[J]. 中国土地科学，2018，32（7）：90-96.

[19] 周应恒，刘余. 集体经营性建设用地入市实态：由农村改革试验区例证[J]. 改革，2018（2）：54-63.

[20] 洪银兴，王荣. 农地"三权分置"背景下的土地流转研究[J]. 管理世界，2019，35（10）：113-119+220.

[21] 严金明, 陈昊, 夏方舟. 深化农村"三块地"改革: 问题、要义和取向 [J]. 改革, 2018 (5): 48—55.

[22] 郭晓鸣, 张克俊, 虞洪, 等. 实施乡村振兴战略的系统认识与道路选择 [J]. 农村经济, 2018 (1): 11—20.

[23] 肖卫东. 筑牢乡村振兴的财政基础——欧盟财政支持农业农村现代化的有益启示 [J]. 东岳论丛, 2022, 43 (6): 102—112.

[24] 姚树荣, 周诗雨. 乡村振兴的共建共治共享路径研究 [J]. 中国农村经济, 2020 (2): 14—29.

[25] 何广文, 刘甜. 基于乡村振兴视角的农村金融困境与创新选择 [J]. 学术界, 2018 (10): 46—55.

[26] 刘守英, 熊雪锋. 我国乡村振兴战略的实施与制度供给 [J]. 政治经济学评论, 2018, 9 (4): 80—96.

[27] 韩立达, 史敦友, 韩冬, 等. 农村土地制度和户籍制度系统联动改革: 历程演进、内在逻辑与实施路径 [J]. 中国土地科学, 2019, 33 (4): 18—24.

[28] 王瑜, 张俊娜, 温铁军. 新中国成立以来财税改革与户籍制度的三个10年变迁 [J]. 中国农业大学学报 (社会科学版), 2019, 36 (5): 5—19.

[29] 唐琼. 新型城镇化背景下户籍制度改革的难点及对策 [J]. 湖湘论坛, 2022, 35 (3): 84—95.

[30] 王振坡, 员彦文, 王丽艳. 制度变革下我国城市"土地财政"的转型逻辑与发展进路 [J]. 学习与实践, 2020 (1): 64—74.

[31] 刘俊杰, 朱新华. 基于"要素—结构—功能"视角的乡村振兴实施路径研究 [J]. 经济体制改革, 2020 (6): 79—85.

[32] 温铁军, 杨洲, 张俊娜. 乡村振兴战略中产业兴旺的实现方式 [J]. 行政管理改革, 2018 (8): 26—32.

[33] 周其仁. 体制成本与中国经济 [J]. 经济学 (季刊), 2017, 16 (3): 859—876.

[34] 洪名勇. 城乡二元土地制度: 逻辑起点、演进与未来改革 [J]. 经济研究参考, 2018 (38): 31—41.

[35] 欧阳慧. 新一轮户籍制度改革实践中的落户困境与突破 [J]. 经济纵横, 2020 (9): 57—62.

[36] 周飞舟. 分税制十年: 制度及其影响 [J]. 中国社会科学, 2006 (6): 100—115+205.

[37] 刘守英, 王志锋, 张维凡, 等. "以地谋发展"模式的衰竭——基于门槛回归模型的实证研究 [J]. 管理世界, 2020, 36 (6): 80—92+119+246.

[38] 刘守英. 城乡中国的土地问题 [J]. 北京大学学报 (哲学社会科学版), 2018, 55 (3): 79—93.

[39] 邹一南. 从二元对立到城乡融合: 中国工农城乡关系的制度性重构 [J]. 科学社会主义, 2020 (3): 125—130.

[40] 张雅婷, 张占录, 赵茜宇. 集体经营性建设用地入市流转增值收益分配的研究 [J]. 中国农学通报, 2017, 33 (17): 159—164.

四川省农业数字化发展对城乡收入差距的影响研究[①]

付 焯 刘 晓

一、引言

党的二十大报告提出,加快建设农业强国,坚持农业农村优先发展,坚持城乡融合发展。习近平总书记在2022年底中央召开的农村经济工作会议上强调了农村现代化对建设农业强国的内在要求和必要条件,并提出要依靠科技和改革的双轮驱动加快农业现代化和农村现代化进程。[1]数字化被认为是推进农业现代化建设和激发三产融合发展的催化剂和黏合剂。在新一轮科技革命和产业变革引领下,全球范围内,农业都在加速向数字化转型,以提高农产品供给质量和效率,实现农业可持续发展。数字化改进了传统的农业生产模式和经营方式,提升了农业生产效率,降低了风险和成本,增加了农民收入。[2]同时,数字化也推动了农业农村经济发展模式的创新,创造了新的就业机会,进而推动了城乡收入差距的变革。这一趋势主要通过两个方面的发展得以体现,即农业数字技术产业化和农业产业数字化。[3]农业数字化技术的应用可以扩大农民的收入来源,例如,农村电子商务平台的兴起使得农产品能够更便捷地进入城市市场,提高了农产品的销售额和利润。农业产业数字化发展能够扩大农业生产规模效应,促进农村经济发展。[4]例如,农业供应链的数字化、农产品加工的数字化等举措能够提高农业产业链的协同效应和增值能力。近年来,作为国家数字经济创新发展试验区建设主体之一,四川省高度重视农业数字化的发展。以"四化同步、城乡融合、五区共兴"为总抓手,加快推动农村数字化发展和农业数字化转型,致力于缩小城乡收入差距,旨在推动农民共同富裕。通过对四川省农业数字化发展对城乡收入差距的影响进行总结与分析,可以进一步探究农业数字化发展在缩小城乡收入差距方面的作用,对于指导农业现代化、促进农民增收和乡村振兴,以及推动农业可持续发展都具有十分重要的意义。

目前农业数字化发展如何影响城乡收入差距的研究主要聚焦于农村电子商务的发展以及数字经济机会对城乡收入差距的影响,[5]包括电子商务平台在农村创业就业,[6]农产

[①] 作者简介:付焯,西南交通大学交通运输与物流学院讲师;刘晓,西南交通大学材料科学与工程学院讲师。本文是四川融入双循环新发展格局研究中心暨成都融入双循环发展新格局研究中心基金项目(SXHY0001)"四川省农业数字化发展研究"的阶段性成果。

品流通、市场信息传递等方面对农民收入的影响。[7]一些研究从福利经济学视角出发，探讨数字化发展如何缓解城乡收入不平等问题，并表明农业数字化下的收入分配均等化程度得到提升。[8]此外，个别研究基于我国31个省（自治区、直辖市）的面板数据，分析了数字金融的广度与教育发展的协同效应对降低城乡发展差距的影响。[9]还有部分研究提出数字农业的高质量发展需要考虑数字生产、科技创新、效益水平、产业多元融合以及信息化发展等因素，尤其科研投入和成果转化对于评价农业数字化的发展占比较高。[10]然而，文献中针对农业数字化发展如何改变城乡收入差距的实证研究较为有限。本文的研究将重点放在农业数字化发展对城乡收入差距的影响上，基于四川省的面板数据，从农业数字化基础设施、数字化发展环境和数字化科技支撑三个环节出发，对数字经济发展与四川省农业数字化发展过程进行了深入分析，研究了农业数字化发展对改变四川城乡收入差距的影响作用。

二、四川省城乡收入差距现状

2021年四川省城镇居民人均可支配收入为41444元，农村居民人均可支配收入为17575元。从2021年全国城乡居民收入差距统计结果来看（港澳台除外，后同），如图1所示，四川城乡收入倍差比值为2.36，低于2.5的全国平均水平，位居全国第17位，但与国内江苏、山东、浙江等经济大省相比，在城乡经济均衡发展上仍然存在着显著差距。全省农村地区收入不高，在一定程度上对农业生产信息化推广产生了抑制作用。

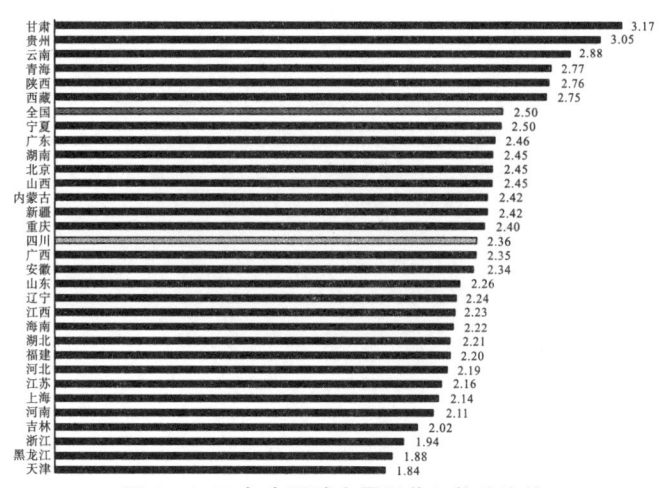

图1　2021年全国城乡居民收入倍差比值

数据来源：中国统计年鉴数据整理。[11]

从四川省2011—2021年城乡居民收入统计数据来看，农村居民与城镇居民收入差距的比例虽在缩小，但绝对值仍在扩大，四川省城乡居民收入差距呈现出缓慢减少的态势。如图2所示，在过去的10年间，四川省城乡居民收入倍差从2.92缩减到2.36，减少了20%，虽然近10年农村居民年人均收入从6129元上升至17575元，但上涨总额不足1.2万元，而城镇居民人均收入从17899元上升至41444元，上涨超过2.3万元，城乡之间收入差距依然较大。

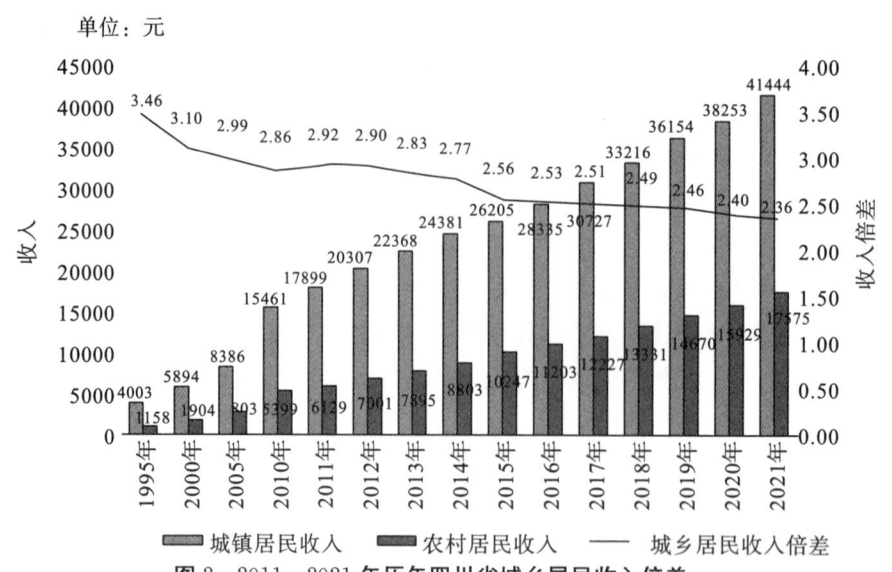

图 2　2011—2021 年历年四川省城乡居民收入倍差

数据来源：2010—2021 年历年四川省统计年鉴。

全省 21 个市州城乡居民收入倍差的统计数据显示各市州城乡收入差距水平变化趋势相对平稳。从呈现的缩小差距趋势来看，城乡之间居民收入差距可以分为三个梯队，如图 3 所示，成都、德阳、眉山、资阳四个城乡居民收入差距最小，为第一梯队；凉山州、雅安、阿坝州、巴中、广元、甘孜州六个城市的城乡居民收入差距相对较大，为第三梯队；其他城市为第二梯队。

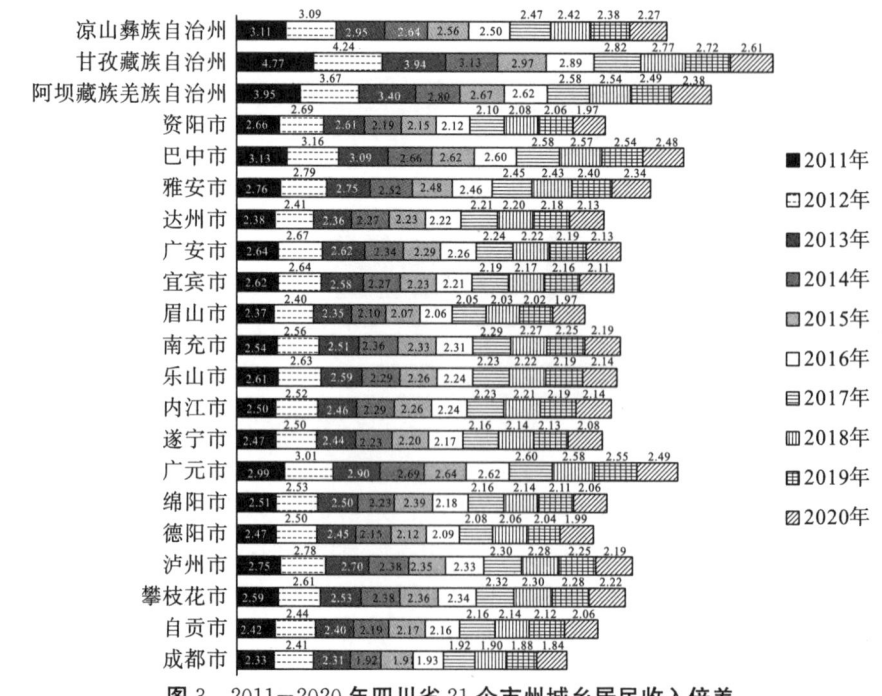

图 3　2011—2020 年四川省 21 个市州城乡居民收入倍差

数据来源：2010—2021 年历年四川省统计年鉴。

从四川省全域来看,虽然城乡收入差距减少幅度不高,但农村居民的人均可支配收入增长速度却明显较快。从图 4 至图 5 可以看出,2011—2020 年 10 年间全省 21 个市州农村居民收入增长率和城镇居民收入增长率的变化。从统计数据呈现的结果来看,2011—2020 年期间,农村居民收入累计增长率最高的城市是甘孜州,比 2011 年增长 150%,超出全省平均值约 40 个百分点;城镇居民收入累计增长率较为显著的是广元、南充、达州和巴中四个城市,都比 2011 年增加了 94%,超出全省平均值 10 个百分点。

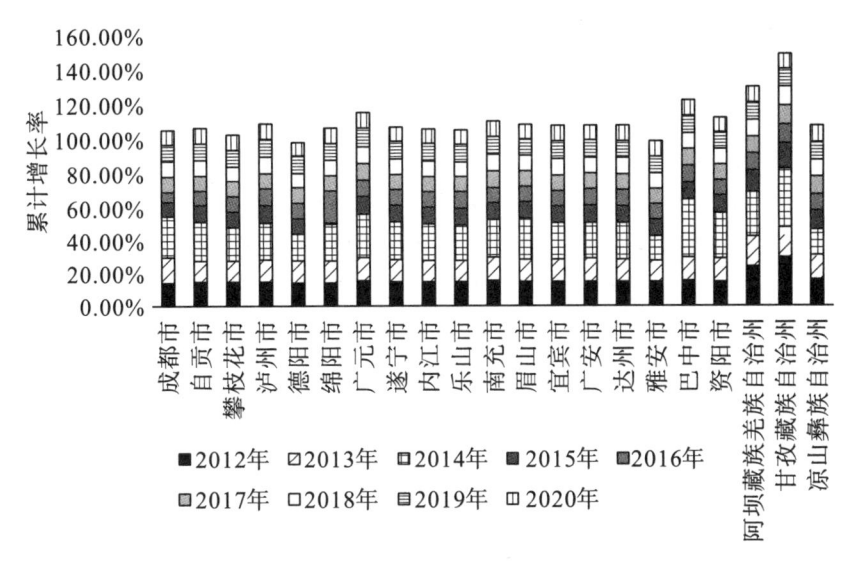

图 4 2011—2020 年四川省 21 个市州农村居民可支配收入累计增长率

数据来源:2010—2021 年历年四川省统计年鉴。

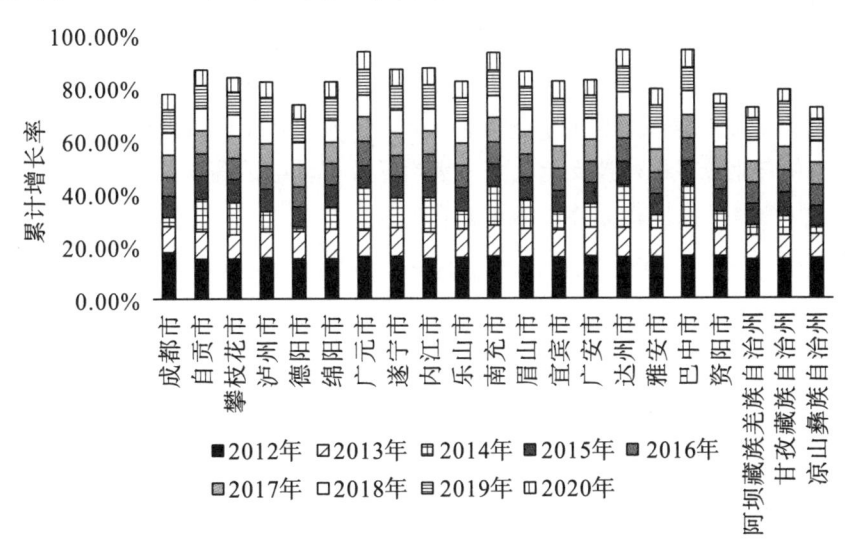

图 5 2011—2020 年四川省 21 个市州城镇居民可支配收入累计增长率

数据来源:2010—2021 年历年四川省统计年鉴。

三、四川省农业数字化发展现状

1. 农业数字化发展基本情况。

互联网普及方面,2020年全省互联网普及率为80.8%,网民数量为6766.7万人,其中,农村互联网普及率约40%左右,农村网民规模数量约为1300万人,不足城镇居民的1/3,城乡间网民规模的差距非常显著。[12]基础电信服务方面,四川于2020年实现"双百目标",即所有行政村通光纤率达到100%,4G网络覆盖率达到100%,光纤宽带平均接入速率超过70m/s,4G网络平均接入速率超过20m/s,两者均远高于国家电信普遍服务要求标准,2021年末已建成5G基站超过6.6万座,5G信号重点覆盖,规模位居西部第一,但在面向农业生产的5G网络、物联网、农业信息平台、农机智能装备等农业数字化基础设施建设与利用方面与东部发达地区相比仍有较大差距。农业生产数字化方面,主要体现为平原地区发展水平高,山区发展水平低的状况,如农业现代化装备应用,全省机械化率为63%(丘陵山区的机械化率仅在50%左右),远低于全国71.25%的水平。在产业融合方面,四川数字经济与农业产业融合较突出。2021年全省农村电商共有62.2万家,较2020年增长12.3万家,总量位列西部第一,全国第七。农村网络零售额达到1921.8亿元,同比增长32.3%,高于全国5.4个百分点,占全国的4.6%。农产品网络零售由2015年的40.17亿元,增加到2021年的385.7亿元,占全国的5.4%,高于全国0.5个百分点,年均增速超过50%。[13]从地域看,成都、德阳、乐山农村网络零售额合计占比超过全省总额的60%,均突破百亿水平。

2. 农业数字化发展水平的测度。

本文在农业数字化水平评价指标体系构建上,沿用当前对数字经济评价的主流方法,主要依据已出台的国家标准、行业标准中对于数字农业评价的相关文件,同时在参考数字经济以及农业信息化的文献资料基础上,从农业数字化发展基础设施、农业数字化发展环境和农业数字化科技支持3个一级指标及移动电话等9个二级指标进行农业数字化发展水平测算,具体指标体系构建见表1。

表1 农业数字化发展水平指标体系及贡献率

指标	一级指标项	二级指标项	贡献率	属性
农业数字化发展水平	农业数字化发展基础设施	移动电话人均拥有量	14.07%	正向
		农村广播电视网覆盖率	14.10%	正向
		农业机械拥有量	13.54%	正向
	农业数字化发展环境	农村居民人均消费支出水平	14.07%	正向
		农村用电量	12.87%	正向
		邮政营业网点数量	11.89%	正向
	农业数字化科技支持	地区高技术产业R&D经费	7.77%	正向
		政府公共预算科学技术支出费用	6.44%	正向
		科学研究与技术服务机构人员数	5.26%	正向

数据来源:作者整理。

地区移动电话人均拥有量、农村广播电视网覆盖率和农业机械拥有量在一定程度上可以反映农村地区数字化基础设施能力。信息和网络化是农业数字化发展的重要基础设施，对农村地区而言，移动互联网、广电网络的发展改变了农村居民在信息获取利用上与城镇居民的差距。此外，农业机械化在农业生产中发挥重要作用，农业生产数字化主要体现在农业机械设备拥有量上。

农业生产、农村产业和农民生活要实现数字化，除了数字化基础设施外，还需要有数字化的发展环境。农村居民人均消费支出水平能够反映出农村地区移动互联网的消费能力。农村用电量体现农业数字化生产用电的需要，数字化设备进入农村会带来农村电力需求的增长。此外，农村电商的快速发展对物流的需求不断提升，邮政营业网点的数量能够体现农村电商物流发展水平能力。

农业数字化的高质量发展离不开数字技术的资源水平，这需要政策、资金等方面的投入，包括地区高技术产业 R&D 经费、政府公共预算科学技术支出费用、科学研究与技术服务机构人员数。

在多指标评价方法中，熵值法被应用于多个时间段的不同研究对象的评价，具有较好评价效果，因此对于指标权重，本文采用熵值法并确定各评价指标的权重值。具体步骤为：首先，进行指标的选取。n 表示面板数据的跨度年份，m 表示 21 个市州的集合，r 表示设立的 9 个测度指标数。x_{ij}^k 表示第 i 年，j 市（州）第 k 个指标的值。其次，对数据进行标准化处理。这里选择最大最小值法对数据进行标准化处理，正向指标为 $\bar{x}_{ij}^k = (x_{ij}^k - x_{\min}^k) / (x_{\max}^k - x_{\min}^k)$，负向指标为 $\bar{x}_{ij}^k = (x_{\max}^k - x_{ij}^k) / (x_{\max}^k - x_{\min}^k)$ 使得取值在 [0，1] 之间。然后，计算各指标的比例。$y_{ij}^k = \bar{x}_{ij}^k / \sum_i \sum_j \bar{x}_{ij}^k$，其中 y_{ij}^k 表示第 i 年 j 市（州）第 k 个指标的比例值。下一步计算熵值和信息效用值。$R_k = -\frac{1}{\omega} \cdot \sum_i \sum_j y_{ij}^k \ln(y_{ij}^k)$，其中，$\omega = \ln(nm)$，且 $\omega > 0$。同时计算出第 k 项指标的信息效用值 $s_k = 1 - R_k$。最后，根据所求的信息熵值，计算出第 k 项指标的权重 $g_k = s_k / \sum_k s_k$。

本文样本数据主要来源于 2017—2021 年《四川省统计年鉴》、各市州统计年鉴及统计公报中 21 个市州的面板数据，即 5 年时间内 21 个市州的数据集合，共有 9 个变量指标。针对数据中心极个别缺失值，使用了均值法进行填补，且考虑到成都市的影响因子作用，均值取值未考虑计入成都数值。通过建立 21 个市州面板数据矩阵，将各项数据量纲化处理，将标准化处理后的值代入熵权计算中进行各指标信息熵值的运算，然后再对各指标的熵值求解它的熵权。经过计算，得到全省 21 个市州农业数字化发展水平的权重，其指标体系及贡献率见表 1。

由表 1 可知，9 个二级指标项中农村广播电视网覆盖率的权重系数最大，值为 14.10%，说明农村广播电视网覆盖率水平对农业数字化评价的影响较大；科学研究与技术服务机构人员数的权重系数最小，值为 5.26%，说明科学研究与技术服务机构人员数对农业数字化评价的影响较小。同时，农业机械拥有量、移动电话人均拥有量和农村居民人均消费支出水平对农业数字化评价的影响作用也较大。

从图 6 的测算结果来看，近年来农业数字化水平呈现一个较快上升的状态，尤其在

2016—2019年期间增长速度较为突出,年平均增长速度保持在9%,2020年由于受到疫情影响有所放缓,年平均增长速度降低到5%左右。根据21个市州农业数字化发展水平分析结果可知,增速较快的有甘孜州、阿坝州、凉山州、内江、宜宾、遂宁、资阳7个市州,年平均增速都达到8%以上。由表2可知,以2020年农业数字化发展水平数值为参照,可将全省农业数字化发展划分为3个梯队,成都、绵阳、乐山、德阳等为第一梯队,泸州、广元、广安、自贡等为第二梯队,遂宁、攀枝花、资阳、雅安等为第三梯队。从效应强度来看,四川平原地区最强,丘陵地区次之,山地地区最弱。

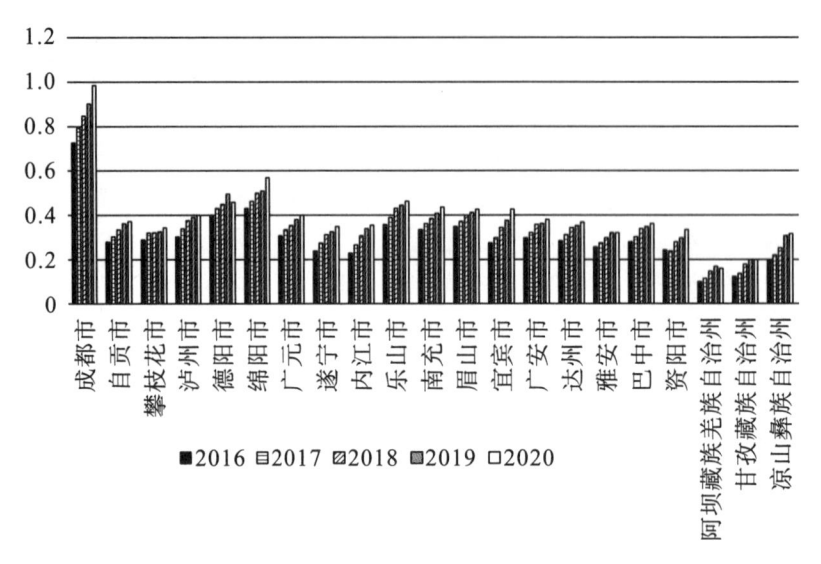

图6 2016—2020年四川省各市州农业数字化发展水平测算

数据来源：模型计算结果数据。

表2 2020年各市州农业数字化水平发展综合指数排名

市州	综合指数排名	梯队
成都市	1	第一梯队
绵阳市	2	
乐山市	3	
德阳市	4	
南充市	5	
眉山市	6	
宜宾市	7	
泸州市	8	第二梯队
广元市	9	
广安市	10	
达州市	11	
自贡市	12	
巴中市	13	
内江市	14	

续表

市州	综合指数排名	梯队
遂宁市	15	第三梯队
攀枝花市	16	
资阳市	17	
雅安市	18	
凉山彝族自治州	19	
甘孜藏族自治州	20	
阿坝藏族羌族自治州	21	

四、农业数字化对城乡收入差距的影响效应

本文将引用空间计量模型验证农业数字化发展对城乡收入差距的影响效应，分析发展农业数字化是否有利于缩小城乡收入差距。对于城乡收入差距的描述，各类研究学者常用城乡居民可支配收入的比值和泰尔指数来衡量。考虑人口变动对于指标数据的影响，泰尔指数能够更好地描述城乡居民收入差距的情况，在动态分析农业数字化对城乡收入差距的影响中效果更佳。因此，在主回归中选择泰尔指数来衡量城乡居民收入差距。泰尔指数为正向指标，城乡收入差距越大，则其值也就越大；反之，则越小。所选取的控制变量，主要基于数字经济对城乡收入差距影响评价的常用指标变量。

$$泰尔指数 = \frac{农村收入}{总收入} \times \ln\left(\frac{农村收入/总收入}{农村人口/总人口}\right) + \frac{城镇收入}{总收入} \times \ln\left(\frac{城镇收入/总收入}{城镇人口/总人口}\right)$$

表3中选取的控制变量，主要包括：（1）财政支出，以地方财政支出与GDP比值刻画；（2）城镇化率，以各地区城镇人口数占总人口数的比值刻画；（3）经济发展水平，以地区人均GDP数值刻画；（4）固定设施投资，以地区固定资产投资额刻画；（5）产业结构，以地区第二三产业增加值与GDP比值刻画；（6）对外开放程度，以地区进出口总额与GDP比值刻画。

表3 模型指标变量解释

变量	含义	统计方法
被解释变量	城乡收入差距	城乡居民可支配收入比
核心解释变量	农业数字化发展指数	熵值法计算结果
控制变量	财政支出	地方财政支出与GDP比值
	城镇化率	城镇人口数占总人口数比值
	经济发展水平	人均GDP
	固定设施投资	固定资产投资额
	产业结构	第二三产业增加值与GDP比值
	对外开放程度	进出口总额与GDP比值

表4为控制变量的描述性统计结果，其中反映城乡收入差距的泰尔指数均值为0.325，最小值、最大值分别为0.001和0.818，这充分说明全省各市州间城乡居民收入差距具有明显差异性，和前文的分析结果一致，尤其突出在省内山地地区，这也与四川省的省情相符。

表4 控制变量的描述性统计

变量	观察值	平均值	标准差	最小值	最大值
城乡收入差距（$Theil$）	105	0.325	0.189	0.001	0.818
农业数字化发展指数（$Dgtid$）	105	0.352	0.143	0.100	0.982
农业数字化发展指数二次项（$Dgtid^2$）	105	0.144	0.147	0.010	0.965
财政支出（FE）	105	0.293	0.233	0.117	1.148
城镇化率（UR）	105	0.482	0.094	0.293	0.788
经济发展水平（ED）	105	10.614	0.358	9.715	11.546
固定设施投资（Inv）	105	8.860	9.081	−26.816	23.400
产业结构（IS）	105	0.845	0.052	0.550	0.964
对外开放程度（EO）	105	0.037	0.067	0.002	0.404

考虑到农业数字化发展对于城乡收入差距的影响可能存在动态变化趋势，利用广义矩估计模型（GMM）分析农业数字化水平对于收入差距的影响，该模型选择两步系统GMM估计方法的动态面板模型，加入了滞后一期城乡收入差距泰尔值。空间面板数据选用了2016—2020年全省21个市州的面板数据，数据的收集均来自《四川统计年鉴》、各市州统计年鉴以及国民经济与社会发展统计公报。为消除极端值对分析的影响，此处对所有连续变量在1%和99%的水平进行缩尾处理。

$$Theil_{it} = \beta_0 \ln Theil_{it-1} + \beta_1 Dgtid_{1it} + \beta_2 Dgtid^2_{1it} + \beta_3 FE_{2it} + \beta_4 UR_{3it} + \beta_5 \ln ED_{4it} + \beta_6 Inv_{5it} + \beta_7 IS_{6it} + \beta_8 EO_{7it} + \delta_{it} + \varepsilon_{it} \quad (1)$$

式中，$Theil_{it}$表示因变量即城乡收入差距；$Theil_{it-1}$表示因变量城乡收入差距滞后值；$Dgtid_{1it}$表示第i个市（州）第t年的农业数字化发展指数；$Dgtid^2_{1it}$表示引入的农业数字化发展指数二次项；FE_{2it}表示第i个市（州）第t年的财政支出；UR_{3it}表示第i个市（州）第t年的城镇化率；ED_{4it}表示第i个市（州）第t年的经济发展水平；Inv_{5it}表示第i个市（州）第t年的固定设施投资；IS_{6it}表示第i个市（州）第t年的产业结构；EO_{7it}表示第i个市（州）第t年的对外开放程度；β在式中作为解释变量系数，这里重点关注核心解释变量的系数β_1和β_2，预测β_1为负值，β_2为正值；δ_{it}为个体固定效应；ε_{it}为随机干扰项。

基于以上基准模型，利用Stata15.0软件对模型进行估计，得到结果见表5，从上述面板数据的实证分析的结果来看，农业数字化发展指数$Dgtid$的系数为负数，而$Dgtid^2$的系数为正数，可以说明地区农业数字化发展先扩大了城乡收入差距，而当农业数字化水平发展到一定阶段则会逐步缩小城乡之间的收入差距。其原因归结于四川数字经济的快速发展推动了经济增长，尤其是四川作为国家数字经济创新发展试验区建设主体之一，为城乡居民在就业、电商等提供公平的市场环境，进而增加农民收入，促进城乡收入差距不断缩小。此外，在模型中城镇化率（UR）、对外开放程度（EO）系数也都为负值，说明新型城镇化的发展和对外开放程度的不断扩大，也会对城乡收入差距的缩小带来改进。滞后一期城乡收入差距的估计系数结果为正，说明城乡收入差距的变化会受到上一期发展水平的影响。

表5 基准模型估计结果

Theil	Coef.	St. Err.	t-value	p-value	[95% Conf.	Interval]
L	0.903	0.086	10.50	0	0.724	1.083
Dgtid	−0.103	0.181	−0.57	0.575	−0.481	0.275
$Dgtid^2$	0.144	0.362	0.40	0.696	−0.611	0.898
FE	0.015	0.178	0.08	0.934	−0.357	0.387
UR	−0.238	0.831	−0.29	0.778	−1.971	1.496
lnED	0.01	0.084	0.110	0.911	−0.166	0.185
Inv	0	0	0.08	0.939	−0.001	0.001
IS	0.118	0.549	0.22	0.832	−1.026	1.262
EO	−0.073	0.940	−0.08	0.939	−2.033	1.888
2017bn	0.006	0.007	0.85	0.404	−0.009	0.021
2019	0.009	0.014	0.63	0.533	−0.002	0.039
2020	−0.007	0.036	−0.20	0.846	−0.083	0.069
Constant	−0.063	0.856	−0.07	0.942	−1.848	1.721
Mean dependent var		0.315		SD dependent var		0.186
Number of obs		84		F-test		179.736

五、对策建议

第一，持续推进农业数字化基础设施建设，为赋能农业农村现代化奠定坚实基础。从农业数字化水平较好的东部地区发展经验来看，经济越是发达的地区农业数字化水平相对越高，良好的数字环境资源、便利的信息基础网络、完善的数字基础设施对于其推进农业数字化发展建设举足轻重。要加快推进四川全省农业新基建发展，加强城乡间数字基础设施共建共享，推动农业基础设施的数字化转型升级，利用数字技术促进传统农业基础设施提升效能。四川省农业数字化基础设施的改善，关键是要提升欠发达的山地地区的基础设施建设。一方面要提高光纤、宽带、移动网络等基础设施的覆盖面，以支持农业生产生活用网需求，在盆地四周的丘陵、山地等地区的基础设施建设方式上可以采取"先建后补"的民办公助、以奖代补的方式。另一方面要不断扩大农业生产装备设施的应用，尤其是推动以成都为代表的农业数字化水平较高的地区积极反哺其他地区，参与农业数字化基础设施建设，提升农村居民数字化设备使用技能，增加农业生产效率，提高农民收入。

第二，加快构建农业经营网络化体系，拓展农民增收空间与就业渠道。农村电商是推进农业数字化转型发展的重要途径。通过数字技术的桥接，能够使得农村地区优劣势得到平衡。发展特色农产品电子商务、乡村旅游民宿和乡土风情展播等数字经济活动，有利于打破城乡经济机会在地理上的分布不均。四川农村地区发展的劣势主要体现在交通流量相对稀少、地理位置相对偏远、市场集中程度相对不足，而对应的优势主要为劳动力、土地、特色自然资源等要素相对丰富、成本相对低廉。通过以川内地理标志及特色农产品为依托，利用数字技术使得农业生产的自然景观、文化价值等属性变现，加强分拣、分级分类等技能培训，使得小农户经营规模小、标准化程度低、技术应用差等竞争劣势转变为"定制化""手工劳作""原生态"的竞争力标签，体现产品差异化和服务化的转型升级，着力推动四川地理标志产品等优势农产品的电商发展。加强农村地区现代化物流仓储、配送能力建设，在农产品产地广泛增设前置仓，提升农产品保鲜质量，引导快递网店的建设，将既有乡（镇）邮政、商店、村小卖部等站点升级补充成为快递网络节点，引导社会资本参加此类物流集散网店的数字化改造，打通农村物流"首尾一公里"。

第三，出台相关支持政策与激励措施，加强农业数字化发展支撑保障。持续完善科技成果转化相关法律法规，促进农业数字化生产关键技术的研究、成果转化推广和应用，构建科研人员与农户的利益分享或绩效挂钩的激励机制，激发高校、农业科研院所内生活力，持续加强政府支持带动农业数字场景应用，重点扶持和补贴农业传感器、农业精准作业等数字技术在农业生产的应用和推广领域。促进龙头企业赋能带动农业数字化转型，通过出台政策、减免税收、发放财政补贴等扶持方式，积极引进和培育数字农业龙头企业或"链主"企业，支持企业承担省、市重点研发计划项目，充分利用其技术优势推进农业全产业链嫁接改造与提升，引领带动农民数字化发展转型。大力发展农村数字普惠金融，科学把控贷款风险，破解农民融资难题，针对小微型农户，加快出台倾斜政策以降低迈入数字化生产门槛，鼓励小微农户组建专业合作组织，由政府补贴统一使用数字技术设施，实现资金惠农。拓展数字农业多元化投融资体系，设立省、市两级发展数字农业专项基金，积极广泛引导社会资本投入数字农业的领域。通过地方政府发行专项债、金融机构以农业设施贷款、开发农村碳金融衍生品等手段，为农业数字化发展基础设施建设、作业设备投入拓展资金渠道。

第四，推广数字技术服务与培训广度，提升农民数字素养与就业能力。发挥益农信息社、农村合作社的"数字桥头堡"作用，不断增强新型农民的技能培训，重点推广智能灌溉水肥一体化、农业生产环境监控、数字农业智能管理技术等涉农数字化生产、管理技术，培育新时代的"职业农民"作为农业数字化发展的基础人员，以推动农业产品、产业数字化。通过政府以及农村合作组织开展实施面向留守妇女、返乡农民工、家庭创业者等群体的网络直播、电子商务、普惠金融等专项培训，以组织专题讲座等形式普及农业数字化的相关知识，增强农民的数字化意识，提升农民对数字化设备的实际操作能力。

参考文献

[1] 习近平在中央农村工作会议上强调 锚定建设农业强国目标 切实抓好农业农村工作.（2022-12-24）. 共产党员网，https://www.12371.cn/2022/12/24/ARTI1671876176764975.shtml.

[2] 李晓钟，李俊雨. 数字经济发展对城乡收入差距的影响研究［J］. 农业技术经济，2022（2）：77-93.

[3] 刘海启. 以精准农业驱动农业现代化加速现代农业数字化转型［J］. 中国农业资源与区划，2019，40（1）：1-6+73.

[4] 陈文，吴赢. 数字经济发展、数字鸿沟与城乡居民收入差距［J］. 南方经济，2021（11）：1-17.

[5] 刘海启. 加快数字农业建设 为农业农村现代化增添新动能［J］. 中国农业资源与区划，2017，38（12）：1-6.

[6] 胡晶，刘治彤. 对黑龙江省网络信息助力乡村振兴实践的考察分析［J］. 学术交流，2022（6）：90-106.

[7] 易加斌，李霄，杨小平，等. 创新生态系统理论视角下的农业数字化转型：驱动因素、战略框架与实施路径［J］. 农业经济问题，2021（7）：101-116.

[8] 马述忠，贺歌，郭继文. 数字农业的福利效应——基于价值再创造与再分配视角的解构［J］. 农业经济问题，2022（5）：10-26.

[9] 马威，张人中. 数字金融的广度与深度对缩小城乡发展差距的影响效应研究——基于居民教育的协同效应视角［J］. 农业技术经济，2022（2）：62-76.

[10] 肖艳，徐雪娇，孙庆峰. 数字农业高质量发展评价指标体系构建及测度［J］. 农村经济，2022（11）：19-26.

[11] 国家统计局. 中国统计年鉴（2021）［M/OL］. 北京：中国统计出版社，北京数通电子出版社，http://www.stats.gov.cn/sj/ndsj/2021/indexch.htm.

[12] 四川省统计局. 四川省第七次全国人口普查公报［R/OL］. 四川省人民政府网，https://www.sc.gov.cn/10462/c105630/2021/5/26/ce55937e2c11491fb38fb1c5217c0551.shtml.

[13] 农业农村部市场与信息化司，农业农村部信息中心. 2021全国县域农业农村信息化发展水平评价报告［R/OL］. https://www.moa.gov.cn/gbzwfwqjd/xxdt/202112/W020211221365374930266.pdf.

农村建设用地市场供求失衡及改革思路[①]

曹 洪 史敦友 骆 玲

改革开放 40 多年来，以土地征收、土地用途管制与国有土地有偿使用为主要内容的中国特色土地制度为中国经济社会发展做出了历史性贡献。然而，农村建设用地要素利用效率低下，农村基础设施、公益设施以及经营性设施建设用地产品总量供给不足、供给同质化与供求结构性失配等问题已经严重影响农村经济发展与农村居民对美好物质生活的消费需求。为化解农村建设用地市场供求失衡，提高农村建设用地利用效率，丰富农村建设用地产品供给结构，提高农村建设用地产品供给质量，满足农村居民日益增长的美好物质产品消费需要，以实现乡村全面振兴发展，党的十八届三中全会以来，中央对此作了一系列重大政策部署。

针对农村建设用地市场供求失衡，理论界研究多是从政府和土地要素供给视角展开。如高晓娜通过两部门模型对现行土地结构研究指出，在垄断土地制度建立后，政府在房地产部门的土地要素投入不断减少，在工业部门的土地要素投入不断增加[1]；李鑫等认为，政府在招商引资过程中竞相以低地价供地导致了工业用地非均衡扩张，对土地财政的过分追逐导致了居住用地非均衡扩张，政治晋升引致的大兴城市基础设施建设导致了基础设施用地非均衡扩张[2]；丁绒和叶广宇认为，既有财政分权激励下，地方政府投入商住用地供应及其公共基础设施配套建设的规模一般会高于中央政府的期望，投入保障房用地供应及其公共基础设施配套建设的规模一般会低于中央政府的期望，而官员晋升激励会导致上述结论加剧和强化[3]等。从上述研究可知，现有研究基本都是针对整个建设用地市场整体论证和分析，并没有进行区分研究，较少的区分研究也是针对城市和国有建设用地市场，并从空间开放强度失衡[4]、供求规模失衡[5]和供求价格失衡[6]等领域进行研究。

然而，专门针对农村建设用地市场供求失衡，现有理论研究相对不足。因此，本文从农村建设用地市场供求失衡的特征化事实出发，探讨农村建设用地市场的供求失衡现状，并从农村建设用地市场供求失衡的成本收益逻辑对政府主导与企业主导的农村建设用地市场供求失衡进行深入分析，然后总结出农村建设用地市场失衡原因，最后从供给

[①] 作者简介：曹洪，西南交通大学公共管理学院副教授；史敦友，四川师范大学经济与管理学院讲师；骆玲，西南交通大学经济管理学院教授。

侧视角针对农村建设用地要素低效及农村建设用地产品供给同质化、供给总量不足与供给结构性失衡问题提出改革思路。

一、农村建设用地市场供求失衡的特征化事实

随着新型城镇化的持续推进、农村居民收入与消费水平的稳步提高，农村建设用地市场逐渐呈现出土地要素利用效率低下及土地产品供给同质化、供给总量不足与供给结构性失衡等多重矛盾。

（一）农村住宅建设用地市场供给规模不断扩大与农村常住人口规模日益减少之间的供求失衡矛盾

从农村常住人口规模看，随着新型城镇化的持续推进，农村常住人口从1990年8.41亿人下降到2016年5.80亿人，农村常住人口减少了70.09%；农村常住人口占全国人口比重也从1990年73.59%下降到2016年42.65%[1]。然而，与农村常住人口规模和占比逐年降低相比，农村住宅建设用地规模不仅没有降低，反而在逐年提高。农村住宅建设用地从1990年173.10亿平方米增长到2016年的264.80亿平方米。在农村常住人口逐年减少与农村住宅建设用地规模逐年增加双重因素作用下，农村常住人口人均住宅建设用地面积由1990年20.56平方米增长到2016年44.90平方米，增长1倍多。农村常住人口逐年降低和农村住宅建设用地逐年上升造成当前农村住宅建设用地要素市场存在大量无效和低效利用现象。一方面，由于农村常住人口大量锐减造成农村建设用地大量闲置即大量"空心村"形成，据中科院2012年测算，全国空心村综合整治潜力达1.14亿亩[7]；另一方面，由于农村每年都新增大量住宅建设用地，并且农户原有住宅建设用地并没有被回收，新增住宅建设用地大多是通过占用耕地资源取得，形成一户多宅与一户多房以及违法占用耕地资源等现象。总之，作为农村建设用地市场主要组成部分，农村宅基地存在大量低效利用且近些年来更加严重。

（二）基础设施与公益设施建设用地产品市场供给不足与农村居民对其日益增长的消费需求之间的矛盾

当前，从基础设施与公益设施建设用地产品市场供给满足农村居民对基础设施与公益设施建设用地产品需求视域看，基础设施与公益设施建设用地市场呈现两大问题。其一是基础设施与公益设施建设用地产品供给严重滞后于农村居民对基础设施与公益设施建设用地产品的消费需求；其二是基础设施与公益设施建设用地产品供给量也严重小于农村居民对基础设施与公益设施建设用地产品的消费需求量。统计数据显示，在政府财政投入方面，在2010—2016年，政府在农村建设领域财政投资年均增长率仅为5.26%，而同时期农村居民生活消费支出年均增长率达到12.34%；在基础设施产品供给方面，以农村公路为例，近些年来，一到春节乡村公路拥堵已成为常态，特别是没有

---

[1] 全文所有数据源于《中国统计年鉴》，以下不再做说明。

红绿灯的乡村结合部公路交会口以及乡村集市；在公益性产品供给方面，以人均公园绿地为例，2016年城市、县城、建制镇、乡的人均公园绿地面积分别为13.70、11.05、2.46、1.11平方米，乡镇人均公园绿地面积与城市和县城人均公园绿地面积差距显著（农村人均公园绿地面积没有统计数据）。归根结底，这两大问题在本质上就是农村居民收入提升引致的对农村基础设施与公益设施建设用地产品的消费增长速度超过了农村基础设施与公益设施建设用地产品的供给增长速度，从更深层次来说则是基础设施与公益设施建设用地要素供给增长速度不能够追赶上农村居民对农村基础设施与公益设施建设用地产品的消费需求增长速度。

（三）农村居民对农村建设用地产品日益增长的美好物质生活需要同建设用地产品供给同质化之间的结构性失衡矛盾

党的十九大报告指出，中国特色社会主义进入新时代，我国社会主要矛盾已经转化为人民日益增长的美好生活需要和不平衡不充分的发展之间的矛盾。农村建设用地产品市场供给结构性失衡已经成为新时期我国农业产业转型、土地制度变革与农民脱贫致富过程中必须解决的课题。从农村建设用地产品市场需求侧看，农村居民人均纯收入从1978年133.6元增长到2016年10772.0元，增长了80倍。随着收入水平的提升，农村居民消费水平也在不断上升，对农村建设用地产品消费也逐步向多元化、差异化与优质化消费转型，农村居民已经从住房消费扩大到体育、文化、休闲、娱乐、餐饮等众多领域，如在2010—2016年，农村人均科教文体卫保等非生活必需品消费额由1247.8元提升到3545.5元，其占农村居民人均消费支出比重由28.4%提升到35.5%，特别是在医疗保健、教育娱乐、交通运输等健康消费与休闲消费等服务业领域消费水平大幅度提升。然而，从农村建设用地产品市场供给侧看，农村建设用地产品同质化和标准化严重，难以满足农村消费者多元化与差异化的消费需求。如乡村旅游地建设重视数量而非质量，同质化明显[8]，大量建设不能体现本地区域特色的"复古"景点与"西化"景点；新农村建设也存在"千村一面"的"流水线"与"标准化"建设局面[9]。总之，农村基础设施与公益设施建设用地产品供给与农村居民对其产品需求出现结构性失配。

二、农村建设用地市场供求失衡的成本收益逻辑

改革开放以前，由政府完全供给农村建设用地产品。改革开放以来，随着乡镇企业的快速发展，企业逐渐进入农村建设用地市场并供给农村建设用地产品。由此，我国农村建设用地市场形成政府主导农村建设用地市场与企业主导农村建设用地市场两种模式，然而，这两种发展模式都不能够实现农村建设用地市场有效供给。以下从成本收益视角对这两种市场供求失衡特征分别分析。

（一）政府主导农村建设用地市场供求失衡的成本收益逻辑

政府主导农村建设用地市场是指在农村地区，基础设施建设、公益设施与经营性建设用地产品供给主要是由政府供给。从现实情况看，当前在偏远山区、远离城市地区与

少数民族地区等区域，农村建设用地产品供给几乎完全是由政府投资建设并供给农村居民消费。按照城乡发展规划指导，农村建设用地市场应供给公益性建设用地要素、工商业建设用地要素和住宅建设用地要素，并在基层政府主导下（其主体一般是由政府投资成立的公司），生产公益性建设用地产品、工商业建设用地产品和住宅建设用地产品，满足农村居民对不同建设用地产品的消费需求（图1）。

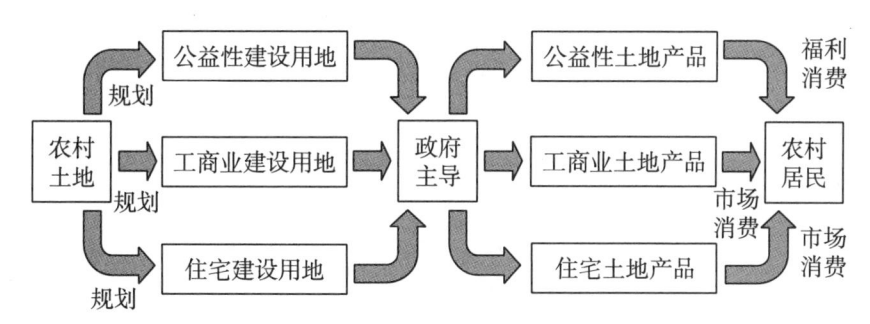

图1 政府主导农村建设用地市场供求失衡

从成本收益视角对政府主导农村建设用地市场进行分析，设农村居民获得来自政府流转单位土地要素价格为 c_1，政府流转农村居民土地后主要用于公益性建设用地、工商业建设用地和住宅建设用地三大领域，并生产公益性建设用地产品、工商业建设用地产品和住宅建设用地产品，供农村居民消费，设上述各类单位建设用地产品价格依次为 c_2^1、c_2^2 和 c_2^3（为研究方便，设所有建设成本均为0），生产规模分别为 n_1^1、n_1^2 和 n_1^3。

从公益性建设用地领域看，由于公益性建设用地产品具有公益性质或公共福利性质，公益性建设用地产品是作为农村福利由政府无偿为农村居民提供，农村居民一般不需要支付成本，即 c_2^1 很小或为0。因此，政府供给公益性建设用地产品利润为 $y_1^1 = (c_2^1 - c_1)n_1^1$，其中，$y_1^1 < 0$。政府提供公益性建设用地产品越多，其亏损也就越多。

从工商业建设用地领域看，政府投资农村工商业建设用地的主要目的就是发展农村经济，并在此基础上推进农村美、农业强、农民富，实现乡村全面振兴发展。因此，一般情况下，政府在农村单位工商业建设用地领域的投资直接经济效益很小，其在农村工商业建设用地利润为 $y_1^2 = (c_2^2 - c_1)n_1^2$，其中，$y_1^2 > 0$。但是，其间接经济效应表现为通过投资发展工商业用地，实现吸纳农村就业、优化区域环境、带动乡村旅游等目的。

从住宅建设用地领域看，政府在农村住宅建设用地领域获得较多收入，其在农村住宅建设用地利润为 $y_1^3 = (c_2^3 - c_1)n_1^3$，其中，$y_1^3 > 0$。但是，供给各类农村建设用地要素生产建设用地产品必须按城乡土地发展规划要求，即符合农村建设用地要素供给结构平衡和农村建设用地产品供给结构平衡，也就是维持 n_1^1、n_1^2 和 n_1^3 供给比例一定。从总体看，按照 n_1^1、n_1^2 和 n_1^3 供给比例一定条件下，政府在农村建设用地市场是亏损的，即 $y_1^1 + y_1^2 + y_1^3 < 0$。亏损额为 $\pi = -(y_1^1 + y_1^2 + y_1^3) = (c_1 - c_2^1)n_1^1 + (c_1 - c_2^2)n_1^2 + (c_1 - c_2^3)n_1^3$。在此基础上，农村建设用地市场土地供给规模为 $n_1 = n_1^1 + n_1^2 + n_1^3$，并且政府在农村建设用地要素供给结构平衡或产品供给结构平衡前提下，政府供给农村建设用地产品规模越大，即政府投资在农村建设用地市场的资金越多，政府亏损额也就越多。

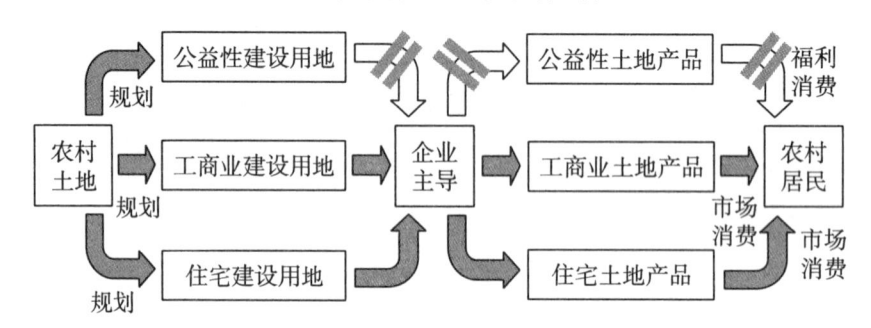

（二）企业主导农村建设用地市场供求失衡的成本收益逻辑

企业主导农村建设用地市场是指在农村地区，特别是在城乡结合部与城市郊区，企业成为农村建设用地产品的供给主体，企业在市场规律约束下和城乡发展规划指导下，针对农村建设用地属性差异，根据利润最大化来供给各类农村建设用地产品。与政府主导农村建设用地市场一致，企业主导农村建设用地市场也被分为公益性建设用地、工商业建设用地和住房建设用地三类（图2）。针对企业性质和不同类型建设用地产品性质，可对企业主导农村建设用地市场供给结构性失衡进行分析。

图2 企业主导农村建设用地市场供求失衡

在公益性建设用地领域，由于公益性土地产品的公共福利性质，在公益性建设用地领域投资是"赔本买卖"，因此，企业必然不会参与，公益性土地产品的供给规模为 $n_2^1 = 0$，则企业在公益性建设用地领域利润为 $y_2^1 = 0$。

在工商业建设用地领域，设企业供给农村工商业土地产品价格为 c_3^2，供给规模为 n_2^2，则企业在农村工商业建设用地领域利润为 $y_2^2 = (c_2^2 - c_1) n_2^2$。

在住宅建设用地领域，设企业供给农村住宅用地产品价格为 c_3^3，供给规模为 n_2^3，则企业在农村住宅建设用地领域利润为 $y_2^3 = (c_2^3 - c_1) n_2^3$。在农村工商业建设用地领域和农村住宅建设用地领域，企业还面临着与政府的竞争以及市场需求容量约束，为利润最大化考虑，企业会积极挖掘在理念创新、设计创新、集成创新等方面的比较优势，为农村居民提供多元优质的建设用地产品，从而形成农村工商业建设用地产品市场与住宅建设用地产品市场结构多元化与差异化发展。

总之，在市场经济下，由于盈利是企业市场经济活动的唯一目标，公益性建设用地产品不具有排他性和竞用性，企业供给公益性建设用地产品的边际收益为0，企业必然不会参与供给；相反，在工商业用地产品市场和住宅用地产品市场，都可以实现盈利，企业必然会参与，导致形成农村建设用地产品市场供给侧结构性失衡。如图2所示，在农村建设用地产品市场供给侧结构性失衡下，农村居民只有市场消费的建设用地产品供给，没有福利消费的建设用地产品供给。因此，企业主导农村建设用地市场供给总规模为 $n_2 = n_2^1 + n_2^2 + n_2^3 = n_2^2 + n_2^3$；企业总利润为 $y_2 = y_2^1 + y_2^2 + y_2^3 = (c_2^2 - c_1) n_2^2 + (c_2^3 - c_1) n_2^3$。

三、农村建设用地市场供求失衡的原因探究

从成本收益视角对政府主导农村建设用地市场和企业主导农村建设用地市场分析可知,两类市场供求关系均是失衡的。从经济学理论和农村实践情况看,农村建设用地市场供求失衡的原因可被归纳如下。

(一)农村建设用地市场管制制度是农村建设用地市场供求失衡的制度原因

从农村土地制度上看,农村建设用地市场管制制度是农村建设用地市场供求失衡的制度原因。一是农村建设用地供给总量管制,《土地管理法》第 24 条规定,"各级人民政府应当加强土地利用计划管理,实行建设用地总量控制",农村建设用地市场实行总量供给管制,供给规模应按照中央和各级地方人民政府年度规划执行,然而,对农村建设用地实际使用的基层政府却无权根据现实需要对总量供给进行灵活化调整。二是农村建设用地供给渠道管制,《土地管理法》第 2 条规定,"任何单位和个人不得侵占、买卖或者以其他形式非法转让土地,土地使用权可以依法转让",农村建设用地供给渠道管制表明,农村建设用地流转必须合法合规,这也间接限制了农村建设用地的供给规模。三是供给用途管制,《土地管理法》第 4 条规定,"国家实行土地用途管制制度,使用土地的单位和个人必须严格按照土地利用总体规划确定的用途使用土地",第 26 条又规定,"经批准的土地利用总体规划的修改,须经原批准机关批准;未经批准,不得改变土地利用总体规划确定的土地用途",农村建设用地供给用途管制造成农村居民不能够根据市场机制进行农村建设用地资源优化配置,制约了农村建设用地利用效率提升和利用结构优化改进。总之,《土地管理法》对农村建设用地进行总量管制、渠道管制及用途管制,不仅约束了农村居民和基层政府通过合理开发农村建设用地发展壮大农村集体经济的权利,而且切断了农村居民通过有效利用农村建设用地实现增收与脱贫致富的渠道。因此,农村建设用地市场管制制度是导致农村建设用地市场供求失衡的根本原因,也直接限制了农村经济发展空间,是造成农村经济发展不充分的主要原因。

(二)区域发展不平衡是农村建设用地市场供求失衡的现实因素

新时期中国区域经济发展最大的不平衡就是城乡发展不平衡,城乡发展不平衡是农村建设用地市场供求失衡的现实因素。习近平总书记在 2015 年中共中央政治局第二十二次集体学习时曾经明确指出,"由于欠账过多、基础薄弱,我国城乡发展不平衡不协调的矛盾依然比较突出,加快推进城乡发展一体化意义更加凸显、要求更加紧迫"。尽管近些年来,我国城乡统筹与一体化发展获得快速推进,城镇化水平不断提高,但是农村发展基础差是不争的事实。一方面,从地区生产总值看,2016 年我国县域(县和县级市)地区生产总值占全国比重为 39.22%,比 2007 年降低了近 3 个百分点;县域人均地区生产总值为市辖区的 36.42%,尽管比 2007 年有所改善(2007 年为 30.94%),但是差距仍然较大。另一方面,从城乡收入看,城乡收入比自 2009 年以来虽然有所降

低，但在 2016 年仍达到 2.72；2000 年以来，城乡居民人均收入水平基本存在 10 年发展差距，如农村居民在 2016 年家庭人均纯收入（12363 元）高于 2006 年（11760 元）且低于 2007 年（13786 元）城镇居民家庭人均居民可支配收入。总之，农村经济发展基础差与农村发展长期滞后于城市，造成农村发展欠账较多，广大基层政府本身无资本投资发展农村建设用地市场。更何况，近些年来，尽管政府在基础设施建设上适度倾向于农村，但是投资城市效率更高、效益更好、影响更大，而且更有利于主政者晋升[2][3]。因此，长期以来农村经济基础差导致政府投资农村资本相对城市明显不足，农村建设用地产品供给也必然相对城市不足，这些是造成农村建设用地供求失衡的现实因素。

（三）农村建设用地产品市场失灵是农村建设用地市场供求失衡的市场机制

党的十八届三中全会确立了市场在资源配置中的决定性作用和更好发挥政府的宏观调控能力。市场机制能够通过价格机制调控要素和资源流动方向，使整个市场达到帕累托最优。然而，在公共产品市场上，市场机制会失灵，政府必须进行宏观调控，使市场保持总量平衡，促进供给结构优化。从农村建设用地市场看，公益性建设用地产品与工商业建设用地产品及住宅建设用地产品不同，公益性建设用地市场具有产权不明晰及缺乏排他性和竞用性特征，导致农村居民消费公益性建设用地产品不需要支付任何成本，企业供给公益性土地产品的边际收益为 0。在市场经济下，企业必然选择供给工商业建设用地产品及住宅建设用地产品。因此，在市场经济下，企业不会主动进入公益性建设用地市场，公益性建设用地市场便会失灵，农村建设用地市场便会形成供给侧结构性失衡。

（四）农村建设用地产品缺乏创新是农村建设用地市场供求失衡的推动力量

在新农村建设、乡村旅游开发、农产品加工业等农村农业现代化发展方面，普遍存在同质化竞争与标准化建设问题。造成同质化竞争与标准化建设的原因在于，地方政府或为政绩考虑，或为完成任务，在发展乡村旅游与推动新农村建设时，广泛学习先进地区已有经验，然而并没有进行消化吸收再创新，也没有考虑市场、区位、交通等实际情况，而是进行简单的"复制"，形成"千村一面"的土地利用总体规划[9]，在此规划指导下，各个地区之间新农村建设与乡村旅游开发无差异化，缺乏理念创新、设计创新、形态创新、模式创新。农村建设用地产品缺乏创新的直接恶果就是缺乏市场竞争力和吸引力，导致市场消费不足，形成产能过剩，即形成了农村建设用地市场供求失衡。

四、农村建设用地市场供求均衡的改革思路

为化解农村建设用地市场供求失衡，提高农村建设用地利用效率，丰富农村建设用地产品供给结构，提高农村建设用地产品供给质量，满足农村居民日益增长的美好物质

产品消费需要，以实现乡村全面振兴发展，必须推进农村建设用地市场供给侧结构性改革。

（一）以宅基地"三权分置"改革提升农村闲置建设用地要素利用效率

2018年中央一号文件提出宅基地"三权分置"改革，指出要完善农民闲置宅基地和闲置农房政策，探索宅基地所有权、资格权、使用权"三权分置"，落实宅基地集体所有权，保障宅基地农户资格权和农民房屋财产权，适度放活宅基地和农民房屋使用权。基于当前农村建设用地产品消费需求结构及农村建设用地产品供给结构差异性，通过宅基地"三权分置"改革提升农村闲置建设用地利用效率的核心改革方向就是：着力盘活闲置、低效利用的宅基地，在此基础上，将闲置和低效利用宅基地转化为公益性建设用地、工商业建设用地，并根据农村地区发展实际，确定供给什么、供给多少和如何供给，以期在政府有限资本投资前提下，最大限度地满足农村居民日益增长的多层次、高质量的建设用地产品消费需求，并以此化解农村宅基地供给过量、利用效率低下与建设用地产品市场供给的结构性失衡。

（二）以政府投资撬动社会资本化解政府主导农村建设用地总量供给不足

政府投资不足是政府主导农村建设用地市场供给总量不足的重要原因，而吸引社会资本投资农村建设用地市场是破解政府投资不足的有效渠道。在市场经济下，社会资本会自动向投资风险低、回报收益高的领域流动；而针对农村建设用地市场，在财政资金不足的前提下，政府若实现农村建设用地产品供给满足消费者对农村建设用地产品的消费需求，必须充分发挥财政资金的引领作用，因地制宜地推广政府与社会资本合作、政府购买服务、贷款贴息等方式，撬动金融和社会资本投向农村建设用地市场。以田园综合体建设为例，田园综合体建设可以有效实现政府投资撬动社会资本下乡和化解政府主导农村建设用地供给不足问题。以成都市都江堰市为例，都江堰市国家农业综合开发田园综合体作为国家首批10个田园综合体建设试点项目之一，预计2018—2020年总投资21.03亿元，其中，中央财政农发资金1.50亿元、四川省、成都市、都江堰市三级财政农发资金1.5亿元，整合其他财政资金3.40亿元，吸引金融和社会资本14.63亿元。总之，通过财政资金的引领作用，精准寻求风险收益双保障的农村建设用地项目，推进与社会资本的全方位合作，撬动更多社会资本，可有效化解政府主导农村建设用地市场产品总量供给不足问题。另外，社会资本进入农村建设用地市场还可以加速农村建设用地市场的多元化竞争，激发市场创新力，加快农村建设用地产品的多层次与高质量供给，有效化解农村建设用地产品供给同质化问题。

（三）以捆绑模式化解企业主导农村建设用地市场供给结构性失衡

企业市场行为与农村建设用地市场差异性表明，由企业自由供给农村建设用地产品，必然存在供给结构性失衡。因此，若保证按照政府规划要求，公益性土地产品、工商业土地产品与住宅土地产品之间供给结构平衡，企业可通过农村建设用地产品供给的捆绑模式实现。据此，本文根据公益性建设用地产品差异性及其对消费者生活的重要程度，提出两种捆绑模式化解农村建设要素市场供给侧失衡。其一是捆绑供给模式（图3），捆绑供给模式是指政府要求进入农村建设用地市场的企业在供给工商业建设用地和住宅建设用地的同时必须配套供给一定比例的公益性建设用地，以保障农村建设用地产品市场产品供给结构平衡。从市场经济看，这种平衡供给是一种被动行为，捆绑供给模式适用于农村公路、绿化、路灯、广场等产权难以明晰或明晰产权成本较高且与农村居民生活息息相关的公益性土地产品供给。捆绑供给模式尽管可以实现企业主导农村建设用地市场供给侧结构性平衡改进，但这类公益性土地产品供给只能达到政府要求供给的规模，难以实现供给人性化、差异化、质量化与品质化，也只能保障农村居民基本生活消费供给。其二是捆绑消费模式（图4）。捆绑消费模式是指在农村建设用地市场上，企业将一些公益性用地产品和工商业用地产品进行捆绑销售，消费者只有基于市场价格消费工商业建设用地产品才可以免费消费这些公益性建设土地产品。从市场经济看，这是企业的一种主动行为，适用于如休闲、旅游、农事体验等能够将产权明晰且用于改善农村居民生活质量的公益性建设用地产品，企业通过要求农村居民购买或消费门票、住宿和餐饮等形式获取工商业土地产品，并在消费工商业土地产品的同时获得免费消费企业供给的公益性土地产品。捆绑消费模式能够有效将公益性土地产品的外部性内部化，避免公益性土地产品市场失灵。总之，在捆绑模式下，由于面临着市场激烈的竞争，企业必然以提供高质量、差异化的公益性建设用地产品以吸引消费者消费工商业建设用地产品。另外，高质量、差异化的公益性建设用地产品还可以通过提升区位优势，提升区域知名度和区域价值以达到提升周边住宅建设用地产品的消费需求。

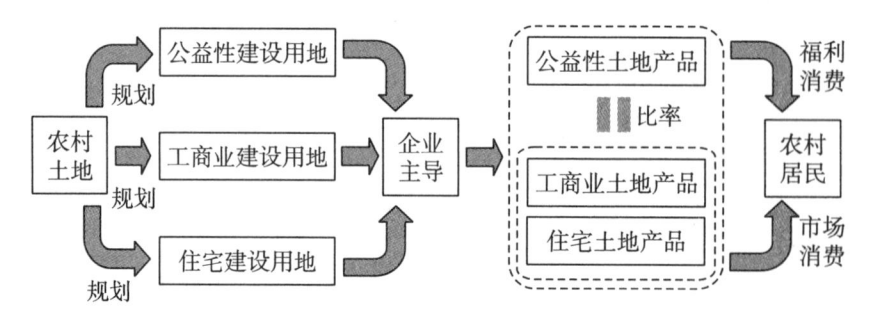

图3 以捆绑供给模式化解企业主导农村建设用地市场供给结构性失衡

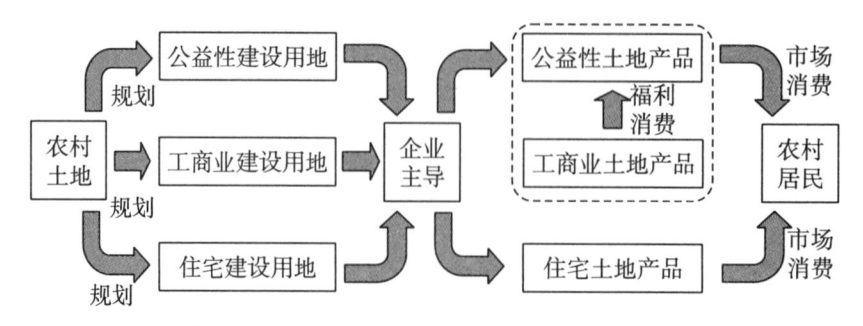

图4 以捆绑消费模式化解企业主导农村建设用地市场供给结构性失衡

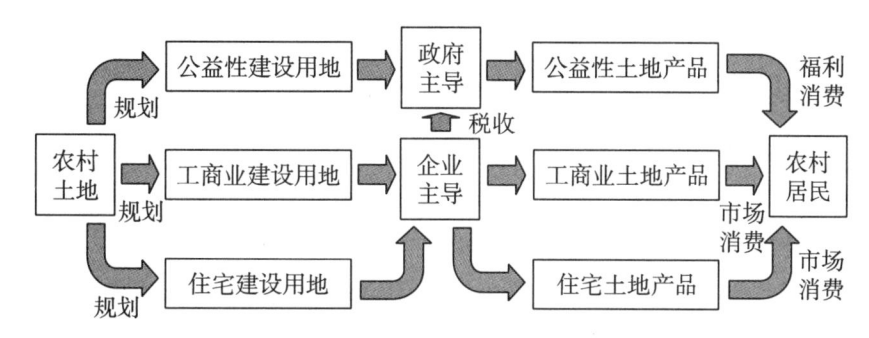

(四) 以土地增值税化解企业主导农村建设用地市场供给结构性失衡

党的十八届三中全会指出，使市场在资源配置中起决定性作用和更好发挥政府作用。政府的职责就是弥补市场失灵，解决市场难以解决的问题。从农村建设用地市场看，由于公益性土地产品的公共福利性质，在公益性土地产品财产权难以确定和确定成本非常高的前提下，私人企业难以提供公益性土地产品，由政府提供公益性土地产品是解决农村建设用地市场供给侧结构性失衡的有效办法。据此，政府可通过征缴土地增值税化解农村建设用地市场供求结构性失配，以实现三大建设用地产品供给结构平衡（图5）。其中，征税对象为农村建设用地市场中的企业，征税将全部用于公益性土地产品供给。政府通过调整工商业土地产品和住宅土地产品税率，可以实现公益性土地产品、工商业土地产品与住宅土地产品三者之间供给结构平衡。

图5 以土地增值税化解企业主导农村建设用地市场供给结构性失衡

参考文献

[1] 高晓娜. 政府垄断供应、土地结构错位与福利损失[J]. 贵州财经大学学报，2016（6）：7-16.

[2] 李鑫，马晓冬，肖长江. 中国城镇土地非均衡扩张路径与治理策略研究[J]. 人文地理，2016，31（2）：83-88+144.

[3] 丁绒，叶广宇. 地方政府的土地供应抉择研究——土地财政规模倒U型效应的博弈均衡视角[J]. 财政研究，2016（9）：76-92.

[4] 陈逸，黄贤金，陈志刚，等. 中国各省域建设用地开发空间均衡度评价研究[J]. 地理科学，2012，32（12）：1424-1429.

[5] 陈雯，孙伟，赵海霞. 区域发展的空间失衡模式与状态评估——以江苏省为例[J]. 地理学报，2010，65（10）：1209-1217.

[6] 刘鹤翚. 我国城市建设用地市场结构性失衡的供给侧改革[J]. 财经问题研究，2016（10）：115-121.

[7] 刘彦随. 新型城镇化应治"乡村病"[N]. 人民日报，2013-09-10（5）.

[8] 陈天富. 美丽乡村背景下河南乡村旅游发展问题与对策[J]. 经济地理，2017，37（11），236-240.

[9] 陈美球，蒋仁开，朱美英，等. 乡村振兴背景下农村产业用地政策选择——基于"乡村振兴与农村产业用地政策创新研讨会"的思考[J]. 中国土地科学，2018，32（7）：90-96.

乡村振兴背景下不同类型农村地区优势的再认识及精准施策研究[①]

赵玉民　崔耀文

党的十九大提出了乡村振兴战略，中央一号文件自 2004 年起，已连续 17 年锁定"三农"问题（表1），学术界围绕产权、科技、产业等问题，展开调研思考，取得了一系列成果。然而，我国农村地区的经济状况仍有待进一步改善，乡村振兴的任务依然艰巨！鉴于此，本文期望在对全国农村进行分类并剖析优势明显农村地区不同优势资源的基础上，给出精准的施策建议，以助问题的解决。

表1　2004—2020 年中央一号文件对"三农"问题的关注点

年份	"三农"问题关注点	年份	"三农"问题关注点
2004	农民增收	2013	现代农业
2005	农业综合生产能力	2014	农业现代化
2006	社会主义新农村建设	2015	农业现代化
2007	现代农业	2016	农业现代化
2008	农业基础设施建设	2017	农业供给侧改革、发展新动能
2009	农业稳定发展、农民持续增收	2018	乡村振兴战略
2010	统筹城乡发展	2019	农业农村优先发展
2011	水利改革发展	2020	脱贫攻坚、全面小康
2012	农业科技创新		

资料来源：中华人民共和国农业农村部。

[①] 作者简介：赵玉民，重庆师范大学马克思主义学院副教授；崔耀文，四川农业大学经济学院硕士研究生。原文刊于《农村经济》，2020 年第 8 期。

一、农村的内涵及类型

(一) 农村的内涵

何为农村？学术界观点不尽统一。分析现有文献，主要观点有三种：钟长城认为，"乡村泛指县城以下的广大地区，因其产业结构以农业为中心，故传统习惯认为乡村即农村，是农业生产和农民聚居的地方。"[1]这一定义的不足在于，随着产业兴农的推进，有些地方虽然还是农村，但这里村民从事的产业已主要是非农产业，收入亦主要来自非农产业，因此这里的村民已非严格意义上的农民，农民长期聚居的地方肯定是农村，但农村长期聚居着的村民却未必大多数都是农民。孙鑫认为，"农村是与城市相对而言的地域，它是一部分人们生产、生活聚集程度较低的地区，又有其特定的自然景观。它随着社会经济的不断发展，最终将与城市融为一体。农村是个历史的、动态的、发展的概念。"[2]这一定义的不足在于，未来农村不一定都会与城市融为一体，尤其是偏远山区的农村。《2016中国统计年鉴》在解释农村住户时指出，"农村常住户指长期（一年以上）居住在乡镇（不包括城关镇）行政管理区域内的住户，以及长期居住在城关镇所辖行政村范围内的农村住户。"显见，统计意义上的农村指城关镇之外的乡镇及城关镇所辖行政村。

基于已有研究，本文将农村界定为："与城市相对应的，人口数量和区划规模相对较小的，长期聚居着拥有农地承包经营权居民的区域。"这一界定的主要含义为：其一，地理区域上，农村包括自然村、行政村、乡和镇。但不包括首府、省府、市府、县府所在地。其二，动态地看，农村不是永远不变的，今天的农村，可能会演化发展为明天的城市，今天的城市，也有可能衰落蜕变为明天的农村。其三，长期聚居的居民全部或大部分是农民的地方肯定是农村，但农村长期聚居的居民全部或大部分未必是农民。从本质上讲，农民是长期、主要从事农业产业的居民。但伴随着产业扶贫的精准推进，有些地方是农村，但全部或大部分居民已不再是本质意义上的农民，从事的主要产业也已不再是农业而是旅游业或其他服务业，正是考虑到此，本文对农村的界定采用了"长期聚居着拥有农地承包经营权居民的区域"这样的表述。其四，一些人口数量越来越多、区划规模越来越大的区域，单靠农业人们是无法生存下去的，聚集于此的人们要生存和发展，必须也必定要有新的产业注入和兴起。伴随着新的产业的兴起和壮大，该区域本质上更多地类似于城市，譬如乌镇，而非目前被社会大力聚焦并亟待解决的经济较落后的农村。

(二) 农村的类型

目前对农村类型的划分主要有三类标准：其一，以农村的经济发展状况为标准。譬如有的学者依据农村经济发展状况，将农村划分为发达地区、中间地区、贫困地区三种类型。其二，以农村资源、环境状况为标准。譬如有的学者依据农村区域优势的存在特点，将存在区域优势的农村划分为条件优势、生产优势和产品优势三种类型。其三，以农村地形、地貌、地理位置或产业类型为标准。譬如有的学者据农村地形、地貌、地理位置将农村划分为平原、山区、沿海和城郊四种类型，有的学者据产业类型将农村划分为农、林、牧、渔四种类型。借鉴已有分析，以优、劣势资源分布情况为标准，整体上，我们将农村划分为优势明显农村地区、劣势明显农村地区、优劣势均不明显农村地区三种类型。依山傍水、适合开发旅游农村，拥有丰富矿产资源农村，紧邻城市农村，处于平原地区农村，人文历史遗存保护较好农村等属于优势明显农村地区。六盘山区等14个集中连片贫困区农村、深度贫困区农村、自然条件恶劣区农村、存有突出地方病区农村等属于劣势明显农村地区。其他属于优劣势不明显农村地区（图1）。当然，问题需要辩证地看待，三者间的区分也不是绝对的。限于篇幅，本文仅分析优势明显农村地区。

图1 农村类型

农村类型：
- 优势明显农村地区：譬如城市近郊区农村、特色资源分布区农村
- 劣势明显农村地区：譬如集中连片贫困区农村、深度贫困区农村、自然条件恶劣区农村、地方病突出区农村
- 优劣势均不明显农村地区

不以全覆盖为目的，在充分考虑典型性、实操性的前提下，我们从优势明显农村地区中析分类聚出城市近郊区农村、特色资源分布区农村、平原区农村三种类型（需要说明的是，它们并非按统一标准划分，之间亦可能有重叠，有重叠时，政策亦可叠加施行），不同优势类型农村地区有着不同的优势资源，助推其经济发展的对策应当因地制宜、因情施策，而不应"一刀切"。

二、不同类型农村地区优势的再认识

（一）城市近郊区农村的优势

城市近郊区农村，又称城市边缘带（urban fringe）农村、城市蔓延区（the area of urban sprawl）农村或者城市阴影区（urban shadow area）农村，是指紧紧毗邻城市区域的农村。城市近郊区农村是城市生态系统和农村生态系统的对接、渗透地带，是与城市联系最为密切、实物与信息交换最为频繁的地方，是城市化进程最为活跃、土地利用结构变化速度最快的地区。根据约翰·弗里德曼（John Friedman）的核心—外围理论、麦基（McGee）的城乡边缘区理论、约翰·杜能（Johann Thune）的农业区位理论及美国学者沃尔特T.马丁（Walter T. Martin）的相关观点，城市近郊区农村紧邻城市区域，离城市的服务、人口、管理、市场、技术、教育、资金等最近，因而具有得天独厚的距离优势。

以这一垄断性的距离优势为基础，城市近郊区农村具有下列衍生优势：其一，可以节约产业组织或个人的运输成本、时间成本及其他成本,因而具有成本优势。其二,可以更快、更容易、更有可能获得城市的溢出资源,因而具有资源捕获方面的先占优势。[3]其三,可以在城市扩张、产业配套建设、城乡融合过程中通过指标交易、指标置换转换为非农用地,从而产生巨大的升值空间,让农地权力主体获得远远超出其他类型农村地区的级差地租收益,因而具有地租优势。其四,可以产生虹吸效应,集聚起越来越多的资源,让城市的发展重心发生移动,成长为卫星城,因而具有资源集聚优势。其五,可以弥补城市功能的不足,精准定位为城市功能拓展区、城市后花园、城市生态涵养区、城市发展新区、为都市消费需求做配套服务的后工业腹地等,因而具有补位优势。

(二)特色资源分布区农村的优势

农村特色资源是指为一个或者几个农村甚至某一区域农村所拥有的,其他地区不具有或者即使具有,但丰度、品质、市场认可度和竞争力均不及这一地区的资源。农村特色资源既包括自然地理特色资源、人文社会特色资源,也包括基于二者形成的产品特色资源;既包括强特色资源,也包括弱特色资源。由于地形复杂(有平原、高原、山地、丘陵、盆地五种主要地形)、气候多样(包括热带、亚热带、暖温带、中温带、寒温带5个温度带和1个特殊的青藏高原区,以及湿润区、半湿润区、半干旱区、干旱区四大干湿区)、历史悠久、民族众多、人文底蕴深厚等原因,我国具有众多的特色资源,譬如长汀镇的雪、和田的玉枣、沁州的黄小米、吴桥的杂技、浏阳的花炮、长白山的人参、五常的大米、西湖的龙井、章丘的大葱、烟台的苹果、奉节的脐橙、中宁的枸杞、福建的土楼等(表2)。特色资源分布区农村的最大优势在于其所拥有的特色自然地理资源、特色人文社会资源或者特色产品资源,由于该特色资源具有稀缺性,所在市场为一个完全垄断或者寡头垄断的市场结构,其所有者拥有较强的定价权,可以获得丰厚的经济回报。

表2 2018年"中国农民丰收节"100个农产品品牌名单

入选地区	农产品品牌	入选地区	农产品品牌
山西(3)	沁州黄小米、岚县马铃薯、大同黄花	山东(5)	烟台苹果、滕州马铃薯、章丘大葱、金乡大蒜、威海刺参
海南(2)	文昌鸡、三亚芒果	重庆(3)	奉节脐橙、涪陵榨菜、荣昌猪
西藏(2)	帕里牦牛、亚东黑木耳	宁夏(3)	盐池滩羊肉、中宁枸杞、沙湖大鱼头
上海(1)	南汇水蜜桃	天津(1)	沙窝萝卜
新疆(3)	库尔勒香梨、阿克苏苹果、和田玉枣	河南(5)	正阳花生、新乡小麦、郑州黄河鲤鱼、南阳黄牛、信阳毛尖
贵州(4)	虾子辣椒、兴仁薏仁米、咸宁洋芋、都匀毛尖	新疆生产建设兵团(1)	石河子鲜食葡萄
其他入选地区	北京(3)、河北(3)、内蒙古(4)、辽宁(4)、吉林(4)、黑龙江(4)、江苏(5)、浙江(5)、福建(6)、江西(3)、湖北(4)、湖南(4)、广东(4)、广西(4)、四川(4)、云南(4)、陕西(3)、甘肃(2)、青海(2)		

资料来源:中国农业新闻网。

以拥有的特色自然地理资源、特色人文社会资源或者特色产品资源为基础，特色资源分布区农村还具有下列衍生优势：其一，将该特色资源产业化，并将产业链条向上游或下游延伸，从而获得特色资源开发全产业链收益的优势。其二，为特色资源产业化进行生产、加工或者服务等方面的配套，从而获得与特色资源相关的配套产业收益，实现范围经济的优势。其三，对该特色资源进行深度挖掘、精细化加工、多样化开发，从而进一步拓宽利润空间，获得特色资源更多附加值收益的优势。

（三）平原区农村的优势

我国有东北平原、华北平原、长江中下游平原、成都平原等平原地区，平原约占我国国土总面积的12%左右。平原区农村的优势主要体现在以下方面：

其一，具有获取规模经济的优势。平原区农村土地较为平坦、广阔，耕地集中、连片，使得我国平原地区农村的基础设施一般较好，土地易于整理、规划，生产适合大规模进行（规模化生产可以实现成本的降低、农业生产效率和集约化水平的提高）。其二，具有获取级差地租Ⅱ的优势。平原区农村土地通常较为肥沃，且平整的土地便于农业高科技设施的安装和监控；便于通过连续投资不断改善农田水利等基础设施，提高农地的生产力；便于深度挖掘，充分拓展农地的价值。其三，具有获取政策和资金支持的优势。平原地区作为我国玉米、小麦、水稻等粮食作物和部分经济作物的主产区、主要的商品粮基地、8亿亩高标准农田建设主阵地，因其农业生产状况关系到国家的粮食、产业、生态安全，关系到国计民生，因此在产业政策、财政补贴、金融支持、售卖价格等方面受到国家明显的倾斜、保护和支持。其四，具有释放劳动力并将释放的劳动力引导到相关产业中，从而拓宽收入渠道、获得更多收益的优势。农地向种田能手或农业龙头企业的集中，能实现农地的规模化经营，让越来越多的农村劳动力得到释放。这些被释放的劳动力会在市场中为自己寻求就业或创业的机会和空间，从而为相关产业的成长与发展带来可能。伴随着相关产业的成长与发展，农民的收入渠道得以拓宽，收益得以增加。其五，具有区位优势。处于平原区交通要道的农村，基础设施较好，单位时间内能辐射和覆盖到更广大的地区，更多的农村，因而还具有区位优势（表3）。

表3 优势明显农村的类型及主要优势

类型	主要优势
城市近郊区农村	距离优势及由此衍生出的成本优势、城市溢出资源先占优势、地租优势、资源集聚优势和补位优势
特色资源分布区农村	特色资源优势及由此衍生出的全产业链收益优势、范围经济优势、更多附加值收益优势
平原区农村	规模经济优势、政策和资金支持优势、级差地租Ⅱ优势、区位优势、释放劳动力并拓宽收入渠道优势

三、不同类型农村地区的精准施策

（一）城市近郊区农村的精准施策

城市近郊区农村地区的优势在于其垄断性的距离优势及由此衍生出的成本优势、城市溢出资源先占优势、地租优势、资源集聚优势和补位优势等，依托这些优势，推动该类型农村地区经济发展的政策设计宜紧紧围绕服务城市、城乡融合发展等展开。具体而言：

其一，应重点发展对运输成本、时间成本、经济成本敏感度比较高的产业。比如兴办果蔬种植基地，发展房屋租赁市场等。其二，应做好对城市溢出资源的承接和利用。比如引资、引技、引智下乡；为农民提供科技教育培训服务；做好农企对接、农校对接、农研对接、农政对接；创建社会中介服务组织，及时汇聚并向村民扩散城市短期用工信息等。其三，应充分、高效、集约利用土地。其四，应做好整体规划，统筹利用好各种资源。比如加强农村基础设施和公共服务建设，做好道路硬化、环境绿化工作，改善村容村貌，改造农村的水电气网，推进公交、轨道运输下乡等。其五，应深入研究城市功能与布局，发现短板与瓶颈，找准定位，实现精准切入。比如发展智慧农业、创意农业、有独特自然地理资源与厚重历史文化资源支撑的乡愁经济、观光农业、立体农业、高科技农业、民俗农事体验业、会展业、科普教育业、养老业、CSA（社区支持农业）、乐活休闲业、有浓郁农家特色的餐饮服务业、农产品深加工及包装设计业等。

以全国首批农业旅游示范点、2005中国人居环境范例奖、中国乡村旅游代表"五朵金花"为例，红砂村、幸福村、万福村、驸马村、江家村占地面积约12平方千米，距成都市区7千米，属于城市近郊区，农民长期生活水平低下。但自2003年起，由锦江区政府主导，"五朵金花"通过一系列的产权（如互换、转让、出租、入股、转包）、资本（政府引导、社会参与、多元投入）、产业等运作，组建集团组织（股份化、公司化），加强经营管理，改善基础设施（水电气、厕所及民房景观化改造），借智学者专家，以文化浸润产业，以品牌提塑形象，大力发展乡村旅游业、体验式休闲产业、创意文化产业、花卉业、现代服务业、餐饮商务业等产业，集吃、住、行、娱、购、游、怡为一体，先后打造出"花乡农居""江家菜地""幸福梅林""东篱菊园""荷塘月色"等特色品牌景观，吸引了众多国内外游客来访，受此带动，"五朵金花"的农民收入持续提升（租金＋薪金＋股金＋保障金），村庄面貌也一改以往之落后，越来越趋于现代、繁荣。

（二）特色资源分布区农村的精准施策

特色资源分布区农村的优势在于其独一无二的"特色资源"，及由此衍生出的获取特色资源开发全产业链收益优势，获取与特色资源相关的配套产业收益、实现范围经济优势，获取特色资源更多附加值收益优势等。应依托上述优势，推动该类型农村地区的经济发展：

其一，应着眼于其无可替代的资源特色，尽可能地将该地区的产品和产业做精、做细、做强、做大，以实现该地区资源优势向产品优势、产品优势向产业优势的转化。

其二，应做好产业配套和产业链延伸。以旅游业为例，餐饮业、住宿服务业与核心旅游产品本质上属于经济学意义上的互补品，在景深较大的特色旅游资源开发过程中，在景区出入口或其附近开发餐饮业、住宿业、商业、娱乐业等，有助于获取范围经济。不仅如此，若产业开发过程中，产业链向上游或下游延伸具有竞争力，可以长期获得更多的经济利润，则应考虑三产融合和产业链的上下游延伸问题。譬如法国依云小镇，在矿泉水资源的基础上，又相继开发出了滑雪、疗养温泉等旅游休闲产业，从而实现了产业的辐射和升级。又如被誉为"中国核桃之乡"的河北涉县的特色农产品——核桃的开发，部分镇将产业链向下游延伸，获得了更丰厚的经济收益（图2）。

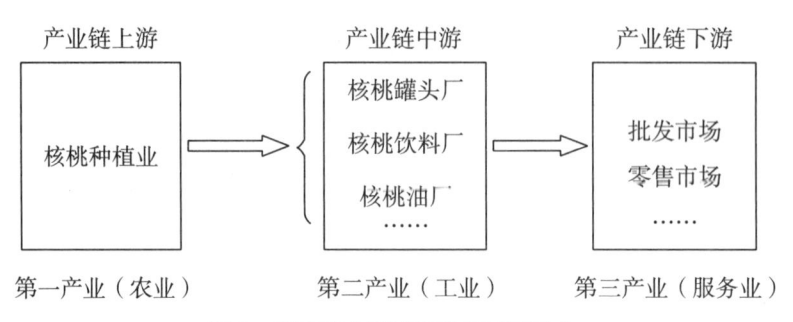

图2 核桃产业链的延伸与三产融合

其三，要深化农村的土地制度改革，重视适应性制度的安排与演进，大力推进农村集体资产的股份制改造，全力破除农村特色资源开发中的瓶颈和深层次制约因素。要加强特色资源分布区农村的基础设施建设，提高其公共服务能力和水平，力争实现村村互通、城乡互联。要做好各方面的扶持和服务工作，善于筹措、整合各方面资金，重视发挥龙头企业、合作组织、乡贤能人在特色资源开发中的重要作用[4]，注重加强农村干部的治理培训、农民的科技培训及相关专业化、市场化服务组织的培育，注意构建特色资源产业的生产体系、经营体系，全力推动特色资源产业发挥强劲的带动作用。

其四，要做好调研、论证。不是所有的产品都适合产业化的，商业开发之前，一定要做好详细调研、充分论证，以避免投资失败。要做好规划。规划要全面、具体，要重视细节、着眼未来。要处理好开发与保护的关系。开发过程中要重视保护，重视可持续发展。开发要以保护为前提，保护要通过开发而强化。要做好协调统筹，打造出利益相关方的利益联结机制。如开发涉及几个地区甚至跨行政区域，要做好沟通、协调工作，以形成合力、快速推进。

其五，要重视最新科技、"＋互联网""＋文化"等现代营销理念的运用。在特色资源不受破坏的前提下，如运用最新科技可以提升其品质，能让其更趋精细、更添魅力，则应尽量加以利用，以增强其时代感，更好地满足市场需求。在生产、加工、销售产品过程中，要重视形成质量、服务、品牌意识，坚持创新、协调、绿色、开放、共享、可持续发展理念，灵活运用互联网和自媒体等现代传播手段，酌情发展农村电商和农产品定制。

（三）平原区农村的精准施策

平原区农村具有规模经济优势，级差地租Ⅱ优势，政策和资金支持优势，区位优势，释放劳动力并拓宽收入渠道优势等，依托这些优势，推动该类型农村地区的经济发展应：

其一，在土地"三权分置"（所有权、承包权、经营权）、确权颁证基础上，要鼓励农地经营权向种田能手、合作社、家庭农场、农业龙头企业或其他新型农业经营主体流转，以实现农地的大规模连片作业。以湖南浏阳北盛镇乌龙社区农民曹修叨为例，2008年他发起成立了北盛众益农机服务合作社，之后逐渐从农机大户转变为种粮大户，2014年曹修叨一家经营耕地1200亩，按照亩均纯利润1211元算，一家人2014年收入超过110万元。[5]其二，进一步夯实农田水利基础设施，改善农地交通条件，提升耕种、生长、收割等环节的机械化水平，降低农业生产成本，提高农业生产效率。积极运用滴灌、喷灌、施肥等现代科学技术，调控和安装现代科技设施，以实现对农作物生长的全方位、全过程、全天候监控，实时了解农作物生长情况，及早发现并消除农作物病虫害，提高我国农业的精准化和集约化水平，促进我国农业由传统农业向现代农业、高科技农业、精准农业的转型，深度释放农村劳动生产力。其三，出台相关措施以扶持被释放的农村劳动力获得就业或创业的机会。农村劳动力要么离土离乡，到城市或其他地方打工或者创业；要么离土不离乡，在本地从事面粉加工业，农机配件销售或维修业，咨询、经纪、金融服务业等相关产业。要着力培育新型农村经营主体，并大力引导相关产业向规模化、专业化、柔性化、集群化、网络化、多样化方向发展。要力争催生出区域主导或龙头产业，并围绕其打造更多业态，以带动更多农民奔向小康。譬如兰考县民族乐器专业村李新庄村，目前已完成了向产业集群的升级。截止到2017年5月，该地共有民族乐器加工制造和相关配套企业186家，运输队、行业协会等服务型机构近10家，泡桐种植基地4000多亩，农桐间作46万亩。拥有古筝、古琴、琵琶、二胡、扬琴、柳琴等各类民族乐器100多个花色品种，年产民族乐器近70万件，音板、码子、架子等配件产品约100万套，形成了规模庞大、分工明确、联系紧密的第一二三产业融合的特色产业集群。[6]其四，发挥区位优势，酌情发展物流、贸易和电子商务业。

总之，农村地区经济发展对于当前我国小康社会的全面建成和2035年基本实现现代化具有至关重要的意义，历史性地解决农村全面发展问题，实现乡村的伟大振兴，不仅应深入推进农地、宅基地产权改革，及时做出制度优化和政策改进，健全和完善农产品生产体制、流通体制和经营体制，在财政、金融、税收等方面给予合理、及时、有效、精准的融资和政策支持，组建、锻造锐意改革、勇于创新的乡、镇、村领导班子，大力改善水、电、气、路等农村农业基础设施，持续培训和提高农民的科技文化素质，加强农村社会文化和医疗保障建设等，还应因地制宜，扬长避短，充分挖掘利用不同类型农村地区的优势资源，并依托此优势，分类精准施策。

参考文献

[1] 钟长城. "新农村"内涵的界定与前景研究［J］. 江汉大学学报（社会科学版），2003（4）：

63—67.
[2] 孙鑫. 对当前我国农民概念内涵与农民群体划分的探讨——兼与张义同志商榷 [J]. 农业经济问题, 1995 (5): 2-6.
[3] 姚树荣, 周诗雨. 乡村振兴的共建共治共享路径研究 [J]. 中国农村经济, 2020 (2): 14-29.
[4] 钟真, 余镇涛, 白迪. 乡村振兴背景下的休闲农业和乡村旅游: 外来投资重要吗? [J]. 中国农村经济, 2019 (6): 76-93.
[5] 吴文博. 种粮农民在想啥? [N]. 农民日报, 2015-03-26 (1).
[6] 李二玲, 邓晴晴, 何伟纯. 基于产业集群发展的中部传统平原农区乡村振兴模式与实现路径 [J]. 经济地理, 2019, 39 (12): 110-118.

农村电商对果农经营性收入的影响及对策研究
——基于苍溪县的证据[①]

韩立达　邓海燕

一、引言

电子商务是数字经济的一个重要组成部分,也是数字经济发展的先驱,更是数字经济发展的助推器。近年来,电子商务对于提高农民收入、改善农民生活、实现乡村振兴起到了不可或缺的作用。乡村振兴战略规划指出,电子商务是改善农民生活的催化剂,能够帮助农民拓宽收入渠道。[②] 2014年7月,财政部、商务部联合出台电子商务进农村的支持政策,决定在8省56个县开展首批示范工作,每个示范县能够获得2000万元左右的中央财政资金支持,示范县获得的财政资金将用于县级和村级电商服务站点的建设、物流配送体系的搭建、产品品牌的培育以及电商人才队伍的建设等。[③] 自2014年以来,农村电商连续9年在中央一号文件中占据不小的篇幅,随着示范政策的深入开展,电商在农村地区持续发展,对农民收入的增长以及农民生活水平的改善具有重要意义。截至2022年7月,该政策已累计支持1489个县,支持建设县级电子商务公共服务中心和物流配送中心超2600个,农村电商继续保持乡村数字经济"领头羊"地位,全国农村网络零售额由2014年的1800亿元,增长到2022年的2.17万亿元,其中,全国农产品网络零售额达5313.8亿元。[④]

近些年来,各地积极响应国家号召,多措并举对农村电商产业进行帮扶,对于农产品市场经济起到了重要作用,使农户的经营性收入不断增长,让农户不断迈向生活富裕的康庄大道。农村的基础设施包括冷链、仓储、物流等体系也不断完善,"快递进村"

---

① 作者简介:韩立达,四川大学经济学院教授;邓海燕,四川大学经济学院硕士研究生。本文是国家社科基金一般项目"市场与政府协调下的农村土地制度与户籍制度系统联动改革研究(19BJY110)"的阶段性成果。
② 《中共中央 国务院印发〈乡村振兴战略规划(2018—2022年)〉》,http://www.gov.cn/zhengce/2018-09/26/content_5325534.htm。
③ 《财政部办公厅商务部办公厅关于开展电子商务进农村综合示范的通知》,https://waizi.org.cn/law/14744.html。
④ 数据引自《中国数字乡村发展报告(2022年)》。

比例超过 80%①，有效助力了农村电商的发展以及乡村振兴事业的蓬勃开展。四川省紧跟国家大政方针，集结各种力量发展农村电商，在各方面的努力下农村电商市场呈现出蓬勃的生命力。2022 年的四川省委一号文件中也指出支持县域综合商贸服务中心、县级物流配送中心、乡镇商贸中心、村级连锁商店和日用品便利店等建设，整合邮政、供销、快递等资源，加快县乡村三级电商和寄递物流服务体系建设，培育壮大农村电商市场主体。② 苍溪县是发展农村电商的排头兵，自 2017 年起，通过开展各种平台、各种方式的持续培训，培育壮大了一大批农村电商"新农人"，切实提升了苍溪县农民的电商能力和农村电商化水平。通过实践，还总结出了"建体系、联物流、共收益"的发展模式。

2023 年 2 月，中央一号文件多次强调农村电商在乡村振兴过程中的重要性，在未来的乡村振兴中，走向高质量发展的农村电商在助力乡村产业振兴方面依然会发挥独特作用，进而促进农民增收和共同富裕目标的实现。建设县域集采集配中心，推动农村客货邮融合发展，大力发展共同配送、即时零售等新模式，推动冷链物流服务网络向乡村下沉；鼓励发展农产品电商直采、定制生产等模式，建设农副产品直播电商基地，以推动乡村产业高质量发展。③

这些针对农村电商发展的指导方案在实践的过程中出现了不少问题，农村电商的发展因此在很大程度上陷入了停滞状态。而由于经济发展的差异和地理环境的不同，农村电商政策体系需要根据各个基层单位的具体情况进行具体分析，不少基层治理单位急需一些可供推广和借鉴的针对农村电商发展的对策建议。因此，本文将目光聚焦到县域，县城是一切政策措施落地的载体，滋养农村电商的广袤土地。本文基于县域层面的调查研究，提出农村电商发展切实可行的方案，这也是实现城乡发展一体化的现实需要。

二、文献综述

一直以来，国内外学者都高度关注农民收入的问题。农户收入按来源可划分为工资性收入、经营性收入、财产性收入、转移性收入。针对农户经营性收入影响因素的研究中，周雪松（2012）认为农民的经营性收入受劳动产出比的影响最大，张戈（2013）则认为农民经营性收入与农业机械化水平有显著的正相关关系，李丽莉等（2022）研究发现农民经营性收入显著受网络发展的影响。在市场要素方面，何望（2012）认为基层销售渠道的选择显著影响农户经营性收入水平，直销渠道和中间商渠道对农户经营性收入水平有着不同的影响效果。另外，不少学者认为农民经营性收入受到城市化水平的影响，但学者们有着不一样的观点。崔剑波（2015）的研究表明，城市化水平越高，农民

---

① 数据引自《中国数字乡村发展报告（2022 年）》。
② 《2022 年省委一号文件新闻发布会》，https://www.sc.gov.cn/10462/10705/10707/2022/3/14/e1d9138d12fb43b195869bdb269ba7df.shtml。
③ 《中共中央 国务院关于做好 2023 年全面推进乡村振兴重点工作的意见》，http://www.lswz.gov.cn/html/xinwen/2023-02/13/content_273655.shtml。

的资源被挤占得越明显，农民的经营性收入便越低，蒲勇健（2013）却有相反观点。

农村电商对农民经营性收入的影响引起诸多学者的关注。国内大部分学者通过研究得出农村电商对农户经营性收入具有促进效应。马彪等（2021）认为农村电商通过自有品牌和产品认证两条路径对农民经营性收入产生影响；方莹和袁晓玲（2019）认为农村电商通过增加农民的种植规模、扩展农民面向的市场两个途径影响农民经营性收入；曾亿武（2018）认为农户采纳电子商务能够通过提升利润率和销量对农业经营性收入产生显著的促进作用；赵绍阳等（2023）从直接和间接两个方面分析了农村电商对农户经营性收入的影响，直接作用机制是农村电商直接促进贫困户线上销售农产品，间接作用机制是农村电商刺激各类农产品经营主体利用规模效应扩大其产出，从而对贫困户的经营性收入有溢出作用。但也有学者有不同的观点。颜颖（2012）认为农产品通过农村电商平台售卖，虽然在一定程度上节约了交易成本，但导致销售商和消费者之间的信息不对称，消费者无法直观感受到产品的质量，又不利于增加果农的经营性收入；张海霞（2020）认为虽然农村电商能够增加农民收入，但会对其经营性收入产生负面影响，因为农民的精力是有限的，农村电商的发展能够促进相关产业的发展，为农民带来大量非农就业机会，但同时也会挤压农民用于生产经营的时间。

梳理文献可知，已有研究还存在以下不足之处：学者们就农村电商对农户经营性收入的影响方向并没有一致的结论，现有文献缺乏对电子商务影响农户经营性收入机制的系统梳理，难以全面掌握农户参与电商的影响效应和影响路径。在研究范围和研究方法上，也稍显不足。从研究范围来看，国内研究聚焦于电商发展水平较高的东部地区，尤其是对东部沿海省份电商发展状况、模式、特点及影响的探讨，而对西部地区和全国整体层面电商发展关注较少。从研究方法来看，由于电商数据搜集难度大，目前国内已有相关研究多以定性研究和案例分析为主，定量分析方法虽然逐渐多样化，但目前仍稍显单一。多数文献更多侧重于研究农村电商与农户收入两者的关系，并没有将农民收入细分为经营性收入、工资性收入、财产性收入和转移性收入，也并未深入地探究电商对农户经营性收入影响的大小。基于此，本文以苍溪县红心猕猴桃果农为研究对象，探究农村电商是否显著影响以及在何种程度上影响果农的经营性收入，通过模型检验农村电商对经营性收入的影响路径，以期填补农村电商研究的空缺，并在一定程度上优化农村电商发展的政策环境。本文的创新之处在于：首先，本文将视角聚焦于果农，分析农村电商对果农带来的影响，在研究对象上具有一定的创新性；其次，在对果农参与农村电商进行界定时，不仅包括通过电商平台上销售产品，也包括电商企业对果农的农产品进行采购和果农通过农村电商平台购买农资产品，这在一定程度上丰富了大多数学者关于农户参与农村电商行为的定义；最后，采用内生转换回归（ESR）模型解遗漏变量内生性问题和处理效应异质性问题，增强了估计结果的严谨性。

三、理论分析

基于农户行为理论，果农是理性且精于计算的，他们追求自身效用最大化，并对价格的变化或潜在的赢利机会有着迅速而正确的反应。[①] 当采纳农村电商的预期收益大于传统销售方式的预期收益时,果农便会采纳农村电商。在本文的研究中,果农的经营性收入是通过经营种植、管理和销售农产品获得的收入,减去从事生产经营过程中的成本的差值,即在不考虑税收的情况下,销售收入减去成本的差值。由销售收入的公式可知,销售收入与产品售价和销量成正比。因此,本文的经营性收入可以用以下公式表示:经营性收入=销量×售价-成本。由公式可知,果农经营产品的销量与售价越高,果农的经营性收入越高,果农经营产品的成本越低,果农的经营性收入越高。

(一)农村电商通过销量影响果农经营性收入

1. 农村电商拓展果农产品销售面临的时空范围。作为集成化、高效化的在线交易平台,电子商务平台具备产品售卖和信息沟通等功能,改变了传统商品的销售范围,实现了跨地区的信息配置,将特定地区的销售行为扩展到全国甚至全世界,扩大了农产品的市场销售边界,从时空双重维度提升了流通效率。果农在农村电商平台发布农产品销售信息,有效拓宽了农产品的信息传播面。生鲜类农产品通过电商平台进行销售,市场范围被"无限"扩张,从而避免了市场分割,有助于减少农产品的滞销率。显然,在数字平台购买、支付、物流等功能的整合下,形成了庞大的在线消费市场,果品销售市场规模在以互联网信息技术为基础的电子商务的联通作用下大幅增大,农民的销售对象已不再限于地理空间距离,有助于提升果农的农产品销量,从而解决果农产品滞销的问题。

2. 农村电商降低果农的交易成本。消费者为了在琳琅满目的市场中购买到物美价廉的商品,在购买商品前往往会搜寻大量信息,搜寻的边际成本由时间成本、皮鞋成本以及交通成本等构成。根据 Bakos(1997)的基础模型,存在搜寻成本时,产品市场的均衡价格会随着搜寻成本的上升而上升,并且搜寻成本的提高会导致消费者预期效用减少,过高的搜寻成本会挤出市场上的消费者,导致市场失败。在传统的线下市场中,往往由于消费者与市场存在着一定的距离,消费者需要花费大量的时间成本、皮鞋成本以及交通成本等,筛选出满足自身效用最大化的商品,搜寻理论认为消费者的搜寻行为停止于搜寻行为的边际成本等于边际收益之时,从而高搜寻成本导致了高均衡价格。果农通过电商平台交易有着无可比拟的交易优势。对于消费者而言,农村电商平台显然降低了农产品消费者的搜寻成本,搜寻成本的降低,有助于降低该商品的市场均衡价格。因此,同传统线下市场相比,线上的商品具有更低的价格。线上相对较低的价格有助于吸引更多的消费者,有助于增加商品的需求量。农产品网购逐渐普及和消费者网购黏性不断增强,为农产品带来较为稳定的需求。2020年突如其来的疫情,对人们的消费习惯产生了很大的影响,许多消费者转向线上购物,直播电商也增强了消费体验,线下消费迅速向网购转变,如盒马鲜生线上订单量达到平时的5~10倍,京东到家春节期间全平

[①] 曾亿武,郭红东,金松青:《电子商务有益于农民增收吗?——来自江苏沭阳的证据》,载《中国农村经济》,2018年第2期,第49~64页。

台成交额比去年同期增长 374%。① 农产品通过微信等平台销售，若农产品的质量获得消费者的认可，还能够通过消费者再宣传、再购买行为提高产品的销量。

(二) 农村电商通过售价影响果农经营性收入

1. 农村电商能够缓解果农信息不对称。充分了解售卖产品的市场信息，是果农降低风险和提高议价能力的前提。使用农村电商的果农能够通过大数据实时、精确、全面地了解网络营销的动态，有针对性地设计和改善产品，并做好价格与产品性能之间的平衡，在高度竞争的市场中获得更好的绩效。通过农村电商平台，生产者与消费者可以根据自己的需求发布和收集相关的信息，能够让市场价格更加公开透明地传达至果农手中，农户与消费者通过电商平台进行比价的信息成本低于传统交易方式，因此可以降低农户的议价成本。果农通过农村电商平台能够及时获取到红心猕猴桃的价格及销售信息，有助于转变果农在传统市场中的不利地位，提升果农的议价能力。伴随着农村电商的发展，配套的物流设施也进一步完善，易腐农产品可以通过冷链运输，则进一步减少了农产品的损耗率，改变了果农在市场中的被动地位，提升了其议价能力。

2. 农村电商能够发挥农产品的品牌效应。随着经济的稳步增长，城乡居民对食物的品质要求越来越高，现在人们对于农产品的消费，已经不再是追求数量上的满足，而是更加注重产品品质和绿色安全，品牌化和标准化的农产品在网购中的比重将进一步增加。在农村电商平台经过认证的农产品，与普通农产品相比，表现出明显的价格优势。在农村电商平台购买农产品时，消费者无法直观感受产品质量，只能通过农村电商平台上的产品是否是品牌产品或经过质量认证进行购买决策。电子商务平台不仅能帮助消费者鉴别高品质产品，还能放大农产品的"品牌价值"，促进果农建立信誉体系，提高其产品销售价格。

(三) 农村电商通过成本影响果农经营性收入

1. 农村电商可以增强果农的信息匹配。在电商时代，农村电商平台可以让农民及时获取准确的市场信息，当果农获得充分的农产品市场信息时，可以在生产者与消费者之间形成信息流的传输和反馈，能够促使果农做出更优的生产决策，也能够促进农产品升级换代、弱化农产品同质化，降低生产成本。一方面，果农通过农村电商平台，可以根据获取到的农产品需求信息采取最优的生产决策，使生产与需求相匹配，这在很大程度上降低了果农的沉没成本。另一方面，农村电商不仅包括农产品电商，农资电商也占据不小的比重，果农在农资电商平台可以购买生产农产品所需的农业生产资料。与线下购买农业生产资料相比，果农通过农资电商平台进行采购，不仅能够节省交通成本，而且可以在农资电商平台海量的信息中筛选出最适宜的生产资料，节省信息搜寻成本。

2. 农村电商能够促使果农扩大经营规模。根据农户行为理论，果农为了获得更大的经济收益会增加农产品的供给，从而扩大经营规模。在农村电商平台中，果农扮演了

---

① 《疫情之下，一个 50000 亿的庞大市场，正在巨变》，https://finance.sina.com.cn/money/fund/jjzl/2020-02-10/doc-iimxxsff0367459.shtml。

两种角色，分别是农产品的供给方与农业生产资料的需求方，不管是哪一个角色，果农都能够从农村电商平台带来的规模经济中降低生产成本。在增加农业经营规模的基础上，对资源的充分组织利用会提高农业发展效率，各类成本的分摊额得到降低，有助于实现规模经济效益，对果农产销活动开展的积极性起到提升作用。农村电商可以通过以下几个渠道影响农业经营主体的农地经营规模：（1）农村电商作为一种高效率的农产品销售渠道，能够通过增加农业经营主体的销售收入影响农户生产性投资的意愿、决策等，从而促进其农地经营规模的扩大。（2）农村电商销售模式能够通过降低农户交易成本，成本约束的缓解农户对土地生产要素的合理配置，从而有利于其扩大农地经营规模。（3）参与电商平台销售有助于经营主体通过供给侧的自发优化、改良与需求端的有效监督、反馈促进农产品质量标准化的实现，鉴于保证农产品实现标准化生产的关键就在于规模化经营，从而又进一步倒逼农业经营主体扩大其农地经营规模。

3. 农村电商能够帮助果农降低流通费用。首先，农村电商可以降低农户生产性流通费用。在农村电商平台上，一方面农户可以及时获取市场信息，然后及时调整生产行为，使得生产与销售更有针对性，并且根据市场需求合理调整商品储备量；另一方面可以缩短农产品停留在中间商的时间。通过以上两方面可以降低农产品的保管费用。农村电商平台采取的"预售模式"还减少了仓储环节，进一步降低了配送损耗与滞销损耗。对于运输费用来说，农村电商的流通渠道中，渠道成员相比传统的销售渠道较为简单，并且数量也削减不少。随着信息化基础设施的不断完善，利用互联网信息技术选取最优化的路线，物流效率得到很大提升，降低了单位商品的物流成本。其次，农户通过农村电商销售农产品也可以降低纯粹流通费用。对于买卖费用来说，农村电商平台能够起到对农产品的宣传推广的作用，可以整合互联网信息使商品更易被需要的消费者发现。农村电商平台不仅有商品信息，还具有不断完善的交易系统，并且消费者可以看到关于农产品的消息反馈，使交易过程变得简单快捷精准，既节约了买卖时间，又节约了买卖费用。对于簿记费用，整个交易过程都在平台上进行，并且各种费用都可以在平台上详细统计，用于财务类的簿记费用也大幅减少。对于货币费用，交易双方通过电商平台进行线上交易，交易过程不必使用纸币，也就不会产生货币磨损的费用，从而节省了货币费用。

四、研究设计

（一）数据来源及样本基本情况

本文数据来源于笔者 2023 年 1—2 月在四川省苍溪县桥溪乡和东溪镇的红心猕猴桃种植户进行实地调研。选择这两个区域的主要原因是：第一，红心猕猴桃起源于东溪镇，目前全镇有 2000 余户老百姓参与种植红心猕猴桃，累计种植红心猕猴桃达到 1.1万亩，规模大且种产业成熟，桥溪乡红心猕猴桃种植基地和产业园发展虽然比不上东溪镇，但是近些年发展速度很快，并且当地农户增收大多得益于红心猕猴桃产业的发展。第二，桥溪乡和东溪镇农村电商发展水平与苍溪县的平均水平具有一致性。根据本文的研究内容，笔者设计了一份调查问卷，问卷内容分为三部分，分别是：果农家庭基本情况、红心猕猴桃种植情况以及果农参与农村电商的情况。调研采取的是随机抽样的方式，一共发放问卷310份，收回问卷310份，剔除23份无效样本，最终获得287个有效样本，样本有效率为92.6%。

为准确识别样本类型，本文电商果农范畴界定如下。果农直接参与农村电商定义为：果农在淘宝、京东、拼多多、脱贫地区农副产品网络销售平台、一亩田等电商平台独立运营网上店铺，或者通过微信朋友圈、抖音、快手或b站等自媒体线上销售红心猕猴桃。本文将间接参与农村电商定义为：果农通过电商企业在农村电商平台销售产品。本文将直接和间接参与农村电商均认定为果农参与电商。

（二）变量设计及描述性统计

1. 因变量：果农经营性收入。就调研区域而言，果农红心猕猴桃收入占果农收入的比例平均为85%以上，所以在调研的过程中，为了便于果农的理解，将人均纯收入作为人均经营性收入的代理变量。

2. 处理变量：农村电商参与情况。本文把果农直接将产品通过农村电商平台售卖或将产品卖给电商企业都视同参与农村电商。若参与农村电商则赋值为1，反之赋值为0。果农在淘宝、京东、拼多多、脱贫地区农副产品网络销售平台、一亩田等电商平台开设自有网点被视为直接参与农村电商；果农将农产品售卖给电商企业被视为间接参与农村电商。本文将直接参与农村电商与间接参与农村电商统一视作参与农村电商行为。

3. 控制变量。根据相关的文献研究，本文从四个方面选取解释变量，分别是劳动力特征、果农家庭特征、果园特征。其中，劳动力特征包括性别、年龄、受教育水平以及健康状况；家庭特征包括家庭规模、人口负担以及土地质量。

4. 识别变量。本文选取电商培训和物流便利性两个变量，其中电商培训用果农所在村是否开展过农村电商相关培训来衡量，若是则赋值为1，反之则为0；物流便利性用果农住宅两公里范围内是否有快递配送点来衡量，若是则赋值为1，反之则为0。是否参与电商培训影响果农对电商政策和电商营销的态度和认识，它反映出当地政府对政策的支持情况；物流便利性则反映了基础设施是否完善，这是农村电商发展的保障，它侧面反映了该地区的农村电商发展水平。

主要特征指标的参数 t 检验结果显示（表1），未控制果农其他经济特征条件下，采纳农村电商果农经营性收入差值在1%的水平上正向显著。此外，统计结果还显示，采纳农村电商的果农较为年轻，学历相对较高，人口负担较低，经营规模较大。

表1 主要特征指标的描述性统计

变量	电商果农 均值	电商果农 标准差	非电商果农 均值	非电商果农 标准差	差异
果农决策	1	0	0	0	—
收入水平	10.04	0.25	9.49	0.36	0.56***
劳动力特征					

续表

变量	电商果农 均值	电商果农 标准差	非电商果农 均值	非电商果农 标准差	差异
性别	0.83	0.38	0.64	0.48	0.19***
年龄	54.04	10.30	56.34	7.24	−2.30**
学历	2.51	0.89	1.58	0.64	0.93***
健康状况	1.46	0.60	1.77	0.58	−0.30***
家庭特征					
家庭规模	3.86	1.04	3	0.78	
人口负担	0.21	0.18	0.15	0.17	−0.06***
创业经验	0.16	0.37	0.07	0.25	0.09**
果园特征					
种植面积	9.21	4.20	5.37	3.43	3.84***
土地质量	3.34	0.75	3.02	0.89	0.31***
识别变量					
电商培训	0.22	0.42	0.09	0.28	0.13***
物流便利性	0.39	0.49	0.13	0.31	0.26***
样本量	95		192		

注：*** $p<0.01$，** $p<0.05$，* $p<0.1$。

（三）模型构建

假设果农 i 参与农村电商的预期收益为 D_{ia}^*，没有参与农村电商的预期收益为 D_{in}^*，本文认为果农是相对理性的，其目标是追求经济效益最优，将果农参与农村电商的情况设定为：

$$D_{ia}^* - D_{in}^* = D_i^* > 0 \tag{1}$$

果农参与农村电商的决策模型设定为：

$$D_i = \begin{cases} 1, D_i^* > 0 \\ 0, D_i^* < 0 \end{cases} \tag{2}$$

式中，D_i 表示果农的农村电商参与决策行为，$D_i=1$ 表示果农通过农村电商平台进行农产品销售，以下简称为电商果农，$D_i=0$ 表示果农不采纳农村电商平台销售农产品，以下简称为非电商果农。

为测度农村电商对果农经营性收入的影响，本文构建的模型为：

$$Y_i = \beta' X_i + \gamma' D_i + \varepsilon_i \tag{3}$$

式中，Y_i 为果农的经营性收入水平，X_i 为果农的劳动力特征、农户家庭特征、果园特征等，β'、γ' 为估计系数，ε_i 是随机误差项。为了解决内生性问题，本文选择内生转换模型来进行实证分析。

内生转换模型的构建分为两个部分，分别是建立果农是否参与农村电商的决策模型，以及构建果农经营性收入水平的结果方程。

决策方程为：
$$D_i = \delta' Z_i + k' I_i + \mu_i \quad (4)$$

收入方程 1（电商果农的经营性收入水平）：
$$Y_{ia} = \beta'_a X_{ia} + \varepsilon_{ia} \quad (5-1)$$

收入方程 2（非电商果农的经营性收入水平）：
$$Y_{in} = \beta'_n X_{in} + \varepsilon_{in} \quad (5-2)$$

本文引入逆米尔斯比率λ_{ia}、λ_{in}及其协方差$\sigma_{\mu a} = \text{Cov}(\mu_i, \varepsilon_{ia})$、$\sigma_{\mu n} = \text{Cov}(\mu_i, \varepsilon_{in})$，并应用完全信息极大似然法进行联立估计。

电商果农的经营性收入期望值：
$$E(Y_{ia} \mid D_i = 1) = \beta'_a X_{ia} + \sigma_{\mu a} \lambda_{ia} \quad (6)$$

电商果农在不参与农村电商时的经营性收入期望值：
$$E(Y_{in} \mid D_i = 1) = \beta'_n X_{ia} + \sigma_{\mu n} \lambda_{ia} \quad (7)$$

非电商果农的经营性收入期望值：
$$E(Y_{in} \mid D_i = 0) = \beta'_n X_{in} + \sigma_{\mu n} \lambda_{in} \quad (8)$$

非电商果农在参与农村电商时的经营性收入期望值：
$$E(Y_{ia} \mid D_i = 0) = \beta'_a X_{in} + \sigma_{\mu a} \lambda_{in} \quad (9)$$

电商果农经营性收入的平均处理效应（ATT）为式（6）与式（7）的差：
$$\begin{aligned} ATT_i &= E(Y_{ia} \mid D_i = 1) - E(Y_{in} \mid D_i = 1) \\ &= (\beta'_a - \beta'_n) X_{ia} + (\sigma_{\mu a} - \sigma_{\mu n}) \lambda_{ia} \end{aligned} \quad (10)$$

非电商果农经营性收入的平均处理效应（ATU）为式（8）与式（9）的差：
$$\begin{aligned} ATU_i &= E(Y_{in} \mid D_i = 0) - E(Y_{ia} \mid D_i = 0) \\ &= (\beta'_n - \beta'_a) X_{in} + (\sigma_{\mu n} - \sigma_{\mu a}) \lambda_{in} \end{aligned} \quad (11)$$

本文将利用ATT_i、ATU_i的平均值来评估两种农村电商决策对果农经营性收入的平均处理效应。

五、实证检验与结果分析

（一）决策方程与结果方程联立估计

1. 果农参与农村电商决策方程估计结果分析。由表 2 可知，学历水平和年龄对果农参与农村电商的决策有正向作用，性别与健康状况对其有反向作用，但是只有学历水平显著影响果农参与农村电商的决策，这在一定程度上反映了学历与学习能力正相关，学历越高，越倾向于参与农村电商。家庭规模越大的果农，越倾向于参与农村电商，说明参与农村电商活动有较强的家庭劳动力依赖。种植规模与土地质量均对果农参与农村电商的决策行为有正向作用，但二者的作用均不显著，说明苍溪县果农参与农村电商的决策几乎不受果园特征的制约。识别变量中，是否开展电商培训与物流便利程度对果农参与农村电商的决策均起到了正向的作用，并且都显著影响了果农的决策。

2. 果农收入水平方程估计结果分析。由表2可知，红心猕猴桃果农家庭特征中，家庭规模对电商果农来说显著影响了其收入水平，参与农村电商的果农的收入水平在10%的水平上受到过往的创业经历影响，这可能是因为有创业经验的果农，其经营管理的经验比较丰富，销售渠道也更畅通、更多元，种植面积正向影响果农的收入水平，土地质量负向影响其收入水平。

表2 决策模型与收入模型联立估计结果

变量	决策方程 系数	决策方程 标准误	收入方程 电商果农组 均值	收入方程 电商果农组 标准误	收入方程 非电商果农组 系数	收入方程 非电商果农组 标准误
劳动力特征						
性别	−0.053	0.238	−0.021	0.077	0.005	0.046
年龄	0.022	0.014	0.002	0.003	−0.005	0.003
学历	0.724***	0.219	0.070	0.051	0.044	0.060
健康状况	−0.158	0.178	0.014	0.043	−0.015	0.036
家庭特征						
家庭规模	0.296**	0.145	0.080***	0.031	0.023	0.037
人口负担	−0.413	0.684	0.109	0.169	0.130	0.138
创业经历	−0.011	0.371	0.139*	0.081	−0.008	0.075
果园特征						
种植面积	0.060	0.044	0.011	0.008	0.065***	0.009
土地质量	0.013	0.128	−0.006	0.028	−0.053**	0.025
识别变量						
电商培训	0.686**	0.294				
物流便利性	0.358***	0.267				
常数项	−4.413***	1.293	9.301***	0.428	9.493***	0.300
$\ln\sigma_{ua}^1$			−1.605***	0.098		
ρ_{ua}^1			−0.019	0.576		
$\ln\sigma_{un}^2$					−1.279***	0.096
ρ_{un}^2					0.375	0.376
似然比检验	2.60					
对数似然值	−124.84					
样本量	287		95		192	

注：*** $p<0.01$，** $p<0.05$，* $p<0.1$。

（二）农村电商对经营性收入影响的处理效应分析

利用式（10）和式（11）来估算苍溪县农村电商对红心猕猴桃种植户收入影响，即平均处理效应，表3展示了结果。从表中可以看出，两组果农收入的平均处理效应均在1%的水平上通过了显著性检验。其中，(a)、(b) 分别与式（6）、式（8）相对应，(a) 表示实际通过农村电商销售农产品的样本果农的期望收入，(b) 表示实际未参与农村电商的样本果农的期望收入。(c)、(d) 分别与式（7）、式（9）相对应，代表的是反事实假设结果，(c) 表示参与农村电商的红心猕猴桃果农在未参与农村电商的情况下的期望收入，(d) 表示的是没有通过农村电商销售红心猕猴桃的果农在参与电商时的期望收入。

表3 农村电商对果经营性收入影响的平均处理效应

果农类别	参与农村电商	未参与农村电商	ATT	ATU
电商果农	(a) 10.047	(c) 9.900	0.146***	
非电商果农	(d) 9.880	(b) 9.486		0.394***

注：*** $p<0.01$，** $p<0.05$，* $p<0.1$。

整体来看，平均处理效应均在1%的水平上显著。在考虑反事实假设下，电商果农在未参与农村电商的情况下，由 $(1-1/e^{0.146})$ 计算得出，其家庭人均收入将会减少13.6%左右。相反，非电商果农在参与农村电商的情况下，由 $(1-1/e^{0.394})$ 计算得出，其家庭人均收入将会提高32.6%左右。这说明，不论是电商果农还是非电商果农，参与农村电商均能够提高其家庭收入水平。对于非电商果农来讲，提升幅度更大，这可能是因为苍溪县的农村电商发展还处于较低的水平，尤其是针对猕猴桃这类生鲜农产品的电商还未进入高速发展阶段，相应技术壁垒和物质资本条件要求比较低，电商创业的门槛相对较低，所以非电商果农参与农村电商创业能够获得较高的投资回报率。

（三）农村电商对果农经营性收入的影响机理验证

借鉴温忠麟和叶宝娟[①]、施炳展和李建桐[②]的做法，本文利用逐步回归的方法检验这几条路径的中介效果。在该回归模型中，自变量为果农是否参与了农村电商，中介变量是红心猕猴桃种植户的销量、售价以及每亩成本，因变量为红心猕猴桃果农家庭人均收入。表4展示了农村电商对红心猕猴桃果农经营性收入水平作用机理的回归结果。

由表4可以看出，果农参与农村电商显著提升猕猴桃的销售量并且红心猕猴桃销量在5%的水平上有显著正向影响。此外，通过观察电商参与决策对销量的影响以及销量对果农家庭人均收入的影响显著性和系数大小，可以得出红心猕猴桃销量具有部分中介效应，且占总收入效应的0.05（0.176×0.096/0.339≈0.05），这表明农村电商对果农

---

① 温忠麟，叶宝娟：《中介效应分析：方法和模型发展》，载《心理科学进展》，2014年第5期，第731—745页。
② 施炳展，李建桐：《互联网是否促进了分工：来自中国制造业企业的证据》，载《管理世界》，2020年第4期，第130—149页。

收入的提升作用有 5% 是通过提高销量实现的。从回归（5）的估计结果上看，红心猕猴桃售价和电商参与决策两个因素对果农家庭人均收入有显著作用，其中销售价格在 1% 的水平上有显著正向影响。销售价格的中介效应占总收入效应的比值为 0.198（0.138×0.487/0.339≈0.198）。同理，生产经营成本的中介效应占总收入效应的比值为 0.201（0.222×0.308/0.339≈0.201）。

表 4 农村电商对果农经营性收入的作用机理

	y (1)	路径一		路径二		路径三	
		sale (2)	y (3)	price (4)	y (5)	cost (6)	y (7)
电商决策	0.339*** (0.042)	0.176** (0.068)	0.322*** (0.042)	0.138*** (0.031)	0.271*** (0.041)	−0.222*** (0.018)	0.270*** (0.053)
sale			0.096** (0.037)				
price					0.487*** (0.075)		
cost							−0.308** (0.143)

注：*** $p<0.01$，** $p<0.05$，* $p<0.1$。

（四）稳健性分析

本文的研究样本支持倾向得分匹配（PSM）所需样本量，所以可以进行很好的匹配。通过倾向得分匹配度量农村电商对果农收入的影响，来分析论证上一节得到的结果是否稳健。本文分别采用近邻匹配、半径匹配、卡尺内最近邻匹配和核匹配 4 种匹配方法。为了检验匹配效果，首先需要讨论模型是否满足共同支撑假设。如图 1 所示，大多数观测值均在共同取值范围内。

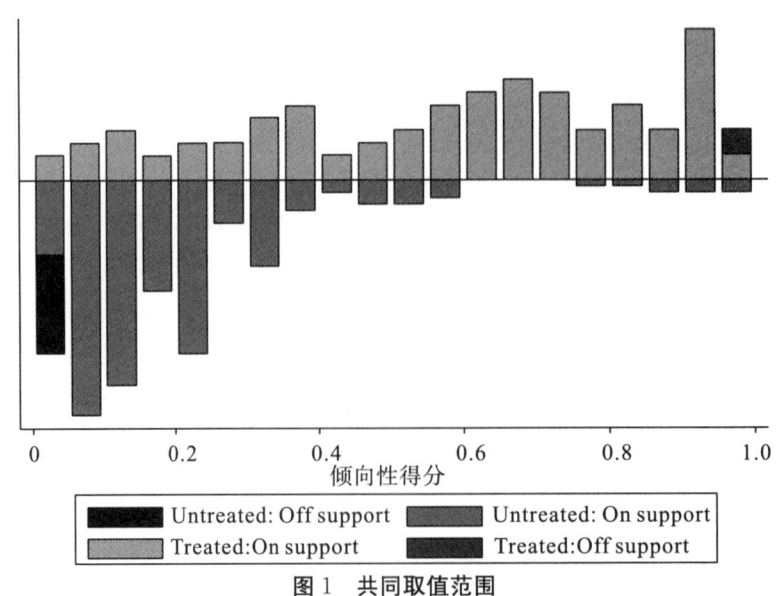

图 1 共同取值范围

使用倾向得分匹配对果农收入的处理结果见表5。从表中可以看出，分别采用4种匹配方法测算的结果均表示果农参与农村电商能够带来收入的提升，与前文的结论一致，说明内生转换模型的估计结果是稳健的。当然，倾向得分匹配模型得到的结果与内生转换模型的结果也有不同之处：用倾向得分匹配模型得到的平均处理效应比内生转换模型得到的效应大很多，这是因为倾向得分匹配模型没有考虑不可观测因素的影响，得到的估计结果是有偏的，而内生转换模型充分考虑了可观测和不可观测因素导致的选择性偏误，把第一阶段得到的偏误项自动添加到第二阶段估计农村电商对果农收入的影响，得到的估计结果更加科学。

表5 倾向得分匹配法的平均处理效应

匹配方法	电商果农人均收入	非电商果农人均收入	ATT	t
近邻匹配	10.040	9.715	0.325	3.41***
半径匹配	10.032	9.692	0.341	4.08***
卡尺内最近邻匹配	10.032	9.691	0.341	4.89***
核匹配	10.034	9.682	0.352	5.12***

注：*** $p<0.01$，** $p<0.05$，* $p<0.1$。

六、结论与政策建议

本文构建了农村电商对果农经营性收入影响的理论框架，从果农的产品销量、售价以及成本三个方面对农村电商对果农经营性收入的作用机理进行了理论探讨，并实证探究了参与农村电商对果农经营性收入的影响效果。统计分析表明，果农参与农村电商的比例为33.1%。实证结果表明，果农采纳农村电商能够显著提升其经营性收入水平。在反事实假设下，电商果农不参与农村电商，收入水平将会减少13.6%左右，而非电商果农在参与农村电商的情况下，收入水平将会提高32.6%左右。研究进一步证实，农村电商之于果农的效率、售价以及成本对经营性收入的影响中介效应分别为0.05、0.198与0.201。

基于以上研究结论，为促进果农持续增收、大力发展乡村振兴事业，本文提出以下对策建议：一是加强基础设施建设，畅通乡村道路，科学合理布局快递物流站点，完善物流配送体系建设，聚集力量加大农村网络基础设施建设，以建设成覆盖面更广、网络更快、安全性更高的网络通信系统。二是提高果农的电商参与度，塑造典型案例，使其发挥示范效应，让果农看到电商发展的巨大潜力以及潜在的经济效益。三是加强农村电商人才队伍建设，各地政府部门要立足当地发展情况，组织本土电商人才培训活动，积极引进优质网络培训资源，进一步完善引进人才的服务保障机制，解决引进人才的后顾之忧。四是加强农村电商产品品牌化建设，通过建立品牌，固化产品在消费者心目中的印象，留给消费者良好口碑，增强产品的辐射力，提高产品的附加值。五是引导果农选择合适的电商经营模式，不能盲目照搬一些成功的发展模式，应注重多元化发展，有序引导不同资源禀赋的果农选择适宜的电商发展模式，对于小规模、教育水平不高的果农，可以引导他们与电商企业对接，将农产品销售给电商企业，由电商企业将农产品通过线上的方式进行销售，这样有助于减小风险，或者是通过朋友圈这种操作简单、资金投入少的电商模式实现网上销售，因为这种模式经营门槛低，无须投入大量的资金设备及其他投入。

参考文献

[1] 邱子迅，周亚虹. 电子商务对农村家庭增收作用的机制分析——基于需求与供给有效对接的微观检验 [J]. 中国农村经济，2021，436（4）：36-52.

[2] 方福前，邢炜. 居民消费与电商市场规模的 U 型关系研究 [J]. 财贸经济，2015（11）：131-147.

[3] 黄浩. 匹配能力、市场规模与电子市场的效率——长尾与搜索的均衡 [J]. 经济研究，2014，49（7）：165-175.

[4] 何宇鹏，武舜臣. 连接就是赋能：小农户与现代农业衔接的实践与思考 [J]. 中国农村经济，2019（6）：28-37.

[5] 曾亿武，郭红东，金松青. 电子商务有益于农民增收吗？——来自江苏沭阳的证据 [J]. 中国农村经济，2018（2）：49-64.

[6] 陈享光，汤龙，唐跃桓. 农村电商政策有助于缩小城乡收入差距吗——基于要素流动和支出结构的视角 [J]. 农业技术经济，2023（3）：89-103.

[7] 费威，李诗允，吕欣阳. 基于数据挖掘的社交电商助力农产品上行的实证分析 [J]. 湖南农业大学学报（社会科学版），2022，23（4）：104-114.

[8] 何宇鹏，武舜臣. 连接就是赋能：小农户与现代农业衔接的实践与思考 [J]. 中国农村经济，2019（6）：28-37.

[9] 汪向东，王昕天. 电子商务与信息扶贫：互联网时代扶贫工作的新特点 [J]. 西北农林科技大学学报（社会科学版），2015，15（4）：98-104.

[10] 杨书焱. 我国农村电商扶贫机制与扶贫效果研究 [J]. 中州学刊，2019（9）：41-47.

[11] 李宁，周琦宇，邹丽琼. 农产品网络销售会影响新型农业经营主体的农地经营规模吗 [J]. 农业技术经济，2022（2）：94-109.

[12] 涂勤，曹增栋. 电子商务进农村能促进农户创业吗？——基于电子商务进农村综合示范政策的准自然实验 [J]. 中国农村观察，2022，168（6）：163-180.

[13] 程欣炜，林乐芬. 农产品电商对小农户有机衔接现代农业发展效率的影响研究 [J]. 华中农业大学学报（社会科学版），2020（6）：37-47+162.

[14] 孙哲远，刘艳. 电商下乡对农村三产融合的影响——基于电商示范县设立的准自然实验 [J]. 中国流通经济，2022，36（1）49-59.

[15] 袁航，刘梦璐. 异质性农户议价能力测度及影响因素分析——基于信息不对称视角 [J]. 农林经济管理学报，2016，15（3）：262-270.

[16] 张晓敏，严斌剑，周应恒. 损耗控制、农户议价能力与农产品销售价格——基于对河北、湖北两省梨果种植农户的调查 [J]. 南京农业大学学报（社会科学版），2012，12（3）：54-59.

[17] 罗千峰. 农村电商的增收效应及其机制——来自中国乡村振兴调查的经验证据 [J]. 中国流通经济，2022，36（9）：47-59.

[18] 邱泽奇，乔天宇. 电商技术变革与农户共同发展 [J]. 中国社会科学，2021（10）：145-166+207.

[19] 陶涛,樊凯欣,朱子阳. 数字乡村建设与县域产业结构升级——基于电子商务进农村综合示范政策的准自然实验[J]. 中国流通经济,2022,36(5):3-13.

[20] 马晓河,胡拥军."互联网+"推动农村经济高质量发展的总体框架与政策设计[J]. 宏观经济研究,2020(7):5-16.

[21] 梁俊山,方严英. 我国互联网精准扶贫的现状、困境及出路——以龙驹镇农村淘宝为例[J]. 电子政务,2019(1):76-85.

[22] 黄建康,张进. 电子商务与产业创新[J]. 中国审计,2001(3):40-41.

[23] 叶秀敏. 涉农电子商务的主要形态及对农村社会转型的意义[J]. 中国党政干部论坛,2014(5):59-61.

[24] 韩佳明,郑冰. 农村电商研究综述[J]. 电子商务,2020(6):20-21.

[25] 谢莉娟,王晓东. 数字化零售的政治经济学分析[J]. 马克思主义研究,2020,36(2):100-110.

[26] 钱炳,周勤. 声誉溢价是否总是存在?——来自淘宝网的实证研究[J]. 产业经济研究,2012(2):87-94.

[27] 程名望,张家平. 互联网普及与城乡收入差距:理论与实证[J]. 中国农村经济,2019,410(2):19-41.

[28] 汪兴东,刘雨虹. 农户电商销售意愿与行为偏差分析——基于江西省54个县的调查数据[J]. 农林经济管理学报,2021,20(3):316-325.

[29] 鲁钊阳,廖杉杉. 农产品电商发展的增收效应研究[J]. 经济体制改革,2016,200(5):86-92.

[30] 胡天石,傅铁信. 中国农产品电子商务发展分析[J]. 农业经济问题,2005(5):23-27.

[31] 陈秀兰,章政,张喜才. 中国农产品批发市场提档升级的模式与路径研究——基于世界农产品批发市场五大通行原则的经验借鉴[J]. 中国流通经济,2019,33(2):30-37.

都江堰市农村居民点时空演变与驱动因素研究[①]

孙道亮　洪步庭　任　平

农村居民点是农村居民生产和生活的聚居场所，其空间分布和演变是农村居民与周围自然、社会、经济、文化环境相互作用的现象与过程和结果，也是农村人地关系的核心表现[1-3]。中国城市化进程不断加快，农村人口非农化转移不断加强。据统计数据显示，我国乡村人口从1990年8.96亿减少到2015年6.03亿，农村人口逐年减少，但农村居民点用地面积却逐年递增[4]。由于广大农村地区长期缺乏规划和引导，出现大量"乡村病"，如居民点空间布局混乱、人均用地面积超标、农村空心化和宅基地闲置等，这一系列问题加剧我国用地矛盾，严重阻碍着乡村建设用地集约化利用程度的提升，对新农村建设和乡村振兴提出严峻挑战。因此，开展农村居民点时空演变与驱动因素研究对于揭示人类活动与周围环境融合机制、乡村土地合理利用和布局优化具有重要理论和现实意义。

近年来，在国家新农村建设和乡村振兴等一系列重大战略驱动下，农村居民点已成为乡村地理学及相关学科的重点研究领域，形成了较为丰富的研究成果。目前，众多学者从村域[5]、乡镇[6]、区县[7]和市域[8]等不同尺度对农村居民点时空演变[9-13]、驱动因素[14-16]、空间布局优化[17-20]等方面进行相关分析研究。但总体来看，已有研究多集中于平原、山区和丘陵等地区，对于生态环境脆弱的山地平原过渡带研究较少；同时对于农村居民点时空演变驱动因素分析多采用传统的线性回归方法，在实际操作过程中容易忽略农村居民点的空间位置关系和空间分异规律。基于此，本文以都江堰市为研究区，采用格网分析方法揭示农村居民点时空演变特征，并利用地理探测器模型分析农村居民点用地变化驱动因素，以期为都江堰市农村居民点动态演变监测和空间布局优化提供理论依据，进而促进城乡土地资源优化配置。

[①] 作者简介：孙道亮，四川师范大学地理与资源科学学院硕士研究生；洪步庭，四川师范大学西南土地资源评价与监测教育部重点实验室助理研究员；任平，四川师范大学西南土地资源评价与监测教育部重点实验室教授。原文刊于《长江流域资源与环境》，2020年第10期，收入本书时有改动。

一、研究区概况和数据来源

（一）研究区概况

都江堰市隶属于四川省成都市，位于成都平原西北边缘。地处岷江出山口，介于北纬31°02′09″~31°44′54″，东经103°25′42″~103°47′0″之间，属亚热带季风性湿润气候，平均年降雨量为1243.80mm。全市总面积1208平方千米，辖1个街道办事处、17个镇、2个乡。2015年底，户籍人口62.05万人，常住人口68.02万人，其中农业人口近38万人（常住人口），农村常住居民人均可支配收入16505元。自2005年以来，随着都江堰市城镇化率的不断上升和农村土地综合整治、增减挂钩等工作有序推进，特别是在汶川地震之后，农村居民点空间布局和形态发生较大变化，但人均用地面积依然远超国家最高标准[21]。同时，都江堰市属于生态环境脆弱的地质灾害多发区。因此，面对生态移民、灾害搬迁和土地整治等一系列需求，农村居民点优化布局成为统筹城乡发展、协调人地关系的重要举措。

山地与平原属于两个不同的地理单元，两者相交的地带，属于山地平原过渡带[22-23]。都江堰市地跨川西龙门山地带和成都平原岷江冲积扇扇顶部位，属于中国大地貌划分的三个阶梯的第一个阶梯的东缘，即从第一阶梯的青藏高原向位于第二阶梯的四川盆地过渡的典型山地平原过渡带[24-25]。如图1所示，境内东西向高程变化剧烈，地势由西北到东南呈阶梯分布，依次为高山、中山、低山、丘陵和平原，海拔540~4678m，最大相对高度差4138m。境内山地丘陵占65.79%，平坝占34.21%，素有"六山一水三分田"之说。

图1 都江堰市高程图

（二）数据来源与预处理

本文采用的主要数据包括：2005年、2010年和2015年都江堰市土地利用现状数据库（来源于都江堰市国土局），在ArcGIS 10.2中，利用空间分析工具，从土地利用现状数据库中提取村庄、建制镇、城市、水系和道路等土地利用数据；都江堰市30m分辨率DEM数据来源于中国科学院计算机网络信息中心地理空间数据云平台（http://www.gscloud.cn），并通过DEM数据获取研究区的高程和坡度的栅格数据；将以上数据在经过投影变换后统一地理坐标和投影坐标。

二、研究方法

（一）格网分析法

微观的格网相较于行政单元更具有优势，能更细腻地刻画行政单元内农村居民点的空间分布，揭示时空演变过程[26]。因此，本文综合考虑研究区面积以及斑块平均规模等因素，经过反复试验最终确定格网大小为250m×250m，共计19915个格网。利用空间分析和统计分析工具，计算2005年、2010年和2015年每个格网内居民点数量和用地面积，从而揭示都江堰市农村居民点时空演变特征。格网内农村居民点数量定义为每个格网内村庄用地图斑的数量。

（二）地理探测器

地理探测器是探测空间分异性，以及揭示其背后驱动力的一组统计学方法。其核心思想是某个自变量对某个因变量有重要影响，那么自变量和因变量的空间分布应该具有相似性[27]。模型公式如下：

$$P_{D,U} = 1 - \frac{1}{n\sigma_U^2} \sum_{i=1}^{m} n_{D,i}\sigma_{U_{D,i}}^2 \tag{1}$$

式中，$P_{D,U}$是影响因素D对农村居民点用地动态变化的探测力指标；$n_{D,i}$为次一级区域样本数；n为整个区域样本数；m为次一级区域个数；σ_U^2为整个区域农村居民点规模的方差；$\sigma_{U_{D,i}}^2$为次一级区域的方差。假设$\sigma_{U_{D,i}}^2 \neq 0$，模型成立。$P_{D,U}$的取值范围为[0, 1]，$P_{D,U}$值越大，说明$D$因素对格网内农村居民点用地动态变化的影响程度越高。

三、结果与分析

（一）农村居民点空间分布特征

表1为2005年、2010年和2015年3个时间点格网内农村居民点数量和用地面积统计。3个时间点拥有农村居民点的格网分别有7094个、7999个和7815个，整体上先

增加后减少。其中居民点数量小于等于2个的分别占62.83%、46.67%和46.18%,用地面积小于1hm²的分别占65.41%、66.82%和67.61%,小规模、细碎化仍是目前都江堰市农村居民点用地的主要特征[21]。

表1 基于格网的都江堰市农村居民点数量和用地面积统计

居民点数量/个	格网数/个 2005年	格网数/个 2010年	格网数/个 2015年	居民点用地面积/hm²	格网数/个 2005年	格网数/个 2010年	格网数/个 2015年
1~2	4457	3733	3609	0~1	4640	5345	5284
3~4	1845	2402	2308	1~2	1714	1815	1699
5~6	549	1130	1115	2~3	500	539	527
≥7	243	734	783	≥4	240	300	305

从3个时间点农村居民点数量和用地面积空间分布可以看出,居民点数量和用地面积空间差异性显著。居民点数量大于4个的格网和用地面积大于1hm²的格网主要集中在东部和东南部平原地区,该区域属于岷江冲积平原,土壤肥沃、耕地资源丰富,是典型的传统农耕地区,居民点密度较大,同时也是都江堰市对外开放的门户,交通便利、基础设施较为完善。因此在都江堰市东部和东南部地区农村居民点分布密集且增长较快。反观北部和西南部山区和丘陵地带,一方面,该区域人口密度较低;另一方面,自然环境因素对山区农村居民点空间选址具有关键决定力[28],可供农户建房选址的地域有限,导致农村居民点用地数量少、规模小,沿河谷呈带状的空间分布特征。同时,由于山区、丘陵适宜耕种的耕地资源有限,为了生产和生活方便,居民点演变和扩张通常表现出耕地指向性,布局随意性较强,缺乏统一的规划[1],使得聚落格局散乱,零星分布特征显著。

(二)农村居民点时空演变分析

表2为2005年、2010年和2015年都江堰市农村居民点数量和用地面积统计。2005—2015年间,居民点数量和用地面积变化表现出先增加后减少的一致性。居民点数量从16543个增长至26018个再减少至25890个,居民点用地面积从6161.43hm²增长至7265.43hm²再减少至7043.01hm²;但就变化率而言,居民点数量和用地面积变化率分别为56.5%和14.31%,导致10年间居民点平均用地规模逐渐降低,从0.37hm²降至0.27hm²,说明都江堰市农村居民点呈破碎化增长。

表2 都江堰市2005—2015年农村居民点数量和用地面积

年份	2005年	2010年	2015年
数量/个	16543	26018	25890
面积/hm²	6161.43	7265.43	7043.01

从3个时间点农村居民点数量和用地面积动态变化空间分布来看,第一,总体来看,两个时间段居民点数量和用地面积变化时序性较强。相较于2010—2015年,

2005—2010年居民点数量和用地面积变化较为剧烈，用地规模增长和城镇扩张趋势明显。2005—2010年，用地数量和面积增长的格网有4797个和4691个，分别占58.27%和55.62%；但增长趋势较弱，增长数量小于等于2个的格网有3452个，占增长格网总数量的71.96%；与此同时，用地面积增长小于1hm^{2}的格网占增长格网总数量的93.71%。随着社会经济的迅速发展，不仅增强了农户建房实力，同时也增加了农户建房需求，以满足人口的不断增长。此外，汶川大地震之后都江堰市出台了《灾后城镇居民住房重建实施意见》，明确房屋重建7种方式[29]。农户自身建房需求与实力的提升和政府灾后重建的规划引导对这一时期居民点用地的扩张起到了明显的推动作用；2010—2015年，总体上居民点数量和用地面积呈微弱下降趋势，分别减少128个和222.42 hm^2；大部分地区居民点数量和用地面积未发生变化，分别占82.53%和72.76%，所以2010—2015年居民点数量和用地面积处于相对稳定减少状态。这一时期大量土地整治项目的实施使农村居民点数量和用地面积有所减少，在一定程度上缓解了人地矛盾。

第二，局部变化而言，2005—2015年，向峨乡和蒲阳镇大范围格网内农村居民点数量和用地面积持续同步减少，改变了原有的乡村聚落景观。其原因主要是由于在汶川地震中受灾严重，向峨乡和蒲阳镇以都江堰市"金土地工程"和"城乡建设用地增减挂钩"为依托，享受政策红利，筹集大量建设资金，引导农户有序向更安全的安置点集中。以向峨乡为例，该乡在2008年汶川地震中90%以上房屋倒塌，94.5%的农户选择异地统规统建，2009年筹集了数亿建设资金统一规划建设可安置1.2万人的16个8度抗震设防的集中安置点；反观东部和东南部其他乡镇，部分格网内居民点数量增长或保持稳定的同时用地面积却在下降，表明这些区域居民点集约化利用程度有所提升。但截至2015年底，都江堰市农村居民点用地仍占建设用地总量的40%，人均用地面积高达424.74m^2，远远超出国家规定的最高人均用地标准[22]，仍然具有较大的整治空间；与此同时，乡村聚落长期缺乏规划，布局随意性较强，不利于新农村建设，增加乡村聚落基础设施投入成本[30-31]。因此，在城镇化率不断提高和非农要素快速转变过程中，亟须加强居民点整治力度，提升居民点集约化利用程度，为今后乡村振兴的顺利实现提供保障。

（三）农村居民点用地变化动态的驱动因素分析

农村居民点变化通常受到自然环境、社会经济等因素的影响，其本质是农村生产、生活与周围各种环境因素的统一。本文以格网内居民点用地面积动态变化为因变量，依据数据可获得性原则和科学性原则，并根据都江堰市实际情况，从影响农村居民点的自然条件、生产生活条件和社会经济区位条件中选取海拔（X_1）、坡度（X_2）、耕地面积（X_3）、园地面积（X_4）、离水源距离（X_5）、离道路距离（X_6）、离建制镇距离（X_7）和离城市距离（X_8）等8个指标为自变量（表3）。以上指标均以格网进行统计，分别计算格网内高程和坡度的均值，耕地和园地面积，以及各个格网中心点距水源、道路、建制镇和城市的距离。最后采用自然断点法将指标因素划分为3类和5类探测各因素对农村居民点用地动态变化影响力P值大小。

表3　格网尺度农村居民点用地动态变化的地理探测结果

指标分类	X_1	X_2	X_3	X_4	X_5	X_6	X_7	X_8
3类	0.0086	0.0079	0.0084	0.0017	0.0021	0.0083	0.0001	0.0019
5类	0.0085	0.0075	0.0116	0.0027	0.0032	0.0092	0.0005	0.0039

从表3可以看出：（1）对农村居民点用地面积变化影响较大的首先是海拔、坡度、耕地面积和离道路距离，在两次分类的计算结果中它们的影响力 P 值都排列前四且比其他影响因素 P 值大很多；其次是离水源距离、离城市距离和园地面积；离建制镇距离对农村居民点用地面积变化影响最小，两次的影响力 P 值分别为 0.0001 和 0.0005。（2）自然条件对居民点用地面积动态变化具有较强的影响力。地形条件是农户建房的基础并影响农户住房选址，较高的海拔和坡度势必增加建房成本；同时都江堰市地形复杂，山区、丘陵面积广阔，为躲避山体滑坡、泥石流和地震等自然灾害，政府为农户重新规划选址，有序引导农户向地势较为平坦的地带搬迁。（3）生产生活条件中耕地面积、离道路距离和离水源距离也是影响农村居民点用地面积变化的主要驱动因素。耕地资源丰富的地区都集中分布在都江堰市东部和东南部的平原地区，人口密度较大，加之丰富的耕地资源为乡村聚落的扩张提供了可能，造成农村建设用地低效利用[2]；为了生产和生活的方便，农户居住选址往往表现出"亲水性"和交通指向性，在离水源和主干道路越近的地方农户建房意愿越强烈，以满足生产生活用水需求和缩减出行时间。（4）社会经济区位条件中，仅离城市的距离的影响力 P 值较高。离中心城市越近，受城市辐射影响越大，随着城市边界的扩张，导致周边农村居民点在短时间内急剧变化。（5）当采用自然断点法但划分类别不同时会对农村居民点用地面积动态变化各影响因素 P 值的计算结果产生一定影响，但对影响程度的排序不会产生太大影响。

四、讨论与结论

（一）讨论

在研究思路和方法上，本文从格网尺度着重探讨县域行政单元内部农村居民点时空演变特征，并基于地理探测器模型，定量分析农村居民点演变驱动因素，对今后该地区居民点布局优化和乡村规划编制具有一定指导意义。与此同时，与传统线性回归模型相比[15,32]，地理探测器不仅对自变量多重共线性具有免疫，且能直观展现各影响因素的决定力大小，是识别农村居民点时空演变驱动因素大小的有效方法。另外，地理探测器还包含交互作用探测，揭示两个不同因子是否存在交互作用以及交互作用强弱，但缺乏对数据空间非平稳性的考虑[33]，因此并未在文中进行深入分析。需要指出的是，农村居民点空间格局演变是长时期人地关系相互作用的结果，具有一定的历史继承性，但本文仅对2005—2015年近10年居民点时空演变和驱动因素进行分析，在后续的研究中，还需探索更长时期内农村居民点动态演变与驱动机制，从而为农村居民点布局优化和重组提供强有力的理论依据。

（二）结论

本文以都江堰市为研究区，采用格网分析法定量分析 2005—2015 年农村居民点时空演变特征，在此基础上，利用地理探测器模型定量识别都江堰市农村居民点用地动态变化驱动因素。研究结论如下：

1. 农村居民点空间差异性显著。东部和东南部传统农耕地区居民点密度较高，用地规模较大；北部和西南部丘陵和山区居民点沿河谷呈带状空间分布特征，用地规模相对较小，聚集程度较低，零星分布特征明显。

2. 时间序列上，居民点用地规模变化表现出时序性。2005—2010 年，受人口增长和汶川地震的影响，在内外推动力共同作用下居民点呈爆发式增长；2010—2015 年，大量土地整治项目的实施使农村居民点数量和用地面积有所减少，缓解人地矛盾，但仍然具有较大的整治潜力。值得注意的是，如向峨乡、蒲阳镇等部分地区农村居民点演变受自然灾害影响较为严重，因此对该地区进行居民点布局优化时将以灾害搬迁为主。

3. 利用地理探测器模型时，影响因素划分类别不同对影响因素 P 值计算结果会产生一定影响，但对于影响程度的排序影响较小。根据地理探测器模型分析得到，海拔、坡度、离道路距离和耕地面积是都江堰市农村居民点用地演变的主导因素，其次离水源距离、离城区距离和园地面积也有一定的影响。地形条件长期影响农村居民点空间分布和演变，使得居民点向地势较为平坦的地区集中；而生产生活条件和社会经济因素则使得居民点表现出较强的区位指向性，逐渐向基础设施较为完善，生产生活方便的地区集中。

参考文献

[1] 谭雪兰，周国华，朱苏晖，等. 长沙市农村居民点景观格局变化及地域分异特征研究 [J]. 地理科学，2015，35（2）：204-210.

[2] 杨忍，刘彦随，龙花楼，等. 基于格网的农村居民点用地时空特征及空间指向性的地理要素识别——以环渤海地区为例 [J]. 地理研究，2015，34（6）：1077-1087.

[3] 谭雪兰，张炎思，谭洁，等. 江南丘陵区农村居民点空间演变特征及影响因素研究——以长沙市为例 [J]. 人文地理，2016，31（1）：89-93+139.

[4] 中华人民共和国国家统计局. 中国统计年鉴—2016 [M]. 北京：中国统计出版社，2016.

[5] 曾远文，丁忆，胡艳，等. 农村居民点空间布局及优化分析——以重庆市合川区狮滩镇聂家村为例 [J]. 国土资源遥感，2018，30（3）：113-119.

[6] 邹亚锋，李亚静，马天骏，等. 乡镇规划调控下的农村居民点空间布局优化 [J]. 农业工程学报，2018，34（10）：238-244.

[7] 侯淑涛，孙莹莹，丁玲，等. 黑龙江省农区与垦区农村居民点空间格局特征及差异 [J]. 中国农业大学学报，2019，24（4）：167-175.

[8] 杜国明，刘彦随. 黑龙江省垦区居民点体系优化分析——以建三江管理局为例 [J]. 中国土地科学，2015，29（4）：65-71+97.

[9] LI N, JIANG S. Study on spatial pattern of rural settlements in Wuling mountainous area based on GIS [J]. Wireless Personal Communications, 2018, 102（4）：2745-2757.

[10] 李骞国, 石培基, 刘春芳, 等. 黄土丘陵区乡村聚落时空演变特征及格局优化——以七里河区为例 [J]. 经济地理, 2015, 35 (1): 126-133.

[11] 徐羽, 钟业喜, 徐丽婷, 等. 江西省农村居民点时空特征及其影响因素研究 [J]. 生态与农村环境学报, 2018, 34 (6): 504-511.

[12] 刘超, 许月卿, 王惠, 等. 关中地区农村居民点用地数量变化时空特征及影响因素分析 [J]. 北京师范大学学报 (自然科学版), 2018, 54 (3): 300-307.

[13] 闵婕, 杨庆媛, 唐璇. 三峡库区农村居民点空间格局演变——以库区重要区万州为例 [J]. 经济地理, 2016, 36 (2): 149-158.

[14] 舒帮荣, 李永乐, 曲艺, 等. 经济发达地区镇域农村居民点演变驱动力空间差异研究——以太仓市陆渡镇和浏河镇为例 [J]. 长江流域资源与环境, 2014, 23 (6): 759-766.

[15] 谭雪兰, 钟艳英, 段建南, 等. 快速城市化进程中农村居民点用地变化及驱动力研究——以长株潭城市群为例 [J]. 地理科学, 2014, 34 (3): 309-315.

[16] 姜转芳, 颉耀文, 李汝嫣, 等. 基于GIS的干旱区绿洲农村居民点格局演变研究: 以甘肃河西地区为例 [J]. 生态与农村环境学报, 2019, 35 (3): 324-331.

[17] 罗志军, 赵越, 李雅婷, 等. 基于空间组合特征的农村居民点布局优化研究 [J]. 农业工程学报, 2019, 35 (4): 265-272+314.

[18] 樊天相, 杨庆媛, 何建, 等. 重庆丘陵地区农村居民点空间布局优化——以长寿区海棠镇为例 [J]. 地理研究, 2015, 34 (5): 883-894.

[19] 叶艳妹, 张晓滨, 林琼, 等. 基于加权集覆盖模型的农村居民点空间布局优化——以流泗镇为例 [J]. 经济地理, 2017, 37 (5): 140-148.

[20] ZHANG X, XUE L. Characteristics and optimization of distribution of rural residential area in Wangcun river basin of Linfen city [J]. Asian Agricultural Research, 2017, 9 (1): 53-56.

[21] 洪步庭, 任平. 基于最小累积阻力模型的农村居民点用地生态适宜性评价——以都江堰市为例 [J]. 长江流域资源与环境, 2019, 28 (6): 1386-1396.

[22] 钟兆站, 李克煌. 山地平原交界带与区域可持续发展 [J]. 地理科学进展, 1998, 17 (2): 25-33.

[23] 钟兆站, 李克煌. 山地平原交界带自然灾害与资源环境评价 [J]. 资源科学, 1998, 20 (3): 34-41.

[24] 任美锷, 包浩生. 中国自然区域及开发整治 [M]. 北京: 科学出版社, 1992.

[25] 李喆. 山地平原过渡区土地生态安全预警——以都江堰市为例 [D]. 成都: 成都理工大学, 2012.

[26] 徐羽, 钟业喜, 徐丽婷, 等. 乡村振兴战略下农村居民点时空特征及其影响因素研究——以江西省为例 [J]. 农林经济管理学报, 2018, 17 (1): 100-108.

[27] 王劲峰, 徐成东. 地理探测器: 原理与展望 [J]. 地理学报, 2017, 72 (1): 116-134.

[28] WANG J, XU C. Geodetector: principle and prospective [J]. Acta Geographica Sinica, 2017, 72 (1): 116-134.

[29] 邹利林, 王占岐, 王建英. 山区农村居民点空间布局与优化 [J]. 中国土地科学, 2012, 26 (9): 71-77.

[30] 裴泽庆. 基层民主: 灾后重建的重要保障机制——以都江堰市为考察对象 [J]. 社会科学研究, 2011 (3): 32-37.

[31] 邓南荣, 张金前, 冯秋扬, 等. 东南沿海经济发达地区农村居民点景观格局变化研究 [J]. 生态环境学报, 2009, 18 (3): 984-989.

[32] 海贝贝,李小建,许家伟.巩义市农村居民点空间格局演变及其影响因素[J].地理研究,2013,32(12):2257-2269.

[33] 姜广辉,张凤荣,陈军伟,等.基于Logistic回归模型的北京山区农村居民点变化的驱动力分析[J].农业工程学报,2007,23(5):81-87.

后 记

2019年5月1日，为积极响应"一带一路"倡议、推进长江经济带发展、新时代西部大开发形成新格局、黄河流域生态保护和高质量发展、成渝地区双城经济圈建设等国家重大战略实施，加强西部地区国土经济学的研究和实践，推动西部地区国土资源开发利用与保护、优化国土空间开发格局，促进西部地区经济社会的绿色发展、可持续发展以及打赢脱贫攻坚战，经中国国土经济学会第五届理事长办公会第八次会议（2019年4月29日）研究批准，由西南交通大学四川省产业经济发展研究院、四川大学土地经济与城镇化发展研究中心共同发起成立中国国土经济学会西部国土经济委员会（以下简称"西土委"）。2019年5月10日至12日，由中国国土经济学会主办、西南交通大学与四川大学联合承办的以"中国国土经济高质量发展的理论和实践"为主题的学术年会在成都圆满举行。令人注目的是，在本次论坛上"西土委"正式揭牌。

2023年3月10日，四川省新型智库建设领导小组会议暨新型智库授牌仪式在四川省委主楼会议室隆重举行。本次会议总结全省新型智库建设工作，对新型智库优化调整方案和有关制度进行审议，研究部署下一步新型智库建设任务，并对涵盖宏观战略、区域发展、产业经济、开放创新、社会文化、生态文明、政治建设、党的建设等关键领域的26家新型智库授牌。其中由西南交通大学建设的"新型工业化与制造强省研究智库"（以下简称"新工智库"）正式获批成立。"新工智库"将聚焦四川新型工业化的动力机制与路径选择、创新驱动四川制造业高质量发展、打造四川特色的现代工业产业体系、提升四川制造业核心竞争力、推动四川智能制造绿色制造和服务型制造以及构建四川新型工业化与制造强省评价指标体系等方面的政策研究与决策咨询，彰显西南交通大学"理、工、管、文"四大学科群发展特色和工业技术、工程技术、信息技术与经济管理等交叉融合的研究优势，为建设成渝地区双城经济圈、新型工业化主导的制造强省等贡献西南交大智慧和力量。

2023年8月25日至26日，由中国国土经济学会、四川大学、西南交通大学联合主办，四川大学经济学院、"西土委"共同承办，以及"新工智库"等协办的中国西部国土开发与县域乡村振兴研讨会在成都成功举办。会后，为展示西部地区高校院所的专家学者自2019年以来在国土经济与管理、区域经济、资源环境、绿色低碳产业、乡村振兴等相关领域的代表性研究成果，在西南交通大学科技建设专款资助下，"西土委"

"新工智库"联合决定编辑出版学术著作,并组建了编委会,委托骆玲、姚树荣两位教授担纲主编,经过征集、遴选、编写等大量细致工作,形成了《西部国土开发与绿色发展》这本著作。

值此著作交由四川大学出版社出版之际,我谨代表编委会向倾力支持"西土委"工作的中国国土经济学会、西南交通大学、四川大学以及各位专家委员表示衷心的感谢!还要特别鸣谢中国国土经济学会理事长肖金成研究员于百忙之中为本书作序、"新工智库"分管领导西南交通大学副校长何川院士为本书出版给予悉心指导!

二〇二三年十二月二十八日于成都